继续
教育

继续(网络)教育系列规划教材

荣获全国高校现代远程教育协作组评比“网络教育教材建设金奖”

公司治理学

（第二版）

JIXU JIAOYU

GONGSI ZHILI XUE

宋剑涛 王晓龙 主编
黎嘉纪 田永彬 副主编

西南财经大学出版社
Southwestern University of Finance & Economics Press
中国 · 成都

总 序

随着全民终身学习型社会的逐渐建立和完善，业余继续（网络）学历教育学生对教材的质量要求越来越高。为了进一步提高继续（网络）教育的人才培养质量，帮助学生更好地学习，依据西南财经大学继续（网络）教育人才培养目标、成人学习的特点及规律，西南财经大学继续（网络）教育学院和西南财经大学出版社共同规划，依托学校各专业学院的骨干教师资源，致力于开发适合继续（网络）学历教育学生的高质量优秀系列规划教材。

西南财经大学继续（网络）教育学院和西南财经大学出版社按照继续（网络）教育人才培养方案，编写了专科及专升本公共基础课、专业基础课、专业主干课和部分选修课教材，以完善继续（网络）教育教材体系。

本系列教材的读者主要是在职人员，他们具有一定的社会实践经验和理论知识，个性化学习诉求突出，学习针对性强，学习目的明确。因此，本系列教材的编写突出了基础性、职业性、实践性及综合性。教材体系和内容结构具有新颖、实用、简明、易懂等特点，对重点、难点问题的阐述深入浅出、形象直观，对定理和概念的论述简明扼要。

为了编好本套系列规划教材，在学校领导、出版社和各学院的大力支持下，成立了由学校副校长、博士生导师杨丹教授任主任，出版社社长、博士生导师冯建教授以及继续（网络）教育学院陈顺刚院长和唐旭辉研究员任副主任，其他部分学院领导参加的编审委员会。在编审委员会的协调、组织下，经过广泛深入的调查研究，制定了我校继续（网络）教育教材建设规划，明确了建设目标。

在编审委员会的协调下，组织各学院具有丰富继续（网络）教育教学经验并有教授或副教授职称的教师担任主编，由各书主编组织成立教材编写团队，确定教材编写大纲、实施计划及人员分工等，经编审委员会审核每门教材的编写大纲后再进行编写。自2009年启动以来，经几年的打造，现已出版了七十余种教材。该系列教材出版后，社会反响较好，获得了教育部网络教育教材建设评比金奖。

根据教学需要，我们下一步还将做两件事：一是结合转变教学与学习范式，按照理念先进、特色鲜明、立体化建设、模块新颖的要求，引进先进的教材编写模块来修订、完善已出版的教材；二是补充部分新教材。

我们希望经多方努力，力争将此系列教材打造成适应教学范式转变的高水平教材。在此，我们对各学院领导的大力支持、各位作者的辛勤劳动以及西南财经大学出版社的鼎力相助表示衷心的感谢！在今后教材的使用过程中，我们将听取各方面的意见，不断修订、完善教材，使之发挥更大的作用。

西南财经大学继续（网络）教育学院

2014 年 12 月

再版前言

公司治理是影响企业竞争和促进企业发展的决定性因素之一，是保证企业持续成长的关键所在，已经成为全球关注的焦点问题。目前，公司治理学已经成为国内外理论界和实务界共同关注的一个新的学科领域，公司治理教育已经成为全球高校工商管理教育体系的重要组成部分。公司治理课程是一门通过对公司治理的综合性研究，探讨公司治理实践中具有共性的基本原理、运作规范和方法的学科。

本书根据西南财经大学成人教育学院教学指导委员会教学指导小组的要求组织编写。编写本书的目的，除了作为成人教育学院的教材外，更源于这样一个事实：目前，现代公司治理已经成为一个世界性的热门话题。现代公司治理是一组规范公司相关各方责、权、利关系的制度安排，是现代企业中最重要的制度架构。它包括公司经理层、董事会、股东和其他利益相关者之间的一整套关系。尽管由于经济、社会和文化等方面的差异以及历史演进轨迹的不同，不同国家（地区）的公司治理存在着差异，但最近20年来，通过对西方大公司的研究，人们越来越认识到建立良好的公司治理的重要性。因此，国际社会也越来越重视如何建立有效的公司治理结构，并把它作为增强经济实力、提高绩效的基本手段。公司治理学的核心内容就是依据对现代公司治理问题的研究，透过正在全球兴起的公司治理浪潮，解释其现象，探究其本质，寻求其规律，以求在目前国有企业改革和改革过程中得到一些有益的启示。

基于以上目的，本书结合公司治理教学以及社会实践，充分吸收相关研究成果编写而成。本书内容主要围绕公司治理基础理论、内部治理、外部治理、新兴治理、治理模式与评价五个方面展开。为便于教学与自学之用，在每章之首提出“本章学习目标”，每章之后再附上“思考与练习”。对于较为复杂的问题，大多数章节还精心选编了大量“案例分析”和“阅读”，为学生进一步学习和加深理解提供指导和帮助。

本书由宋剑涛、王晓龙担任主编，黎嘉纪、田永彬担任副主编。全书的编写工作分工如下：宋剑涛（第3、4、5、6章）；王晓龙（第1、2、7、8、9章）；黎嘉纪（第10、11、12、13章）；田永彬（第14、15、16、17章）。初稿完成后，最后由宋剑涛对全书进行总纂、修改和定稿。

在本书的编写过程中，西南财经大学出版社给予了许多帮助和指导。我们对所引用的资料尽量说明了出处，但是仍可能有疏忽之处，在此向有关作者表示衷心的感谢！

由于编者水平有限，书中缺点错误在所难免，恳请使用本教材的师生提出批评和改进意见。

编者

2015 年 1 月

目 录

基础理论篇

内部治理篇

外部治理篇

新兴治理篇

治理模式篇

基础理论篇

“公司治理”这一概念最早出现在经济学文献中的时间是20世纪80年代初期。在这之前，2009年诺贝尔经济学获得者奥利弗·伊顿·威廉姆森（Oliver Eaton Williamson，1975）曾提出了“治理结构”（governance structure）的概念，可以说与公司治理的概念已相当接近。尽管公司治理的概念诞生只有短短几十年时间，但公司治理已经成为现代企业理论的重要组成部分。公司治理问题的产生与现代经济社会的发展有着密切的联系。企业制度的演进，所有权和经营权的进一步分离，使得代理问题更为突出。20世纪90年代以来，在经济全球化的影响下，公司治理越来越受到世界各国的广泛关注和高度重视，科学合理的公司治理是保证现代企业有效运营的基础和条件，无论是发达国家还是发展中国家，都把完善公司治理看做是改善投资环境、夯实经济基础的必要手段。特别是受2008年由美国次贷危机引发的全球金融危机的影响，必将引发全球新一轮的公司治理浪潮，公司治理模式也将成为下一个研究的主要课题。如何建立一套行之有效的制度来解决公司两权分离后所有者与经营者的利益冲突？为什么我国从西方国家引进的一系列治理机制来到中国后就变得“水土不服”了？到底什么样的公司治理机制才是有效的公司治理机制？我们需要进一步地了解和认识公司治理的基本理论，从一个新的角度对这些问题进行很好的解释。

1 导论

【本章学习目标】

1. 了解公司治理问题产生的原因；
2. 掌握公司治理的含义；
3. 把握公司治理学的研究对象与主要内容、学科性质、特点与研究方法。

公司治理是现代企业理论的重要组成部分，它涵盖了企业制度、公司管理和政府管制等众多研究领域，跨越管理学、经济学、金融学、法学和社会学等多个学科。由于各个国家的经济发展道路和经济体制存在着诸多差异性，受传统文化和政治法律等因素的影响，经过长期的公司发展历程和企业制度的演变，表现出不同的公司治理结构和治理机制，由此形成了不同的公司治理模式。

1.1 公司治理问题的产生

公司治理问题的产生并不是偶然的，它是随着公司制企业的发展逐步形成的。任何一个公司的发展基本上都会经历两个变化，即所有权与控制权分离（公司组织形式的变化）和股权结构分散化（公司融资状况的变化）。对于一个新成立的公司而言，起初公司的经营权都掌握在个人手中，资金的来源也很单一，随着公司的逐步发展和规模的扩大，需要大量的资金，资金的来源往往通过发行股票等多元化的方式来筹措，公司逐步参与进来了若干大大小小的股东，公司从原来的单一的组织模式逐步走向复杂的组织模式。这样就形成了股权结构分散化的局面，公司股东增加，迫使公司所有权和控制权分离。于是公司治理的问题就产生了。

从公司治理问题的产生到现在，几乎每一步发展都是针对公司失败或者系统危机做出的反应。最早记载的公司治理失败是1720年英国的南海泡沫，这一事件导致了英国商法和实践的革命性变化。1929年美国的股市大危机又使得美国在其后推出了证券法。1997年的亚洲金融危机使人们对东亚公司治理模式有了清醒的认识，2001年以安然、世界通信事件为代表的美国会计丑闻又暴露了美国公司治理模式的重大缺陷，甚至包括2008年因美国次贷危机而引发的全球金融危机。这些都与公司治理有着密不可分的联系，同时它们的产生又促使了公司治理模式的不断改进。

随着经济全球化的进一步加剧和公司制企业的不断发展，现代公司呈现出股权结构分散化、所有权与经营权分离等特征。伴随着企业的所有者逐渐将经营权移交给公司的职业经理人，代理问题随之产生。正是由于存在这些特征，治理问题才得以产生，并成为现代公司的焦点与核心。

【延伸阅读】

安然公司：神话的破灭

一直以来，美国安然公司（Enron Corp）身上都笼罩着一层层的金色光环：作为世界最大的能源交易商，安然在2000年的总收入高达1 010亿美元，名列《财富》杂志“美国500强”的第七名；掌控着美国20%的电能和天然气交易，是华尔街竞相追捧的宠儿；安然股票是所有的证券评级机构都强力推荐的绩优股，股价高达70美元并且仍然呈上升之势。直到破产前，公司营运业务覆盖全球40个国家和地区，共有雇员2.1万人，资产额高达620亿美元；安然一直鼓吹自己是“全球领先企业”，业务包括能源批发与零售、宽带、能源运输以及金融交易，连续4年获得“美国最具创新精神的公司”称号，并与小布什政府关系密切……

安然的噩梦

2001年年初，一家有着良好声誉的短期投资机构的老板吉姆·切欧斯公开对安然的盈利模式表示了怀疑。他指出，虽然安然的业务看起来很辉煌，但实际上赚不到什么钱，也没有人能够说清安然是怎么赚钱的。据他分析，安然的盈利率在2000年为5%，到了2001年初就降到2%以下，对于投资者来说，投资回报率仅有7%左右。

切欧斯还注意到有些文件涉及了安然背后的合伙公司，这些公司和安然有着说不清的幕后交易，作为安然的首席执行官，斯基林一直在抛出手中的安然股票，而他不断宣称安然的股票会从当时的70美元左右升至126美元。而且按照美国法律规定，公司董事会成员如果没有离开董事会，就不能抛出手中持有的公司股票。

也许正是这一点引发了人们对安然的怀疑，并开始真正追究安然的盈利情况和现金流向。到了8月中旬，人们对于安然的疑问越来越多，并最终导致了其股价下跌。8月9日，安然股价已经从年初的80美元左右跌到了42美元。

10月16日，安然发表2001年第二季度财报，宣布公司亏损总计达到6.18亿美元，即每股亏损1.11美元。同时首次透露因首席财务官安德鲁·法斯托与合伙公司经营不当，公司股东资产缩水12亿美元。

10月22日，美国证券交易委员会瞄上安然，要求公司自动提交某些交易的细节内容，并最终于10月31日开始对安然及其合伙公司进行正式调查。

11月1日，安然抵押了公司部分资产，获得JP摩根和所罗门史密斯巴尼的10亿美元信贷额度担保，但美林和标普公司仍然再次调低了对安然的评级。

11月8日，安然被迫承认做了假账，虚报数字让人瞠目结舌：自1997年以来，安然虚报盈利共计近6亿美元。

11月9日，迪诺基公司宣布准备用80亿美元收购安然，并承担130亿美元的债务。当天午盘安然股价下挫0.16美元。

11月28日，标普将安然债务评级调低至“垃圾债券”级。

11 月 30 日，安然股价跌至 0.26 美元，市值由峰值时的 800 亿美元跌至 2 亿美元。

12 月 2 日，安然正式向破产法院申请破产保护，破产清单中所列资产高达 498 亿美元，成为美国历史上最大的破产企业。当天，安然还向法院提出诉讼，声称迪诺基公司中止对其合并不合规定，要求赔偿。

安然模式的破产

首先遭到质疑的是安然公司的管理层，包括董事会、监事会和公司高级管理人员。他们面临的指控包括疏于职守、虚报账目、误导投资人以及牟取私利等。

在 10 月 16 日安然公布第二季度财报以前，安然公司的财务报告是所有投资者都乐于见到的。看看安然过去的财务报告：2000 年第四季度，"公司天然气业务成长翻升 3 倍，公司能源服务公司零售业务翻升 5 倍"；2001 年第一季度，"季营收入成长 4 倍，是连续 21 个盈余成长的财季"……在安然，衡量业务成长的单位不是百分比，而是倍数，这让所有投资者都笑逐颜开。到了 2001 年第二季度，公司突然亏损了，而且亏损额还高达 6.18 亿美元！

然后，一直隐藏在安然背后的合伙公司开始露出水面。经过调查，这些合伙公司大多被安然高层官员控制，安然对外的巨额贷款经常被列入这些公司，而不出现在安然的资产负债表上。这样，安然高达 130 亿美元的巨额债务就不会为投资人所知，而安然的一些官员也从这些合伙公司中牟取私利。

更让投资者气愤的是，显然安然的高层对于公司运营中出现的问题非常了解，但长期以来熟视无睹甚至故意隐瞒。包括首席执行官斯基林在内的许多董事会成员一方面鼓吹股价还将继续上升，另一方面却在秘密抛售公司股票。而公司的 14 名监事会成员有 7 名与安然关系特殊，要么正在与安然进行交易，要么供职于安然支持的非营利机构，对安然的种种劣迹睁一只眼闭一只眼。

安然假账问题也让其审计公司安达信面临着被诉讼的危险。位列世界第五的会计师事务所安达信作为安然公司财务报告的审计者，既没审计出安然虚报利润，也没发现其巨额债务。之前安达信曾因审计工作中出现欺诈行为被美国证券交易委员会罚了 700 万美元。

安然的核心业务就是能源及其相关产品的买卖，但在安然，这种买卖被称作"能源交易"。据介绍，该种生意是构建在信用基础上的，也就是能源供应者及消费者以安然为媒介建立合约，承诺在几个月或几年之后履行合约义务。在这种交易中，安然作为"中间人"可以在很短时间内提升业绩。由于这种生意以中间人的信用为基础，一旦安然出现任何丑闻，其信用必将大打折扣，生意马上就有中止的危险。

此外，这种业务模式对于安然的现金流向也有着重大影响。大多数安然的业务是基于"未来市场"的合同，虽然签订的合同收入将计入公司财务报表，但在合同履行之前并不能给安然带来任何现金。合同签订得越多，账面数字和实际现金收入之间的差距就越大。

安然不愿意承认自己是贸易公司，一个重要的理由就是为了抬升股价。作为贸易公司，由于天生面临着交易收入不稳定的风险，很难在股市上得到高评价。安然鼎盛时期的市值曾达到其盈利的 70 倍甚至更多。

为了保住其自封的“世界领先公司”地位，安然的业务不断扩张，不仅包括传统的天然气和电力业务，还包括风力、水力、投资、木材、广告，等等。2000年，宽带业务盛极一时，安然又投资了宽带业务。

如此折腾，安然终于在2001年10月的资产负债平衡表上拉出了高达6.18亿美元的大口子。

破产余波难平

在安然破产事件中，损失最惨重的无疑是那些投资者，尤其是仍然持有大量安然股票的普通投资者。按照美国法律，在申请破产保护之后，安然的资产将优先缴纳税款、偿还银行借款、发放员工薪资等。本来就已经不值钱的公司再经这么一折腾，投资人肯定是血本无归。

投资人为挽回损失只有提起诉讼。按照美国法律，股市投资人可以对安达信在财务审计时未尽职责提起诉讼。如果法庭判定指控成立，安达信将不得不对他们的损失做出赔偿。

在此事件中受到影响的还有安然的交易对象和那些大的金融财团。据统计，在安然破产案中，杜克（Duke）集团损失了1亿美元，米伦特公司损失8 000万美元，迪诺基公司损失7 500万美元。在财团中，损失比较惨重的是JP摩根和花旗集团。仅JP摩根对安然的无担保贷款就高达5亿美元，据称花旗集团的损失也与此相当。此外，安然的债主还包括德意志银行、日本三家大银行等。

（资料来源：张锐．安然神话的破灭．中外企业家，2002（2）．）

1.1.1 股权结构分散化

在公司制企业发展初期，公司规模相对较小，公司股东的数量也不多，公司的股权结构相对集中。后来，由于现代企业制度的不断加速发展和公司经营范围、规模的不断扩大，公司需要通过发行股票和债券来筹措大量的资金，这样公司的持股人将会从原来的少数人变为多数人，他们可能是社会中的个人，甚至是企事业单位、政府部门等组织机构，公司的股权结构逐步分散化、多元化。因此，股权结构的分散化是现代公司的第一个特征。公司的股权结构，经历了由少数人持股到社会公众持股再到机构投资者持股的历史演进过程。

公司股权结构的分散化对公司经济运行产生了有利和不利两个方面的影响。从有利的方面来看：第一，明确、清晰的财产权利关系为资本市场的有效运转奠定了牢固的制度基础。不管公司是以个人持股为主，还是以机构持股为主，公司的终极所有权或所有者始终是清晰可见的，所有者均有明确的产权份额以及追求相应权益的权利与承担一定风险的责任。第二，高度分散化的个人产权制度是现代公司赖以生存和资本市场得以维持和发展的润滑剂，因为高度分散化的股权结构意味着作为公司所有权的供给者和需求者都很多，当股票的买卖者数量越多，股票的交投就越活跃，股票的转让就越容易，规模发展就越快，公司通过资本市场投融资也就越便捷。但是，公司股权分散化也对公司经营造成了不利影响：首先股权分散化的最直接的影响是公司的股东们无法在集体行动上达成一致，从而造成治理成本的提高；其次是对公司的经营者的监督弱化，特别是大量存在的小股东，他们不仅缺乏参与公司决策和对公司高层管理人员进行监督的积极性，而且也不具备这种能力；最后是分散的股权结构，使得股东和公司其他利益相关者处于被机会主义行为损害、掠夺的风险之下。①

1.1.2 所有权和控制权分离

在一个典型的英美公众公司中拥有众多的小股东。与小型私人控制的企业不同，公众公司存在以下两个问题②：第一，股东虽然还是拥有剩余控制权（即投票权），但分散的小股东无法执行日常的公司管理。因此，现实的情况是，董事会作为股东的代表来选择经理。第二，分散的小股东缺乏监督管理者的内在动力，即不愿意监督管理者。原因是，监督的企业是一个公共物品。如果某一个股东的监督导致公司业绩改善，那么所有的股东都将受益。在监督是有成本的情况下，每一个股东都有搭便车（free rider）的愿望，即希望别的股东而不是自己来行使监督权。当然，最终的结果是可想而知的，如果所有的股东都这样想，结果是监督将无法出现。

对现代公司所有权与控制权的系统研究，始于1932年出版的伯利和米恩斯的著作《现代公司与私有产权》（The Modern Corporation and Private Property）。该书对当时美国的前200家大公司进行了分析，发现美国的财富高度集中，前200家公司的资产占全国公司资产的一半，但分散的所有权一方面使得股东失去了对公司的直接控制，变成了被动的投资者；另一方面使得持股极少的公司经理人可以通过各种方式控制公司——前200家大公司的65%是由持股极少的经理人控制的。他们直言，管理者权力的增大有损资本所有者利益的危险。分散的所有权和经理人控制成为基于该书的研究而概括出来的“伯利和米恩斯命题”的两大基本特征，其奠定的“所有权与控制形式”（ownership and control patterns）这一分析框架，构成了现代公司与公司治理研究的基本范式。

公司治理问题的出现，即来源于公司所有权与控制权的分离而产生的所有者与控制者的利益差异和目标冲突。在股权分散的情况下，公司治理首先要解决所有者和经营者之间的委托代理问题。由于公司经营者与公司所有者利益的不一致，导致委托—代理关系的产生。所有者希望通过扩大公司规模，在公司的利润实现最大化的同时实现公司所有股东利益的最大化。而经理人则希望能够实现最低利润约束下的销售收入最大化，经理人的报酬结构与公司规模的相关度远远大于与公司利润的关联度。因此，经营者需要通过设计一系列的关于经理人的控制和激励措施，以确保经理人的行为符合股东的利益，进而缓解股东和经理人之间在委托和代理过程中所出现的信息不对称等因素。

所有权和控制权的分离对公司行为产生了一系列重要影响，任何人都很难利用股

---

① 李维安．公司治理学．2版．北京：高等教育出版社，2009：4.

② 张春霖（1998）认为，一个股权分散的公众公司与一个私人的小企业是完全不同的。如果把二者等同，那么，将会得出一种武断的观点，即只要私有化就解决问题了。实际上并非如此。

权控制公司的运行，这样将使得公司的所有权和控制权更加分离，董事长通过董事会授予管理权限，经理人通过董事长被授予企业经营管理的权限，而个人股东则完全处于“用脚投票”的状态。进而，股东、经理人、债权人和其他利益相关者之间在利益上产生了矛盾，如何在一个大型的公司里平衡股东、经理人、债权人和员工各个企业要素的提供者之间的关系和利益呢？唯一的途径就是需要建立一套完整的治理规则。

1.2 公司治理的定义

公司治理起源于20世纪70年代，自威廉姆森1979年最早在《现代公司的治理》（On the Governance of the Modern Corporation）这一理论文献中将公司治理（Corporate Governance）明确为一个概念。1984年，威廉姆森又直接以“公司治理”为题对公司治理进行了较系统的分析。实际上，早在1975年，威廉姆森在其发表的《市场与层级制：一种分析及对反托拉斯的启示》中曾提出“治理结构”，这个概念已经涵盖了“公司治理”。后来在英国，由于一系列公司的倒闭，促使《卡得伯里报告》（Cadbury Report）、《格林伯里报告》（Greenbury report）、《汉普尔报告》（Hampel Report）的相继出台，掀起了全球性公司治理浪潮。尽管公司治理的概念诞生只有短短几十年的时间，但公司治理已经成为现代企业理论的重要组成部分。

实际上，公司治理的概念到目前为止，世界各国尚没有一个公认的定义。但是，人们对公司治理机制产生的背景（原因）、公司治理机构要实现的目的、公司治理结构的主要框架，股东、董事和管理人员之间如何分配经营管理权，如何发挥社会中介机构的作用以及社会责任在规范公司行为中的意义等方面，都具有很多共同点。

1.2.1 国外对公司治理的定义

公司治理的英文为“Corporate Governance”，其直译为法人规制或法人治理结构。西方学者对公司治理内涵的界定，主要是围绕着控制和监督经理人行为以保护股东利益、保护包括股东在内的公司利益相关者利益两个主题展开的。

围绕着控制和监督经理人行为、保护股东利益这一主题，西方学者对公司治理的内涵有三种理解：①

（1）股东、董事和经理人关系论

马克·J.洛（1999）认为，公司治理结构是指公司股东、董事会和高层管理人员之间的关系。

（2）控制经营管理者论

斯利佛和魏斯尼（1997）认为，公司治理是公司资金提供者确保获得投资回报的手段。如资金所有者如何使管理者将利润的一部分作为回报返还给自己，他们怎样确定管理者没有侵吞他们所提供的资本或将其投资在不好的项目上，他们怎样控制管理

① 李维安．公司治理学．2版．北京：高等教育出版社，2009：8.

者，等等。

（3）对经营者激励论

梅耶（1994）把公司治理定义为“公司赖以代表和服务于它的投资者利益的一种组织安排。它包括从公司董事会到执行人员激励计划的一切东西”。

围绕着保护公司利益相关者利益这一主题，西方学者对公司治理的内涵有四种理解：

一是控制所有者、董事和经理论。普罗兹（1998）认为，公司治理是“一个机构中控制公司所有者、董事和管理者行为的规则、标准和组织”。

二是利益相关者控制经营管理者论。希克（1993）等人认为，公司治理结构就是借以委托董事，使之具有指导公司业务的责任和义务的一种制度，是以责任为基础的。一种有效的公司治理制度应提供能够规范董事义务的机制，以防止董事滥用手中的这些权力，从而确保他们为广义上的公司最佳利益而行动。公司治理结构应看成是公司与公司的组成人员之间的一种“社会契约”，从道义上使公司及其董事有义务考虑其他“利益相关者”的利益。约翰和塞比特（1998）认为，公司治理是公司利益相关者为保护自身的利益而对内部人和管理部门进行的控制。

三是管理人员对利益相关者责任论。布莱尔（1999）认为，公司治理是一个法律、文化和制度性安排的有机整合。任何一个公司治理制度内的关键问题都是力图使管理人员能够对其他的企业资源贡献者如资本投资者、供应商、员工等负有义不容辞的责任，因为后者的投资正“处于风险”中。1981 年 4 月 5 日，美国公司董事协会的会议纪要对公司治理所做的概括被认为是最权威的定义。该协会认为，公司治理结构是确保公司长期战略目标和计划得以确立，确保整个管理结构能够按部就班地实现这些目标和计划的一种组织制度安排；公司治理结构还要确保整个管理机构能履行下列职能：能维护公司的向心力和完整；保持和提高公司的声誉；对与公司发生各种社会经济联系的单位和个人承担相应的义务和责任。

四是利益相关者相互制衡论。国外关于利益相关者相互制衡的公司治理的界定，有狭义和广义两种。狭义的利益相关者相互制衡的公司治理理论，是以钱颖一（1999）为代表的。这种治理理论主要围绕着投资者、经理、职工三个公司主要利益相关群体来展开研究。钱颖一认为，公司治理结构是一套制度安排，用以支配若干在企业中有重大利害关系的团体投资者（股东和贷款人）、经理人、职工之间的关系，并从这种联盟中实现经济利益。公司治理结构包括：第一，如何配置和行使控制权；第二，如何监督和评价董事会、经理人和职工；第三，如何设计和实施激励机制。广义的利益相关者相互制衡的公司治理理论，是以科克兰和沃特克、李普顿等为代表的。这种治理理论是围绕着公司所有利益相关群体来展开研究的。科克兰和沃特克（1988）认为，公司治理包括在高级管理层、股东、董事会和公司其他的利益相关者的相互作用中产生的具体问题。构成公司治理问题核心的是：谁从公司决策（高层管理）阶层的行动中受益？谁应该从公司决策（高级管理）阶层的行动中受益？当在“是什么”和“应该是什么”之间存在不一致时，一个公司治理问题就会出现。李普顿（1996）认为，公司治理结构应看成是一种手段，用来协调公司组成成员即股东、管理部门、雇员、顾客、供应商及包括公众在内的其他利益相关者之间的关系和利益，而这种协调应能确保公司的长期成功。

1.2.2 国内对公司治理的定义

由于公司治理涵盖了企业制度、公司管理和政府管制等研究领域，跨越管理学、经济学、金融学、法学和社会学等多个学科，对此问题研究的领域也比较多，对公司治理得出的概念也比较多。加之，公司治理不是一个一成不变的历史产物，它是随着企业的产生和发展而不断演进的。目前，国内主要从具有比较广泛研究和具有代表性的管理学、经济学和法学的三大学科角度来进行定义。

（1）管理学对公司治理的定义

李维安（2000）认为："狭义的公司治理，是指所有者（主要是股东）对经营者的一种监督与制衡机制。其主要特点是通过股东大会、董事会、监事会及管理层所构成的公司治理结构的内部治理；广义的公司治理则是通过一套包括正式或非正式的内部或外部的制度或机制来协调公司与所有利益相关者（股东、债权人、供应者、雇员、政府、社区）之间的利益关系"。①

（2）经济学对公司治理的定义

吴敬琏（1994）认为公司治理结构是指由所有者、董事会和高级执行人员即高级经理人三者组成的一种组织结构。要完善公司治理结构，就要明确划分股东、董事会、经理人各自的权力、责任和利益，从而形成三者之间的关系。②

斯坦福大学钱颖一教授在他的论文《中国的公司治理结构改革和融资改革》中提出，"公司治理结构是一套制度安排，用来支配若干在企业中有重大利害关系的团体，包括投资者、经理、工人之间的关系，并从这种关系中实现各自的经济利益。公司治理结构应包括：如何配置和行使控制权；如何监督和评价董事会、经理人和职工；如何设计和实施激励机制"。③

林毅夫（1997）是在论述市场环境的重要性时论及这一问题的。他认为，"所谓的公司治理结构，是指所有者对一个企业的经营管理和绩效进行监督和控制的一整套制度安排"，并随后引用了米勒（1995）的定义作为佐证，他还指出，人们通常所关注或定义的公司治理结构，实际指的是公司的直接控制或内部治理结构。

张维迎（1999）的观点是，狭义的公司治理结构是指有关公司董事会的功能与结构、股东的权力等方面的制度安排；广义地讲，指有关公司控制权和剩余索取权分配的一整套法律、文化和制度性安排，这些安排决定公司的目标，谁在什么状态下实施控制，如何控制，风险和收益如何在不同企业成员之间分配这样一些问题，并认为广义的公司治理结构是企业所有权安排的具体化。

（3）法学对公司治理的定义

崔勤之认为："公司治理就是公司组织机构的现代化、法治化问题。从法学角度

---

① 李维安. 公司治理. 天津：南开大学出版社，2001.

② 吴敬琏. 现代公司与企业改革. 天津：天津人民出版社，1994.

③ 青木昌彦，钱颖一. 转轨经济中的公司治理结构. 北京：经济出版社，1995.

讲，公司治理结构是指，为维护股东、公司债权人以及社会公共利益，保证公司正常、有效性地运营，由法律和公司章程规定的有关公司组织机构之间权力分配与制衡的制度体系。公司治理结构是一个法律制度体系，它主要包括法律和公司章程规定的公司内部机构分权制衡机制以及法律规定的公司外部环境影响制衡两部分。公司的存在是离不开外界环境的”。①

从上面列出的这些定义可以看出，学者们对公司治理概念的理解至少包含以下两层含义②：

第一，公司治理是一种合同关系。公司被看作一组合同的联合体，这些合同治理着公司发生的交易，使得交易成本低于由市场组织这些交易时发生的交易成本。由于经济行为人的行为具有有限理性和机会主义的特征，所以这些合同不可能是完全合同，即能够事前预期各种可能发生的情况，并对各种情况下缔约方的利益、损失都做出明确规定的合同。为了节约合同成本，不完全合同常常采取关系合同的形式。就是说，合同各方不求对行为的详细内容达成协议，而是对目标、总的原则、遇到情况时的决策规则、分享决策权以及解决可能出现的争议的机制等达成协议，从而节约了不断谈判、不断缔约的成本。公司治理的安排，以公司法和公司章程为依据，在本质上就是这种关系合同，它以简约的方式，规范公司各利害相关者的关系，约束他们之间的交易，来实现公司交易成本的比较优势。

第二，公司治理的功能是配置权、责、利关系。合同要能有效，关键是要对在出现合同未预期的情况时谁有权决策做出安排。一般来说，谁拥有资产，或者说，谁有资产所有权，谁就有剩余控制权，即对法律或合同未作规定的资产使用方式作出决策的权利。公司治理的首要功能，就是配置这种控制权。这有两层意思：一层是公司治理是在既定资产所有权前提下安排的。所有权形式不同，比如债权与股权、股权的集中与分散等，公司治理的形式也会不同。另一层是所有权中的各种权力就是通过公司治理结构进行配置的。这两方面的含义体现了控制权配置和公司治理结构的密切关系：控制权是公司治理的基础，公司治理是控制权的实现。

根据以上分析，我们可以得出这样一个结论：公司治理是针对公司制企业的一种制度性的安排，它是在监督与制衡思想指导下，处理因所有权与经营权分离而产生的委托代理关系的一整套制度安排，是围绕公司所形成的各利益方通过一系列的内部和外部机制实施的共同治理。它包含了“制度”与“机制”两个层面的内容，同时又是一个动态与静态相结合的过程。静态主要是指制度层面上的治理措施，动态主要是指公司内、外的各种治理机制通过各种不同的形式对处于相对静态中的公司治理结构发挥着作用。公司治理的目标在于科学决策、控制代理成本、提高公司绩效以及满足各利益相关者的要求。

---

① 崔勤之．对我国公司治理结构的法理分析．法制与社会发展，1999（2）．

② 中国公司治理网，www. cg. org. cn.

1.3 公司治理的研究范围

公司治理是一门涉及众多学科领域的综合性学科。它涵盖了企业制度、公司管理和政府管制等众多研究领域，跨越管理学、经济学、金融学、法学和社会学等多个学科。本书主要从公司内部和外部制度或机制两个角度去阐述公司治理所研究的范围。

1.3.1 公司外部制度或机制的角度

公司治理主要研究公司外部制度及机制的相关问题。外部的制度或机制是指，由证券市场、经理市场、公司控制权市场、股东诉讼、机构投资者、银行、公司法、证券法、信息披露、会计准则、社会审计和社会舆论等构成的外部监控机制。① 比如公司信息披露对公司治理的意义，银行在公司治理中起到的作用等。

1.3.2 公司内部制度或机制的角度

根据对公司治理的定义，我们可以得出公司治理是通过一整套包括正式或非正式的制度或机制来协调公司董事会、股东与经理层等之间的利益关系，以保证公司决策的科学化，从而最终维护公司各方面利益的一种制度安排。其内部制度或机制是指由股东大会、董事会、监事会和经理层构成的内部权力机构的权力分配及其相互制衡机制。这也是从微观层面来考虑和研究公司治理的。② 比如，公司董事会研究怎样去激励和约束经理层，使之沿着董事会的想法去工作；怎样通过公司的业绩留住股东，从而吸引更多的资金。

除了从上述公司内部和外部制度或机制两个角度来研究公司治理外，还可以从其他的角度来研究公司治理。公司治理受到传统文化和政治法律等因素的影响，在不同的经济体制之下有着不同的模式。所有的公司治理制度或机制最终还是要符合当地的文化传统、所在国家的相关法律，适应当地环境，一味地模仿和照搬都不可能起到真正的效果。

正是基于上述考虑，我们才说公司治理学是一门探索公司治理实践中具有共性的基本原理、运作规范和方法的科学。

1.4 公司治理的意义

公司治理源自于西方发达国家，尤其是源自于美国公司制的发展进程。西方发达国家几乎一致认为，良好的公司治理机构是公司竞争力的源泉和经济长期增长的基本

① 李维安．公司治理学：2 版．北京：高等教育出版社，2009.

② 李维安．公司治理学：2 版．北京：高等教育出版社，2009.

条件。

自1911年泰勒出版《科学管理原理》一书以来，围绕着管理的基本理论，逐步形成了财务管理学、生产管理学、营销管理学、人力资源管理学等专业管理学科。公司治理学作为近年来形成的新兴学科，在管理学科中处于什么样的地位，是一个需要明确的问题。

从得到国际社会普遍认可的具有权威性的《OECD公司治理准则》中不难看出公司治理的重要性。前任世界银行行长沃尔芬森（Wolfenson James D.）指出："对世界经济而言，完善的公司治理和健全的国家治理一样重要。"

公司治理问题之所以如此重要，根本原因在于良好的公司治理是现代市场经济和证券市场健康运作的微观基础。具体包括以下几个方面：①

（1）良好的公司治理有利于改善公司绩效

公司治理与公司绩效之间的关系一直是公司治理研究中的一个备受争议的课题，实证研究并未得出一致的结论。通常，公司绩效与公司治理是紧密相关的，对上市公司来说更是如此。专家通过对德国91家上市公司的治理指标研究表明，在1998—2002年间，治理得好的公司比其他公司的业绩年平均高12%。

首先，良好的公司治理能够刺激权益资本和债务资本流向那些以最有效的方式进行投资，提供市场最需要的产品和服务，同时又能提供最高回报率的企业；其次，良好的公司治理能够有效地约束企业经营者，激励经营者对稀缺资源进行最有效的配置，从而有利于实现公司和股东的目标；最后，良好的公司治理能够提升公司经营层应对变化和危机的能力。

（2）良好的公司治理有利于提高投资者信赖度

由于资本市场的国际化，本国企业可以到国外去融资，但是一国能否吸引长期的有"耐心"的国际投资者，在很大程度上取决于该国的公司治理是否能够让投资者信赖和接受。即使该国的公司并不是依赖于外国资本，坚守良好的公司治理准则，也能够增强国内投资者对投资该公司的信心，从而降低融资成本，最终能够获得更多、更稳定的资金来源。

投资者对公司治理的关注以及良好的公司治理的重视，可以从麦肯锡公司的一项问卷调查结果中体现出来。2000年，麦肯锡发布了一份投资者调查报告②，其主题是股东怎样评价和衡量一个公司的治理结构的价值。这项调查是麦肯锡与世界银行及机构投资者协会合作进行的。参与此项问卷的有200家大型机构投资者，管理着32 500万亿美元的资产。调查表明，3/4的投资者认为他们在选择投资对象时，公司的治理结构（特别是董事会的结构）和绩效与该公司的财务绩效和指标至少一样重要（图1.1）。81%的欧洲和美国投资者、83%的拉美投资者和89%的亚洲投资者愿意为治理结构好的企业支付更高的溢价（premium）。比如对英国的公司，同样的股票、盈

① 廖理．公司治理与独立董事．北京：中国计划出版社，2002：40－50.

② Coombes, Paul, Mark Watson, The surveys on corporate governance. The Mckinsey Quarterly Quarterly, 2000 (4).

利和财务状况，治理结构好的公司股票的溢价是22%，而印度尼西亚的公司是27%（图1.2）。而且，大多数投资者反映在他们作投资决策时，公司的治理情况是他们考虑的重要因素。可见，良好的公司治理结构能够吸引投资者，企业治理越好，投资回报越高，企业的融资能力越强（如图1.1、图1.2、图1.3所示）。

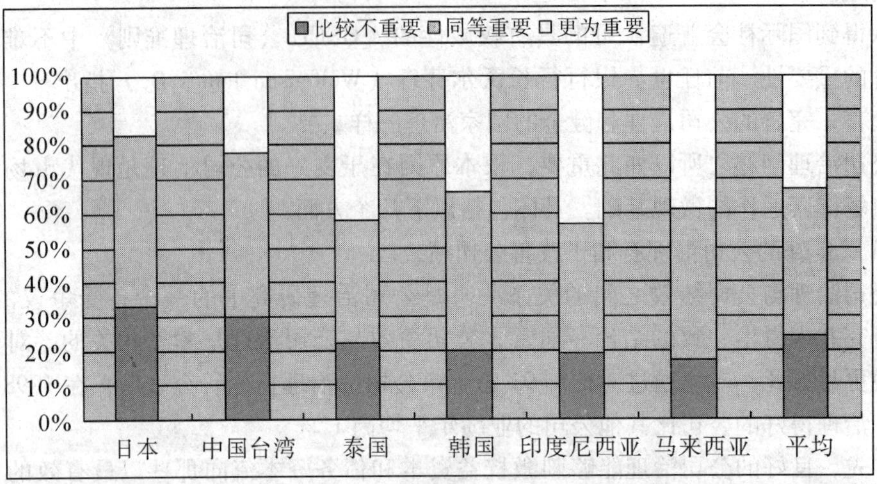

图1.1 投资者在亚洲寻求潜在投资时候关注的因素：董事会绩效与财务数据的重要性的评估（%）

资料来源：麦肯锡公司。

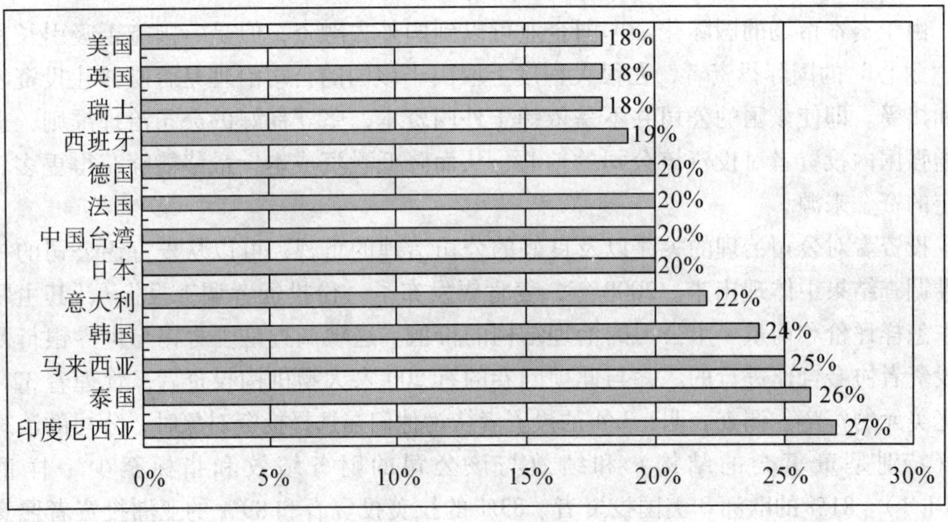

图1.2 投资者愿意为良好的公司治理所支付的平均溢价（%）

资料来源：麦肯锡公司。

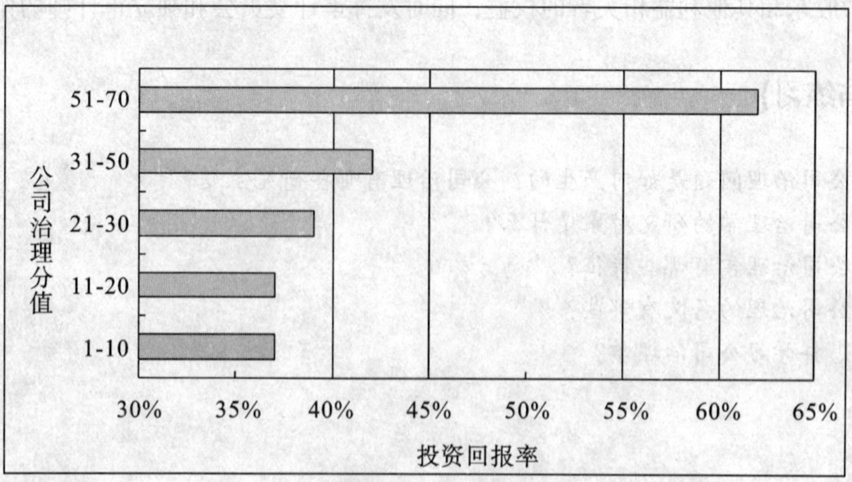

图 1.3 公司治理分值与投资回报率的关系

资料来源：CISA（里昂证券）。

（3）良好的公司治理是机构投资者的投资要求

近年来，机构投资者发展迅速。1998 年，OECD 国家保险公司和养老基金资产占 GDP 的 12%，而 1980 年仅占 38%。相应的，机构投资者对股票市场的影响也不断加强。近期的调查研究表明，世界上 20 个流动性最好的股票市场，由不到 100 家的大型非银行金融机构（主要是养老基金和保险公司）控制了其中的 20%，机构投资的迅速增长，使得公司治理中来自机构投资者的压力逐渐增强。如美国最有影响力的机构投资者之一——美国加州公职人员退休基金系统（Cal PERS），每年其公司治理项目都要排列出十大最差绩效公司，这一排序对这些公司提高治理水平产生了重要影响。对列入该名单的 62 家公司的跟踪研究表明，这些公司的股价在 Cal PERS 介入之前的 5 年内平均股价是标准普尔 500 强指数的 85%，但是在 Cal PERS 介入之后的 5 年内它的平均股价比标准普尔 500 强指数还高出了 54%，每年为该基金带来 1.5 亿美元的额外收益。

（4）良好的公司治理是发展中国家和新兴市场国家经济改革的要求

从 1980 年起，国际资本流动大幅度增长，增长了大约 20 倍，其中 85% 属于私人所有（1980 年大约为 20%），并且这些资本流动越来越多地采取股权的形式。研究表明，1998 年的金融危机使得人们开始认识到日本、东南亚、俄罗斯和其他新兴市场国家的公司治理正处于危险境地。股权过于集中、缺乏对投资者的保护，以及缺乏对资本市场的有效监管，加之原有的"裙带资本主义"，导致了投资者对于这些国家金融体系信息的崩溃。很多企业赢利能力低下，财务信息不透明，企业的负债水平往往超过财务报告的披露信息。那些公司治理标准最低的国家——尤其是在对小股东的保护方面——货币贬值和股市衰落也最为严重。经历了金融危机后，西方银行开始要求发展中国家政府、当地交易所和职业机构加强对企业的控制和监管，要想获得贷款，就必须对公司治理进行实质性改革。这些对公司治理改革的要求主要集中在以下三个方面：一是通过更加严厉的法律和政策监管，以及彻底的调查来减少欺诈和腐败；二是给予西方会计准则的更为详细的财务信息披露；三是建立规模更小的同时更为独立的董事会来保护股东和其他利益相关者的权益，同时发挥审计委员会和独立审计师的作用。

【思考与练习】

1. 公司治理问题是如何产生的？公司治理有哪些研究主题？
2. 公司治理学的研究对象是什么？
3. 公司治理学有哪些特征？
4. 公司治理的意义有哪些？
5. 怎样学习公司治理学？

2 企业制度的演进与公司治理理论的发展

【本章学习目标】

1. 了解企业制度演进的脉络与公司制企业的特征；
2. 明确公司治理理论的历史发展线索；
3. 掌握企业理论的相关知识。

公司治理一直以来是一个重要课题，公司治理对于企业生存和发展具有重大意义。西方经济学家提出了委托—代理、利益相关者等一系列公司治理理论，西方经济发达国家形成了内部治理和外部治理两种模式。那么企业制度是如何演进的，以及公司治理理论是怎样发展的呢？本章通过进一步了解企业制度的演进与公司治理理论的发展来认识公司治理。

2.1 企业制度的演进

企业制度是指在一定的历史条件下所形成的企业经济关系，包括企业经济运行和发展中的一些重要规定、规程及行动准则。

从企业制度的发展历史看，经历了两个发展时期——古典企业制度时期和现代企业制度时期。古典企业制度主要是以业主制企业和合伙制企业为代表的。现代企业制度主要是以公司制企业为代表的。

业主制（the single proprietorship）是企业制度中的最早存在形式，甚至比资本主义的历史还要悠久。业主制企业具有以下特点：一是企业归业主所有，企业剩余归业主所有，业主自己控制企业，拥有完全的自主权，享有全部的经营所得。二是业主对企业负债承担无限责任，个人资产与企业资产不存在绝对的界限，企业盈利时是如此，企业亏损时也是如此，当企业出现资不抵债时，业主要用其全部资产来抵偿。业主制企业的缺点是规模小，资金筹集困难，因业主承担无限责任所带来的风险较大，企业存续受制于业主的生命期。上述缺点，使业主制企业逐渐被合伙制企业取代。

合伙制企业（the partnership）是由两个或多个出资人联合组成的企业。在基本特征上，它与业主制企业并无本质的区别。在合伙制企业中，企业归出资人共同所有，共同管理，并分享企业盈余或亏损，对企业债务承担无限责任。与业主制企业相比，合伙制企业的优点是扩大了资金来源，降低了经营风险。其缺点是合伙人对企业债务承担无限责任，风险较大，合伙人的退出或死亡会影响企业的生存和寿命。因为上述缺点，合伙制企业逐渐被现代意义上的公司制企业所取代。

公司制企业（the corporation）是企业制度适应经济、社会和技术的进步，不断自我完善的结果，是现代经济生活中主要的企业存在形式。它使企业的创办者和企业家在资本的供给上摆脱了对个人财富、银行和金融机构的依赖。在最简单的公司制企业中，公司由三类不同的利益主体组成：股东、公司管理者、雇员。与传统的企业或古典企业相比，股份公司具有三个重要特点：一是股份公司是一个独立于出资者的自然人形式的经济、法律实体，从理论上讲，它有一个永续的生命；二是股份可以自由地转让；三是出资人承担有限责任。

现代公司的雏形可以追溯到大约14世纪，在欧洲国家开始出现了一些人将自己的财产或资金委托给他人经营的组织形式，经营收入按事先的约定进行分配。经营失败时，委托人只承担有限责任。15世纪末，随着航海事业的繁荣和地理大发现的完成，迎来了海上贸易的黄金时代。1600年，英国成立了由政府特许的专司海外贸易的东印度公司，这被认为是第一个典型的股份公司。到17世纪的时候，英国已经确立了公司的独立法人地位。公司已成为一种稳定的企业组织形式。

这种最早在欧洲兴起的股份公司制度是一种以资本联合为核心的企业组织形式。它是从业主制、合伙制基础上发展起来的一种全新的企业制度形式。它有一些优于古典企业的地方：一是股份制企业筹资的可能性和规模扩张的便利性；二是降低和分散风险的可能性。由于股东承担有限责任，而且股票可以转让，因此，对投资者特别有吸引力；三是公司的稳定性。由于公司的法人特性，使得股份公司具有稳定的、延续不断的生命，只要公司经营合理、合法，公司就可以长期地存在下去。

公司制企业的产生与发展，对自由竞争的经济发展，尤其市场效率的提高有着非常积极的意义。它在很大程度上克服了业主制、合伙制企业经济上的局限性。业主制与合伙制企业在其发展过程中，不仅受到来自财力不足方面的限制，这种限制包括无力从事大规模的经济活动，也包括承担高风险的事业经营。而且，古典企业的发展，更受到其“自然人”特性的制约，虽然财产可以由家族世袭，但是，家族世袭并不能解决企业的持续存在和长期发展的问题。另外，市场的扩大和生产、经营技术的复杂化，越来越需要专业化的职业经营者。而股票市场交易的延展，使众多零星小额资本得以不断加入经济活动的行列，因此，公司制首先解决了企业发展的资金问题；其次，以法人身份出现的公司制企业，使企业不再受到“自然人”问题的困扰；最后，专业化的企业经营者的加入，适应了变化和复杂化的经济形势。

2.2 公司治理的理论基石——企业理论

企业理论（the theory of the firm）是研究企业的本质、边界和企业内部的激励制度。企业理论的开创者是1991年诺贝尔经济学奖得主罗纳德·科斯（Ronald Coase）教授，后继者主要包括奥利弗·威廉姆森（Oliver Williamson）、Klein、Oliver Hart、

Bengt Holmstrom、Jean Tirole 等人。与企业理论有关的理论包括交易费用经济学（创立者为威廉姆森）、企业的产权理论（创立者为 Hart）、企业的激励理论（创立者为 Holmstrom 和 Milgrom）以及其他非主流的企业理论。

本节在讨论企业理论时，着重以契约理论为重点进行阐释。契约理论是近 30 年来迅速发展的经济学分支之一，也因为如此，契约理论一直处于不停的整合过程之中。按照 Brousseau & amp，Glachant（2002）的观点，契约理论应包括：激励理论（incentive theory）、不完全契约理论（incomplete contract theory）和新制度交易成本理论（the new institutional transaction costs theory）。Williamson（1991，2002）指出，契约的经济学研究方法主要包括公共选择、产权理论、代理理论与交易成本理论四种。激励理论是在委托代理理论（完全契约理论）基础上发展起来的，而布坎南提出的用契约研究公共财政的公共选择方法主要用来分析“公共秩序”（public ordering，Williamson，2002）。契约理论主要包括委托代理理论、不完全契约理论以及交易成本理论三个理论分支，这三个分支都是解释公司治理的重要理论工具，它们之间不存在相互取代的关系，而是相互补充的关系。

（1）激励理论（incentive theory）

在经济发展的过程中，劳动分工与交易的出现带来了激励问题。激励理论是行为科学中用于处理需要、动机、目标和行为四者之间关系的核心理论。行为科学认为，人的动机来自需要，由需要确定人们的行为目标，激励则作用于人内心活动，激发、驱动和强化人的行为。激励理论是业绩评价理论的重要依据，它说明了为什么业绩评价能够促进组织业绩的提高，以及什么样的业绩评价机制才能够促进业绩的提高。

自从 20 世纪二十年代以来，国外许多管理学家、心理学家和社会学家结合现代管理的实践，提出了许多激励理论。这些理论按照形成时间及其所研究的侧面不同，可分为行为主义激励理论、认知派激励理论和综合型激励理论三大类。

第一类是行为主义激励理论。20 世纪 20 年代，美国风行一种行为主义的心理学理论，其创始人为华生。这个理论认为，管理过程的实质是激励，通过激励手段，诱发人的行为。在“刺激—反应”这种理论的指导下，激励者的任务就是去选择一套适当的刺激，即激励手段，以引起被激励者相应的反应标准和定型的活动。新行为主义者斯金纳在后来又提出了操作性条件反射理论。这个理论认为，激励人的主要手段不能仅仅靠刺激变量，还要考虑到中间变量，即人的主观因素的存在。具体说来，在激励手段中除了考虑金钱这一刺激因素外，还要考虑到劳动者的主观因素的需要。根据新行为主义理论，激励手段的内容应从社会心理观点出发，深入分析人们的物质需要和精神需要，并使个体需要的满足与组织目标的实现一致化。

新行为主义理论强调，人们的行为不仅取决于刺激的感知，而且也决定于行为的结果。当行为的结果有利于个人时，这种行为就会重复出现而起着强化激励作用。如果行为的结果对个人不利，这一行为就会削弱或消失。所以在教育中运用肯定、表扬、奖赏或否定、批评、惩罚等强化手段，可以对学习者的行为进行定向控制或改变，以引导到预期的最佳状态。

第二类是认知派激励理论。行为被简单地看成人的神经系统对客观刺激的机械反应，这不符合人的心理活动的客观规律。对于人的行为的发生和发展，要充分考虑到人的内在因素，诸如思想意识、兴趣、价值和需要等。因此，这些理论都着重研究人的需要的内容和结构，以及如何推动人们的行为。认知派激励理论还强调，激励的目的是要把消极行为转化为积极行为，以达到组织的预定目标，取得更好的效益。因此，在激励过程中还应该重点研究如何改造和转化人的行为。属于这一类型的理论还有斯金纳的操作条件反射理论和挫折理论等。这些理论认为，人的行为是外部环境刺激和内部思想认识相互作用的结果。所以，只有改变外部环境刺激与改变内部思想认识相结合，才能达到改变人的行为的目的。

第三类是综合型激励理论。行为主义激励理论强调外在激励的重要性，而认知派激励理论强调的是内在激励的重要性。综合性激励理论则是这两类理论的综合、概括和发展，它为解决调动人的积极性问题指出了更为有效的途径。心理学家勒温提出的场动力理论是最早期的综合型激励理论。这个理论强调，对于人的行为发展来说，先是个人与环境相互作用的结果。外界环境的刺激实际上只是一种导火线，而人的需要则是一种内部的驱动力，人的行为方向决定于内部系统的需要的强度与外部引线之间的相互关系。如果内部需要不强烈，那么，再强的引线也没有多大的意义。波特和劳勒于 1968 年提出了新的综合型激励模式，将行为主义的外在激励和认知派的内在激励综合起来。在这个模式中含有努力、绩效、个体品质与能力、个体知觉、内部激励、外部激励和满足等变量。在这个模式中，波特与劳勒把激励过程看成外部刺激、个体内部条件、行为表现、行为结果相互作用的统一过程。一般人都认为，有了满足才有绩效。而他们则强调，先有绩效才能获得满足，奖励是以绩效为前提的，人们对绩效与奖励的满足程度反过来又影响以后的激励价值。人们对某一作业的努力程度，是由完成该作业时所获得的激励价值和个人感到做出努力后可能获得奖励的期望概率所决定的。很显然，对个体的激励价值愈高，其期望概率愈高，则他完成作业的努力程度也愈大。同时，人们活动的结果既依赖于个人的努力程度，也依赖于个体的品质、能力以及个体对自己工作作用的知觉。

主要的激励理论有三大类，分别为内容型激励理论、过程型激励理论和行为修正型激励理论。所谓内容型激励理论，是指针对激励的原因与起激励作用的因素的具体内容进行研究的理论。这种理论着眼于满足人们需要的内容，即：人们需要什么就满足什么，从而激起人们的动机。内容型激励理论重点研究激发动机的诱因，主要包括马斯洛的“需要层次论”、赫茨伯格的“双因素论”和麦克莱兰的“成就需要激励理论”等。过程型激励理论重点研究从动机的产生到采取行动的心理过程，主要包括弗鲁姆的“期望理论”、海德的归因理论和亚当斯的“公平理论”等。行为修正型激励理论重点研究激励的目的（即改造、修正行为），主要包括斯金纳的强化理论和挫折理论等。

（2）不完全契约理论

不完全契约理论，是由格罗斯曼和哈特（Grossman & Hart，1986）、哈特和莫尔（Hart & Moore，1990）等共同创立的，因而这一理论又被称为 GHM（格罗斯曼—哈特—莫尔）理论或 GHM 模型。国内学者一般把他们的理论称之为“不完全合约理论”或

"不完全契约理论"。因为该理论是基于如下分析框架：以合约的不完全性为研究起点，以财产权或（剩余）控制权的最佳配置为研究目的。它是分析企业理论和公司治理结构中控制权的配置对激励与对信息获得的影响的最重要的工具。

GHM 模型直接承继科斯、威廉姆森等开创的交易费用理论，并对其进行了批判性发展。其中，1986 年的模型主要解决资产一体化问题，1990 年的模型发展成为一个资产所有权一般模型。GHM 模型与供需曲线图像模型、萨缪尔森（Paul Samuelson）的重叠代模型、拉丰（Jean-Jacques Laffont）和梯若（Jean Tirole）的非对称信息模型、戴蒙德（Douglas Diamond）和迪布维格（Philip Dybvig）的银行挤兑模型一起，被称为现代经济学五大标准分析工具。在企业理论、融资理论、资本结构理论和企业治理理论等方面得到了广泛的运用。

不过，GHM 模型本身也在理论和实际两方面受到许多质疑、挑战及批判。尤其是 20 世纪 90 年代末以来，随着经济信息化和知识化的推广，"知识经济"的来临，传统的企业性质和组织形式发生变化，人力资本的重要性得到增强，以新制度经济学为基础、物质资本所有权至上的主流企业理论受到了新的考验。GHM 模型以合约的不完全性证明物质资本所有权的重要性，这一观点和逻辑自然也受到质疑和批判。由于这一模型的特殊地位和影响，加之对其存在不同的理解，对它进行重新审视，并厘清其渊源和发展趋向，无疑具有重要的理论和实践意义。

（3）新制度交易成本理论

所谓交易成本（Transaction Costs），就是在一定的社会关系中，人们自愿交往、彼此合作达成交易所支付的成本，也即人—人关系成本。它与一般的生产成本（人—自然界关系成本）是对应概念。从本质上说，有人类交往互换活动，就会有交易成本，它是人类社会生活中一个不可分割的组成部分。它是用来分析企业空间组织和对外直接投资的理论。交易成本指产品或服务从一个单位转移到另一个单位过程中产生的所有成本和代价。一般认为，市场不完善会导致交易成本升高，而这会使大公司倾向于采取垂直一体化的组织方式和进行海外直接投资。

2.3 公司治理理论的发展

2.3.1 公司治理理论的创建

公司治理理论的基础源于新制度经济学。所谓新制度经济学（New institutional economics），即是以主流经济学的方法分析研究制度理论，因此成为能被当代主流经济学派所接纳的新领域。正如科斯所说，就是用主流经济学的方法分析制度的经济学。迄今为止，新制度经济学的发展初具规模，已形成交易费用经济学、产权经济学、委托—代理理论、公共选择理论、新经济史学等几个支流。新制度经济学包括四个基本理论：交易费用理论、产权理论、企业理论、制度变迁理论。

（1）交易费用理论

交易费用是新制度经济学最基本的概念。交易费用思想是科斯在1937年的论文《企业的性质》一文中提出的。科斯认为，交易费用应包括度量、界定和保障产权的费用，发现交易对象和交易价格的费用，讨价还价、订立合同的费用，督促契约条款严格履行的费用，等等。

交易费用的提出，对于新制度经济学具有重要意义。由于经济学是研究稀缺资源配置的，交易费用理论表明交易活动是稀缺的，市场的不确定性导致交易也是冒风险的，因而交易也有代价，从而也就有如何配置的问题。资源配置问题就是经济效率问题。所以，一定的制度必须提高经济效率，否则旧的制度将会被新的制度所取代。这样，制度分析才被真正纳入了经济学分析之中。

（2）产权理论

新制度经济学家一般都认为，产权是一种权利，是一种社会关系，是规定人们相互行为关系的一种规则，并且是社会的基础性规则。产权经济学大师阿尔钦认为："产权是一个社会所强制实施的选择一种经济物品的使用的权利。"这揭示了产权的本质是社会关系。在鲁滨孙一个人的世界里，产权是不起作用的。只有在相互交往的人类社会中，人们才必须相互尊重产权。

产权是一个权利束，是一个复数概念，包括所有权、使用权、收益权、处置权等。当一种交易在市场中发生时，就发生了两束权利的交换。交易中的产权束所包含的内容影响物品的交换价值，这是新制度经济学的一个基本观点之一。

产权实质上是一套激励与约束机制。影响和激励行为，是产权的一个基本功能。新制度经济学认为，产权安排直接影响资源配置效率，一个社会的经济绩效如何，最终取决于产权安排对个人行为所提供的激励。

（3）企业理论

科斯运用其首创的交易费用分析工具，对企业的性质以及企业与市场并存于现实经济世界这一事实做出了先驱性的解释，将新古典经济学的单一生产制度体系——市场机制，拓展为彼此之间存在替代关系的、包括企业与市场的二重生产制度体系。

科斯认为，市场机制是一种配置资源的手段，企业也是一种配置资源的手段，二者是可以相互替代的。在科斯看来，市场机制的运行是有成本的，通过形成一个组织，并允许某个权威（企业家）来支配资源，就能节约某些市场运行成本。交易费用的节省是企业产生、存在以及替代市场机制的唯一动力。

而企业与市场的边界在哪里呢？科斯认为，由于企业管理也是有费用的，企业规模不可能无限扩大，其限度在于：利用企业方式组织交易的成本等于通过市场交易的成本。

（4）制度变迁理论

制度变迁理论是新制度经济学的一个重要内容。其代表人物是诺斯，他强调，技术的革新固然为经济增长注入了活力，但人们如果没有制度创新和制度变迁的冲动，并通过一系列制度（包括产权制度、法律制度等）构建把技术创新的成果巩固下来，那么人类社会长期经济增长和社会发展是不可设想的。所以，诺斯认为，在决定一个国家经济增长和社会发展方面，制度具有决定性的作用。

制度变迁的原因之一就是相对节约交易费用，即降低制度成本，提高制度效益。所以，制度变迁可以理解为一种收益更高的制度对另一种收益较低的制度的替代过程。产权理论、国家理论和意识形态理论构成制度变迁理论的三块基石。制度变迁理论涉及制度变迁的原因或制度的起源问题、制度变迁的动力、制度变迁的过程、制度变迁的形式、制度移植、路径依赖等。

科斯的原创性贡献，使经济学从零交易费用的新古典世界走向正交易费用的现实世界，从而获得了对现实世界较强的解释力。经过威廉姆森等人的发挥和传播，交易费用理论已经成为新制度经济学中极富扩张力的理论框架。引入交易费用进行各种经济学的分析是新制度经济学对经济学理论的一个重要贡献。目前，正交易费用及其相关假定已经构成了可能替代新古典环境的新制度环境，正在影响许多经济学家的思维和信念。

2.3.2 詹森的贡献①

在公司治理不断向纵深发展的过程中，詹森（Michael C. Jensen）的贡献是极其重大的。1976年，詹森和麦克林（William H. Meckling）合作发表《企业理论：经理行为、代理成本和所有权结构》，这是一篇经济和社会科学文献中被引述得最多的论文之一，有的学者甚至认为这篇文章是公司治理理论研究的真正发端。此后，詹森就公司控制权市场、代理成本与自由现金流、绩效报酬与经理激励、控制和决策机制等公司治理问题进行了广泛而深入的研究。另外，詹森还为公司治理理论的发展做了其他一些方面的努力，如他创办的《金融经济学杂志》已经成为公司治理理论研究的重要阵地。受这本杂志录用稿件风格的影响，实证分析已经成为公司治理研究中的重要方法。

詹森公司治理理论的核心是代理关系和代理成本。詹森将代理关系定义为一种契约，这与威廉姆森无疑是一脉相承的，只不过前者强调降低代理成本，后者则强调降低交易成本。而实际上，代理成本是交易成本的一个方面。

詹森认为，在现代公司中，资本所有者将日常经营的控制权委托给了作为其代理人的执行经理，从而产生代理成本，公司治理就是为了降低代理成本。詹森把代理成本分为三类：一是委托人的监督成本，是指委托人对代理人进行的适当激励，以及所承担的用来约束代理人越轨行为的费用；二是代理人的保证成本，是指代理人为保证不采取某种危及委托人的行为而向委托人作出的补偿承诺或支付的保证金；三是剩余损失（residual loss），是指因代理人的决策与使委托人福利最大化的决策之间存在某种偏差而造成的委托人的福利损失。

代理成本是由于委托人和代理人处于不同的地位而产生的，这些不同包括他们对待风险的态度、信息不对称的作用效果、对剩余收益的索取权等。在代理关系中，代理人有可能出于私利而机会主义地行事，忽略委托人的利益。在股份公司的委托—代理关系中，股东并不直接参与公司的运作，执行经理往往掌握着更充分的信息，也更

① 高明华．公司治理学．北京：中国经济出版社，2009：42－43.

密切地参与经营活动，这样他们可以按自己的利益行事，而不利于掌握信息较少的委托人。例如，经理们可以设法将业务活动安排得让人难以批评，或者使自己享受到很高的在职消费；他们可能容忍有违委托人利益的低利润。因此，所有权和控制权的分离有可能造成很高的信息成本和组织成本。这一问题还包括这样的一个事实，即了解经理们是否在合理地按股东利益行事需要投入很高的信息成本。由此，伯利和米恩斯将委托—代理问题视为资本主义系统的阿基里斯之踵（Achilles Heel）。[①] 而且，当公司受到股东严格管制时，经理人在冒险和创新的判断力就会受到损害，从而产生管制失效。

然而，在多数发达的资本主义国家中，由经理操纵的公司的绩效在整体上并不比业主经营的企业差，所以，公司治理方面的委托—代理问题没有想象中那么严重。詹森在 1976 年、1983 年的几篇论文中证明，对公司经理的代理人机会主义，存在着若干有力的遏制机制，这就是公司治理机制。例如公司内部的激励和约束机制，包括定期的内部审计和外部审计、强制性预算控制、股东大会和为股东服务的审计委员会、激励性报酬体系、按业绩定职位等；公司外部的竞争性市场，包括经理市场、信息市场、公司控制权市场（又称公司接管市场）和产品市场等。

詹森强调，竞争和确保信息透明的规则对具有机会主义倾向的经理直接构成了潜在的威胁和惩戒，从而增强了股东的控制。换言之，市场竞争的无情压力有助于强化公司所有者的权利，减少代理成本，提高股价以衡量公司价值。以公司控制权市场与公司价值的关系为例，詹姆和鲁贝克（R. S. Ruback）在 1983 年发表的《公司控制权市场：科学证据》中证明，尽管公司接管（即控制权转移）会产生大量的交易成本（对经理、律师、经济学家和财务顾问的支付等），但相对于利益来说，这些交易成本仍旧是小数，公司接管能够消除无效的管理，进而能增加社会净财富。詹姆和鲁贝克的这篇论文引发了一大批类似的研究，一个共同的结论是：对目标公司投标，可以提高目标公司的股价，尽管并非所有的收购都会增加净财富。

詹森和墨菲（Kevin J. Murphy）在 1990 年发表的《绩效报酬与对高层管理的激励》则分析了总经理的工作绩效（以股东财富或公司价值衡量）与报酬激励（包括薪金、期权、股票持有量和解雇威胁等）之间的相关性。对二者关系的估算表明，股东财富每变化 1 000 美元，总经理的财富会有 3.25 美元的变动。虽然股票所有权产生的激励作用相对大于薪金和解雇引起的激励作用，但大多数总经理仅持有他们公司股票的很小一部分，并且在过去的 50 年间所有权水平不断下降。这说明，总经理报酬与其工作绩效之间的敏感性不强。这进一步证实了詹森的基本观点，即外部市场的竞争比内部报酬激励更有效。

---

① 阿基里斯（Achilles）是古希腊神话中的勇士。他出生后，他的母亲提着他的脚将他浸入冥河中，由此使他全身刀枪不入，只有未被浸入水中的脚跟除外。“阿基里斯之踵”一词就被用来喻指一事物中的致命弱点。柯武刚，史漫飞. 制度经济学——社会秩序与公共政策. 北京：商务印书馆，2000：332.

2.3.3 布莱尔的贡献[①]

1995 年，布莱尔（M. M. Blair）出版了《所有权与控制：面向 21 世纪的公司治理探索》，提出了她的系统的公司治理理论。布莱尔公司治理理论的核心是利益相关者价值观，即公司不仅仅对股东，而且要对经理、雇员、债权人、顾客、政府和社区等更多的利益相关者的预期作出反应，并协调他们之间的利益关系。在布莱尔之前，尽管多得（Jr. Dodd）和威廉姆森等人也都曾强调要关注股东以外的其他利益相关者的利益，但他们分析的落脚点却是对股东利益的保护。布莱尔的贡献则在于：他没有从传统的股东所有权入手来假设股东对公司的权利、索取权和责任，而是认为公司运作中所有不同的权利、索取权和责任应该被分解到所有的公司参与者身上，并据此来分析公司应该具有什么目标，它应该在哪些人的控制下运行以及控制公司的人应该拥有哪些权利、责任和义务，在公司中由谁得到剩余收益和承担剩余风险。

布莱尔认为，尽管保护股东的权利是重要的，但它却不是公司财富创造中唯一重要的力量。过度强调股东的力量和权利会导致其他利益相关者的投资不足，很可能破坏财富创造的能量。布莱尔强调，以股东“所有权”作为分析公司治理的出发点，是彻底错误的。布莱尔通过剖析三种公司治理观，对“股东利益至上”的观点进行了批判。

第一种观点是所谓“金融模式”，认为公司由股东所有并进而应按股东的利益来管理。由于公司股东股票分布在成千上万的个人和机构手中，这些股票的持有者在影响和控制经营者方面力量过于分散，因而使得经营者在管理公司的过程中浪费资源并让公司服务于他们的个人利益。因此，应该通过改革使经理人对股东的利益更负有责任。

第二种观点是所谓“市场短视模式”，认为金融市场是缺乏忍耐性的和短视的，股东们更愿意短期的利益大一些，不愿意公司进行研究和开发等方面的长期投资。因此，改革的方法是将经理人从短期压力中解放出来，刺激他们进行长期投资，以实现股东的长期利益。

第三种观点是所谓“股东利益与社会利益一致论”，认为公司为股东创造更多的财富，就会形成最佳的社会总财富。

布莱尔指出，以上三种模式都有一个核心内容，即当公司为股东创造更多的财富，就会形成最佳的社会总财富。

布莱尔指出，以上三种模式其实都有一个核心内容，即当公司为股东的利益而运行时，它同时也就是最佳地服务于社会了。布莱尔认为，如果公司的运行仅仅只是为了股东的利益，那么它对整个社会未必是最有意义的。但是公司的目标应该至少与社会的利益相和谐。

在这里，布莱尔触及了公司准确的社会功能以及它应该为谁的利益服务的问题。按照布莱尔的看法，包括股东、职工、社区等在内的利益相关者向公司提供了专用性资产，从而承担了相应的公司经营风险，因而应让他们参与公司治理，公司应关注他

---

① 高明华. 公司治理学. 北京：中国经济出版社，2009：44－45.

们的利益，并使这种利益得到增长。

布莱尔特别分析了职工参与公司治理的需求问题。布莱尔认为，职工之所以被认为是相关利益者，是因为职工不可避免地要承担与特定投资，特别是与“人力资本”投资相关的风险。这在技术密集或定向服务的企业中尤为明显，因为在这些企业中职工的技能高度专业化，他们与持有股票一样处于风险中。一旦失去这份工作，他们的技能就将不得不废弃。在这种情况下，职工可能会像股东一样拥有强烈的动机来监督公司资产的有效使用。甚至，由于他们在生产经营中的内部经验和存在于企业成功中的利益，这使得他们与那些遥远的和匿名的股东相比，有更强的监督经理的激励。

由此，布莱尔认为，对于许多类型的公司来说，职工（以及其他利益相关者）比股东拥有更多的剩余索取权，将更有利于公司的有效治理。不过，布莱尔强调，这并不意味着职工以及其他利益相关者应该取代股东拥有的投票权，而只是说明，当职工以及其他利益相关者的专用性投资实质上处于风险时，他们可以充任公司的所有者，其权利和义务应该通过回报系统、组织系统和其他制度安排来具体化，从而使公司全部有实质性意义的资产处于风险的相关利益者的控制之下，这些控制责任的分配是与不同集团所有者的资产利益大小相对应的。比如，对投资专用性人力资本并分担风险的职工可以作为一个系列，将他们的利益与其他利益相关的利益排列在一起。

由于布莱尔的观点与主流观点的巨大差异，有的学者将布莱尔归入非主流学派。

【思考与练习】

1. 企业制度是如何演进的？
2. 简述业主制、合伙制企业、公司制企业的含义及三者之间的区别。
3. 简述不完全契约理论的内容。
4. 公司治理理论是如何发展的？

3 公司与公司法

【本章学习目标】

1. 掌握公司的概念、基本特征与基本类型；
2. 掌握公司法的概念、特征以及公司法的基本制度；
3. 掌握公司章程的概念、主要法律特征、作用与主要内容；
4. 理解公司法和公司章程对公司治理的作用与关系。

3.1 公司概述

3.1.1 公司的概念与特征

3.1.1.1 公司的概念

公司是以营利为目的而依法设立的，具有民事权利能力和行为能力，以自有资产独立承担民事责任的企业法人。这一定义有四层含义：

（1）公司是法人，即公司是以法定条件和法定程序成立的具有权利能力和行为能力的民事组织。

（2）公司是社团法人，即公司是两个或两个以上股东共同出资经营的法人组织。

（3）公司是营利性的社团法人，即公司股东出资办公司的目的在于以最少的投资获取最大限度的利润。

（4）公司应依法成立，即公司成立应依据专门的法律，并且应符合公司法规定的实质要件。此外公司的成立须遵循公司法规定的程序，履行规定的申请和审批登记手续。

3.3.1.2 公司的特征

从上述定义可以看出，公司应具有以下三个重要的法律特征：

（1）合法性

公司必须依照公司法规定的条件并依照法律规定的程序设立；在公司成立以后，公司也必须严格依照有关法律规定进行管理、从事经营活动。设立公司，需要符合法定条件。没有这些条件，公司的生产经营活动就不能开展。从法律上分析，其中有些条件是任何公司都必不可少的，我们称之为公司构成的基本要素。这些基本要素是资本、章程和机关。

（2）营利性

公司作为一种企业法人，应当通过自己的生产、经营、服务等活动取得实际的经济利益，并将这种利益依法分配给公司的投资者。这一点是公司区别于国家机关和科研、教育、卫生、慈善机构等公益法人的关键特征。

（3）独立性

公司是具有法人资格的企业。也就是说，法律赋予公司（企业）完全独立的人格，公司就像自然人一样，享有权利，承担义务和责任。公司不仅独立于其他社会经济组织，而且还独立于自己的投资者——股东，具体表现为：公司拥有独立的财产、公司设有独立的组织机构、公司独立承担财产责任。

3.1.2 公司的基本类型

3.1.2.1 法学理论上的分类

（1）人合公司和资合公司

人合公司、资合公司是按照公司信用标准不同，在法理上对公司所作的分类。公司如同自然人一样，从事经营活动必须要讲信用。以股东的信用作为公司信用基础的，是人合公司；以公司的资产数额为基础的，是资合公司。

人合公司对外的信用实际上是以股东的人格对公司信用的担保，具有人的担保的性质。人合公司具有如下特点：第一，股东以其个人全部财产对公司承担责任，因此，人合公司不强调公司资产，而强调股东的资产和实力，股东的信用程度决定公司的信用程度；第二，股东相互之间承担连带责任，因此股东之间的信用极为重要；第三，股东之间的结合、信用是公司存续的基础，因此，股东的意思表示对公司的组建、运作以及公司行为是至关重要的。无限责任公司是典型的人合公司。

资合公司对外的信用实际上是以公司的财产对公司信用的担保，具有物的担保的性质。资合公司具有如下特点：第一，以公司的全部资产对公司承担责任，因此，公司资产的多少直接影响公司的信用，公司资产的数量与公司的信用成正比，股东个人的资产对公司信用不具有决定意义；第二，股东相互之间不承担连带责任，彼此之间无须建立信用关系；第三，股东的出资是公司存续的基础，股份是股东与公司的纽带，公司的规章制度对公司的存续、运作至关重要。股份有限公司是典型的资合公司，有限责任公司也属于资合公司。

（2）母公司与子公司

母公司是指拥有另一公司一定比例以上股份，或通过协议方式能够对另一公司经营实行实际控制的公司。与其相对应，其一定比例以上股份被另一公司所拥有或通过协议受另一公司实际控制的公司即为子公司。二者之间法律关系的特点是：

第一，子公司受母公司的实际控制，即母公司对子公司的重大事项有决定权，尤其能够决定子公司董事会的组成。

第二，母公司与子公司之间的控制关系主要是基于股权的占有，而不是直接依靠行政权力控制。

第三，母公司、子公司都是独立的法人。

(3) 总公司与分公司

许多大型公司的业务分布于各地，甚至不同国家。直接从事这些业务的大多数都是公司内部所设置的分支机构或附属机构，它们就是所谓的分公司，而公司本身则成为本公司或总公司。

①分公司没有独立的法人地位或资格，其名称应反映其与总公司的隶属关系。

②分公司没有自己的独立财产，其业务、资金、人事均受总公司的统一管辖与安排。

③分公司的设立无须经过一般公司设立的法律程序，只需在当地履行简单登记和管理手续。分公司实际上不是法律意义上的公司，只是总公司的组成部分或业务活动机构。

(4) 本国公司与外国公司

按公司国籍不同可将公司分为本国公司、外国公司。对公司国籍的确定标准，各国立法并不统一。有的采用准据法国籍主义，以公司登记注册地以及适用的法律为公司的国籍；有的采用设立行为地国籍主义，以发起设立行为地为公司的国籍；有的采用股东国籍主义，以多数股东的国籍或占多数股份股东的国籍为公司的国籍；有的采用住所地主义，以公司的住所地为公司的国籍。由于公司住所认定的标准不同，公司国籍的确定标准又因此而分为以公司管理机构所在地为公司的国籍，或以公司营业中心地为公司的国籍。我国公司法采用设立准据法国籍主义和设立行为地国籍主义的双重标准。《公司法》第 199 条第 2 款规定，外国公司是指依照外国法律在中国境外登记成立的公司。本国公司是指一国按照其所确定的公司国籍标准，具有该国国籍的公司。本国公司受该国法律的保护，并受该国法律管辖。

(5) 封闭式公司和开放式公司

根据公司的开放程度不同，可将公司分为封闭式公司和开放式公司。决定公司开放程度的要素包括公司股东有无最高人数限制、公司能否以发生股票的方式筹集资本、公司的出资或者股份能否自由转让、公司的财务状况和经营状况是否公开。如果股东没有最高人数的限制，通俗点说，也就是任何人出了钱都可以成为公司的股东，而且股份可以自由转让，使股东处于不断的变动状态，就是开放式公司，对任何人都开放。作为有限责任公司，法律规定股东是50 人以下，就是说最高不能超过50 人，所以它就是封闭式公司。有限责任公司不能通过向社会发行股票来筹集资本，不是谁想成为有限责任公司的股东都可以，在公司成立以后，股东转让自己的出资还有一定的限制，即法律规定必须由公司全体股东过半数同意，也就是说股东的身份不能随便变化，并且公司的财务状况和经营状况不需要公开。所有有限责任公司是封闭式公司，与之相反，股份有限公司是开放式公司。

3.1.2.2 我国公司法中公司基本类型

(1) 有限责任公司

有限责任公司是指符合法定人数的股东出资设立的，股东以其出资额为限对公司承担责任，公司以其全部资产对公司债务承担责任的依公司法设立的企业法人。

有限责任公司的特征有：

第一，股东人数有限制。《合同法》规定，有限责任公司由50个以下股东共同出资方可设立。由此可见，有限责任公司设立时股东人数没有最低限制，股东人数的最高限制为50人。

第二，股东承担有限责任，即股东仅以其出资额为限对公司承担责任。当公司债务超过其全部资产时，有限责任公司对超过其全部资产的那部分债务不予清偿，即不承担责任。这是有限责任公司与无限责任公司的根本区别所在。

第三，具有非公开性。有限责任公司的股东人数有限，股东对外转让出资受到严格限制，其经营状况基本不涉及社会上其他公众的利益，故无需公开。

第四，设立简便。有限责任公司的设立程序比股份有限公司简单。

我国公司法规定了两种特殊形式的有限责任公司：

①国有独资公司

国有独资公司是指国家授权投资的机构或者国家授权的部门单独投资设立的有限责任公司，是一种特殊形式的有限责任公司。国有独资公司是我国国有企业改革的产物和法律形式。由于有限责任公司和股份有限公司形式在国有企业中普遍推行尚需一定条件和过程，因此，作为一种特殊的公司形式，公司法创制了国有独资公司。

国有独资公司特别适用于国家垄断经营的领域和行业。依照公司法的有关规定，国务院确定的生产特殊产品的公司或者属于特定行业的公司，应当采取国家独资公司的形式。

②一人有限公司

一人有限公司是指只有一个自然人股东或者一个法人股东的有限责任公司，一人有限公司的注册资本最低限额为人民币10万元，股东应当一次足额缴纳公司章程规定的出资额。公司法允许成立一人公司，将其纳入了公司法的监管范围，从而增加了老百姓就业、创业的机会。

由于一人有限公司存在股东利用有限责任逃避债务的风险，我国公司法设立了5项风险防范制度：

A. 对一人公司实行严格的资本确定原则，一人公司的注册资本不得低于10万元，而且必须一次缴足；

B. 一人公司必须在公司营业执照中载明自然人独资或者法人独资，予以公示；

C. 一个自然人只能设立一个一人公司，该一人公司不能再设立新的一人公司；

D. 一人公司应当每年度编制财务会计报告，并经依法设立的会计师事务所审计；

E. 在发生债务纠纷时，一人公司的股东有责任证明公司的财产与股东自己的财产是相互独立的，如果股东不能证明公司的财产独立于股东个人的财产，股东即丧失只以其对公司的出资承担有限责任的权利，而必须对公司的债务承担无限连带清偿责任。

（2）股份有限公司

股份有限公司是指公司的全部资本划分为等额股份，股东以其所持股份为限对公司承担责任，公司以其全部资产对公司债务承担责任并依公司法设立的企业法人。其特征表现为：

第一，股东人数具有广泛性。根据《公司法》第 79 条规定，设立股份有限公司，应当有两人以上两百人以下为发起人，其中须有半数以上的发起人在中国境内有住所；而对股东没有最高人数的限制。

第二，股东的出资具有股份性。股份有限公司的全部资本划分为金额相等的股份，股份是构成公司资本的最小单位。

第三，股东责任具有有限性。股东对公司债务仅以其认购的股份为限承担责任，债权人不得直接向公司股东提出清偿债务的要求。

第四，公司经营状况的公开性。公司的经营状况不仅要向股东公开，而且还要向社会公开，以最大限度保护股东、债权人及社会公众的利益。

第五，股份发行和转让的公开性、自由性。股份有限公司通常以发行股票的方式公开募集资金，且股票具有较高程度的流通性，能自由转让和交易，此外还可申请在证券交易所挂牌上市交易。

第六，公司信用基础的资合性。股份有限公司的信用基础在于公司的资本和资产。股东只能以货币、实物出资，而不能以信用或劳务出资。

上市公司是一种特殊形式的股份有限公司。所谓上市公司，是指发行的股票经批准在证券交易所公开上市的股份有限公司。上市公司具有以下特征：上市公司是股份有限公司的一种，集中体现在其很强的公开性上；上市公司的股票上市必须符合法定条件并经有关机关批准；上市公司的股票在证券交易所上市交易。公开交易不等于上市，公开交易有不同的市场范围和交易方式，如证券市场有一级市场、二级市场和场外交易市场。

（3）外国公司分支机构

外国公司是指依外国法律在中国境外设立的公司，外国公司分支机构是公司依照中国法律在中国境内设立的分支机构。

外国公司在中国境内设立分支机构，必须向中国有关机关提出申请，提交其公司章程、所属国籍的公司登记证书等有关文件，领取中国公司登记机关发给的营业执照。外国公司分支机构是以盈利为目的的经营机构，外国公司必须指定代表人或者代理人管理其在中国境内设立的分支机构，同时要拨付与其经营活动相适应的资金，其经营资金所属的最低限额由国务院另行规定。外国公司分支机构的名称应当标明其所属公司的国籍及责任形式，同时要将其公司章程置备于外国公司分支机构。

外国公司分支机构是依中国法律设立的，其权益受中国法律保护，但是外国公司分支机构是外国公司在中国境内设立的分公司，它不同于外国投资者在中国境内设立的外商独资文化宫。外国分支机构不具有中国法人资格、而外商独资企业肯定是中国的法人，因此，外国公司分支机构在中国境内不能独立承担民事责任，因为它没有自己独立支配的财产，其经营活动所产生的民事责任由其所属的公司承担。

外国公司分支机构解散后未清偿全部债务之前，不得将财产转移至中国境外。

3.2 公司法概述

3.2.1 公司法的概念、特征与作用

3.2.1.1 公司法的概念

公司法是调整公司的设立、变更、消灭和公司内外关系的法律规范的总称，公司法有广义和狭义之分。狭义的公司法仅指冠以“公司法”之名的一部法律。我国现行公司法就是1993年12月29日第八届全国人民代表大会常务委员会第五次会议通过的。根据2005年10月27日第十届全国人民代表大会常务委员会第十八次会议修订的《中华人民共和国公司法》（本书简称《公司法》），该法共十三章计二百一十九条，于2006年1月1日起正式实施。广义的公司法包括以《公司法》为核心的本法和其他有关的法律、法规、行政规章，最高人民法院关于公司法律制度的司法解释，我国参加和承认的国际条约，地方性法规等，统称公司法。

公司法主要确立了如下法律制度：公司设立的法律制度、公司资本法律制度、公司治理法律制度、公司终止清算法律制度等。

3.2.1.2 公司法的特征

（1）公司法既是组织法，又是活动法

公司法调整的对象是公司内外部的组织关系。公司法作为组织法，具体包括公司的设立、变更和清算，公司的章程，公司的权利能力和行为能力。公司的组织机构，股东权利和义务等内容。公司是财产的组织形式，公司法还就公司财产的构成、股东对公司利益的分配等做出规定。同时公司又是以营利为目的的经营组织体，它要从事各种管理活动、交易活动。公司法须对公司的组织机构的管理活动进行规范，同时对股票债券的发行、转让等行为进行规范。

（2）公司法既是实体法，又是程序法

公司法调整公司组织活动，就必须对参与公司活动的各种主体做出规定，规定这些主体的资格条件、权利义务以及法律责任等，这些都是实体法的内容。公司法又有关公司的设立、合并、分立、清算与解散，以及股东会、董事会的召集、表决等程序的规定。仅有实体的规定而无程序的保障，公司法很难达到有效规范公司交易行为、保护社会交易安全的目的。因此，公司法是实体法和程序法的有机结合和统一。

（3）公司法既是强制性规范，也有任意性规范

公司法中的规定，既有强制性规范，也有任意性规范，但强制性规范占大多数。公司法是商法的重要组成部分，属于私法的范畴。然而，私法活动的主体必须遵守共同的行为规范，且这种行为规范具有法律上的强制性效力。公司法还体现了国家干预的原则，因为公司设立不纯粹是个人的私事，而是影响社会利益的事。在现代社会，公司已在商品经济活动中占主导地位，它影响社会生活的各个方面。国家通过立法干

预公司，是为了保障社会交易的安全，促进经济秩序的稳定。

3.2.1.3 公司法的作用

现代公司法的完善和进步是资本主义商品经济高度发展的要求和结果，而公司法对鼓励投资、集中资本兴办企业、维护商业组织、繁荣资本主义经济更起着至关重要的作用，在我国社会主义市场经济条件下，公司法对于促进经济改革，保证现代化建设的健康顺利进行，亦有着重要的意义。具体来说，公司法的作用主要表现在对以下四个方面利益的保护：

（1）保护公司本身的利益

公司法确认了公司的法律地位，赋予其法人资格，使其存在取得了法律的效力。同时公司法也明确地规定了公司的权利能力和行为能力、公司管理机关的组成和职责、股东对公司应承担的义务等。一方面使公司本身的活动有法可依，另一方面也防止了他人限制和侵犯公司的权利，防止了公司管理人员滥用权力以及股东只考虑个人眼前利益，而不顾公司整体、长远利益等危害公司利益的行为。

（2）保护股东的合法权益

公司法中的许多规定是寻求对股东权益的严密保护。其中包括确认股东对公司债务只以其出资额承担有限责任、股东有权分配公司盈利、有权转让自己的股份，以及在公司解散时有权分配公司的剩余财产。另外，股东也有权组成股东会参与公司事务管理等。在我国，由于多年前存在政策多变的客观情况，许多人对投资的安全性和盈利性还存在或多或少的疑虑，公司法的制定无疑有助于消除这种不应有的顾虑。

（3）保护债权人的利益

公司成立后，必然要与他人进行广泛的经济往来，形成大量的债权、债务关系，因此，公司法的重要作用之一是对债权人利益提供有效的保护。在我国，由于一些公司商业信用低下、恶意逃避债务和动辄陷入支付不力或破产等严重危害债权人利益的情况，公司法这方面的作用更为突出。公司法通过规定公司的财产制度和活动，包括确定其最低资本额、加强资信审查、严格公司会计和盈余分配制度等，使依法成立的公司都具有基本的开展经营活动和履行法定义务的能力，以及必要时承担法律责任的能力。

（4）维护社会交易安全和经济秩序的稳定

在现代市场经济条件下，公司是最主要的经济组织，尤其是股份有限公司，资本雄厚，经营规模大，业务范围广，在社会经济生活中举足轻重。公司法将各种公司的活动纳入法律的轨道，包括严格公司设立登记条件和程序，实行公司会计事务的公开化原则，加强有关部门、特别是银行、税务、审计部门对公司的检查和监督等，对于保护整个社会交易的安全和经济秩序的稳定，也具有重要作用。

3.2.2 公司设立的法律制度

3.2.2.1 公司设立的基本概念

公司设立，是指发起人为组建公司并取得法律人格，按照法定条件和程序所进行的一系列行为的总称。公司设立的本质是使一个尚不存在或正在形成的公司逐渐具备条件从而取得民事（或商事）主体资格。由此可见，公司设立不同于公司内部机构的设置，它既是发起人实施发起行为，使公司得以成立的过程，也是公司法律人格形成的过程；它既是发起人设立公司客观行为的过程，也是发起人、认股人成为公司股东，彼此之间达成合意并形成公司组织体意识的过程。

公司设立与公司成立是两个完全不同的概念。公司成立是指公司经过设立程序，具备了法律规定的条件，经主管机关核准登记，发给营业执照，取得法人资格的一种状态或事实。而公司设立则是发起人创设一个具有法律人格的社会组织的过程或行为。

3.2.2.2 公司设立的原则

公司设立的原则并非通常意义上所称的“原则”，而是指公司设立的基本依据及基本方式。公司设立的原则不但设定了公司设立的基本方式（模式），还反映了国家对公司设立的态度。随着历史的演变，在公司制度发展史上出现了四种不同的原则。

（1）自由设立主义

自由设立主义也称放任主义，是指公司的设立依发起人的自由意志，国家不予干涉，也没有法律上的限制。自由设立主义是中世纪初期欧洲国家对商事主体的立法态度，这一原则的采用是与法人理论和法人制度尚未完善密不可分的。从罗马社会到中世纪，商业社团是依事实而存在的，而不是依法创设，这一时期的并非现代意义上的公司，它的存在只是一种事实状态，并无法律依据，国家对其持放任的态度。这一原则有利于公司的产生，但很难区分公司同合伙，极易导致虚假公司泛滥，危及债权人的利益，进而影响交易安全。公司设立的放任自流也使国家难以有效控制而弊端丛生，于是这一原则随着法人制度的完善而被淘汰。

（2）特许主义

所谓特许主义，是指公司的设立需要王室或议会通过颁发专门的法令予以特别许可。自13世纪起，欧洲国家对商事主体就采取了特别许可设立的制度，以保护一些特别商事主体的特殊利益。“特许主义下设立的公司，通常被视为早期资本同绝对主义和极权主义王权相结合的产物，是国家权力的延伸。”[①] “公司是在从自由设立到特许设立的过程中转变为法人的，而导致这种转变的原动力是对行政性垄断（即凭借国家权力形成的垄断）的追求。”[②] 早期著名的英国东印度公司、荷兰东印度公司等大公司都是经特许而设立的，是那个时代的产物。近代以来，除某些特殊的公司需要国家特别许可设立外，世界各国一般不再采用这种立法制度。

（3）核准主义

核准主义也称行政许可主义或审批主义，是指设立公司不仅要符合法定的条件和程序，而且要事先经过行政主管机构审查许可。核准主义由1673年法国《商事条例》最先采用。核准主义与特许主义相比，对公司的设立较为有利，后为德国等其他欧洲

① 江平. 法人制度论. 北京：中国政法大学出版社，1994：114－115.
② 方流芳. 中西公司法律地位历史考察. 中国社会科学，1994（4）.

国家所采用。但核准主义与特许主义在本质上都是某种特权的体现，与市场经济的基本要求不相吻合。我国计划经济体制时代和改革开放初期的公司设立基本上采用的是核准主义。核准主义比特许主义前进了一步，它使公司的设立便利了，但在核准制下设立公司的制度仍过于严格，有碍公司的成立和发展。

（4）准则主义

准则主义又称登记主义，它经历了由单纯准则主义到严格准则主义两个阶段。单纯准则主义，是指由法律规定成立公司的条件，如果发起人认为公司具备法律规定的条件，就可直接向登记机关申请，无须经过主管机关审批。[①] 单纯准则主义简化了公司设立的程序，方便了公司的设立，但同自由设立主义一样，容易造成滥设公司的后果。因此，在19世纪末，西方国家为了适应社会经济的发展，纷纷在摒弃核准主义改行准则主义后不久，着手对准则主义进行某些修正，以弥补单纯准则主义之不足。特别是进入垄断资本主义时期以后，由于公司设立的条件过于宽松，在发起人人数等方面规定了严格的条件，并不断强化发起人的责任和法院及行政机关对公司的监督。这种公司设立原则与单纯准则主义稍有不同，称为严格准则主义。所谓严格准则主义，就是指在公司设立时，除了具备法律规定的条件外，还在法律中规定了严格的限制性条款，设立公司虽无须经过行政主管机关批准，但要符合法律规定的限制性条款，否则即应承担相应的法律责任的公司设立原则。严格准则主义避免了特许主义和核准主义程序烦琐、不利于公司设立的缺点，也不像自由主义和单纯准则主义那样对公司设立放任自流，因而是一种比较理想的设立原则，为现代大多数国家立法所普遍遵循和使用。

3.2.2.3 公司设立的条件

（1）有限责任公司设立的条件

公司是现代企业制度中的法人，其设立条件是有严格的法律规定的。有限责任公司是法定公司形式中最为常见的一种，根据我国《公司法》第二十三条的规定，设立有限责任公司应当具备以下几个条件：

①股东人数符合法定的要求。法定人数包含法定资格和法定人数两重含义。法定资格是指国家法律、法规和政策规定的可以作为股东的资格。法定人数是公司法规定的设立有限责任公司的股东人数。我国《公司法》第二十四条规定："有限责任公司由五十个以下股东出资设立。"没有最低限制只有最高限制，即可以设立一人公司。

少数国家（如美国、德国）没有要求公司股东人数必须符合法律规定，其他的大多数国和地区都对此作了严格的限制，如日本、法国的商法或者公司法都要求有限责任公司应当有两个以上的股东和数十个以下的股东，即股东人数既有最低限制，也有最高限制。

②股东出资达到法定资本最低限额。对于有限责任公司的最低注册资本额，各国公司法的规定是不一样的，见表3.1国家最低资本额的比较。

---

① 石少侠. 公司法教程. 北京：中国政法大学出版社，2003：41.

表 3.1　　一些国家最低资本额的比较

国家	发起设立股份公司	募集股份公司	有限公司
法国	10 万法国法郎	50 万法国法郎	2 万法国法郎
德国	10 万德国马克	5 万德国马克	
意大利	2 亿里拉	5 亿里拉	
荷兰	35 000 荷兰盾	—	
比利时	125 万比利时法郎	25 万比利时法郎	
日本	1 000 万日元	200 万日元	
中国	500 万人民币	3 万人民币	

我国关于股东出资的最低限额规定在《公司法》第二十六条有明确表述："有限责任公司的注册资本为在公司登记机关登记的全体股东的出资额。公司全体股东的首次出资额不得低于注册资本的百分之二十，也不得低于法定的注册资本最低限额，其余部分由股东自公司成立之日起两年内缴足；其中，投资公司可以在五年内缴足。有限责任公司注册资本的最低限低限额为人民币三万元。法律、行政法规对有限责任公司注册资本的最低限额有较高规定的，从其规定。"同时还规定，股东可以用货币（现金）、实物、知识产权、土地使用权等多种形式出资，只要能满足下列 3 个条件即可：可用货币评估、可以转让、法律不禁止。

③股东共同制定公司章程。公司章程是公司经营活动的准则，是公司存在的基础，各国公司法都要求设立有限责任公司必须订立章程。订立公司章程是设立公司过程中关键的一环，它要求体现股东之间的权利、义务，所以，公司章程直接关系到公司日后的生产经营活动及股东之间的权利和义务。现行《公司法》规定，很多事项都可以由公司的章程规定。比如，按照《公司法》，股东之间的利润分配可以按照章程规定，不一定要按照出资比例分配。但是章程约定的事项必须合法，否则无效。

法律赋予股东自由决定公司事务的权利，股东可以按照其自身能力等决定收益分配和业务执行等事项，并借助公司章程予以"法律化"，我国现行《公司法》第二十五条规定："有限责任公司章程应当载明下列事项：公司名称和住所；公司经营范围；公司注册资本；股东的姓名或者名称；股东的出资方式、出资额和出资时间；公司的机构及其产生办法、职权、议事规则；公司法定代表人；股东会议认为需要规定的其他事项。股东应当在公司章程上签名盖章。"

④有公司的名称，建立符合有限责任公司要求的组织机构。公司名称是公司组成的一部分，一个好的公司要有一个好的名称，更重要的是公司名称是司法管辖和公司对外交往的重要工具，是国家对公司进行工商行政管理的标志，公司一定要有属于自己的名称。公司的组织机构则应当按照公司法的规定建立，这是保护股东权益和进行公司治理的基础；否则，公司不但无法正常经营，而且违反了法律规定。

⑤有公司住所。公司住所同公司的名称一样，都是公司登记的重要事项。公司住所即公司主要办事机构所在地，也包括固定的生产经营场所和必要的生产经营条件。

没有住所的公司不仅不能进行正常的生产经营活动，而且无法确定司法管辖和进行工商、税务登记等。

(2) 股份有限公司设立的条件

从各国公司法对股份有限公司的设立规定来看，股份有限公司的设立是各种公司中最为严格的。如公司资本要求达到法定最低限额，股东出资比例必须符合法律的严格规定。在我国现有的两种公司中，股份有限公司的设立条件也较有限责任公司严格得多，《公司法》第七十七条规定，设立股份有限公司，应当具备以下条件：

①发起人符合法定人数。我国《公司法》第七十九条规定："设立股份有限公司，应当有二人以上二百人以下为发起人，其中须有半数以上的发起人在中国境内有住所。"在这里，有一点需要注意，就是对于股份有限公司的发起人人数的规定，既有上限（200 人以下）又有下限（2 人以上），这一点较有限责任公司严格。

发起人是指《公司法》规定认购公司股份、承担公司发起行为的人。发起人为公司设立中的机构，发起人的行为即为设立中的公司的行为，因此，发起人对外代表设立中的公司，对内办理设立的各项事务。公司依法成立后，发起人即转为公司股东，其发起行为所产生的一切权利义务转由公司承担。若公司不能成立，发起行为的后果只能由发起人自己承担。

关于什么人可以作为股份有限公司的发起人，大多数国家有限制，法人和自然人、本国人和外国人、在当地居住和不在当地居住的人均可作为发起人，但个别国家对发起人的国籍有限制性规定。如瑞典公司法规定，股份有限公司发起人必须是在瑞典居住的瑞典国民或瑞典法人。[①] 此外，有的国家公司法规定发起人中必须有一定比例的人是本国人或在当地有住所。我国《公司法》对发起人资格亦无特殊限制，自然人和法人均可作为发起人，但第七十五条规定发起人中必须有过半数的人在中国境内有住所。

股份有限公司的设立主要依赖发起人的发起行为，因此各国公司法均对发起人的发起行为作了具体的规定，这些规定即为发起人在公司设立过程中的义务。与此相对应，各国公司法也规定了发起人享有获取报酬、取得优先股等权利。由于股份有限公司的设立与否与发起人有密切关系，因此各国公司法在规定发起人权利、义务的同时，还规定了发起人应承担的责任。根据《公司法》第九十五条规定，股份有限公司的发起人应承担下列责任："公司不能成立时，对设立行为所产生的债务和费用负连带责任；公司不能成立时，对认股人已缴纳的股款负返还股款并加算银行同期存款利息的连带责任；在公司设立过程中，由于发起人的过失致使公司利益受到损害的，应当对公司承担赔偿责任。"

②发起人认购和募集的股本达到法定资本最低限额。股份有限公司是典型的资合公司，公司存在及对外信用的基础在于公司的资本。为了保护股东及社会公众的利益，各国公司法对股份有限公司资本的要求均较严格，除要求公司设立时必须拥有一定的资本外，还对资本的最低限额作了统一规定，以确保公司成立之后的经营规模及对外承担财产责任的能力达到一个起码的底线。由于股份有限公司的资本是由发起人认缴

① 徐晓松. 公司法学. 北京：中国政法大学出版社，2001：117.

或发起人认缴和社会公开募集的股本构成的，因此，发起人认缴和社会公开募集的股本达到法定的资本最低限额，是股份有限公司的设立的基本条件。我国《公司法》在第八十一条对此也作了相应的规定：“股份有限公司采取发起设立方式设立的，注册资本为在公司登记机关登记的全体发起人认购的股本总额。公司全体发起人的首次出资额不得低于注册资本的百分之二十，其余部分由发起人自公司成立之日起两年内缴足；其中，投资公司可以在五年内缴足。在缴足前，不得向他人募集股份。股份有限公司采取募集方式设立的，注册资本为在公司登记机关登记的实收股本总额。股份有限公司注册资本的最低限额为人民币五百万元。法律、行政法规对股份有限公司注册资本的最低限额有较高规定的，从其规定。”

③股份发行、筹办事项符合法律规定。向社会公开发行股份筹集公司资本，是股份有限公司的一大特点。为了保护社会公众的利益，包括我国在内的各国公司法对股份有限公司股份发行的条件、程序都作了严格的规定。因此，股份有限公司设立时，公司股份发行、筹办事项必须符合法律规定；否则，公司不能成立。

④发起人制定章程，采用募集方式设立的须经创立大会通过。公司章程是股份有限公司组织及活动的依据。股份有限公司的设立活动是由发起人进行的，公司章程由发起人制定。但在公司采用募集方式设立时，发起人制定的公司章程还必须经创立大会通过。我国《公司法》第八十二条规定了公司章程应当记载的 12 项内容。

⑤有公司名称，建立符合股份有限公司要求的组织结构。公司名称是公司用以经营并区别于其他公司的标志，是公司进行经营活动，并以其名义承担民事责任的重要条件。公司组织机构是形成公司法人意志、对内进行管理、对外代表公司的各种机构的总称。组织机构的不同形式体现着公司的不同性质，而公司名称所体现的公司种类决定了公司组织机构的类型。因此《公司法》规定设立股份有限公司，不仅要有公司名称，还必须建立符合股份有限公司要求的组织机构。

⑥有公司住所。公司的住所是指公司作为独立主体资格的法人所享有的，类似于自然人的“栖息”地，是公司长期固定进行业务活动的基本地点。法律对公司住所的确定，使公司能够基于这一固定地点与相应的法律制度形成稳定的联系。在中国境内的公司受中国法律所管辖，在中国某一地区的公司受当地地方法律制度所管辖。公司住所作为公司法人人格的基本要素，是公司章程的绝对必要记载事项，也是公司设立登记和变更登记的必要事项。

3.2.3 公司资本法律制度

3.2.3.1 公司资本的概念

公司资本又称股本，是指公司章程所确定的由股东出资构成的公司法人财产总额。公司一经注册登记成立，该公司资本就成为注册资本，公司就合法拥有了由股东出资构成的公司法人财产，除非公司解散，否则公司就可以无限期地使用这些财产。不同于公司营运过程中的实有资产，公司资本是一个不变的观念上的数额，有法定最低限额的要求。这一限额是公司成立和存在必不可少的条件，它不因公司经营状况的好坏和公司实有资产的增减而变动，因为公司资本的变动须经过法定程序。

与公司资本相关的几个概念有：

(1) 公司资产

公司资产是指公司可供公司支配的全部财产，其表现形式包括货币、实物、无形财产等。它既包括由股东出资构成的公司自有财产——公司资本，也包括公司对外发行的债券、向银行贷款等形成的公司负债及其他股东权益。所以，公司资产是个外延比公司资本宽泛得多的概念。一般而言，公司资产总是大于公司资本的。但如果公司经营不善，亏损严重，则可能出现公司资产小于公司资本的情况。

与公司资产相关的另一个概念是公司净资产。公司净资产是指公司全部资产减去全部负债后的净额。净资产是反映公司经营状况的重要指标。经营得好的公司，其净资产可能大大高于其资本额；经营不善的公司，则可能出现净资产为零或负数的情况。

(2) 注册资本

注册资本是公司设立时所有的资产，是投资者在公司登记机关登记的出资额的总和。在我国，公司资本仅指注册资本，就是公司成立时在登记机关登记并由公司章程确定的出资额的总和。按照我国现行的《公司法》规定，公司注册资本并不需要全部认足，发起人或股东只需认足公司注册资本中的一部分，公司即可成立。所以，注册资本只不过是公司预计将要发行（或筹足）的公司自有资本总额和政府允许公司发行资本的最高限额。只要注册资本没有发行完毕，章程中所记载的公司注册资本数就是个“名义资本”或“核准资本”。在有限责任公司，注册资本为公司股东认缴的出资总额。在股东缴清其所认购的出资前，公司的注册资本总是大于其实收资本的。

(3) 发行资本

发行资本是公司依法律或公司章程的规定，在注册资本额度内已经发行的、由股东认购的资本总额。由于注册资本限定了发行资本的数据，发行资本总额不可能超过注册资本总额。在公司股本没有全部发行完毕之前，发行资本总是小于注册资本的，当公司股本全部发行完时，发行资本就等于注册资本。

(4) 实缴（收）资本

不少国家的公司法不仅允许公司资本分次发行，而且允许已发行的资本分期缴纳股款。所以，实缴（收）资本就是全体股东实际缴纳的或者公司实际收到的资本总额。除非发行资本一次缴清；否则，实缴（收）资本总是小于发行资本的。当发行资本全部缴清时，实收资本就等于发行资本。但在任何情况下，实缴（收）资本都不会大于发行资本。

(5) 催缴资本

催缴资本又称未收资本，是指股东已经认购但尚未缴纳股款，而公司随时可向股东催缴的那部分资本。所以，催缴资本总是等于发行资本减去实缴资本后的余额。

3.2.3.2 公司资本的原则

公司资本的原则是传统公司法在发展过程中形成并确认的关于公司资本的基本原则，具体指资本确定原则、资本维持原则和资本不变原则。它最初体现在大陆法系国家公司法关于股份有限公司资本制度的规定中，以后又逐渐适用于有限责任公司，并对包括我国在内的世界各国公司资本制度产生了重要的影响。

（1）资本确定原则

资本确定原则是指发起人在设立公司时，必须在公司章程中对公司资本总额做出明确的规定，而且由章程规定的资本总额必须由发起人和认股人全部认足并募足；否则，公司不能成立。资本确定原则由近代大陆法系国家的公司法确定，迄今仍为一些大陆国家所采用。资本确定原则能保证公司的资本真实可靠，有效防止公司设立中的投机欺诈。但由于这一制度有非常严格的资本条件，使得公司设立非常困难，发起人责任重大。再者由于公司设立之初资金的需求量一般较少，公司资本全部发行极易造成资金闲置。因此一种新的资本原则即认可资本原则开始被各国所采用。

我国《公司法》关于公司设立条件的规定，充分体现了资本确定原则的要求。无论有限责任公司还是股份有限公司，都必须在公司章程中明确规定公司资本总额并须上股东全部认足或缴足，公司才能成立。

（2）资本维持原则

资本维持原则是指公司在存续过程中，应经常保持其注册资本额相当的财产。而要做到这一点，实际上是要求公司以具体的财产来充实抽象资本，故该原则又被称为资本充实原则。

资本维持原则的意图，一方面是为了保证公司有足够有偿债能力，以达到保护公司债权人的利益、维护公司信用基础的目的；另一方面也是为了防止股东对盈余分配的过高要求而导致公司资本的实质性减少。我国《公司法》中体现资本维持原则的规定有：有限责任公司的初始股东对非货币财产的出资价值负保证责任；股票发行价格不得低于票面金额；除法定情形外，公司不得收购本公司的股票；在公司弥补亏损之前，不得向股东分配利润等。

（3）资本不变原则

资本不变原则是指公司资本一经确定，非依法定程序变更章程，不得改变。所以，资本不变原则并非指资本数量绝对不得变更，而是指不得随意变更。资本不变原则的本意，一是为了防止公司随意减少资本而损害债权人的利益；二是为了避免资本过剩而降低投资回报率，从而使股东承担过多的损失。

我国《公司法》有关公司增减资本的规定也是符合资本不变原则的要求的：公司若欲增加资本，应先由董事会制订增加资本的方案，然后由股东（大）会对增加资本做出决议并修改公司章程，最后应依法向公司登记机关办理变更登记并公告。公司若欲减少资本，除如上程序外，还须依《公司法》关于对公司债权人的特别保护程序的要求，通知或公告债权人，并应债权人的要求或者清偿债务，或者提供相应的偿债担保，之后再依法办理公司资本的变更登记并公告。

3.2.3.3 公司资本的构成

公司资本固然应以一定的货币金额来表示，但就其具体构成而言，并不以货币为限。综观各国公司法有关规定，一般允许资合公司的股东以货币（现金）、实物、工业产权、非专利技术、土地使用权等多种形式。我国《公司法》的有关规定也是如此。

(1) 货币

货币，是公司资本中最常见也是最基本的构成形式，几乎所有不同类别的公司都离不开货币资本，国为货币具有其他形式的资本所不具有的一些优点。

(2) 实物

实物，主要是建筑物、厂房和机器设备等有形资产。不过对于股东以实物形式出资的，除必须依法进行资产的评估作价外，还应及时办理财产所有权的转移手续。

(3) 知识产权

知识产权主要是指专利权、商标权及未取得专利的技术秘密和技术诀窍等无形资产部分，这也是各国公司法普遍确认的股东出资方式。我国《公司法》对此另有较为严格的要求：第一，该知识产权必须经合法注册登记，是投资者合法的权利；第二，该知识产权没有法律上的争议，是投资者无可争辩的权利；第三，该知识产权必须经过法定资产评估机构的市场评估。资产评估不实的，除了评估机构需要承担法律责任外，由于不实部分造成股本减少的，其他股东应当对公司登记部门和公司清算承担连带责任；第四，该知识产权是一种无形财产权利，作为非货币财产的出资，应当办理财产转移手续。

(4) 土地使用权

依《中华人民共和国宪法》规定，土地所有权属于国家或集体，各类社会经济组织只能依法获得使用权。公司取得该权利的方式有两种：第一种是以公司作为受让方或承租方，通过与出让方或出租方签订土地使用权出让商事合同或租赁合同，并缴纳土地使用权出让租金后获得土地使用权。第二种是股东以土地使用权作价后向公司出资而使公司获得土地使用权。两种方式，只有第二种情况才能作为公司资本组成部分。

3.2.4 公司变更与终止法律制度

3.2.4.1 公司的合并与分立制度

公司的合并、分立是公司的主体资格发生变化，意味着原来股东的财产权利也随之发生变化。

3.2.4.1.1 公司合并的概述

(1) 公司合并的概念

公司合并是指两个或两个以上的公司订立合并协议，依照公司法的规定，不经过清算程序，直接合并为一个公司的法律行为。

公司合并可分为吸收合并和新设合并两种类型：吸收合并（Merger），也称兼并，是指一个公司吸收其他公司，被吸收的公司解散。例如1996年12月美国的世界第一大航空公司对世界第三大航空公司麦道航空的合并，具有76年历史的麦道航空公司在合并之后不再存在。新设合并（Consolidation）是指两个以上公司合并设立一个新的公司，合并各方解散。例如1998年国泰证券公司与君安证券公司合并，原国泰证券有限公司和原君安证券有限公司不再存在，而成立一个新的公司——国泰君安证券股份有限公司。

公司合并与公司并购的区别：公司并购（Merger & Acquisition）是指一切涉及公司控制权转移与合并的行为，它包括资产收购（营业转让）、股权收购和公司合并等方式。其中所谓“并”（Merger），即公司合并，主要指吸收合并；所谓“购”（Acquisition），即购买股权或资产。

（2）合并的程序

①订立合并协议。

②通过合并协议。公司合并是导致公司资产重新配置的重大法律行为，直接关系股东的权益，是公司的重大事项，所以公司合并的决定权不在董事会，而在股东会（股东大会）。参与合并的各公司必须经各自的股东大会以通过特别决议所需要的多数赞成票同意合并协议。

③编制资产负债表和财产清单。

④通知债权人和公告。我国《公司法》第一百八十四条规定：公司应当自作出合并决议之日起十日内通知债权人，并于三十日内在报纸上至少公告三次。债权人自接到通知书之日起三十日内，未接到通知书的自第一次公告之日起九十日内，有权要求公司清偿债务或者提供相应的担保。不清偿债务或者不提供相应的担保的，公司不得合并。

⑤主管机关批准。《公司法》第183条规定，股份有限公司的合并“必须经国务院授权的部门或者省级人民政府批准”。所以，主管机关批准是公司合并的必经程序。

⑥办理公司变更或设立登记。

（3）合并的法律效果

公司合并发生下列法律效果：

①公司的消灭。公司合并后，必有一方公司或双方公司消灭，消灭的公司应当办理注销登记。由于消灭的公司的全部权利和义务已由存续公司或新设公司概括承受，所以，它的解散与一般公司的解散不同，无须经过清算程序，公司法人人格直接消灭。

②公司的变更或设立。在吸收合并中，由于存续公司因承受消灭公司的权利和义务而发生组织变更，如注册资本、章程、（有限责任公司）股东等事项，应办理变更登记。在新设合并中，参与合并的公司全部消灭而产生新的公司，新设公司应办理设立登记。

③权利和义务的概括承受。《公司法》第184条规定：公司合并时，合并各方的债权、债务，应当由合并后存续的公司或新设的公司承继。

3.2.4.1.2　公司分立的概述

（1）公司分立的概念

公司分立是指一个公司通过签订协议，不经过清算程序，分为两个或两个以上的公司的法律行为。1966年法国公司法首次创立公司分立制度，其后为许多国家公司法所接受。

公司分立主要有派生分立和新设分立两种形式。派生分立，也称存续分立，是指一个公司分离成两个以上公司，本公司继续存在并设立一个以上新的公司。新设分立，也称解散分立，是指一个公司分解为两个以上公司，本公司解散并设立两个以上新的公司。

（2）分立的程序

①作出决定和决议。公司分立需经股东会（股东大会）特别决议通过。

②订立分立协议。

③编制资产负债表和财产清单。

④通知债权人。《公司法》第一百八十五条规定：公司分立，其财产作相应的分割。公司分立时，应当编制资产负债表及财产清单。公司应当自作出分立决议之日起十日内通知债权人，并于三十日内在报纸上至少公告三次。债权人自接到通知书之日起三十日内，未接到通知书的自第一次公告之日起九十日内，有权要求公司清偿债务或者提供相应的担保。不清偿债务或者不提供相应的担保的，公司不得分立。

⑤报有关部门审批。股份有限公司的分立须经国务院授权的部门或者省级人民政府批准，外商投资企业的公司分立须经原审批机关（对外经济贸易主管部门）的批准。

⑥办理登记手续。在派生分立，原公司的登记事项如注册资本等发生变化，应办理变更登记，分立出来的公司应办理设立登记；在新设分立中，原公司解散，应办理注销登记，分立出来的公司应办理设立登记。

（3）分立的法律效果

公司的分立会产生如下法律后果：

①公司的变更、设立和解散。在派生分立，原公司的登记事项如注册资本等发生变化，并产生新的公司人格——分立出来的公司；在新设分立中，原公司解散，人格消灭，但产生两个或两个以上的新的公司（分立出来的公司）。

②股东和股权的变动。公司的分立不仅导致公司资产的分立，而且导致股东和股权的变动，在派生分立中，原公司的股东可以从原公司中分立出来，成为新公司的股东，也可以减少对原公司的股权，而相应地获得对新公司的股权；在新设分立中，股东对原公司的股权因原公司消灭而消灭，但相应到获得对新公司的股权。

③债权、债务的承受。《公司法》、《合同法》和《最高人民法院关于审理与企业改制相关的民事纠纷案件若干问题的规定》对这一问题作了一系列的规定。归纳起来，处理的一般原则：一是，如果分立协议对债务的分配作出规定，按照《公司法》第一百八十五条的规定："公司分立前的债务按所达成的协议由分立后的公司承担。"二是，如果分立协议对债务的分配没有作出约定，按照《合同法》第九十条的规定："当事人订立合同后分立的，除债权人和债务人另有约定的以外，由分立的法人或者其他组织对合同的权利和义务享有连带债权，承担连带债务。"

3.2.4.2 公司的终止制度

在一个完善的市场经济法律体系中，市场主体的退出法律制度是不可或缺的。公司终止即是关于公司退出市场并消灭主体资格的法律制度，公司清算则是公司终止的必备前置程序。为方便论述，本节先对公司终止、解散的概念进行了界定后，再介绍导致公司终止的两类原因——破产和解散及其法定程序。此外，考虑到清算程序的重要性，单设一节对其进行了介绍。

3.2.4.2.1　公司的终止

（1）公司终止的概念和效力

公司终止是指公司根据法定程序彻底结束经营活动并使公司的法人资格归于消灭的事实状态和法律结果。它既可以指消灭法人资格的一种最终结果，也可以指消灭法人资格的一系列法律过程。

公司终止法律制度是公司法的重要部分。在市场经济中，必须遵从的一条基本原则便是竞争原则，竞争导致优胜劣汰。因此，企业的进入和退出机制是一个充分竞争市场的基础制度之一，在一个完善的市场经济法律体系中，市场主体的退出法律制度是不可或缺的。公司终止即是关于公司退出市场并消灭主体资格的法律制度。其特征如下：

①公司终止的法律意义是使公司的法人资格和市场经营主体资格消灭。

②公司终止必须依据法定程序进行。公司作为多种社会经济关系的复杂综合体，它的消灭影响到债权人、公司员工、股东等各方面的利益，因此它的终止不可以随意进行，而必须按照法律规定的程序进行。只有在法律没有强制性规定的情况下，才可由公司章程或股东决定。

③公司终止必须要经过清算程序，只有在以公司财产对债务进行清偿并对剩余财产分配完毕之后，公司方可以最终消灭。

公司是法人企业，而法人为法律拟制的人，不可能具有自然人出生、死亡的自然生理过程，其主体能力由法律赋予。因此，其产生和消灭需要依法律规定程序进行并以法律规定的事由为标志。公司法人的权利能力和行为能力从公司登记成立时起，至公司终止注销时止。

（2）公司终止的原因

公司法就其属性而言是国内法。各国对公司终止的原因所作的规定差别不是很大，概括起来主要有自愿解散、司法解散、倒闭或破产、行政机关命令解散等四种情况。其中：自愿解散是指由公司的权力机关因各种理由的发生而决议终止公司的存在情况，包括公司被合并、公司分立而发生的终止。司法解散主要指公司得以继续存在的某种条件已经丧失，虽经努力而不得恢复，由利害关系人向法院申请解散的情况。公司倒闭一般是指公司经营出现严重困难，不得不结束营业的状况。倒闭的说法在许多国家并不具有严格的法律含义，但在英国则是公司企业被动终止的法律程序，破产制度适用于不能清偿到期债务的自然人。行政命令解散大多数国家均有规定，是政府为维护社会秩序和公共利益对严重违反法律的公司的一种处罚和保护手段。

根据我国《公司法》的规定，公司终止的原因主要包括：

①破产。公司因不能清偿到期债务，被依法宣告破产并对其全部财产强制进行清算和分配，最后终止公司。根据申请破产人的不同，破产包括由债权人申请破产和由公司自已申请破产两种。

②解散。即公司因发生法律或章程规定的解散事由而停止业务活动，并进行清算，最后使公司终止。根据我国《公司法》，解散事由主要包括以下四种情形：公司章程规

定的营业期限届满或者公司章程规定的其他解散事由出现时；股东会决议解散；因公司合并或者分立需要解散；公司违反法律、行政法规被依法责令关闭。

3.2.4.2.2　公司的解散

（1）解散的概念

“解散”这一概念在我国的使用还比较混乱，在立法和学理上均未形成统一认识。在立法上，各种法律、行政法规、部委规章、司法解释在涉及行政处罚方式时，通常混用解散、撤销、吊销、关闭、责令停产等词语。有的将解散作为上位概念，即解散包括撤销、吊销等行政处罚。例如：《公司法》第一百九十二条规定：“公司违反法律、行政法规被依法责令关闭的，应当解散”；而有的则将解散与撤销、吊销、关闭等行政处罚方式并列，列为同位阶概念，而在具体使用上又有多种排列组合方式，此时，解散一般仅指任意解散，例如：最高人民法院《关于贯彻执行〈中华人民共和国民法通则〉若干问题的意见》第五十九条规定：“企业法人解散或者被撤销的，应当由其主管机关组织清算小组进行清算”，而《中华人民共和国证券法》第五十六条规定：“公司解散、依法被责令关闭或者被宣告破产的，由证券交易所终止其公司债券上市，并报国务院证券监督管理机构备案。”又如《互联网上网服务营业场所管理办法》第十九条规定：“在限定时间外向18周岁以下的未成年人开放其营业场所……对三次违反规定的，处1万元以上3万元以下的罚款，责令关闭营业场所，并由有关主管部门撤销批准文件，吊销经营许可证和营业执照”。

在学理上认识也不尽相同，但一般都认为解散不仅包括自愿解散，也包括行政机关强制解散，即包括撤销、吊销、关闭、责令停产停业等行政处罚方式。但对于是否将破产列为解散原因认识差异较大，有人认为解散为一上位概念，基本等同于公司终止，而破产只是解散的一种方式；有人则认为解散与破产为并列概念，都是公司终止方式之一。根据我国《公司法》的结构，本书采用后一种概念定义及分类方式，将解散定义为公司因发生章程规定或法律规定的除破产以外的解散事由而停止业务活动，并进行清算的状态和过程。

公司解散的特征为：

①公司解散的目的和结果是公司将要永久性停止存在并消灭法人资格和市场经营主体资格。

②债权人或有关机构在作出公司解散决定后，公司并未立即终止，其法人资格仍然存在，一直到公司清算完毕并注销后才消灭其主体资格。

③公司解散必须要经过法定清算程序。为了维护债权人和所有股东的利益，法律规定公司解散时须组成清算组织进行清算，以公平地清偿债务和分配公司财产。但是，在公司因合并或分立而解散时，则不必进行清算。这是因为公司合并和分立必须要对债权人清偿债务或者提供相应的担保，否则公司不得合并、分立。此外，公司合并或分立后仍有债权债务承继者，债权债务关系也不会消灭。

（2）解散的分类与原因

因解散原因的不同，解散可以分为两类：

A. 任意解散

任意解散，也称为自愿解散，是指依公司章程或股东决议而解散。这种解散与外在意志无关，而取决于公司股东的意志，股东可以选择解散或者不解散公司，因此称为任意解散。但是，任意解散不等于解散的程序也为任意，其解散仍必须依法定程序进行。

任意解散的具体原因包括：

①公司章程规定的营业期限届满，公司未形成延长营业期限的决议。我国《公司法》既未规定公司的最高经营期限，又未强制要求公司章程对其规定，因此，经营期限是我国公司章程任意规定的事项。如果公司章程中规定了经营期限，在此期限届满前，股东会可以形成延长经营期限的决议，如果没有形成此决议，公司即进入解散程序。

但是，在中外合资经营的有限责任公司中，《中外合资经营企业法》规定不同行业、不同情况的合营企业的合营期限应作不同的约定。有的行业的合营企业，应当约定合营期限；有的行业的合营企业，可以约定合营期限，也可以不约定合营期限。约定合营期限的合营企业，合营各方同意延长合营期限的，应在距合营期满六个月前向审查批准机关提出申请。审查批准机关应自接到申请之日起一个月内决定批准或不批准。

②公司章程规定的其他解散事由出现。解散事由一般是公司章程相对必要记载的事项，股东在制定公司章程时，可以预先约定公司的各种解散事由。如果在公司经营中，规定的解散事由出现，股东会可以决议公司解散。

③股东会形成公司解散的决议。有限责任公司经代表三分之二以上表决权的股东通过；股份有限公司经出席股东大会的股东所持表决权的三分之二通过，股东会或股东大会可以作出解散公司的决议。国有独资公司因不设股东会，其解散的决定应由国家授权投资的机构或部门作出。中外合资有限责任公司也不设股东会，其董事会可以决议解散，如果董事会不能形成决议，则由合资一方向政府机关提出解散申请，由政府机关协调处理。

④公司合并或分立。当公司吸收合并时，吸收方存续，被吸收方解散；当公司新设合并时，合并各方均解散。当公司分立时，如果原公司存续，则不存在解散问题；如果原公司分立后不再存在，则原公司应解散。公司的合并、分立决议均应由股东会作出。

B. 强制解散

强制解散是指因政府有关机关决定或法院判决而发生的解散。具体分为：

①行政解散。我国《公司法》规定：公司违反法律、行政法规被依法责令关闭的，应当解散。这种解散属于行政处罚方式，在公司经营严重违反了工商、税收、劳动、市场、环境保护等对公司行为进行规制的法律法规和规章时，为了维护社会秩序，有关违法事项的主管机关可以作出决定以终止其主体资格，使其永久不能进入市场进行经营。在不同的法规、规章中，解散、撤销、吊销、责令停产停业、关闭一般均属于行政解散。例如，《产品质量法》规定在产品中掺杂、掺假，以假充真，以次充好，或

者以不合格产品冒充合格产品，情节严重的，吊销营业执照。

②司法解散。当公司出现股东无力解决的不得已事由或者公司董事的行为危及公司存亡，或者当公司业务遇到显著困难，公司财产和股东的权利可能遭受严重损失时，持有一定比例股份的股东有权请求法院强制解散公司。法院通过特殊程序审理后，可以判决公司解散。我国对司法解散方式未作规定。但在日本商法和我国台湾地区公司法中，均有司法解散的规定。通常，为了避免股东滥用诉权，法律对司法解散规定了严格限制条件，譬如要求提出申请的股东必须在一定时间内持续持有公司一定比例股份等条件。

3.2.4.2.2 公司的清算

(1) 清算的概念与法律意义

公司清算是指公司解散或被宣告破产后，依照一定程序了结公司事务，收回债权、清偿债务并且分配财产，最终使公司终止消灭的程序。

清算是公司终止的必要步骤。因为：

首先，公司往往并非由一人控制，其股东众多，并且，随着所有权与经营权分离，董事、经理开始掌握公司控制权。因此，为了防止实际控制公司的董事、经理或控股股东在公司终止之前私自处分公司财产或不公平地分配公司的财产，从而损害公司股东的利益，就需要以法定的程序对公司财产进行公平的清算，以保护所有股东的利益。此外，公司股东人数较多，如果每个公司终止前都需要股东对财产分配方式和程序形成决议，则不仅难以达成一致意见而且容易引发争议，所以仅从经济和效率的角度出发，也需要法律相对统一地规定一套普遍适用的清算制度。

其次，公司的股东对公司承担的是有限责任，以其投资为限，股东不再对公司承担任何责任。公司的债务是由公司的财产进行清偿，因而公司财产是公司债权人利益的保障。如果公司未经清算清偿而终止，从而消灭主体资格，则债权人的债权将无法实现。因此，必须在公司终止前依法定的清算程序以公司的财产对债权人进行清偿，从而保障债权人的利益和经济秩序的稳定。为公司企业的终止而进行的清偿就是清算。

最后，公司的终止不仅影响股东和债权人的利益，还会影响许多利益相关人的利益，其中最重要的便是公司的职工，为了保障职工的利益，也必须通过法定程序分配公司财产。

在进入清算程序后，公司便进入终止前的特殊阶段，其权利能力和行为能力均出现重大变化。清算的法律意义为：

①清算期间，公司仍具有法人资格。公司解散或被宣告破产后，公司法人资格和主体资格并未立即消灭，在清算期间，公司仍为法人，只是业务活动范围有所限制。

②清算期间，公司的代表机构为清算组织。公司的董事会不再依其职责代表公司，公司的财产、印章、财务文件等均由清算组织接管。清算组织负责处理公司未了结的事务，并代表公司对外进行诉讼。

③清算期间，公司的权利能力、行为能力有所限制。虽然公司仍具有法人资格，但清算前和清算期间的公司的主体能力有很大差异，有些国家将处于清算阶段的公司称为“清算法人”或“清算公司”。在清算期间，公司不得再进行新的经营活动，公

司的全部活动应局限于清理公司已经发生但尚未了结的事务，包括清偿债务、实现债权以及处理公司内部事务。

④清算期间，公司财产在未按法定程序清偿前，不得分配给股东。公司财产必须先支付清算费用、职工工资和劳动保险费用、缴纳所欠税款、清偿公司债务，这之后如果还有剩余财产，才能对股东进行分配。

⑤公司清算的最终结果是导致公司法人资格消灭，公司终止。清算结束后，公司所有事务均已了结，债务清偿完毕，公司财产已全部被分配，这时，清算组织即可向公司登记机关申请公司注销，最终消灭公司全部权利义务关系，公司终止。

（2）清算的分类

清算因清算对象、清算原因及清算的复杂程度不同而在立法上有不同的分类。一般而言，清算可以分为如下几类：

①任意清算与法定清算。任意清算是指不须依法律规定的方式、程序，而仅依全体股东的意见或章程规定进行的清算，它只适用于无限公司、两合公司这类结构简单且股东对公司债务负无限责任的公司。但是对于有限责任公司和股份有限公司，其社会影响面相对广泛，相关利害关系人较多，并且其股东仅对公司债务承担有限责任，因此，为了保护债权人和相关利害关系人的利益，以使公司财产公平分配，也为了提高公司清算的效率，各国均规定了法定清算制度，即必须按法律规定的程序进行的清算。有限责任公司和股份有限公司必须进行法定清算。本章所提公司清算均指法定清算。

②破产清算与非破产清算。破产清算，是指公司被宣告破产，依破产程序进行的清算。我国《公司法》第一百八十九条规定，公司因不能清偿到期债务，被依法宣告破产的，由人民法院依照有关法律的规定，组织股东、有关机关及有关专业人员组成清算组，对公司进行破产清算。

③普通清算和特别清算。普通清算是指公司在解散后自行组织清算机构进行清算；特别清算是指公司因某些特殊事由解散后，或者被宣告破产后，或者在普通清算发生显著障碍无法继续时，由政府有关部门或者法院介入而进行的清算。它们都属于法定清算。

我国《公司法》第一百八十九条规定：被依法宣告破产的，由人民法院依照有关法律的规定，组织股东、有关机关及有关专业人员成立清算组，对公司进行破产清算；第一百九十二条规定：公司违反法律、行政法规被依法责令关闭的，应当解散，由有关主管机关组织股东、有关机关及有关专业人员成立清算组，进行清算；第一百九十一条规定：公司解散逾期不成立清算组进行清算的，债权人可以申请人民法院指定有关人员组成清算组，进行清算。

此外，在我国唯一专门规范清算制度的行政法规《外商投资企业清算办法》中，明确区分了普通清算与特别清算，该办法第三条规定："企业能够自行组织清算委员会进行清算的，依照本办法关于普通清算的规定办理。企业不能自行组织清算委员会进行清算或者依照普通清算的规定进行清算出现严重障碍的，企业董事会或者联合管理委员会等权力机构（以下简称企业权力机构）、投资者或者债权人可以向企业审批机关申请进行特别清算。企业审批机关批准进行特别清算的，依照本办法关于特别清算的规定办理。企业被依法责令关闭而解散，进行清算的，依照本办法关于特别清算的规定办理。”

(3) 清算组织

清算组织也称清算机构，是清算事务的执行人。公司解散、宣告破产后，在清算终结前，公司的法人资格仍然存在，其股东会和监事会作为公司机构仍然存在，只是作为公司决策机构和对外代表的董事会以及作为公司执行机构的经理不再履行其职责，而由清算组织替代，负责公司清算期间事务的处理。

各国公司法对清算组织的称谓有所不同，《美国标准公司法》称之为财产管理人及保管人；德国公司法称之为清算人，并且规定法人可以是清算人；我国香港称之为清盘官。我国公司法规定清算机构为清算组，其中，破产时称为破产清算组，外商投资公司则称为清算委员会。

①清算组织的成立和组成。在公司被宣告破产、决定或被决定解散之日起，公司即进入清算阶段，首先就需要及时选任公司的清算组织，以行使清算职权。清算组织的人员一般由公司股东、董事等公司原组织机构人员及会计、法律等方面的专业人员组成。关于具体人员的选任，各国规定并不相同，有的规定由公司执行业务的股东或者执行业务的董事担任，有的规定由股东会选任，等等。如果为特殊清算，则还会有法院或有关政府机关的人员参加，其人员由法院或有关机关指定。

在我国公司法中，公司自行解散的，应当自决定解散之日起 15 日内成立清算组，有限责任公司的清算组由股东组成，股份有限公司的清算组由股东大会确定其人选。特别清算中，在宣告破产或决定撤销、关闭之日起 15 日内，应由法院（破产时）或有关主管机关（强制解散时）组织股东、有关机关及有关专业人员成立清算组。

在外商投资公司中，在企业经营期限届满之日或企业审批机关批准企业解散之日，或人民法院判决或仲裁机构裁决终止企业合同之日起 15 日内，成立至少 3 人组成的清算委员会，普通清算的清算委员会成员由企业权力机构在企业权力机构成员中选任或者聘请有关专业人员担任，特殊清算的清算委员会由企业审批机关或其委托的部门组织中外投资者、有关机关的代表和有关专业人员组成。

②清算组织的职权职责。公司进入清算程序后，即进入特殊状态，由清算组织负责执行公司与清算有关的必要事务并对外代表公司，因此，法律需要明确规定清算组织的职权职责。

清算组织的职权主要包括：清理公司财产，分别编制资产负债表和财产清单；通知和公告债权人；处理与清算公司未了结的事务；缴纳公司所欠税款；提出财产评估和作价依据；清理债权、债务；处理企业清偿债务后的剩余财产；代表企业参与民事诉讼活动。

为了约束清算组成员的行为，各国法律均对清算组织的成员设定了忠实义务，譬如清算人员应当忠于职守，依法履行清算义务；不得利用职权收受贿赂或者其他非法收入；不得侵占公司财产等，如果清算人员因故意或者重大过失给公司或者债权人造成损失的，则应当承担赔偿责任，构成犯罪的，还应承担刑事责任。

（4）清算程序

清算组织正式成立后，公司即开始进入实质性清算程序。具体包括：

①清理公司财产。清算组织要全面清理公司的全部财产，不仅包括固定资产，还要包括流动资产；不仅包括有形资产，还包括商标、知识产权等无形资产；不仅包括债权，还要包括债务。在清理后，清算组织需要编制资产负债表和财产清单，以作为下一步工作的基础。

②通知、公告债权人并进行债权登记。清算组织成立后应立即在法定期限内直接通知已知的债权人并公告通知未知的债权人，以便债权人在法定期限内向清算组申报债权。债权人申报并提供相应证明后，清算组织应进行登记，以此作为财产分配的依据。我国公司法规定清算组应当自成立之日起十日内通知债权人，并于六十日内在报纸上至少公告三次。债权人应当自接到通知书之日起三十日内，未接到通知书的自第一次公告之日起九十日内，向清算组申报其债权；债权人申报其债权，应当说明债权的有关事项，并提供证明材料，清算组应当对债权进行登记。

③提出财产估价和清算方案。清算组织要提出合理的财产估价方案，计算出公司可分配财产的数额，并提出分配方案。以供股东、债权人、有关机关的审查和质疑，在解散程序中须将清算方案报股东会或者有关主管机关确认，在破产程序中则须经债权人会议决议通过并报法院审查裁定。

④分配财产。清算的核心是分配财产。财产法定分配顺序依次为：第一，支付清算费用；第二，支付职工工资及劳动保险费用；第三，清缴所欠税款；第四，清偿企业债务；第五，清偿完毕前述四项款项后的公司剩余财产，有限责任公司按照股东的出资比例分配，股份有限公司按照股东持有的股份比例分配。同时，清算组如果发现公司财产不足以清偿债务，应当立即向人民法院申请宣告破产，在公司经人民法院裁定宣告破产后，清算组应当将清算事务移交给人民法院，进入破产清算程序。

3.3 公司章程

3.3.1 公司章程概述

3.3.1.1 公司章程概念

公司章程是指公司必须具备的由发起设立公司的投资者制定并对公司、股东、公司经营管理人员具有约束力的调整公司内部组织关系和经营行为的自治规则。对于公司来讲，章程是最为重要的自治规则，是公司高效有序运行的重要基础，是维护公司利益、股东利益、债权人利益的自治机制，是公司、公司股东，特别是公司大股东和公司高级管理人员的行为规则。公司法与公司章程的有机结合，是规范公司组织和活动的重要保障。

3.3.1.2 公司章程的主要法律特征

作为公司自治规则，公司章程即公司宪章，在公司自治规则体系中居于十分重要的地位。公司章程是公司设立的必备条件，也是公司经营行为的基本准则，还是公司制定其他规章的重要依据。因此，公司章程对于公司的设立和运营都有非常重要的意义。公司章程的主要法律特征可以概括为：

（1）法定性

所谓法定性是指公司章程的制定、内容、效力和修改均由公司法明确规定。这是各国的立法通例。具体来讲，公司章程的法定性表现在以下几方面：

①制定的法定性。我国《公司法》第十一条规定，设立公司必须依照该法制定公司章程。公司章程制定于公司设立阶段，成为公司的设立依据，是公司得以成立必不可少的法律文件。

②内容的法定性。各国公司法对公司章程应当记载的事项均有明确的规定，而且，绝对必要记载事项的欠缺可能会导致章程的无效。

③效力的法定性。公司章程的效力是由公司法赋予的。我国《公司法》第十一条明确规定，公司章程对公司、股东、董事、监事、经理具有约束力。这一规定明确规定了公司章程的效力范围。

④修改权限和程序的法定性。公司章程的修改必须遵照公司法的明确规定进行。例如，根据我国公司法的规定，公司章程的修改须经股东会或者股东大会以特别决议的方式为之。

⑤公司章程须经登记。登记程序的设定是保证章程内容合法和相对稳定的措施之一。我国《公司法》第二十七条、第八十二条第二款、第九十四条均规定了公司章程是申请设立登记必须报送的文件之一。同时，公司章程经修改变更内容之后，也必须办理相应的变更登记。

（2）公开性

公司章程记载的所有内容都是可以为公众所知悉的。而且，公司和公司登记机关应当采取措施，方便股东及潜在的投资者、债权人及潜在的交易对象可以不同的方式从不同的途径了解公司章程的内容。公司章程的公开性特征制度化地表现在以下几方面：

①公司章程须经登记。公司章程须经登记本身即是章程公开性的表现之一。

②股东有权查阅公司章程。在公司日常经营过程中，股东有权查阅公司章程，公司应当将公司章程置备于本公司，我国《公司法》第一百零一条和第一百一十条均做了相应的规定。

③公司章程是公司公开发行股票或者公司债券时必须披露的文件之一。如发起人向社会公开募集股份时，在向国务院证券管理部门递交募股申请的同时，公司章程也是必须报送的文件之一。

（3）自治性

公司章程是公司的自治规则，是公司的行为规范，对特定公司的权利能力和行为能力均有重要影响。公司章程的自治性特征，表现为公司不同则章程也有所不同。每个公司在制定章程时，都可以在公司法允许的范围内，针对本公司的成立目的、所处行业、股东构成、资本规模、股权结构等不同特点，确定本公司组织及活动的具体规则。因此，不同公司的章程必然会存在差异。公司章程的自治性特征，体现了公司经营自由的精神。

3.3.1.3　公司章程的作用

（1）公司设立的最主要条件和最重要的文件

公司章程司的设立程序以订立公司章程开始，以设立登记结束。我国《公司法》明确规定，订立公司章程是设立公司的条件之一。审批机关和登记机关要对公司章程进行审查，以决定是否给予批准或者给予登记。公司没有公司章程，不能获得批准；公司没有公司章程，也不能获得登记。

（2）公司章程是确定公司权利、义务关系的基本法律文件

公司章程一经有关部门批准，并经公司登记机关核准即对外产生法律效力。公司依公司章程，享有各项权利，并承担各项义务，符合公司章程行为受国家法律的保护；违反章程的行为，有关机关有权对其进行干预和处罚。

（3）公司对外进行经营交往的基本法律依据

由于公司章程规定了公司的组织和活动原则及其细则，包括经营目的、财产状况、权利与义务关系等，这就为投资者、债权人和第三人与该公司的进行经济交往提供了条件和资信依据。凡依公司章程而与公司进行经济交往的所有人，依法可以得到有效的保护。

（4）公司章程是公司的自治规范

公司章程作为公司的自治规范，是由以下内容所决定的：其一，公司章程作为一种行为规范，不是由国家，而是由公司股东依据公司法自行制定的。公司法是公司章程制定的依据。作为公司法只能规定公司的普遍性的问题，不可能顾及各个公司的特殊性。而每个公司依照公司法制定的公司章程，则能反映本公司的个性，为公司提供行为规范。其二，公司章程是一种法律外的行为规范，由公司自己来执行，无需国家强制力保障实施。当出现违反公司章程的行为时，只要该行为不违反法律、法规，就由公司自行解决。其三，公司章程作为公司内部的行为规范，其效力仅及于公司和相关当事人，而不具有普遍的效力。

3.3.2　公司章程的内容

3.3.2.1　公司章程内容的分类

公司法将公司设立及组织所必备事项预先规定在公司法之中，成为公司章程的准据，并由公司章程予以针对性地细化和做出具体规定。公司法关于公司章程记载事项的规定，依据其效力不同，可分为绝对必要记载事项、相对必要记载事项、任意记载事项。

（1）绝对必要记载事项

所谓绝对必要记载事项，是指公司法规定的公司章程必须记载的事项，公司法有关公司章程绝对必要记载事项的规定属于强行性规范。从法理角度讲，若不记载或者记载违法，则章程无效。而章程无效的法律后果之一就是公司设立无效。绝对必要记载事项一般都是与公司设立或组织活动有重大关系的基础性的事项，例如公司的名称

和住所、公司的经营范围、公司的资本数额，公司机构、公司的代表人等。

(2) 相对必要记载事项

所谓相对必要记载事项，是指公司法中规定的可以记载也可以不记载于公司章程的事项。就性质而言，公司法有关相对必要记载事项的法律规范，属于授权性的法律规范。这些事项记载与否，都不影响公司章程的效力。事项一旦记载于公司章程，就要产生约束力。当然，没有记载于公司章程的事项不生效。

(3) 任意记载事项

所谓任意记载事项，是指在公司法规定的绝对必要记载事项及相对必要记载事项之外，在不违反法律、行政法规强行性规定和社会公共利益的前提下，经由章程制定者共同同意自愿记载于公司章程的事项。任意记载事项的规定充分地体现了对公司自主经营的尊重。

3.3.2.2 我国公司章程的记载事项

(1) 我国《公司法》的规定

我国《公司法》第二十二条规定了有限责任公司章程应当载明的事项：（一）公司名称和住所；（二）公司经营范围；（三）公司注册资本；（四）股东的姓名或者名称；（五）股东的权利和义务；（六）股东的出资方式和出资额；（七）股东转让出资的条件；（八）公司的机构及其产生办法、职权、议事规则；（九）公司的法定代表人；（十）公司的解散事由与清算办法；（十一）股东认为需要规定的其他事项。

我国《公司法》第七十九条规定了股份有限公司章程应当载明的事项：（一）公司名称和住所；（二）公司经营范围；（三）公司设立方式；（四）公司股份总数、每股金额和注册资本；（五）发起人的姓名或者名称、认购的股份数；（六）股东的权利和义务；（七）董事会的组成、职权、任期和议事规则；（八）公司法定代表人；（九）监事会的组成、职权、任期和议事规则；（十）公司利润分配办法；（十一）公司的解散事由与清算办法；（十二）公司的通知和公告办法；（十三）股东大会认为需要规定的其他事项。

(2) 其他规范文件的规定

为维护证券市场的健康发展，适应上市公司规范运作的实际需要，1997 年 12 月 16 日中国证监会制定了《上市公司章程指引》（以下简称为《指引》），作为上市公司章程的起草或修订工作依据。为适应股份有限公司向境外募集股份和到境外上市的需要，规范到境外上市的股份有限公司的行为，国务院证券委、国家体改委 1994 年 8 月 27 日制定了《到境外上市公司章程必备条款》。因此，上市公司和到境外上市的公司，应当依据这两个规范性文件制定公司章程。

3.3.3 公司章程的制定与变更

3.3.3.1 章程的制定

章程的制定是针对公司的初始章程而言的，章程是公司的设立要件之一，因此，章程的制定发生在公司设立环节。

根据我国公司法的规定，公司章程的制定主体和程序因公司的种类不同而异，具体而言，有限责任公司与股份有限公司不同，发起设立的股份有限公司与募集设立的股份有限公司也不同。当然，无论是上述何种情形，发起设立公司的投资者都是制定公司章程的重要主体。

在我国，公司章程是要式文件，必须采用书面形式。有的国家公司章程不仅要采用书面形式，而且还应当办理公证登记等手续，我国没有类似的强行性要求。

(1) 有限责任公司章程的制定

根据《公司法》第十九条规定，设立有限责任公司，应当由股东共同制定公司章程；第六十五条规定，国有独资公司的公司章程由国家授权投资的机构或者国家授权的部门依照公司法制定，或者由董事会制订，报国家授权投资的机构或者国家授权的部门批准。可见，国有独资公司章程制定主体有两类：第一类是国家授权投资的机构或者国家授权的部门；第二类则是国有独资公司的董事会。不过，这两类主体的权限并不完全相同。

(2) 股份有限公司章程的制定

《公司法》第七十三条规定，设立股份有限公司，发起人制订公司章程，并经创立大会通过。这是针对股份有限公司的一般要求。由于股份有限公司有发起设立和募集设立两种方式，公司章程的制定过程并不完全一致。

①发起设立的股份有限公司。对于发起设立的股份有限公司，在公司成立之后将成为公司股东的投资者还是限于发起人，投资者并没有社会化。因此，发起设立的股份有限公司仍然具有封闭性的特点。发起人所制订的章程反映了公司设立时的所有投资者的意志。根据《公司法》第八十二条规定，以发起设立方式设立股份有限公司的，发起人交付全部出资后，应当选举董事会和监事会，由董事会向公司登记机关报送包括公司章程在内的系列文件，申请设立登记。

②募集设立的股份有限公司。对于募集设立的股份有限公司，在公司成立之后成为公司初始股东的不仅有发起人，而且还有众多的认股人，公司的股东已经社会化，因此，募集设立的股份有限公司属开放式的公众性公司。这样，发起人制订的公司章程并不一定能够反映公司设立所有投资者，特别是认股人的意志。因此，在公司申请设立登记之前，必须召开创立大会，对公司章程等与设立公司有关的事宜进行审议。根据《公司法》第九十二条第二款规定，由认股人组成的创立大会，其职权之一就是通过公司章程。只有经过创立大会通过的章程，才能反映公司设立阶段的所有投资者的意志。可见，对于这类公司，其章程的制定过程比较复杂，既需发起人制订，又需创立大会决议通过。

3.3.3.2 公司章程的修改

为了更好地适应经营环境的变化，需要适时地修改章程的内容。在不违反法律、行政法规强行性规范的前提下，公司可以修改包括绝对必要记载事项、相对必要记载事项和任意记载事项在内的所有内容。公司法规定了修改公司章程的规则。

①修改公司章程的权限专属于公司的权力机构。在大陆法系国家，例如德国、法

国、日本、意大利等国家，修改公司章程的权限属于公司股东会。我国《公司法》规定，有限责任公司、股份有限公司章程的修改，分别属于股东会和股东大会的职权范围。

②修改公司章程须以特别决议为之。公司章程的修改涉及公司组织及活动的根本规则的变更，对公司关系甚大，而且还可能关系到其他不同主体的利益调整，因此，公司法将公司章程的变更规定为特别决议事项，从而提高了通过章程修改所需表决权的比例。

此外，公司变更章程须办理相应的变更登记，登记程序的设定可以保证章程内容合法和相对稳定。我国《公司法》第二十七条、第八十二条第二款、第九十四条均规定了公司章程是申请设立登记必须报送的文件之一。因此，公司章程经修改变更内容之后，也必须办理相应的变更登记；否则，不得以其变更对抗第三人，这是章程变更的效力。

【思考与练习】

1. 什么是公司？公司的主要特征是什么？
2. 公司的主要类型有哪些？
3. 什么是公司资本三原则？
4. 如何实施公司的合并与分立？
5. 比较有限责任公司和股份有限公司的异同，当你创业时在什么情况下选择有限责任公司？什么情况下选择股份有限公司？
6. 公司章程的主要法律特征有哪些？公司法规定公司章程的记载事项是什么？
7. 案例分析

【案情】　股东要求更改公司章程

2001 年 11 月 14 日，黄某、何某和龚某三人作为股东成立了宁波华昌电器有限公司（下称华昌公司）。该 3 人各自持有该公司三分之一的股份。该公司章程的第十九条规定："股东会决策重大事项时，必须经过全体股东通过。"何某为执行董事，而且是公司的法定代表人，华昌公司的所有经营活动和管理工作都由他负责。2001 年 12 月，龚某在征得黄某和何某同意后，将自己持有的股份全部转让给了俞某，同时向工商部门办理了股东变更手续。

2003 年，一直未参加公司具体经营活动的黄某和俞某觉得公司的经营状况出现了一些问题，在几经交涉后，两个人正式提出要求修改公司章程或者解散公司。在遭到何某的拒绝后，黄某和俞某于 2003 年 12 月 23 日向法院提起诉讼，要求法院判令变更公司章程第十九条的内容。

2004 年 2 月 4 日，余姚市人民法院开庭审理此案。法院认为《公司法》第一条开宗明义地提出了该法的立法精神在于规范公司的组织和行为，保护公司、股东和债权人的合法利益，维护社会经济秩序，促进社会主义市场经济的发展。为了实现《公司法》的宗旨，《公司法》明确规定了"重大事项必须经三分之二以上有表决权的股东通过”来实现“多数资本决”这一各国公司法都通行的根本制度。

本案公司章程条款由全体股东参加制定，并由全体股东签字确认，章程作为全体股东的契约，每一个股东都要受到公司章程的约束。但是，由于本公司的章程条款内容的特别规定，在公司运作过程中，遇到了根据公司章程内容无法实现公司管理的异常情况，这显然是不利于实现《公司法》的宗旨和基本价值目标的，不利于公司正常经营活动的开展，对于章程中的这种阻碍公司正常运作和管理的条款应该加以修改和完善。当然，根据本案公司章程的规定，公司章程的修改，必须由全体股东通过，被告作为掌控公司的经营者不愿意变更公司章程内容，导致两原告的合法权益无法实现，两原告作为公司股东签订了公司章程这一特定的合同，他们无法行使公司的重要权利，从合同法的角度来说，显然合同的目的无法实现。在本案中，华昌公司章程第十九条虽然在形式上并不违反《公司法》的规定，但实质上与立法精神相悖，是对《公司法》“多数资本决”的否定，客观上造成少数股东的意见左右股东会甚至决定了股东会的意见，以致公司无法正常运行的局面，故依法应予变更。

【思考问题】

(1) 新公司法将哪些公司管理制度的制定权赋予了公司章程?

(2) 你对本案中依据公司法的宗旨和精神进行判决有何看法?

8. 案例分析

【案情】　　　　　　　　　运发公司资本不实案

2006 年 1 月，杨某与赵某二人成立了运发布业有限公司。公司注册资本 3.5 万元，其中杨某以其一套商品房的使用权出资作价 2.5 万元，此外有赵某出资一万元。公司成立时，赵某按时交付了出资，而杨某的商品房却因故迟迟未能到位。二人经协商，还是开始了生产经营。

【思考问题】

你认为本案中运发布业有限公司的出资有何不当之处？应当如何处理？法律依据何在？

内部治理篇

内部治理主要是公司权力的分配和制衡，即在股东大会、董事会、监事会、执行层等机关之间如何分配权力并进行制衡的组织结构安排以及机制的安排，以保证公司内部利益的最大化。

从公司治理的具体内部治理对象来看，公司治理不仅包括权力的制衡，还包括股东大会投票表决机制、董事会战略决策机制、独立董事和监事会的监督机制、高层管理人员的激励约束机制等公司内部治理机制。

4 股东权利与股东会制度

【本章学习目标】

1. 理解股东的概念并掌握股东权利的分类内容，掌握中国股东权利制度相关规定；

2. 理解股东会的概念并掌握股东会决议等相关内容；

3. 了解股东投票方式，重点掌握几种常用投票制度；

4. 了解中国公司治理中小股东现状，掌握中小股东权益保护救济制度。

4.1 股东与股东权利的分类

4.1.1 股东

4.1.1.1 股东的概念

股东是指公司投资或基于其他的合法原因而持有公司资本的一定份额并享有股东权利的主体。投资者通过认购公司的出资或股份而获得股东资格，主要包括发起人的认购、发起人以外的认购人的认购、公司成立后投资人对公司新增资本的认购。

4.1.1.2 股东资格的确认

依照《公司法》及相关规定，股东资格的确认须具备以下条件：

(1) 股东姓名或名称应当记载在公司章程中，一旦投资人的姓名或者名称被记载在公司章程中，则该姓名或名称所代表的人或公司、企业单位、社会组织就应该是公司的股东，除非有确切的证据表明记载有误。

(2) 股东名册记载。股东名册的记载通常可确认股东资格，但股东名册未记载的股东也不是必然没有股东资格，这不能产生剥夺股东资格的效力。

(3) 股东出资须具备合法验资机构的验资证明，所有股东以货币、实物、知识产权、土地所有权等出资后必须依法经合法的验资机构验资并取得验资证明，这是具有股东资格的必要条件。

(4) 公司工商注册登记中载明股东或发起人的姓名或名称、认缴或实缴的出资额、出资时间、出资方式，对善意第三人宣示股东资格。

一般来讲，在合法、规范的情况下，公司章程的记载、股东名册的记载、登记机关的登记应当是一致的，能够客观反映公司股东的情况。但有时因公司操作不规范，上述记载可能与实际情况不一致，这就需要综合考虑多种因素，根据当事人真实意愿表示选择确认股东资格的标准。通常情况下，当公司或其股东与公司外部人员对股东资格发生争议时，应当根据工商登记认定股东资格；当股东与公司之间或股东之间就股东资格发生争议时，应优先考虑股东名册的记载。

4.1.1.3 股东的特征

一般来说，股东具有资合性、平等性与责任有限性三大特征。

（1）资合性，是指股东间因共同对公司投资而拥有公司的股票或股权，以此发生的公司法上的关系。

（2）平等性，是指股东具备股东资格后，公司与股东以及股东之间发生的法律关系中，股东依照所持有股份的性质、内容和数额而享有平等的待遇。股东的平等性不仅体现在法律地位上的平等，而且体现在股东从公司获取利益的平等等方面。

（3）责任有限性，是指股东依其出资额的多少对公司承担责任。责任有限性鼓励投资者的投资，也加快了公司治理中所有权和经营权的分离，同时促进了公司规模的扩大。但责任有限性并不是绝对的，在某些情况下股东的有限责任例外适用，原本享受有限责任保护的股东，不仅不能再以有限责任为借口获得相应的保护，而且可能面临完全的个人责任。

4.1.1.4 股东类别

股东按照不同的分类标准可以分为发起人股东与非发起人股东、自然人股东与法人股东、公司设立时的股东与公司设立后的股东、控股股东与少数股东。

（1）发起人股东与非发起人股东

发起人股东参加公司设立活动并对公司设立承担责任，为公司首批股东，并依公司法规定必须持有一定比例的公司股份；除发起人股东外，任何公司设立时或公司成立后认购或受让公司出资或股份的股东称为非发起人股东。

（2）自然人股东与法人股东

自然人与法人均可成为公司的股东，自然人股东指包括中国公民和具有外国国籍的人，可以通过出资组建或继受取得出资、股份而成为有限责任公司、股份有限公司的股东。此处自然人作为股份有限公司的发起人股东，作为参加有限责任公司组建的设立人股东，应该具有完全行为能力，还应符合国家关于特殊自然人股东主体资格的限制性规定。法律规定禁止设立公司的自然人，不能成为公司股东。如我国有关组织法规定，国家公务人员不能成为有限责任公司的股东、股份有限公司的发起人股东。

法人股东在我国包括企业法人（含外国企业、公司）、社团法人以及各类投资基金组织和代表国家进行投资的机构，但法律规定禁止设立公司的法人（如党政机关、军队）不能成为公司法人。

（3）公司设立时的股东与公司设立后的股东

公司设立时的股东是指认购公司首次发行股份或原始出资的股东，包括参加公司设立活动的有限责任公司首批股东（设立人股东）、股份有限位公司的发起人股东，也包括认购公司首次发行股份的股份有限公司非发起人股东。

公司设立后的股东包括设立后通过继受方式取得公司股份的继受股东和公司设立后因公司增资而认购新股的股东。继受股东是指公司设立后从原始股东手中继受取得股东资格的人，包括因股东的依法转让、赠与、继承或法院强制执行等原因而取得股份而成为公司股东的人。新股东不同于继受股东，从股东资格的取得方式看，他们是从公司直接取得股份，而不从原始股东手中继受取得，因而也属于股东资格的原始取得。这类股东也不同于公司设立时的原始股东，他们没有参加公司的设立活动，其出资没有构成公司的原始资本，只构成公司的新增资本。

（4）控股股东与少数股东

控股股东与少数股东与前面分类的股东多有交叉，单独将此作为股东的一种分类是因为一些公司治理的问题常涉及它，如控股股东控制股东会、少数股东利益受到侵害等问题。控股股东，也称为大股东，是指出资占有限责任公司资本总额50%以上或者持有的股份占股份有限公司股本总额50%以上的股东；出资额或者持有股份的比例虽然不足50%，但依其出资额或者持有的股份所享有的表决权已足以对股东会、股东大会的决议产生重大影响的股东。

根据《上市公司章程指引》的规定，控股股东必须具备下列条件之一：

①此人单独或者与他人一致行动时，可以选出半数以上的董事；

②此人单独或者与他人一致行动时，可以行使公司30%以上的表决权或者可以控制公司30%以上表决权的行使；

③此人单独或者与他人一致行动时，持有公司30%以上的股份；

④此人单独或者与他人一致行动时，可以以其他方式在事实上控制公司。

上述所称“一致行动”是指两个或者两个以上股东以协议的方式（口头或者书面）达成一致，通过其中任何一方取得对公司的投票权，以达到或者巩固控制公司的目的的行动。

除此以外的股东统称为少数股东，也称为非控股股东。

4.1.2 股东权利

股东权利是指股东因为出资而享有的对公司的权利。

按照我国《公司法》以及相关法律、法规的规定，股东权利可以划分为四大类：财产权、管理权、知情权和救济权。

（1）财产权

股东依其出资额享有对公司现在净资产、运营所得现实利润、公司整体价值潜在增加值的分配权，包括股利分配权、清算剩余分配权、新股认购优先权。

①股利分配权。股利分配权是股东基于其公司股东的资格和地位所拥有的参与公司的可分配利润分配的权利，是公司股东的一种固有权，由公司的盈利本质所决定，反映股东投资目的的必然要求。

②清算剩余分配权是公司被解散、撤销、破产或人格被注销之前，公司一切债权、债务关系清算完毕后，公司的资产还有剩余，股东有权参与剩余财产的分配的权利。

③优先受让和认购新股权。经股东同意转让的出资，在同等条件下，其他股东对该出资有优先购买权；在公司增资发行新股时，股东基于其公司股东的资格享有优于一般人而按照原有的持股比例认购新股的权利。

(2) 管理权

股东以其所持股票比例有参与管理的权利。管理权使股东可以通过各种途径对公司经营事务施加直接的影响，主要有参与股东大会权、表决权、提议权、咨询权。

①参与股东大会权。这是一种因有权，是行使管理权的一种先决权利。只要在股东大会召开前、停止过户期间之前登记在册，股东就能够行使这种权利，公司不得以任何理由排除，也不得附加任何其他行使条件。

②表决权。此权利是指股东基于其股东地位而享有的对股东大会的方案做出一定意思表示的权利。股东表决权包括两类：一是对涉及公司事务根本性变化的事项表决；二是对公司董事、监事的选举。这是一种固有权利，不能绝对排除，通行一股一权。除非发行、表决权受限制的股票，除非有法律、章程规定，不得对表决权施加任何相对限制，或剥夺。

③召集权与提议权。股东可以提议召开临时股东大会，也可以提议股东大会以讨论事项、表决事项。只有持有法律规定的最低比例或者以上公司股份的股东才有召集权。而提议权则为每个股东所享有，但提议的范围受股东大会可以决议的事项所限，并不得向临时股东大会提议。股东提议还必须经过董事会的筛选，并不是所有的提议都能记载到股东大会的开会通知上。

(3) 知情权

知情权就是股东有权获得管理、监督、救济的权利。知情权的内容主要包括财务会计报告查阅权、会计账簿查阅权、对股东大会记录和公司章程的查阅权、对股东名册的查阅权、对公司重事项的行情权，以及请求法院指定专门审计人，对公司的业务进行审计。

(4) 救济权

所谓救济权，是指股东利益因与经营相关的行为或决定而受到损害或可能受到损害时，股东有权运用各种救济手段予以救济，大体包括股份买入请求权、危害行为停止请求权、申请法院解散或者清算公司的权利和股东诉讼权。

①股份买入请求权。在某些情况下，如有限责任公司中股份转让有限制而股东又要转让其股份，或股东大会通过公司营业转让或者公司合并的决议，有些股东反对该决议，请求公司以公正的价格买入自己的股份的权利。

②危害行为停止请求权。危害行为发生前的消极防卫权利，是股东对董事违法行为的制止，当公司的董事或其他高级人员对外代表公司活动时超越公司组织章程或条例，违反公司的规定，公司的股东有请求董事或其他高级人员停止其越权或违法行为。

③申请法院解散或者清算公司的权利。当控股股东滥用控制力对其他股东进行压榨，严重迫害公司或其他中小股东利益时，若有理由相信股东共存于一个公司的基本信赖基础已经丧失，中小股东有权申请法院质疑公司是否应该继续存在，包括请法院解散公司、对公司进行重组。

④股东诉讼权，即当股东个人权利或公司权利受到侵害时，应当给予股东以请求法院进行保护的权利，包括为了个人利益的直接诉讼权和为了公司的利益的派生诉讼权。直接诉讼权则是当股东的个人利益受到侵害时，他可以基于其作为公司所有权人的股东身份提起旨在保护自己利益的诉讼，解决股东与公司之间的矛盾。派生诉讼权则指当公司的合法权益受到不法侵害而公司却怠于起诉时，为了保护公司的整体利益，公司的股东以自己的名义代表公司起诉的权利。

股东诉讼权作为股东权益侵害的法律保护措施，除直接诉讼外，派生诉讼权作为维护公司利益进而维护中小股东利益的有效手段日益受到重视，我国《公司法》里也写入了这点。

4.2 股东（大）会及其运作机制

4.2.1 股东（大）会

股东（大）会（有限公司称“股东会”，股份公司称“股东大会”，以下统称“股东会”），是指由公司全体股东组成的一个公司机构，它是公司的权力机关，是股东行使股东权利的组织。

在公司治理结构中，股东会作为公司权力机构是不可或缺的，股东会具有以下特征：

（1）股东会由全体股东组成

公司的股东是公司股东会的当然成员，任何一名股东都有权出席股东会会议，而不论其所持股份的多少、性质。任何股东都有权行使作为股东会的一员所应当享有的权利，同样也应该履行作为股东所应尽的义务。

（2）股东会是公司的最高权力机构

公司的资本来源于股东的出资，作为公司资产所有者的股东，理应对公司的运营、发展提出自己的要求，公司的发展应体现股东的意志。股东会最高权力机构的地位是从公司内部来说的，对外，股东会不代表公司进行活动。

（3）股东会是公司的必设机构

只有在特殊情况下，才可以不设立股东会，如我国《公司法》第六十七条关于国有独资公司的特别规定：国有独资公司不设立股东会，由国有资产监督管理机构行使股东会职权。

4.2.2 股东会权利

根据我国新《公司法》第三十六条的规定，股东会主要行使以下职权：

（1）决定公司的经营方针和投资计划；

（2）选举和更换非由职工代表担任的董事、监事，决定有关董事、监事的报酬事项；

(3) 审议批准董事会的报告;

(4) 审议批准监事会或者监事的报告;

(5) 审议批准公司的年度财务预算方案、决算方案;

(6) 审议批准公司的利润分配方案和弥补亏损方案;

(7) 对公司增加或者减少注册资本做出决议;

(8) 对发行公司债券做出决议;

(9) 对公司合并、分立、解散、清算或者变更公司形式作出决议;

(10) 修改公司章程;

(11) 公司章程规定的其他职权。

股东大会除具有法律规定的职权外,公司的出资人——股东还可以从公司实际出发,在不违背法律强制性规定的情况下,通过章程为股东大会规定必要的职权,例如规定由股东大会决定承办公司审计业务的会计师事务所的聘任或解聘等。

上市公司股东大会职权还包括:

(1) 有权对公司聘用、解聘会计师事务所作出决议;

(2) 审议代表公司发行在外有表决权股份总数的5%以上的股东的提案;

(3) 回购本公司股票;

(4) 非经股东大会特别决议,公司不得与高级管理人员以外的人订立将公司全部或重要业务的管理交予该人负责的合同;

(5) 独立董事由股东大会决定;

(6) 依《证券法》上市如改变招股说明书中募集资金的用途,必须经股东大会批准。

4.2.3 股东会会议的类型及运行机制

由于股东会是由全体股东组成的,而股东会作为最高权力机构必须形成自己的意志,因此股东会只能通过会议的方式来形成决议,行使对公司的控制权。显然股东会与股东会会议是不同的两个概念,股东会是指公司的组织机构,而股东会会议是指股东会的工作方式,是股东会为了解决公司的问题,依据公司法或者公司的章程而召开的会议。

4.2.3.1 股东会会议类型

股东会会议一般分为定期会议和临时会议两类。

(1) 定期会议,也称为普通会议、股东会议、股东年会,是应当依照公司章程的规定按时必须召开的股东会会议。

定期会议每年至少应该召开一次,以便审议批准董事会的报告、监事会或者监事的报告、公司的年度财务预决算方案、公司的利润分配方案和弥补亏损方案,并且与公司的财务核算年度相互协调,通常是在上一会计年度结束后的一定时期内召开。

(2) 临时会议,也称为特别会议,是指在必要时,根据法定事由或者由于法定人员的提议而临时召开的股东会会议,是相对于定期会议而言的。

法律规定的法定人员有三种：代表十分之一以上的表决权的股东；三分之一以上的董事；监事会或者不设监事会的公司的监事。这里的“以上”包括本数，若是由监事会提议召开临时股东会，还应当由监事会做出决议。这三类主体提议召开股东会会议时，董事会应当履行召集职责，使股东会依法召开。

公司章程还可以规定，当某些事由出现时公司应当召开临时会议，比如公司需要就重大事项做出决策，或公司出现严重亏损，或公司的董事、监事少于法定人数，或公司董事、监事有严重违法行为需立即更换等情况。

4.2.3.2 股东大会的运作

4.2.3.2.1 会议的召集

股东大会是由全体股东组成的会议体机关，其权利的行使需召开由全体股东所组成的会议。但由于股东大会的性质以及公司的正常运营需要，股东大会不可能也没有必要经常、随意召开；另一方面，股东大会制度是为维护股东权益而存在，也应该在必要时发挥其应有的作用和功能，以防止该制度被不合理“架空”，损及股东利益。因此，由法律规定合理的股东大会召集制度便成为了必要。一般认为，股东大会的召集制度是关于股东大会召集条件，召集权利人，召集通知等各项规定的总和。规定合理、科学、完备的召集制度，对股东尤其是中小股东权利的保护以及股东大会和公司的正常运作意义重大。

(1) 会议的召集人

我国现有《公司法》第四十一条规定，有限责任公司设立董事会的，股东大会会议由董事会召集，董事长主持；董事长不能履行职务或者不履行职务的，由副董事长主持；副董事长不能履行职务或者不履行职务的，由半数以上董事共同推举一名董事主持。不设董事会的，股东会会议由执行董事召集和主持。董事会或者执行董事不能履行或者不履行召集股东会会议职责的，由监事会或者不设监事会的公司的监事召集和主持；监事会或者监事不召集和主持的，代表十分之一以上表决权的股东可以自行召集和主持。

(2) 召集通知和时间

股东会是由全体股东组成的，所以召开股东会会议时要通知，这样才可能保证股东知情并来参加会议。我国现行《公司法》第四十二条规定，召开股东会会议，应当于会议召开十五日以前通知全体股东，公司章程另有规定或者全体股东另有约定的除外。第九十一条规定，发起人应当在创立大会召开十五日前将会议通知各认股人或者予以公告。

4.2.3.2.2 会议的议事规则

股东会作为公司的最高权力机构，其权力是通过股东会会议来行使的，股东会会议对于公司来说是很重要的，股东会会议的召开有一定的议事规则，主要包括：

①股东的出席率。股东的出席率是指出席股东会会议的股东占全体股东的百分比。法律为了保护广大小股东的利益，避免大股东运用自己对公司的控制优势损害中小股东的利益，规定股东会会议必须有一定比例的股东出席才能召开，这样通过的决议才

合法有效。对于股东出席率，我国现行《公司法》第九十一条规定，创立大会应有代表股份总数过半数的认股人出席方可举行。

②表决要求。一项决议的通过要经过股东会会议的决议，而在表决时一般都要求经过出席会议的多数表决通过，学界称此为多数决规则。多数决规则又可以分为简单多数和绝对多数。简单多数是指一项事件的通过只需要简单多数，即 1/2 通过即可。绝对多数是指一项事件在表决通过时，要求绝对多数（2/3）同意才能通过。我国现行《公司法》对此有明确的规定。

对于有限责任公司，我国现行《公司法》第四十四条第二款规定，股东会会议做出修改公司章程、增加或者减少注册资本的决议，以及公司合并、分立、解散或者变更公司形式的决议，必须经代表三分之二以上表决权的股东通过。该条第一款的规定是，股东会会议的议事方式和表决程序，除本法有规定的外，由公司章程规定。由此可以看出，我国《公司法》对一般决议的表决要求规定得不是很严格，把它赋予给了公司自己去解决。

对于股份有限公司，现行《公司法》第一百零四条规定，股东大会做出决议，必须经出席会议的股东所持表决权过半数通过。但是，股东大会做出修改公司章程、增加或者减少注册资本的决议，以及公司合并、分立、解散或者变更公司形式的决议，必须经出席会议的股东所持表决权的三分之二以上通过。

③表决方式。对于有限责任公司，我国现行《公司法》第四十三条规定，股东会会议同股东按照出资比例行使表决权；但是，公司章程另有规定的除外。我国现行《公司法》对于表决方式的规定较为灵活，给予了充分自由。股东表决权行使的方式包括：一是本人投票制与委托投票制；二是现场投票制与通讯投票制；三是直接投票制与累积投票制。

对于股份有限公司，我国现行《公司法》第一百零四条规定，股东出席股东大会会议，所持每一股份有一个表决权；但是，公司持有的本公司股份没有表决权。第一百零六条规定，股东大会会议选举董事、监事，可以根据公司章程的规定或者股东大会的决议，实行累积投票制。第一百零七条规定，股份有限公司有股东可以委托代理人出席股东大会会议，代理人在授权范围内行使表决权。

④会议记录。《公司法》第四十二条第二款规定，有限责任公司的股东会应当对所议事项的决定做成会议记录，出席会议的股东应当在会议记录上签名。

《公司法》第一百零八条规定，股份有公司的股东大会应当对所议事项的决定做成会议记录，主持人、出席会议的董事应当在会议记录上签名。会议记录应当与出席会议股东的签名册及代理出席委托书一并保存，以备后续查阅参考。

4.3 中小股东的权益与维护

4.3.1 中小股东及其权益

中小股东一般是指在公司中持股较少、不享有控股权，处于弱势地位的股东，其相对的概念是大股东或控股股东。在上市公司中，主要指社会公众股股东。

中小股东权益是上市公司股东权益的重要组成部分，上市公司的中小股东往往也是证券市场上的中小投资者。我国《公司法》第一百三十条规定“同股同权、同股同利”的股份平等原则，每一股份所享有的权利和义务是平等的。因此，中小股东与大股东同为公司的股东，在法律地位上是一致的，都享有内容相同的股东权，其权益本质也是一致的。

但是，由于中国证券市场是从计划经济环境中产生的，因而从其诞生的那一天起，在制度设计方面就存在某些局限性。而股权分置状况的存在，导致大股东和社会公众股股东客观上存在利益矛盾和冲突，社会公众股股东利益的保护难以真正落到实处。如上市公司再融资时，“大股东举手，小股东掏钱”的现象还普遍存在。大股东对小股东侵害行为的根源主要在于“一股独大”和法律制度的欠缺。一方面，国有股（或法人股）“一股独大”，对控投股东行为缺少有效制约，中小股东的权益得不到有效保护，投资者和经营管理层之间有效约束机制难以建立。国家所有权的代理行使缺乏妥善措施，上市公司往往出现内部人控制的现象。内部人控制下的一股独大是形成大股东对中小股东侵害行为的直接原因。另一方面，我国《公司法》对表决权的规定比较简单，基本原则为股东所持每一股份有一表决权；股东可以委托代理人行使表决权。一股一票表决权在使大股东意志上升为公司意志的同时，却使小股东的意志对公司决策变得毫无意义，使股东大会流于形式，从而出现小股东意志与其财产权益相分离的状态，这在一定程度上破坏了股东之间实质上的平等关系。

为了促进我国证券市场的良性发展，切实保护中小股东的权益，我们应该切实解决上述两个根源性问题。

“一股独大”是证券市场设立初期制度上造成的特殊现象，它使得国家股、法人股上市流通问题成为我国证券市场“牵一发而动全身”的历史遗留问题。这个问题之所以迟迟未能得到解决，其症结主要在于：①国家股、法人股历史存量太大。证券市场发展的二十多年来，二者合计占总股数的比例一直维持在60%～70%。②国家股、法人股的上市会影响国家的控股地位，容易导致国有资产的流失和国家经济控制力的丧失。

4.3.2 中小股东权益的维护

纵观世界各国，维护中小股东合法权益的举措大致有以下几种：

4.3.2.1　累积投票权制度

累积投票权制度作为股东选择公司管理者的一种表决权制度，最早起源于美国伊利诺伊州《宪法》的规定。后逐渐为各国效法。

按照适用的效力不同，累积投票权制度可以分为两种：

①强制性累积投票权制度，即公司必须采用累积投票权制度，否则属于违法。

②许可性累积投票权制度。许可性累积投票权制度又分为选出式和选入式两种，前者是指除非公司章程做出相反的规定，否则就应实行累积投票权制度；后者是指除非公司章程有明确的规定，否则就不实行累积投票权制度。累积投票权制度的立法政策随着现代制度的成熟与公司治理结构的完善而呈现渐趋宽松的发展趋势。

2002 年我国证监会颁布的《上市公司治理准则》规定："控投股东控股比例在 30% 以上的上市公司，应当采用累积投票制。采用累积投票制度的上市公司应在公司章程里规定该制度的实施细则。"中国证监会以规章的形式肯定了累积投票制，是对这方面法律空白的填补。目前我国已有许多上市公司在公司章程中添加了该细则。

【阅读】

直接投票制与累积投票制

直接投票制奉行资本多数决原则，贯彻大股东控制公司的权利义务对等理念。股东会议决议与大股东意志一致，在行使表决权时，针对某一项决议，股东只能将其持有股份代表的表决票数一次性直接投在这些决议上。

累积投票制是指股东大会选举董事或监事时，每一股份拥有与应选董事或者监事人相同的表决权，股东拥有的表决权可以集中使用，即股东大会在选举一两名以上董事时，一个股东可以投票的总数等于其所持有的股份数额乘以应选董事的人数；票数多的董事候选人将按顺序当选，股东可以不必为每位董事投票，而将其总票数投给一位或几位候选人，从而产生代表己方利益的董事。

这两种投票制均以同股同权、一股一权为基础，但在表决票数的计算和具体投向上存在根本差异。

如何保证小股东选举候选人的最低股份数？威廉姆斯和坎贝尔关于精确计算股东选举特定董事所需的股份数有公式如下：

$$X = (Y \times N_1) / (N_2 + 1) + 1$$

其中，X 代表某位股东欲选出特定数额董事所需的最低股份数；Y 代表股东大会上享有投票权的股份总数；N_1 代表某股东欲选出的董事人数；N_2 代表应选出的董事总人数。

由上述公式可知，被选举人数越少，累积投票制发挥的作用就越小，在极限状态下，即仅有 1 名候选人的情况下，与直接投票制度一致，没有差别。

累积投票制是为了保护中小股东权益而设立的，累积投票制可在股份相对较少的情况下，仍然能集中选票，为代表己方利益的候选人争得席位。但在大股东股份占绝对优势的情况下或候选人数量太少的情况下，效果与直接投票制无二。

实施累积投票制需要满足以下要求：第一，以中小股东积极参与投票为前提；第二，小股东持有或合计持有一定数量的表决权为条件；若小股东持股数量过低，与大股东相差太大或者中小股东一致行动缺乏有效性，则累积投票制难以发挥积极作用。第三，中小股东有自己的候选人，否则累积投票制度无实质意义；第四，大股东即控股股东不可利用其控制权设置障碍。

累积投票制给予小股东将其代言人选入董事会的机会，在一定程度上达到抑制大股东操纵公司的目的。累积投票制在不违背资本多数决的原则下，有效补充了其不足，实现了实质意义上的股权平等。该投票制度也是现代公司“三权分立”领导体制的权力制衡方式，有利于保障公司准确决策、统一执行和有效监督。小股东选举的董事牵制代表大股东的董事的行为，最重要的体现是公司治理的目的———保护中小股东的权益，刺激小股东的投资积极性、参与监督的积极性，有利于中小股东“用脚投票”转为“用手投票”，弱化投机行为，完善股票市场。

4.3.2.2 强化小股东对股东大会的请求权、召集权和提案权

（1）请求权的强化

我国《公司法》第一百零四条规定，持有公司股份10%以上的股东请求时，董事会应当召集临时股东大会。从目前看，此比例过高，建议将10%的持股比例降至一个合理的程度，如5%或3%。

（2）自行召集权

我国《公司法》规定，股东有召集请求权，但没有规定董事会依请求必须召开股东大会，也没有规定董事会拒绝股东的该项请求时应如何处理，故法律还应规定小股东有自行召集股东大会的权力。

（3）提案权

股东提案权是指股东可就某个问题向股东大会提出议案，以维护自己的合法权益，抵制大股东提出的或已通过的损害小股东利益的决议。股东提案权能保证中小股东将其关心的问题提交给股东大会讨论，实现对公司经营决策的参与、监督和修正。

4.3.2.3 类别股东表决制度

类别股东是指在公司的股权设置中，存在两个以上的不同种类，不同权利的股份。具体区分包括发起人股、非发起人股；普通股、优先股；无表决权股份，特殊表决权股份（如双倍表决权）；不同交易场所的股份，如在香港联交所、伦敦交易所、纽约交易所上市股份；关联股东股份、非关联股东股份等。进行股东类别区分的实质是优化股东的优势，保护弱势股东的利益。类别股东大会在我国尚未有明确的规定，但实际上已存在国有股、法人股、个人股或从主体角度划分的发起人股和社会公众股。

类别股东表决制度是指一项涉及不同类别股东权益的议案，需要各类别股东及其他类别股东分别审议，并获得各自的绝对多数同意才能通过。如根据香港公司条例的规定，只有获得持该类别面值总额的3/4以上的绝大多数同意或该类别股东经分别类别会议的特别批准，才能通过决议；欧盟《公司法》第五号指令第四十条、中国台湾

地区所谓的公司法第一百五十九条也有类似制度的规定。第五号指令第四十条就明确指出，如果公司的股份资本划分为不同的类别，那么股东大会决议要生效，就必须由全体受该决议影响的各类股东分别表决并同意。这样，中小股东就有机会为自身的利益对抗大股东的不公正表决。

但是“类别股东投票”也有自身的局限性：不能过分强化股东的分别，不能过度使用，否则会造成各类股东代表过分追求自身利益的最大化，致使冲突升级，从而影响公司的稳定发展。

为了稳定有效地推行“类别股东表决制度”，我们认为：

(1)“类别股东表决制度”要逐步推行。对于类别股东投票制度的实施是有成本的，同时还需要相关配套条件作支撑，即会带来治理成本的增加；虽然从长期来看，这种投资是适应的，但在目前流通股东参与较少、网上投票、征集投票权尚未实行的现实情况下，公司实行这种制度时还应量力而行。

(2) 平衡各类股东的利益是实施成功的关键。在我国国有非流通股“一股独大”的现实情况下，流通股股东的合法权益难以保障，已是不争的事实。完善并推广类别股东表决机制无疑是治“病”的一剂良药。但是，我们采用类别股东投票机制来保护中小股东利益，并不是要削弱或否定非流通股东的控制权，减弱或影响他们正常的决策权利，干预公司高层的日常管理，而是要在大股东单独做出决定之前，给中小流通股股东代表自身利益说话的机会，尊重他们的意见，即兼顾和平衡非流通股股东和流通股东的权益，实现公司价值的最大化。

(3) 完善配套制度是制度保障。关于“类别股东表决制度”的具体实施，还需要一系列配套制度的支持。类别股东大会的召开形式无非是三种：传统的现场形式、通讯形式、网上投票。目前应该大力推广网上投票，让更多的流通股股东参与投票。流通股股东网上投票机制可以极大弥补分散在各地的流通股股东不能及时到达会场参加股东大会的缺陷，尽可能促使更多的中小股东关心自身的利益。

(4) 加强投资者关系管理是基础。公众股东要有效地参与表决，首先要对将要表决的事项有较准确的、详细的了解，这些都要求公司大力加强与公众股东的沟通与交流，即加强投资者关系管理，这是“类别股东表决机制”成功实施的基础。

我国证监会于2004年12月7日颁布了《关于加强社会公众股股东权益保护的若干规定》，规定要求我国上市公司建立和完善社会公众股股东对重大事项的表决制度。

4.3.2.4 建立有效的股东民事赔偿制度

我国现行的《公司法》为股东民事赔偿提供了权利根据，中介程序法上的诉权领域尚有空白。《公司法》第六十三条规定：“董事、监事、经理执行公司职务时违反法律、行政法规或者公司章程的规定，给公司造成损害的，应当承担赔偿责任。”《公司法》第一百一十八条规定：“董事会的决议违反法律、行政法规或者公司章程，致使公司遭受严重损失的，参与决议的董事对公司负赔偿责任。”根据上述规定，一旦我国建立了股东代表诉讼制度和投资者集体诉讼制度，可以将蓄意侵犯股东利益特别是中小股东利益的公司董事、监事、经理及其他管理人员告上法庭，那些以身试法者必将为此付出沉重的代价。

4.3.2.5 建议表决权排除制度

表决权排除制度也被称为表决权回避制度，是指当某一股东与股东大会讨论的决议事项有特别的利害关系时，该股东或其代理人均不得就其持有的股份行使表决权的制度。这一制度在德国、意大利等大陆法系国家得到了广泛的应用。如韩国商法规定，与股东大会的决议有利害关系的股东不能行使其表决权。我国台湾地区和香港地区的立法也采纳了表决权排除制度。确立表决权排除制度实际上是对利害关系和控股股东表决权的限制和剥夺，因为有条件、有机会进行关联或者在关联交易中有利害关系的往往都是大股东。这样就相对地扩大了中小股东的表决权，在客观上保护了中小股东的利益。通常认为，在涉及利益分配或自我交易的情况下，股东个人利益与公司利益存在冲突，因此实施表决权排除制度是必要的。

4.3.2.6 完善小股东的委托投票制度

委托投票制是指股东委托代理人参加股东大会并代行投票权的法律制度。在委托投票制度中，代表以被代表人的名义，按自己的意志行使表决权。我国《公司法》第一百零八条规定："股东可以委托代理人出席股东大会，代理人应当向公司提交股东授权委托书，并在授权内行使表决权。"《上市公司治理准则》第九条规定："股东既可以亲自到股东大会现场投票，也可以委托代理人代为投票，两者具有同样的法律效力。"但在我国现实中，委托代理制被大股东作为对付小股东的手段，发生了异化。我国公司法立法的宗旨是为了保护小股东，国际上近来对此采取了比较严格的限制措施。意大利公司法规定，董事、审计员、公司及其子公司雇员、银行和其他团体不得成为代理人。

4.3.2.7 引入异议股东股份价值评估权制度

异议股东股份价值评估权具有若干不同的称谓，如公司异议者权利、异议股东司法估价权、异议股东股份买取请求权、解约补偿权或退出权等。它是指对于提交股东大会表决的公司重大交易事项持有异议的股东，在该事项经股东大会资本表决通过时，有权依法定程序要求对其所持有的公司股份的"公平价值"进行评估并由公司以此买回股票，从而实现自身退出公司的目的。该制度的实质是一种中小股东在特定条件下解约退出权。它是股东从公司契约中的直接退出机制，导致了股权资本与公司契约的直接分离。

各国公司法对异议股东股份价值评估权制度适用范围的规定各不相同，但一般都适用于公司并购、资产出售、章程修改等重大交易事项，并允许公司章程就该制度的适用范围做出各自的规定。从而，使中小股东对于在何种情况下自身享有异议者权利有明确的预期，并做出是否行使异议者权利的选择。

4.3.2.8 建立中小股东维权组织

建立专门的维护中小股东和中小投资者权益的组织、机构或者协会，为中小股东维护合法权益提供后盾和保障。中小股东的权益受到侵害时，往往由于其持股比例不高、损害不大而且自身力量弱小、分散的特点而怠于寻求救济和保护。在这方面，我们可以借鉴德国、荷兰和我国台湾等国家和地区的股东协会制度和中小投资者保护协会制度，由协会代表或组织中小股东行使权利。这样可以降低中小股东或者中小股东权利的成本，减少中小股东因放弃行使权利而导致大股东更方便控制股东大会、董事会及公司经营的情况。应该说，我国现在有越来越多的小股东有维权意识，但是还没有一个组织能够提供有效的帮助。

【思考与练习】

1. 什么是股东？公司的股东可分成哪些类型？
2. 什么是股东大会？临时股东大会与定期股东大会有何区别？作用如何？
3. 股东投票制度如何操作？有哪些适用制度？
4. 中小股东权益保护如何进行？可用途径有哪些？有何限制条件？
5. 案例分析题

案例一　股东会是否有权决定股东股份转让价格

案情：甲有限公司章程规定："当股东职位由高职位变为低职位时，对超过低职位标准部分的出资额必须转让"；"股东有参加股东会会议并执行股东会决议的义务"。乙为甲公司股东之一，并在甲公司担任中层干部，后乙提出辞去职务，获准后被调任一般职员。于是甲公司股东会经决议作出"该年度因各种原因转受股份的价格为每股1.2元"的决定，甲公司据此向乙发出通知，要求乙按此价格转让其股份。乙明确表示不接受，双方便对簿公堂。

分歧意见：

第一种观点认为，股东会决议有权决定股份转让价格，乙拒不执行股东会决议损害公司的合法权益。理由是：①公司法并未规定股份转让价格的确定方法，不排除可通过股东会决议形式予以确定。②股权是财产权，但并不具所有权性质，公司章程既然规定股东在条件成就时应无条件转让其股份，应视为公司股东约定了股东在此条件成就时对股权的处分权的丧失，此处分权应包括对股份的转让与否及价格两方面内容。

第二种观点认为，公司以股东会决议形式决定股份转让价格是对股东权的侵犯。该案中股东会以决议形式确定的股权转让价格，只能是一个基础价格，应当由转、受让双方结合公司不良资产率、国家产业政策、公司发展前景等对股权价值有重大影响的因素，在充分协商的基础上加以确定。即使协商不成，也应以双方共同委托的第三方依据通行做法提供参考价格后再行确定，或者通过诉讼途径解决。

【思考问题】

你认为该案例产生的分歧意见的根源是什么？你较为赞同哪一种观点？为什么？

案例二　矽肺病农民工索赔案中的责任有限性

2005年12月20日完结的赤峰航峰矿产开发公司（简称"航峰公司"）矽肺病农民工索赔一案中，北京航星公司和松山区老府镇政府为投资方，同时双方也是航峰公司的管理方。作为出资人，出资双方都按时履行了出资义务，不存在虚假出资和抽逃资金等问题，但是由于双方都参与到航峰公司的管理中，应该知晓公司在经营过程中存在的忽视工人生命健康安全问题。所以在明知经营运作可能致使工人患矽肺病的情况下，仍然维持公司的原有运作，给工人带来了不可挽回的伤害。因公司1999年已宣告破产，北京航星公司以责任有限性和自己完全履行出资义务作为该索赔抗辩理由。

【思考问题】

北京航星公司是否应当承担民事责任?

案例三　累积投票的作用

一公司共有100股，股东甲拥有15股，乙拥有另外85股。每股具有等同于待选董事或监事人数的表决权（如选7人即每股有7票）。

【思考问题】

请对比分析普通投票制与累积投票制结果，说明累积投票是如何发生作用的?

5　董事会模式及董事的责任

【本章学习目标】

1. 了解董事会的概念以及董事会的特征;

2. 理解独立董事的“独立性”含义与独立董事的作用;

3. 掌握董事的分类、董事的选举、任期以及任职资格;

4. 重点掌握董事会的模式、董事的权利与义务，以及我国法律、法规对独立董事的相关规定。

5.1　董事

5.1.1　董事及其类别

5.1.1.1　董事

董事就是董事会的成员，是由股东大会选举产生的。由于公司并无实际的形态，其事务必须由某些具有实际权力和权威的人代表公司进行管理，这些人被称为“董事”。董事是公司治理的主要力量，对内管理公司事务，对外代表公司进行经济活动。不仅自然人可以担任公司董事，法人也可以担任公司董事。但是在法人担任公司董事时，需要指定一名符合条件的自然人作为其法定代表，即为董事长。

董事具有以下权利：①业务执行权，即对日常事务的业务执行权与重大事项的具体业务的执行权；②出席董事会和股东大会并对决议事项投票表示赞成或反对的权利；③在特殊情况下代表公司的权利，主要有代表公司向政府主管机关申请设立、修改公司章程，发行新股，发行公司债券，变更、合并以及解散等各项登记的权利；④依照公司章程获取报酬津贴的权利。

董事具有以下义务：①谨慎和忠实义务。董事应具有谨慎和善良的品质，能够尽最大努力来履行自己的义务，并必须能够保守本公司的商业秘密，如果这方面出现失职行为必须承担责任。②对公司承担不得逾越权限的义务。董事应当对董事会的决议承担责任，董事会的决议违反法律、行政法规或者公司章程，致使公司遭受严重损失时，参与决议的董事对公司负赔偿责任。③竞业禁止义务。董事不得自营或者为他人经营与其任职公司同类的经营活动。

【思考】董事可以辞职吗？

A公司系一家依法设立的中外合资股份有限公司，A公司章程规定董事的任期为3年。

2004年5月，孙某出任A公司董事。

2006年9月和11月，孙某三次发函表示不再继续担任A公司董事和履行董事职责。

2007年1月，A公司通过股东会及董事会决议，以公司章程规定董事任期为3年、孙某还没有完成任期为由，拒绝孙某辞去董事职务。

为此，孙某将A公司告上法庭。请求判令：依法解除原告孙某担任被告A公司董事职务。

被告A公司辩称，A公司章程规定董事的任期为3年，原告任职仅2年多，任期未满；另原告的辞职导致A公司董事会仅有2人，低于法定3人，在公司董事依法变更登记前，原告应继续履行董事职务。

请问：原告孙某是否有权提出辞职？

5.1.1.2 董事的类别

根据董事的来源和独立性，可以把董事划分为内部董事和外部董事。内部董事是相对于外部董事而言的，一般是指出任公司董事的是本企业的职工或管理人员。而在外部董事当中，也可能有与本企业的员工有着某种关系（如亲戚关系）或者与本企业有着经济利益关系的董事，所以外部董事又可以划分为非执行董事和独立董事。

（1）内部董事

内部董事也称作执行董事，一般指现任公司的管理人员或雇员以及关联方经济实体的管理人员或雇员。他们既是公司的雇员，也可以是与本企业有着经济关联的企业的员工，如母公司的总经理出任子公司的董事。出席董事会是内部董事的义务，他们一般不能领取作为董事的薪金。由于内部董事是公司的内部员工，所以他们在公司治理结构中的监督作用有限。

（2）非执行董事

非执行董事也叫灰色董事，或者非独立非执行董事，指与本公司或管理层有着个人关系的或者经济利益联系的外部董事。灰色董事可以是执行董事的家庭成员、代表公司的律师、长期的咨询顾问、与公司具有密切的融资关系的投资者或商业银行家，或者其他来自与本公司发生真实商业交易的公司的人。灰色董事可能由代表董事、专家董事等构成，目前这种由非执行董事为多数的董事会是我国上市公司董事会组成的一种主要表现形式，但是这种形式的董事会的监督作用依然有限，对它所发挥的作用仍需做出鉴别。

（3）独立董事

独立董事（Independent Director）又称独立非执行董事，是指独立于管理层，与公司没有任何可能严重影响其做出独立判断的关系的董事。非执行董事可区分为独立非执行董事（即独立董事）和非独立非执行董事（即灰色董事）。独立董事的独立性一般体现在三个方面：①与公司不存在任何雇佣关系；②与公司不存在任何交易关系；③与公司高层职员不存在亲属关系。有关独立董事相关内容于本章第三节专门讨论。

董事的分类可以概括为图5.1。

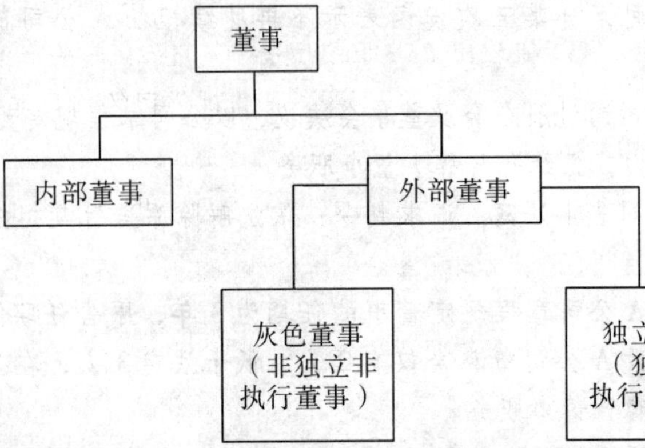

图5.1　董事的类别

5.1.2　董事的提名、选举、任免与任期

5.1.2.1　董事的提名与选举

董事是由股东大会选举产生的。我国《公司法》第三十八条第二款规定，股东会有选举和更换非由职工代表担任的董事、监事的权利。在提名与选举董事的时候应该考虑以下几个问题：首先，董事应该是成年人。其次，要考虑董事的管理背景，董事毕竟是管理职位，拥有丰富管理背景的人更适合担任董事职位。最后，要考虑董事的知识结构，在知识经济时代，董事的知识结构显得特别重要，根据行业的性质选择更加专业的董事能对公司的重大决策起到关键的作用。

5.1.2.2　董事的任免

董事一般由股东会任免，当董事会中需要有职工代表时，作为职工代表的董事应由职工通过民主选举的方式产生。对此，我国《公司法》第四十五条规定：两个以上的国有企业或者两个以上的其他国有投资主体设立的有限责任公司，其董事会成员中应当有公司职工代表；其他有限责任公司董事会成员中可以有公司职工代表。董事会中的职工代表由公司职工通过职工代表大会、职工大会或者其他形式民主选举产生。董事会设立董事长一人，可以设副董事长一人。董事长、副董事长的产生办法由公司章程规定。

5.1.2.3　董事的任期

我国《公司法》第四十六条规定：董事任期由公司章程规定，但每届任期不得超过三年。董事任期届满，连选可以连任。

董事任期届满未及时改选，或者董事在任期内辞职导致董事会成员低于法定人数的，在改选出的董事就任前，原董事仍应当依照法律、行政法规和公司章程的规定，履行董事职务。

5.1.3 董事的任职资格

董事与股东不同，不是任何人都可以成为董事，而对股东来说任何持有公司股份的人都是公司的股东。董事是由股东会或者职工民主选举产生的，当选为董事后就成为董事会成员，就要参与公司的经营决策，所以董事对公司的发展具有重要的作用，各国公司法对董事任职资格均做出了一定限制。

我国《公司法》第一百四十七条规定，有下列情形之一的，不得担任公司的董事：

（1）无民事行为能力或者限制民事行为能力；

（2）因犯有贪污、贿赂、侵占财产、挪用财产或者破坏社会主义市场经济秩序，被判处刑罚，执行期满五年，或者因犯罪被剥夺政治权利，执行期满未逾五年；

（3）担任破产清算的公司、企业的董事或者厂长、经理，对该公司企业的破产负有个人责任的，自该公司、企业破产清完结之日起未逾三年；

（4）担任因违法被吊销营业执照、责令关闭的公司、企业的法定代表人，并负有个人责任的，自该公司、企业被吊销营业执照之日起未逾三年；

（5）个人所负数额较大的债务到期未清偿。

公司违反前款规定选举、委派董事、监事或者聘任高级管理人员的，该选举、委派或者聘任无效。董事在在任职期间出现上述情形之一的，公司应当解除其职务。

5.2 董事会

5.2.1 董事会及董事会模式

5.2.1.1 董事会

董事会是由股东大会选举的董事组成的，它是代表公司行使其法人财产权的会议体机关。董事会是公司法人的经营决策和执行业务的常设机构，经股东大会的授权能够对公司的投资方向及其他重要问题作出战略决策，董事会对股东大会负责。

董事会在性质上与股东大会不同，股东大会是公司最高权力机关，董事会是公司常设的决策机构。董事会对作为行使法人财产权的机构，其主要职责是对公司经营进行战略决策以及对经理人员实施有效的监督，因此，可以说董事会处于公司治理结构中的核心地位，规范董事会的建设是规范公司治理结构的中心环节。大型企业的董事会，因其决策职能涉及面宽、工作量大，常常需要在董事会下设立一些专门委员会，如执行委员会、财务委员会、审计委员会、人事任免委员会、法律委员会等。

5.2.1.2 董事会模式

由于各国的历史文化、政治经济等因素的不同，各国的董事会模式也有所不同，概括起来大体可以分为三种模式：单层制的英美模式、双层制的德国模式以及业务网络制日本模式。

（1）单层制董事会

单层制董事会即股东将经营决策权和监督权全部委托给董事会，由董事会全权代理股东负责管理公司的经营。单层结构在外部市场监督强而内部监督弱的情况下，开始着手于董事会内部执行与监督的分离。单层制董事会由执行董事和独立董事组成，这种董事会模式是股东导向型。美、英、加、澳大利亚和其他普通法国家一般采用这种模式。

英美单层委员会制以经营者控制为特征，高度依赖资本市场，主要通过外部治理实现对企业“制衡”所有权集中度较低，是一种以股东意志为主导的治理模式。其特点主要为：

①股东高度分散，以股票市场和经理人市场为主导的外部控制机制高度发达。英美国家股东很少有积极性去监督公司经营管理，他们一般不长期持有某种股票，在所持有股份的公司业绩不好时，投资者一般不干预公司运转，而是卖出该公司股票。因此，单个股东对公司的控制主要是通过证券市场，表现为“用脚投票”。

②在董事会内部设立不同的以独立董事为主的职能委员会（见图5.2），以便协助董事会更好地进行决策与监督。英美公司治理结构由股东大会、董事会及经理层三者构成。股东大会是公司最高权力机构，董事会是公司决策和监督机构，拥有较大的权力，不单设监事会。职能委员会的设置依公司的规模、性质而有所差异，但是大部分英美公司中，多数公司都设置了下述的职能委员会如执行委员会、审计委员会、提名委员会、报酬委员会、公共政策委员会等。从整体上看，董事会的委员结构实现了业务的分立执行与监督，其独特的结构设计使董事会与外部治理相融合，并在以执行职能为主的运作中，保持一定的监督上的独立性。

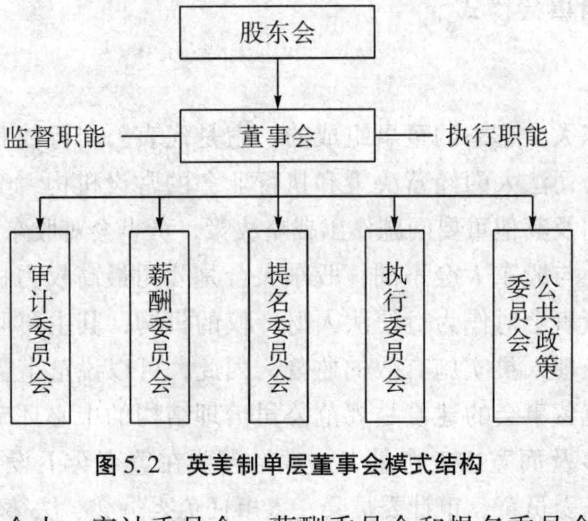

图5.2　英美制单层董事会模式结构

在众多职能委员会中，审计委员会、薪酬委员会和提名委员会是最为基本和关键的三个，分别对公司内部的财务审计、高级经理的薪酬组合，以及继任董事的提名负责，其中提名委员会同时还包括对现有董事会的组成、结构、成员资格进行考察，以及进行董事会的业绩评价。需要强调一点的是，将董事会业绩评价作为公司治理的持续驱动力，通过实施科学而全面的业绩评估，能够有效帮助董事会及时发现在履职能力和履职效果方面的薄弱环节，进而协助董事会制定出富有针对性的改善计划，实现董事会的持续优化。

③20 世纪 80 年代，随着企业在业务和地域上的扩张和企业之间竞争的加剧，企业经营所面对的复杂性、动态性增加，传统的董事会董事长——总经理模式把决策与执行相分离，增加了管理层次，降低了企业的反应速度，不适应日益激烈竞争的市场需要。这样 CEO 制度应运而生，依附于董事会，负责公司战略管理和日常经营，美国大多数公司的董事长兼任 CEO。

④采取了大量的措施来改进董事会，如增加大量的外部人，特别是独立董事，委员会主要由外部人组成，削弱董事会和 CEO 之间的权力。

（2）双层董事会模式

双层董事会即股东将经营决策权委托给执行董事会（简称董事会），另设一个监督董事会（简称监事会）专门行使监督职能（见图 5.3 所示）。双层制董事会一般来说由一个地位较高的董事会监管一个代表相关利益者的执行董事会。股东大会选举监事会，再由监事会任命董事。监事会对股东大会负责，董事会对监事会负责。双层结构在外部市场监督弱而内部监督分散化的情况下，开始致力于董事会和监事会在监督职能方面的整合。这种董事会模式是社会导向型的，德国、奥地利、荷兰和部分法国公司等均采用该模式。

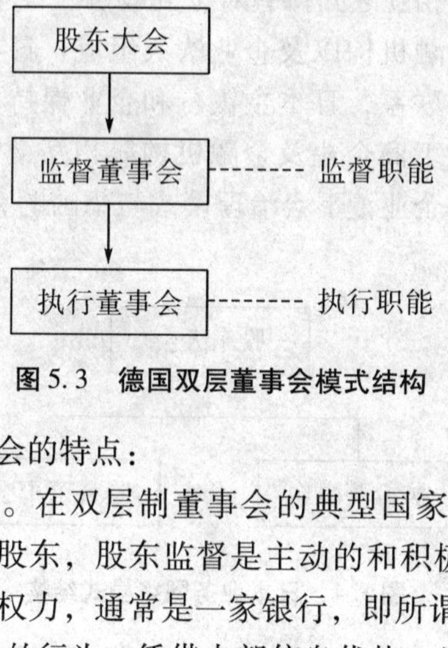

图 5.3　德国双层董事会模式结构

以德国为主的双层董事会的特点：

①股东相对集中、稳定。在双层制董事会的典型国家——德国，法人相互持股，商业银行也可是公司的主要股东，股东监督是主动的和积极的。公司股东通过一个可依赖的中介组织来行使股东权力，通常是一家银行，即所谓“主银行”来代替他们控制与监督执行董事会和 CEO 的行为，凭借内部信息优势，发挥实际的控制作用。如果对经理层不满意，就直接“用手投票”。与英美相比，德国证券市场欠发达，股权集中度高，外部市场约束在公司治理中的作用非常有限。

②监督董事会的权力高于执行董事会。在德国公司中，执行董事会和监督董事会虽然同设于股东会之下，但监督董事会的地位和权力在某些方面要高于执行董事会。监事会的权责主要体现在决策和监督，执行董事会的主要职责是执行。执行董事会每

年应向监督董事会报告公司的经营政策和长远计划以及经济效益的情况，每季度报告经营状况，对公司重大的经营状况也应及时报告。如果监督董事会有要求，董事会还应对某事务做专门的汇报。所以，尽管监督董事会并不参与公司的实际经营管理，但对公司的经营方针会产生重要的影响。双层制董事会的监事会是一个实实在在的股东行使控制与监督权力的机构。

③在公司内部，监督董事会成员不能再兼任执行董事。法律规定，被控股公司不得向控股公司派出监事，两个公司也不得互相派遣自己的董事出任对方的监事，只能是以一方派出的董事出任另一方的监事。

④监督董事会由股东代表和雇员共同组成。德国公司的监督董事会一般由 3 ~ 21 人组成，其中股东代表和雇员代表各占一半。在大多数公司的监督董事中，还包括一名从公司外部聘请的“中立”的监事，一般是专家学者、著名企业家或退职的政府官员，他的一票有可能在监督董事会表决中起决定性作用。监督董事会的成员一般要求有比较突出的专业特长和丰富的管理经验。在德国公司共同决策的运营模式下，股东代表由股东大会选举产生，但公司章程也可以规定授予某些人或机构一定的任命监事会成员的权力。雇员代表则由雇员投票选举产生，选举通常有一定的法律程序，并将选举权按一定比例分配给蓝领工人、白领工人和管理人员。

(3) 业务网络模式

业务网络模式又称为日本模式，特指日本公司的治理结构（见图 5.4 所示）。日本企业的股权结构的一大特征就是法人相互持股，这主要是指日本对企业间的相互投资不加限制，不同的企业法人相互之间持有对方的股份。日本的法人股东和德国的一样，主要也是由银行、保险等金融机构以及企业法人组成。日本法人相互持股的一个重要原因是为了加强企业之间的联系，日本主银行和企业保持的是一种相互持股关系，即以主银行为主，若干个大型工商企业及金融机构等相互交叉持股，彼此间形成事实上相互控制的网络关系。日本企业董事会治理模式与德国的有些相似，但又不完全相同，其主要特点有：

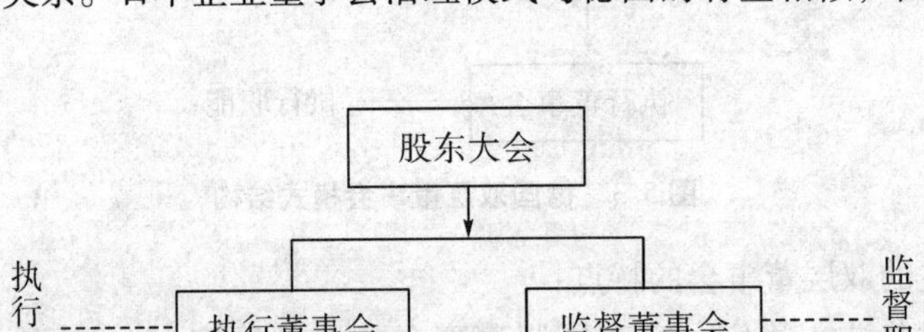

图 5.4　日本业务网络模式结构

①设立监事会。公司治理结构由股东大会、董事会和监事组成。董事会集业务执行与监督职能于一身，但同时又设有专门从事监督工作的监事会，即双层制公司治理模式。监事会和董事会是平等机构，均由股东大会选任和罢免，相互之间没有隶属关系。

②内部董事居多。日本公司的董事几乎全部由内部董事构成，决策与执行都由内部人员承担，大多数董事由事业部部长或分厂的领导兼任。此外，董事会也是个等级

型结构，其中名誉董事长的地位最高，一般由前任总经理担任，主要利用其声望与外界进行联系，其次是总裁，董事又按职位高低分高级管理董事、管理董事以及董事。

【阅读】我国董事会模式

我国董事会模式某种意义上属于双层制模式，即除了股东大会和董事会以外，还有监事会，但又不是纯粹的德国或者日本的双层制模式，因为我国的董事会也效仿英美模式设立了独立董事制度。我国的董事会模式与德日的双层制董事会的主要区别有：

第一，我国的监事会不像德国的监督董事会那样，可以任命董事会的成员。

第二，我国的监事会的权力仅限于监督权，不像德国的监督董事会一样拥有公司管理与决策权。

第三，我国是独立董事与监事会双管齐下的监督制度。我国的独立董事制度在日益发展，目前对上市公司的规定除了要求设置监事会以外，还要求董事中要有三分之一以上的独立董事。

5.2.2 董事会的职权

我国《公司法》第四十七条、第一百零九条规定，董事会对股东负责，行使下列职权：

①负责召集股东大会，并向大会报告工作；

②执行股东大会的决议；

③决定公司的经营计划和投资方案；

④制订公司的年度财务预算方案、决算方案；

⑤制订公司的利润分配方案和弥补亏损方案；

⑥制订公司增加或者减少注册资本、发行债券或其他证券及上市方案；

⑦拟订公司重大收购、回购本公司股票或者合并、分立和解散方案；

⑧决定公司内部管理机构的设置；

⑨聘任或者解聘公司总经理、董事会秘书；根据总经理的提名，聘任或者解聘公司副总经理、财务负责人等高级管理人员，并决定其报酬事项和奖惩事项；

⑩制定公司的基本管理制度；

⑪公司章程规定或股东大会授予的其他职权。

5.2.3 董事会的特征

无论是单层制的英美模式，还是双层制的德日模式，董事会都是公司治理的核心。各国的董事会都具有其各自的特征，根据我国《公司法》的规定，我国的董事会主要具有以下一些特征：

(1) 董事会是股东会的执行机关

现代企业随着规模的不断扩张，股东越来越多，业务日益复杂，受管理成本的限制，股东们只能每年举行为数不多的几次会议，而无法对公司的日常经营做出决策。因此公司需要一个常设机构来执行股东会的决议，并在股东会休会期间代表股东对公司的重要经营做出决策，这个机构就是董事会，所以说，董事会是股东会的执行机关。

（2）董事会是法定常设的常设机关

董事会作为公司的一个机构，是法定常设的。董事会会议不是常开的，但作为机构的董事会是常设的，即使董事会中有组成成员的改变，但董事会作为公司的一个机构是不受人员的变动影响。

（3）董事会是集体执行公司事务的机关

董事会的权利是董事会集体的权利，而不是某个董事的权利，任何个人都不能以个人的名义行使董事会的权利。董事会行使权利只能通过召开会议，通过一定的表决方式形成董事会集体意思。

（4）董事会的表决制度是一人一票

董事会在对公司的事项进行决策时，全体董事都有权参与，按一人一票的方式进行表决，最终按多数人的意志形成决议。

5.2.4 董事会的规模

董事会的规模是指董事会成员的多少。一般认为，随着公司规模的扩张，董事数量是增加的。然而，迄今为止，还没有证据表明公司董事会规模与公司的资本总额、净资产或销售量成比例增加。影响董事会规模的因素包括：

第一，行业性质，例如在美国，银行和教育机构董事会人数较多。

第二，是否发生兼并事件。当兼并刚刚发生时，一般不会大规模解雇董事，此时两个公司的董事合在一起组成董事会，董事会规模达到最大。随着一方渐渐控制了公司，另一方的董事将不得不离开董事会，董事会规模趋于缩小。

第三，CEO 的偏好。为了减少董事会的约束，CEO 采用增大或减少董事人数的办法加强对董事会的控制。

第四，外部压力。随着要求增加外部董事、少数民族董事、妇女董事的社会呼声日渐提高，董事会呈扩张之势。

第五，董事会内部机构设置。设置多个下属次级委员会的董事会要比单一执行职能的董事会规模大。因为每一个下属次级委员会要行使职能，组成人数必须达到一定数量（法律规定），因此下属次级委员会越多，职能划分越细，董事会人数越多。一些学者对董事会规模进行了经验研究。1935 年，全美 155 家最大公司董事会的平均人数是 13.5 人；1947 年，一项类似的关于 101 家全美大公司的调查，结果是 12.3 人；1985 年，Korn & Ferry 对全美200 家最大公司的董事会规模进行了调查，结果是13 ~ 14 人。据对百家中国上市公司的调查，董事会的平均规模是 11 人。

5.2.5 董事会会议

董事会以会议体的方式行使权力，会议质量是企业管理和公司治理中非常具体、关键的问题。有效的董事会会议需要会前做好充分准备，会中遵循必要的程序，会后确保董事会的决议能够得到切实的贯彻执行。

（1）董事会会议的种类

可以将董事会的会议分为四种类型：首次会议、例行会议、临时会议和特别会议。首次会议就是每年年度股东大会开完之后的第一次董事会会议。国际规范做法都是每年股东大会上要选举一次董事，即使实际并没有撤换，也要履行一下这个程序。这样每年度的首次会议就具有一种“新一届”董事会亮相的象征性意义。中国公司普遍实行三年一届的董事会选举制度，会议按第几届第几次会议的顺序，淡化了每年度首次会议的意义。

例行会议就是董事会按着事先确定好的时间按时举行的会议。首次会议上就应该确定下来董事会例行会议的时间，比如每个月第几个星期的星期几。这样做能够有效地提高董事会的董事出席率，也能确保董事会对公司事务的持续关注和监控。在每次董事会例行会议结束时，董事长或董事会秘书，要确认下次董事会例行会议的时间和地点。临时会议是在例行会议之间，出现紧急和重大情况、需要董事会做出有关决策时召开的董事会会议。建立起一套董事会的例行会议制度，也许是很多中国公司董事会实际运作到位的一个有效办法。

并不是一定要有重大决策做时才需要召开董事会会议。董事会的特别会议或者说是“非正式会议”、“务虚会”、“战略沟通与研讨会”等，与前三种董事会会议不同，它的目的不是要做出具体的决策，也不是要对公司运营保持持续监控，而是提高董事会战略能力，加强董事会与管理层的联系等。这种会议很多公司治理专家都用不同的名称提出过，一年或者两年一次，一定不能在公司总部等正式场合召开，可以扩大范围，邀请一些非董事会成员的公司高管参加，也可以请外部专家作为会议引导者，提升这类会议的“沟通”和“研讨”水准。

（2）董事会的会议频率与有效性

一个不能定期召开会议的董事会，处于不能履行其对股东和公司所负职责的危险之中。董事们不能定期会面，其自身也会遭遇来自法律或者股东诉讼方面的没有履行董事职责的风险。

就正式的董事会会议来说，会议的频率取决于公司的具体情况，其内部和外部的事件和情况。有时可能需要天天开会，如发生标购或被标购情况时。即使在平静期，可能也有一些需要召开董事会紧急会议处理的问题。国外优秀公司一般每年召开 10 次左右的董事会会议。中国公司法规定每年至少召开两次董事会会议。为了加强董事会的监督和决策作用，作为一个规则，公司至少要每年召开 4 次董事会会议，即每个季度召开一次。可以充分利用各种现代化的通讯手段，提高董事会的效率，加强董事之间、董事与公司之间的联系。董事会的专业委员会会议相对较少一些，一年可能两到三次，这也要取决于公司的具体情况。

我国《公司法》有关董事会会议的规定：董事会每年度至少召开两次会议，每次会议应当于会议召开 10 日以前通知全体董事和监事。

董事会会议应由 1/2 以上的董事出席方可举行，董事会做出决议必须经全体董事的过半数通过。董事会会议表决实行一人一票。董事会会议应由董事本人出席，董事因故不能出席可以书面委托其他董事代为出席董事会，委托书中应载明授权范围。

(3) 董事会的会议资料

为每次董事会会议准备文件会有所不同，这取决于公司及每次会议自身的具体情况。但有一些基本的文件，是使董事们能够在董事会中真正发挥作用所必需的。这些基本文件包括：会议议程表，一般由董事长准备或批准；上次会议的会议纪要，通常由董事会秘书提供；首席执行官的业务运营报告，给出一个自上次董事会会议以来影响公司业务的主要事件的概述；财务报告，提供直到最近的经营损益表、现金流量表和融资情况；还应该有一些由高级经理层提供给董事会成员、支持会议议程中所列事项的书面报告。

在董事会会议召开之前，要尽可能早地将有关议事项目和有关公司业务的一些重要信息和数据资料以书面形式发给董事。这样可以给董事会成员以充分的通知和提醒，以保证他们能够参会并且有足够的时间为会议做准备工作。通常情况下，一些专题和背景资料也应在董事会召开前几天送发给董事会成员，使董事们对讨论的问题有所准备，以便缩短会议时间。

在董事会会议召开之后，董事会应当对会议所议事项的决定做成会议记录，出席会议的董事应当在会议记录上签名。

【思考】表示不同意的董事可以不在董事会会议记录上签字吗?

A公司系按照《公司法》设立的股份有限公司，其董事会由甲、乙、丙、丁、戊五名董事组成。2009年2月，A公司召开董事会临时会议审议A公司为B公司提供担保事项，其中董事甲因故未出席，也未委托代理人出席，其余四名董事按时出席了本次会议。与会董事经审议，表决结果为：丙、丁、戊同意为B公司提供担保并在会议记录和会议决议上签名，乙考虑到本次担保的风险性便表示不同意，并拒绝在董事会会议记录上签名。

问题：①乙可以不在董事会会议记录上签字吗？②在乙拒绝签字的情况下，本次董事会决议是否有效？

5.3 独立董事制度

5.3.1 独立董事制度概述

5.3.1.1 独立董事的产生与发展

独立董事最早出现在美国，1940年美国颁布的《投资公司法》中明确规定，投资公司的董事会中，至少要有40%成员独立于投资公司、投资顾问和承销商。投资公司设立独立董事的目的，主要是为了克服投资公司董事为控股股东及管理层所控制从而背离全体股东和公司整体利益的弊端。经过几十年的实践，独立董事在美英等发达国家各种基金治理结构中的作用已得到了普遍认同，其地位和职权也在法律层面上逐步得到了强化。20 世纪 80 年代以来，独立董事制度被广泛推行。据科恩—费瑞国际公司 2000 年 5 月份发表的研究报告，《财富》美国公司 1000 强中，董事会的平均规模为 11 人，其中内部董事 2 人，占 18.2%；独立董事 9 人，占 81.1%。西方把独立董事在董事会中比例迅速增长的现象称之为“独立董事革命”。

5.3.1.2 独立董事资格

2001 年 8 月 16 日，证监会发布《关于在上市公司建立独立董事制度的指导意见》以专条规定了独立董事资格，担任独立董事应当符合下列基本条件：

（1）根据法律、行政法规及其他有关规定，具备担任上市公司董事的资格；

（2）具有本《指导意见》所要求的独立性；

（3）具备上市公司运作的基本知识，熟悉相关法律、行政法规、规章及规则；

（4）具有五年以上法律、经济或者其他履行独立董事职责所必需的工作经验；

（5）公司章程规定的其他条件。

并且，由于独立董事必须具有独立性。下列人员不得担任独立董事：

（1）在上市公司或者其附属企业任职的人员及其直系亲属、主要社会关系（直系亲属是指配偶、父母、子女等；主要社会关系是指兄弟姐妹、岳父母、儿媳女婿、兄弟姐妹的配偶、配偶的兄弟姐妹等）；

（2）直接或间接持有上市公司已发行股份百分之一以上或者是上市公司前十名股东中的自然人股东及其直系亲属；

（3）在直接或间接持有上市公司已发行股份百分之五以上的股东单位或者在上市公司前五名股东单位任职的人员及其直系亲属；

（4）最近一年内曾经具有前三项所列举情形的人员；

（5）为上市公司或者其附属企业提供财务、法律、咨询等服务的人员；

（6）公司章程规定的其他人员；

（7）中国证监会认定的其他人员。

根据上面的规定我们可以看出，独立董事是没有股东背景，与公司没有利害关系，且具有公司运营所必需的法律、财务与管理知识经验的人士，他们作为公司的董事，参与公司的日常经营决策。由于独立董事与公司没有利害关系，其身份独立于公司，所以，独立董事可以相对科学地参与决策，避免因利益关系而不识公司科学经营的“庐山真面目”。

公司是以营利为目的的组织，同时也承担着许多社会责任，也需要公司日常决策的科学性。所以，设有独立董事就可以从董事会内部纠正公司经营决策的方向偏离，使公司稳健运营。

【思考】独立董事代表谁的利益？

很多人认为，公司是股东投资的，就应由股东来控制；董事是由股东选举产生的，所以董事在对公司的日常事务进行决策时，应代表股东的利益。但是，独立董事要具有独立性，不能持有公司股票，不能在公司中拥有利益，不能和公司之间产生关联关系，那独立董事代表谁的利益呢？

事实上，所有的董事，不论其是一般董事还是独立董事，都是由全体股东通过投票来选举产生的，因此，其必须代表全体股东的利益。从公司设立的目的来说，公司的目的就是要实现全体股东的利益最大化。基于这一出发点，董事在进行公司决策时，应站在公司的立场上实现公司利益最大化，而不是单为某个股东的利益考虑。也就是说，任何董事都不能为了某个股东的利益来牺牲公司的利益。而独立董事由于其相对于公司以及公司的股东所享有的独立地位，因此，其更能从公司全体股东的利益出发参与公司的日常经营决策。

在上市公司中，公司的股东有相当一部分为公众股东，而公众股东人数多、单个持股数比较少、因股票交易而带来股东的流动性很大。所以，上市公司中公众股东的利益经常容易受到损害。独立董事制度的建立，将有效地保护上市公司公众股东的合法权益不受损害。

我国从2001年在证券市场引入独立董事制度，并对证券市场的良性发展起到了重要作用。但是，独立董事由于未尽勤勉义务而受处罚的案例也时有发生。2001年，“郑百文”独立董事陆家豪由于将独立董事“这一职务认定为荣誉职务”，没有实际尽到独立董事的监督、勤勉义务，受到中国证监会10万元罚款。陆家豪却认为自己从未在与“郑百文”有关的单位领取过任何的工资、报酬或津贴，在“郑百文”相当于一个顾问角色，不应受到处罚而提起行政诉讼。这一处罚案例成为中国第一起独立董事受罚案例，并因此引起了人们对独立董事职责的关注和思考。2004年12月深圳证券交易所总经理张育军指出，由于未能勤勉尽责，迄今共有54名上市公司的独立董事受到深交所处分。2005年7月14日，在股市引起轩然大波的“科龙罢免风波”更是直指独立董事不独立的问题。2006年4月，中国证监会发布《关于对丽江玉龙旅游股份有限公司前独立董事杨苍予以公开谴责的公告》，原因就是杨苍自2005年8月18日公司第二届董事会第四次会议以来一直没有亲自出席董事会，也没有委托其他独立董事出席董事会，连续缺席董事会达到六次之多，没有尽到独立董事的勤勉义务。2006年12月8日，中国证监会对“新太科技”（股票代码600728）包括独立董事在内的全部公司高管予以罚款和警告等行政处罚，原因就在于上述人员在同意通过相关年度报告、中期报告的董事会决议上签了字。2008年6月，深圳证券交易所发布的《2007年证券市场主体违法违规情况报告》披露了一些独立董事违法违规而受处罚的案例。

以上是独立董事受罚中的一小部分案例，从上面的案例和有关数据可以看出，独立董事制度目前在我国还不成熟，并且没有起到其应有的作用，因此，还有待进一步的完善。

（资料来源：根据网上资料整理）

5.3.2 独立董事的特征

(1) 独立性

一是法律地位的独立。独立董事是由股东大会选举产生，不是由大股东推荐或委派，也不是公司雇佣的经营管理人员，他作为全体股东合法权益的代表，独立享有对董事会决议的表决权和监督权；二是意愿表示独立。独立董事因其不拥有公司股份，不代表任何个别大股东的利益，不受公司经理层的约束和干涉，同时也和公司没有任何关联业务和物质利益关系。因此，决定了他能以公司整体利益为重，对董事会的决策作出独立的意愿表示。

(2) 客观性

独立董事作为拥有与股份公司经营业务相关的经济、财务、工程、法律等专业知识、勤勉敬业的执业道德、一定的经营管理经验和资历，以其专家型的知识层面影响和提高了董事会决策的客观性。

(3) 公正性

与其他董事相比而言，独立董事能够在一定程度上排除股份公司所有人和经理人的“权”、“益”干扰，代表全体股东的呼声，公正履行董事职责。

独立性是独立董事的基本法律特征，客观性和公正性都产生于独立性的基础之上，而客观性和公正性则又保证了独立董事在股份公司董事会依法履行董事职务的独立性。

5.3.3 独立董事的作用及制约因素

5.3.3.1 独立董事的作用

(1) 提高了董事会对股份公司的决策职能

通过修改《公司法》和《证券法》，制定独立董事制度，明确独立董事的任职条件、独立董事的职责、独立董事在董事会成员中的比例，以及对股份公司应承担的法律责任等条款，保障了独立董事依法履行董事职责。独立董事以其具有的专业技术水平，经营管理经验和良好的职业道德，受到广大股东的信任，被股东大会选举履行董事职责，提高了董事会的决策职能。

独立董事制度的确立，改变了股份公司董事会成员的利益结构，弥补了同国有资产管理部门、投资机构推荐或委派董事的缺陷和不足。我国《公司法》虽然在“股份有限公司的设立和组织机构”一章的九十二条和一百零三条中，分别授予创立大会和股东大会“选举董事会成员”的职权。但由于没有具体规定董事的专业资格条件，而在实践中一般参照第六十八条国有独资公司董事“由国家授权投资机构或者国家授权的部门按照董事会的任期委派或更换”的规定，由股份有限公司发起人等公司大股东按出资比例推荐或委派。这导致了股东资本的多少直接决定了董事的任免。大股东通过股东大会决议操纵或左右董事会就不可避免，董事往往成为大股东在公司和董事会利益的代言人也就顺理成章。公司股东会对董事的选举实际上成为大股东按出资比例对董事的委派。独立董事制度改变了董事会内部的利益比例结构，使董事会决策职能被大股东控制的现象得以有效的制衡。

独立董事制度的确立，改变了股份公司董事会成员的知识结构。《公司法》在董事会组织结构中，对董事会组织的人数，选举产生的程序、方法和一般资格条件作了规定，但对董事应当具备的专业资格条件却没有明确。《创业板股票上市规则》不但明确规定了独立董事应当具备的条件，而且还规定了不得担任独立董事的禁止性条款，对独立董事的任职条件从选举程序、专业知识、工作经历、执业登录和身体条件等方面都进行了规范，从而保证了独立董事参加董事会议事决策的综合素质，弥补了董事会成员专业知识结构不平衡的缺陷，提高了董事会决策的科学性。同时，通过法律赋予独立董事的独立职权，也从董事的善管义务、忠实义务方面要求和督促其从维护全体股东的合法权益出发，客观评价股份公司的经营活动，尤其是敢于发表自己的不同意见，防止公司经营管理层操纵或隐瞒董事会的违法、违纪行为，为董事会提供有利于股份公司全面健康发展的客观、公正的决策依据。

(2) 增强了董事会对股份公司经营管理的监督职能

从1984年我国开展股份制改造试点工作以来，我国沪、深两市上市公司已逾千家，股票总市值超过4万亿元，约占国内生产总值的50%。我国先后制定颁布了以《公司法》、《证券法》为体系的证券法律、法规和制度300多部，对于建立现代企业制度，保障社会主义市场经济的发展起到了积极作用。但是，我们也应该看到，由于我国还处在市场经济发展的初期，公司法律制度尚未完全建立健全，法人治理机制还没有完全摆脱“人治”的影响。其中最突出的表现之一就是相当一部分由上级行政主管部门或投资机构推荐委派担任股份公司的董事，往往成为大股东在公司董事会中的代言人，只代表其出资方的利益，没有体现股份公司“股东利益最大化”的基本特征。震动证券市场的“郑州百文现象”，关键问题之一就是由于股份公司董事会制度不完善，缺少超脱于公司利益之外的独立董事，使公司经营者集决策、经营大权于一身。股东会、董事会和监事会有名无实，形同虚设，成为企业管理层的“橡皮图章”，失去了对股份公司经营管理的有效监督，从而导致了企业经营的严重亏损，损害了广大投资者的合法权益。

(3) 有利于股份有限公司两权分离，完善法人治理机制

股份公司实现所有权与经营权的分离，所有权与决策权分离的关键，就是如何在建立和完善适应二者之间相互制衡法律制度的基础上，保护股份公司的整体利益。同时，这也是现代公司制度的精髓所在，是股份制公司推动社会主义市场经济发展和科学进步的组织保证。

独立董事制度改变了由政府任命、主管机关推荐，委派董事的董事会组成方式。独立董事不是公司的股东，不具有股份公司的所有权，但依照法律规定享有代表全体股东行使对公司经营管理的决策权和监督权。从法律制度、组织机构两个方面保证了股份公司所有权与经营权的分离：一是在公司法人治理结构中，由于独立董事参与董事会决策，对于董事会始终处于股份公司枢纽地位，对公司生存和发展起到了更好的监督作用，为避免董事会更多地陷入公司的具体事务性工作提供了保证。二是在股份公司法人治理结构中，设立独立董事制度对于完善董事会内部的组织结构，股东会、

董事会和经营管理层三者之间的分工协调关系，提供了组织机构上的保障。公司法理认为，表决权是股份公司股权制度的核心，而股东权益的最终实现就体现在董事对公司经营决策权的表决权和监督权上，独立董事制度是防止股份公司“所有者缺位”和“内部人”控制的有效手段之一。

独立董事在董事会中的特殊作用不仅代表了市场经济竞争的公正和公平性，同时，也标志着现代公司法律制度的完善程度。因此，修改《公司法》，建立独立董事制度势在必行。

5.3.3.2 制约独立董事作用发挥的因素

独立董事的作用在于他能够独立决策而不受任何股东的局部利益牵制，从而立足于企业长期发展的角度，公正地把握公司的方向，对股东的权益制衡。然而，由于各种因素的制约，企业的很多独立董事还是成为了“花瓶董事”、“人情董事”。总的来说，制约独立董事作用发挥的因素主要有以下几方面：

（1）股权的集中程度。一般来说，过于集中的股权会制约独立董事作用的发挥。股权过于集中，会造成大股东拥有绝对的权力去控制董事会和经理层，使得独立董事为了避免冲突或者其他的原因不能很好地尽自己的义务。股权过于集中，那么股东大会的权力也集中在少数的控股股东手中，独立董事的提名与更替受到控股股东的控制，这样造成独立董事无法发挥其监督作用。

（2）是否拥有良好的激励制度。独立董事逐渐沦为“花瓶董事”、“人情董事”的一个重要原因是公司缺乏良好的激励制度。由于公司没有一套对独立董事进行奖惩的制度，许多独立董事在董事会会议上没有很好地运用自己的专业判断，在进行决议的时候随大流。只有拥有一套良好的激励制度，对独立董事的行为进行客观的评价，奖罚分明，独立董事才有可能运用自己的智慧，发挥自己的能力，对董事会的每项决议都慎重地做出决定，发挥自己应有的作用。

（3）独立董事的能力和精力的限制。我国的上市公司聘请的独立董事很多是大学或各类研究院的学者，或者是一些银行家，或是财务、审计待领域的专业人士。独立董事与公司没有任何的利益联系，因此能起到一定的监督作用，也正是因为如此，许多独立董事对公司的业务并不完全熟悉与了解，能力有限，这就很可能会导致他们难以发挥专业的作用。同时，很多独立董事都有着自己本身的工作，如大学教授兼任某公司的独立董事，他需要花费一定的时间与精力在研究与教学工作中，因此他无法把全部的时间和精力都投入到公司中，作为独立董事的作用便受到了影响。

5.3.4 完善我国上市公司独立董事制度

5.3.4.1 在我国上市公司中引入独立董事制度的必要性

（1）我国上市公司中董事会与经营层基本重合，内部人控制现象严重。在国有上市公司中，由于缺乏国有资产的真正人格化代表，存在着严重的“所有者缺位”问题，形成了严重的内部人控制局面。内部人控制带来的后果是造成了国有资产的大量流失。要减少内部人控制现象，设置独立董事是一种有效的方法。因为董事会与经理层是一种委托代理的关系，它与股东之间又是一种信托关系，所以董事会发挥作用的程度决定了一个公司治理结构的有效性。在董事会中，如果没有一批强有力的超脱于经理职能的称职的董事，董事会的核心作用就不能得到真正的发挥，而且董事会与经理层之间的委托代理关系就会转化为缺乏约束力的“合谋”关系。由于独立董事与公司的经理层没有利益方面的直接联系，可以凭借着其丰富的工作经验和独立的判断能力，有效地改善董事会的质量，充分发挥其监督制衡作用。

（2）国有上市公司中大股东所占比例过大，可能侵犯中小股东利益。我国上市公司股权设置极为不合理，大股东都占绝对持股比重。据调查，国有股平均占股份公司股份的45%。最高者达到79.6%。法人股东所占的股份，平均为34.4%，最高达到83%。个人股东所占股份平均为32.35%，最低为17%。与国外董事会作为全体股东的“代理人”相比，我国企业的董事会已浓缩成为大股东的“代理人”。大股东通过操纵股东大会和董事会，把上市公司作为自己的“提款机”。比如利用上市公司的资产无偿为母公司提供抵押担保向银行贷款，而在贷款到期后不偿还，造成上市公司的抵押品任凭银行处置。特别是在涉及与母公司进行关联交易时，董事会已完全被大股东操纵，不惜以牺牲广大中小股东利益为代价，制造虚假利润或者让母公司无偿使用上市公司的资产。据对1999年以前上市的841家上市公司的调查，有467家公司存在“其他应收款”被大股东占用现象，其中前六家公司所占用的比例都高达40%以上。

（3）我国上市公司中监事会的监督作用十分有限。虽然公司法规定了监事会的职权，但在实践中，监事会的作用却难以发挥，监事会形式化的现象很普遍。主要表现在：①监事会的独立性不强；②监督机制不完善；③人员构成不合理。

5.3.4.2 完善我国上市公司独立董事制度的具体思路

（1）完善各项相关的法律和制度，使独立董事能真正发挥其作用。我国的《公司法》对设置独立董事没有作硬性规定。《上市公司章程指引》第一百一十二条规定，公司可以设立独立董事，并对独立董事的任职资格做了相应的限制，但该条款属“选择性条款”。至少在法律、法规层面，境内上市的公司设立独立董事的随意度还很大，没有像境外上市公司那样受到硬性约束。所以我国的独立董事制度建设应具有权威性，所赋予独立董事的权利与其承担的义务应相当，独立董事职责重大，在实践中如何保证其职责的有效行使是我们应重点考虑的问题也是独立董事制度能否真正有效的关键。我们可以通过制定《独立董事法》强制要求上市公司依法建立独立董事制度，并依法保证独立董事正常履行职能，约束独立董事行为，从而确保公司董事会中独立董事的独立性及独立董事制度的合法性。另外，在《独立董事法》的约束下，可考虑成立“独立董事协会”，通过协会加强独立董事制度建设，规范独立董事执业行为。

（2）赋予独立董事应有的权利。我国上市公司聘请独立董事，往往只是为了改变或美化公司的形象，大部分独立董事有职无权，成了公司的摆设。要真正建立独立董事制度，发挥独立董事应有的作用，关键在于赋予独立董事应有的权利。例如，独立董事所发表的意见应在董事会决议中列明；公司在涉及关联交易时，独立董事的意见能起决定作用；两名以上的独立董事可提议召开临时股东大会；独立董事可直接向股东大会、中国证监会和其他有关部门报告情况；独立董事辞职或被辞退，该公司应该向交易所报告情况并陈述理由，等等。

（3）建立一套有效的激励约束机制，使独立董事在董事会的决策中尽职尽责。在激励不足的情况下，独立董事由于与公司的经营、管理甚至利益相关甚小，可能会缺乏动力去发挥应有的作用。为了吸引优秀人才进入公司董事会担任独立董事，独立董事的报酬应逐渐向实行津贴和股票期权相结合的方向，除应支付必要的报酬外，必要时可以给予独立董事一定的股票期权或股票奖励，使他们的个人利益与公司的业绩联系在一起。从约束机制上讲，健全声誉机制，强化独立董事的责任，对于给公司造成损失的须承担责任，为避免独立董事不出席董事会会议或委托其他董事代为投票的情况，我们应该在法律、法规或规则上将董事缺席视作同意董事会所采取的决定，并要求他们对此承担相应的责任，独立董事也要和其他董事一样承担责任。特别是在有关侵犯中小股东利益的关联交易时，独立董事更应承担责任。通过建立约束与激励机制，可以使独立董事在把这一身份看成是一种荣誉的同时，还应当把它看成是一个企业责任和社会责任。

（4）健全信息传递渠道。由于独立董事不在公司经营层任职，本身不具有信息优势，在很大程度上会限制其职能的发挥。特别在信息披露和信息的有效性、真实性方面有很多不足和漏洞，独立董事的信息劣势更为明显。所以要发挥独立董事的作用，就应逐步建立健全信息的披露与传递机制。例如，应保证独立董事可以就有关问题与董事长和总经理进行书面或面对面交流；定期举行由独立董事参加的会议，让独立董事有足够的经费进行远程访问，保证独立董事能够与经理、雇员、客户、供应商、竞争者、独立财务顾问和审计师进行个别交流。

（5）独立董事的提名要采取多种方式，保证独立董事的“独立性”。在美国公司中，董事会下一般设有主要由独立董事组成的提名委员会，新的独立董事一般都由该委员会来提名。在我国，独立董事一般由董事长提名或者由大股东提名。其结果是：一方面，若董事长、大股东与企业经理层重叠，独立董事还是受制于“内部人”，丧失了独立性；另一方面，往往把所聘任的独立董事的声望名气放在首位，缺乏科学性和针对性。鉴于此，在独立董事的提名上，首先要避免大股东的“一言堂”。例如，可以由董事会提出独立董事应具有的条件和素质，报经股东大会批准，采取面向一定范围公开招聘的方式，然后请中介机构对拟选聘的独立董事进行资质调查和论证。

（6）逐步建立独立董事人才市场。美国斯坦福大学的 Ronald J. Gilson 和哈佛大学的 Reinier Kraakman 建议机构投资者可考虑招聘和培养一些职业的外部董事，让他们就像日本、德国的银行那样，对公司进行积极的监督。他们还建议机构可以通过一些组织发展全职董事，他们的工作就是在 5～6 家公司代表机构做外部董事。Gilson 和 Kraakman 指出，如果说业余的外部董事容易受到管理层的指派和操纵的话，那么这种同时担任 5 家公司董事的职业外部董事则不大可能受某一公司的指派或操纵。职业外部董事制度实现了劳动分工及专门化，能够提高效率，发挥董事监督的规模效益。随着我国机构投资者的发展壮大，应逐步独立董事人才市场，使独立董事更有效地监督公司管理，切实保护股东的利益。

5.4 董事会专业委员会

随着公司治理模式的不断完善，监管者和投资者等各种外部力量越来越多地介入到了董事会的内部运作规则之中。尤其是在英美传统的单层董事会制国家，一些机构投资者要求上市公司设立全部或主要由独立董事组成的专业委员会。从美国2002年《萨班斯—奥克斯利法案》（SOA法案）以及纽约证券交易所（NYSE）规则中对专业委员会不惜重墨的规定来看，专业委员会可以帮助董事会更好地发挥其本应有的作用。2002年中国证监会和国家经济贸易委员会联合发布的《上市公司治理准则》对专门委员会作出了规定：上市公司董事会可以按照股东大会的有关决议，设立战略、审计、提名、薪酬与考核等专门委员会。

专业委员会的建立为独立董事提供了发挥作用的平台，使独立董事行使职能有了依托。独立董事的作用基本上取决于其本人所在专业委员会的职权的行使。由于董事会的工作在不同的专业委员会中进行分工，因此通过专业委员会的实施，独立董事也就更便于加强他们的监督并参与公司事务。专业委员会准许独立董事在一定的擅长领域内发挥作用并让他们在这些领域内负有决策责任，这种处理被认为可以转换权利，至少在这些领域内可以使专业委员会成员摆脱总经经理人员的控制。由此可见，独立董事独立性监督职能的行使与董事会内部各专业委员会的设置是紧密相关的。正是专业委员会的存在才能使得独立董事能够真正地“独立”，才能使董事会本身客观、中立地进行决策，董事会专业委员会的独立性功能即指此意。

董事会专业委员会一般包括提名委员会、酬薪委员会、审计委员会、战略委员会等。各公司根据发展需要有的还设置了公共政策委员会、投资委员会、技术委员会以及环境、健康和安全委员会等。但是，这并不是意味着所有公司的董事会都需要下设一应俱全的专业委员会。各家公司完全可以因地制宜。在大部分的英美公司中，多数公司都设置了下述委员会：审计委员会（Audit Committee）、提名委员会（Nomination Committee）、酬薪委员会（Compensation Committee）和战略委员会（Strategy Committee）。这些委员会的职责一般是由公司章程规定的，不过也有由公司法律框架体系规定的。

（1）战略委员会。为了强化董事会的决策战略功能，公司根据需要一般会在董事会中设置由执行董事和独立董事组成的战略委员会。《上市公司治理准则》第五十三条规定，战略委员会的主要职责是对公司长期发展战略和重大投资决策进行研究并提出建议。

（2）审计委员会。审计委员会作为最重要的专业委员会，在帮助董事会履行财务管理和财务报告方面的职责，确保公司外部审计的独立性发挥了核心作用。《上市公司治理准则》第五十四条规定，审计委员会职能主要包括：审计委员会的主要职责是：提议聘请或更换外部审计机构；监督公司的内部审计制度及其实施；负责内部审计与外部审计之间的沟通；审核公司的财务信息及其披露；审查公司的内控制度。

(3) 提名委员会。也被称为提名/公司治理委员会。《上市公司治理准则》第五十五条规定，提名委员会的主要职责是：研究董事、经理人员的选择标准和程序并提出建议；广泛搜寻合格的董事和经理人员的人选；对董事候选人和经理人选进行审查并提出建议。

(4) 酬薪委员会。也被称为报酬委员会，其作用日渐重要，合理的薪酬方案可以激励董事以及其他高级管理人员为公司创造价值，如果薪酬方案不合理，将减少股东的回报，使公司利润减少，而且将使公司管理人员关注公司短期的表现而不是长期的成长。《上市公司治理准则》第五十六条规定，薪酬与考核委员会的主要职责是：研究董事与经理人员考核的标准，进行考核并提出建议；研究和审查董事、高级管理人员的薪酬政策与方案。

我国董事会专业委员会的设立必须经股东大会作出决议，董事会不能自行设立，这是与日本和美国立法显著不同之处。从《上市公司治理准则》规定可以看出，我国关于专业委员会的规定为任意性规范，即授权董事会按照股东大会的决议设立委员会，设立哪些委员会无强制性要求。《上市公司治理准则》对各委员会的主要职责做出了比较具体的规定，但各专业委员会并无独立的决定权。其第五十八条规定，各专业委员会对董事会负责，各专业委员会的提案应提交董事会审查决定。我国的专员会主要职责是研究问题，发挥咨询和建议作用。目前，我国大多数上市公司股权高度集中，大股东控制董事会的情形非常普遍，如果专业委员会仅具有咨询的作用，而无法进行独立的决策和监督，独立董事和委员会的作用将难以发挥。

由于专业委员会有利于克服董事会的缺陷，有利于独立董事发挥作用，我国应该在已有的规定和实践的基础上，将这一制度进一步在法律法规层面进行优化完善。

【思考与练习】

1. 根据董事的来源和独立性，可以把董事划分为哪几类？它们之间的关系是什么？
2. 董事会有哪几种模式？董事会有哪些特征？
3. 影响董事会规模的因素有哪些？为什么要设立专门委员会？
4. 在公司治理中董事会如何发挥作用？
5. 什么是独立董事？独立董事的作用有哪些？
6. 谈谈如何完善我国上市公司独立董事制度。

6 监事与监事会制度

【本章学习目标】

1. 了解监事的概念、监事的权利与义务。
2. 了解监事会的概念、职权和组成。
3. 重点掌握监事会的模式。
4. 了解独立监事制度的相关内容。

根据《公司法》的规定，公司的重大决策由股东会行使，公司的日常经营决策由董事会行使，公司的日常管理活动则由公司的总经理负责，那么还需要监事做什么工作呢？

公司的股东会并不是一个常设机构，而且股东常因股权转让而发生变动，尤其是股份有限公司的股东因经常变动而具有不确定性。在这种情况下，公司的日常决策与经营活动实际上系由董事会与公司的高级管理人员掌控，公司的经营结果的好坏由全体股东来承受。这就需要有一个对董事会和经理的权力行使进行监督的机构来保证公司及股东的利益免受不当行为的损害，促使公司的行为合法，避免公司经营过程中的不当风险。

诚如阿克顿勋爵所说，权力导致腐败，绝对权力导致绝对腐败。强化监事会的权力以制约董事、高级管理人员，是十分必要的。一些人认为（或者说希望）“监事只是一个摆设”是错误的。

这种理解不仅不符合法律规定，而且会给公司的健康运行带来危害。

监事会是公司的监督机构。它代表全体股东对公司财务及董事和经理的经营管理行为进行监督。公司设立监事会的，成员不少于三人；股东人数较少或者规模较小的公司可以不设立监事会，只设一至二名监事。监事会不像董事会、经理办公会等公司“一线机构”那样引人注目，但是一旦其真正发挥职能时，作用不容低估。

完善的公司治理结构，是在明晰产权基础上的三权分立，即决策权（股东大会、董事会）、监督权（监事会）和经营权（高层经理）相互制衡的运行机制。监事会作为三种制衡力量之一，其运作效果直接影响公司治理水平的高低和公司的健康发展。

6.1 监事及其职责

监事是由股东选举产生的监督业务执行状况和检查公司财务状况的有行为能力者。监事的设置必须按照法律和公司章程的规定执行。监事由创立会或股东大会选任，要以契约的形式确定与股东大会之间的委托代理关系。

6.1.1 监事的任职资格

为保证监事、监事会地位的独立性，执行职务的有效性、公正性，各国对监事任职的资格（胜任条件）都作出了规定。

（1）持股条件，即监事是否必须持有公司股份，具有股东身份。少数国家将持有公司股份作为监事的一个资格条件。如法国《商事公司法》规定，监事会成员必须持有一定数量的公司股份，具体数量由公司章程确定。多数国家不要求监事必须持有公司的股份。特别是在职工监事、专家监事出现后，非股东监事已成必然，监事的持股条件便不具现实重要性。我国《公司法》没有直接规定监事是否必须持有公司股份，而是规定监事会成员由股东代表和职工代表组成。职工代表无需持有公司股份，对此没有异议；股东代表是否必须持有公司股份则理解不同。

（2）身份条件，即监事是否只限于自然人。多数国家，如德国、奥地利等国公司立法规定，监事职位只能由自然人担任。然而法国《商事公司法》则规定，法人可以被任命为监事会成员。但任命时，法人必须指定一名常任代表，法人解除其代表职务时，必须同时指定另一名代表人予以接替。我国《公司法》对此虽未明确规定，但结合有关规定和公司实践来看，监事只能由自然人担任。

（3）兼职条件，也即兼职限制，是指公司的董事、管理层、财务负责人不得兼任本公司的监事。这是由监事会的性质和职责决定的。监事会作为公司的监督机构，其职责就是对董事、管理层等公司高级管理人员执行职务的活动进行监督。作为被监督对象的董事、管理层自然不能作为监督主体，不能作为监督机构的成员。许多国家公司立法时监事兼职作了限制，《日本商法典》规定，监事不得兼任公司或子公司的董事或其他高级管理人。我国《公司法》规定“董事、高级管理人员不得兼任监事”，这里的高级管理人员包括了公司经理、副经理、财务负责人、董事会秘书等。

（4）消极资格，是指哪些人不得担任监事。多数国家，包括中国的立法都有董事消极资格的规定。我国《公司法》规定有下列情况之一的不得担任公司的监事：①无民事行为能力或限制民事行为能力；②因贪污、贿赂、侵占财产、挪用财产或者破坏社会经济秩序、被判处刑罚，执行期满未逾 5 年，或者因犯罪被剥夺政治权利，执行期满未逾 5 年；③担任破产清算的公司、企业的董事或者厂长、经理，对该公司、企业的破产负有个人责任的，自该公司、企业破产清算完结之日起未逾 3 年；④担任因违法被吊销营业执照、责令关闭的公司、企业的法定代表人，并负有个人责任的，自该公司、企业被吊销营业执照之日起未逾 3 年；⑤个人所负数额较大的债务到期未清偿。如果违反这些规定选举、委派监事的，该选举或者委派无效。

6.1.2 监事的职责

监事有以下职权：

（1）业务监督权。监事有权随时对公司业务及账务状况进行查核，可代表公司委托律师、会计师进行审核，还可以要求董事会提出报告。

（2）账务会计审核权。即监事有权对董事会在每个会计年度结束时所造具的会计报表（资产负债表、现金流量表、损益表、财务状况变动表等）代表公司委托注册会计师进行审核。

（3）董事会停止违法请求权。即有权通知董事会停止违反法律或公司章程的行为，停止经营与经营登记范围不符的业务。

（4）调查权。监事有权调查公司的设立经过，审查清算人的业务。

（5）列席会议权。监事有权列席董事会会议。

（6）代表公司权。在某些特殊情况下，监事可以行使公司代表公司，比如申请公司设立等各项登记的代表权。监事有权代表公司向有关部门申请进行设立，修改公司章程，发行股票和债券，变更、合并、解散公司等各项登记事务；在出现公司与董事发生诉讼或交易时，监事可以代表公司与董事进行诉讼与交易。

（7）股东会召集权。在必要的时候，监事具有召集股东会的权利。

监事会受股东大会的委托行使出资者监督权，在行使其职能时不仅享有以下职权，而且要承担一定的责任和义务。按照中国的公司法，监事应承担以下责任和义务：

①忠实履行监事的监督职责。

②不得利用在公司的地位和职权为自己牟取私利，不得利用职权收受贿赂或者其他非法收入。

③除依照法律法规或者经股东同意外，监事不得泄露公司秘密。

④监事执行公司职务时违反法律法规或者公司章程的规定，给公司造成损害的，应当承担赔偿责任。

6.1.3 监事的任免

我国《公司法》规定，股份有限公司监事会的股东代表由股东（大）会选举产生，职工代表由公司职工通过职工代表大会、职工大会或者其他形式民主选举产生。

我国《公司法》规定，监事的任期每届为三年。监事任期届满，连选可以连任；监事任期届满未及时改选，或者监事在任期内辞职导致监事会成员低于法定人数的，在改选出的监事就任前，原监事仍应当依照法律、行政法规和公司章程的规定，履行监事职务。监事任期届满，如果需要更换，股东（大）会选任的监事由股东（大）会更换，职工担任的监事由公司职工通过职工代表大会等形式民主选举更换。监事的选任与董事选任一样可以根据公司章程的规定或者股东会的决议，实行累积投票制。

为了促使监事认真履行指责，《上市公司章程指引》对监事出席监事会会议规定了较董事更为严格的条件。其第一百三十二条规定：“监事连续两次不能亲自出席监事会会议的，视为不能履行职责，股东大会或职工代表大会应当予以撤换。”

关于监事的任期，不同国家的公司法在具体规定上也有差异。有的国家规定了一个确定的期限；有的国家只规定最高期在最高期限，公司可在最高期限内以公司章程确定监事的具体任期。如法国《商事公司法》第一百三十四条规定："监事会成员的任期由公司章程规定，但由股东大会任命的监事会成员，其任期不得超过6年；由公司章程指定的监事会成员，其任期不得超过3年。"日本的监事任期为3年，奥地利为5年。

【阅读】监事监督工作的开支由谁承担？

监事监督工作的开支应由公司来承担。《公司法》第五十五条规定："监事会、不设监事会的公司的监事发现公司经营情况异常，可以进行调查；必要时，可以聘请会计师事务所等协助其工作，费用由公司承担。"

监事不承担公司的具体决策与经营工作，因此，监事对公司的具体情况的掌握主要来自于董事会、总经理等提供的信息，但在某些情况下，如果董事会或总经理提供的信息不准确或者不全面，将会使监事的工作受到局限。为了克服监事监督工作过程中的信息不对称性，法律赋予监事会或监事随时调查权，即只要监事会或者监事发现公司经营情况异常，就可以进行调查，必要时，还可以聘请会计师事务所等协助其工作。否则，如果监事会或监事不享有调查权，即使发现了公司的异常情况也会因为没有证据或证据不足而无法详知其全部情况，必然会失去其监督的意义，使监督工作流于形式。

公司经营情况信息，很大一部分会反映在公司的财务报表及公司的日常经营行为之中，监事要判断公司的经营情况是否有异常，则需要一定的财务与法律的专业知识与经验。所以，在涉及审查监督公司财务状况时，监事可能会需要专业财务与法律中介机构的协助，方能履行其监督工作。公司应当保证监事履行职责所需的合理费用，按时拨付，以使监事履行监督职责时无后顾之忧。

有人也许会问，由于公司的财务是控制在董事会及董事会聘任的总经理手中，如果监事会或监事的调查涉及董事会与总经理的利益时，公司可能通过拒绝支付费用来为监事调查设置障碍。这种情况下监事如何处理呢？《公司法》在规定公司保证监事履行职责的费用时用了"应当"二字，可见承担监事履行职责的费用是公司的一项法定义务。所以，如果公司不承担或拒绝支付监事履行职责时的费用，监事会及费用的收取方可以直接向人民法院起诉公司要求支付该项费用。

6.2 监事会概述

6.2.1 监事会的概念及特征

6.2.1.1 监事会的概念

监事会的起源是监察人制度。根据中国台湾学者许智伟的考证，该制度可追溯至荷兰东印度公司的大股东于1602年受股东大会之委托担任董事及监察人，为其演变的结果，各国为确立监察人遂经立法采取近代三权分立的政治思想的精髓与架构，而塑造股东大会、董事会与监事人的三种分立机关。自从监事会独立为公司治理的专门监督机构后，股东大会、董事会以及监事会之间“三权分立”的治理机构模式逐渐成为共识。这种模式体现了公司权力、责任、义务、利益、监督之间的制衡关系。这种结构充分体现了“所有权与经营管理权相分离、经营管理权与监督权相制衡”的近代公司治理特征。

在公司组织结构中，公司股东在通过股东会行使重大事项决定权的同时，还要通过董事会（及管理层）代表自己对公司经营活动进行管理和指挥。因而不可避免地形成股东与董事（及管理层）的委托代理关系。为解决委托人与代理人的行为差异，促使董事及管理层从股东、公司利益出发履行好职责，必须设计一种体现对董事、管理层进行监督的制度。

股东不但享有选择管理者的权利，还享有对管理者进行监督的权利。在现代公司，特别是规模巨大、股东众多的股份有限公司中，这种监督权不可能完全由股东会直接行使，股东会的非常设机关性质也使其难以对董事会及管理层的行为进行日常性监督。因而，设置专门的监事会来代表股东对经营者的行为进行监督，就成了既符合权利制衡要求又符合效率原则的选择。监事会作为股东会产生的机构，是股东意志的直接体现，通过行使监督职能，形成对经营者的直接约束，可以不断矫正经营者可能出现的偏离股东和公司利益的行为。

由此可见，监事会就是对董事会、董事和经理等高级管理人员行使监督职能的机关。它依法产生并行使监督的职责，是公司的监督机构。

6.2.1.2　监事会的特征

监事会的特征主要有如下几点：

（1）监事会是由依法产生的监事组成的。监事会的监督权产生于股东的授权，监事会是代表股东对公司经营进行监督的机构。第一，监事会的成员——监事主要由股东选举产生。监事既可以是股东，也可以是非股东，但必须是股东推选出代表股东利益的人。虽然根据相关利益人理论和企业民主管理理论，职工代表出任监事已被许多国家的立法所承认，但仍不能改变监事主要由股东选举产生的性质。第二，监事会对股东大会负责，向股东大会汇报工作，接受股东大会的监督。第三，监事会必须代表股东利益，勤勉尽职地履行好监督职责。

（2）监事会是公司的监督机构。在中国，监事会是而且只是公司的监督机构，不是公司的决策机构，不参加公司经营，也不是公司的代表机构，一般不对外代表公司。作为公司的监督机构，监事会的职能是对公司的经营情况进行监督，包括对公司财务的监督和对董事、高级管理人员履行职务行为的监督。

（3）监事会是公司的常设机构。监事会是公司的法定必备机构。在采用二元制公司治理结构的国家，公司必须设立监事会。作为公司常设机构，监事会成员固定、任期固定且任期内不能无故解除。监事会通常设置工作机构，如监事会办公室等，作为其对公司经营进行日常监督的机构。

(4) 监事会具有完全的独立性。监事会一经授权，就完全独立地行使监督权，监事会在履行职责时不受其他公司机构的干预。董事、管理层和财务负责人不得兼任监事。保持监事会的独良性，这是监事会有效行使出资者监督权的前提。

(5) 监事个人行使监督职权的平等性。所有监事对公司的业务和会计账册均有平等的、无差别的监督检查权，监事会主席和其他人不得阻挠或者妨碍监事个人行使职权。监事个人行使职权的平等性有利于充分掌握公司经营信息，为有效监督提供条件。这一点与董事会有很大差别，董事会是一个决策机构，它采取的是一种集体议事、少数服从多数的原则。

(6) 监事会构成的复合性。从理论上说，监事会是代表出资者进行监督的，理应由股东组成监事会机构，但实践中，监事会的组成是复合性的，除了股东以外，公司职工、社会专家都可以被选为监事。社会专家之所以可以充当公司监事，是因为其专业知识和丰富的经验可以提高监督的公正、科学和有效性。职工作为监事，这在很多国家都是惯例（例如，德国就要求监事会有50%的职工监事，中国监事会也由股东代表和职工代表组成）。之所以这样，一方面是因为职工是企业的内部人，对企业信息掌握比较充分；另一方面也是由于维护职工利益的考虑（职工是企业最大的利益相关者）。

6.2.2 监事会的组成及会议

6.2.2.1 监事会的组成

关于公司监事会的组成人数，依据我国现行《公司法》规定，有限责任公司设立监事会，其成员不得少于3人。股东人数较少或者规模较小的有限责任公司，可以设1至2名监事，不设立监事会。

监事会由股东会和职工代表大会选任的监事组成。我国现行《公司法》第五十二条、第一百一十八条规定，监事会应当包括股东代表和适当比例的公司职工代表，其中职工代表的比例不得低于三分之一，具体比例由公司章程规定。监事会中的职工代表由公司职工通过职工代表大会、职工大会或者其他形式民主选举产生。

监事会主席的设定问题，我国现行《公司法》对有限责任公司和股份有限公司做出了不同的规定。其中，有限责任公司监事会设主席1人，由全体监事过半数选举产生；而股份有限公司监事会则设主席1人，可以设副主席，主席和副主席由全体监事过半数选举产生。

现行《公司法》规定，监事的任期每届为3年。监事任期届满，连选可以连任。监事任期届满未及时改选，或者监事在任期内辞职导致监事会成员低于法定人数的，在改选出的监事就任前，原监事仍应当依照法律、行政法规和公司章程的规定，履行监事职务。

6.2.2.2 监事会会议

对于监事会会议的召开，现行《公司法》也做出了不同表述。依据第五十六条的规定，有限责任公司的监事会每年度至少召开一次会议，监事可以提议召开临时监事会会议；第一百二十条规定，股份有限公司的监事会每六个月至少召开一次会议，监事可以提议召开临时监事会会议。

关于监事会的会议记录，依据现行《公司法》第五十六条、第一百二十条的规定，监事会应当对所议事项的决定做成会议记录，出席会议的监事应当在会议记录上签名。

监事会决议的通过，我国现行《公司法》也针对有限责任公司和股份有限公司做出了不同的规定。依据第五十六条、第一百二十条的规定，监事会的议事方式和表决程序，除本法有规定的外，由公司章程规定。但第五十六条规定了有限责任公司监事会决议的通过应当经过半数以上监事通过；而对于有限公司则没有类似的规定。

6.2.3 监事会的职权

各国公司法对监事会的职权规定大相径庭。权限大者，规定得粗疏宽泛；权限小者，则规定得详细严格。西方国家的公司实践业已证明，制度健全、权限广泛者，能收到实效；权限较小且规定不严者，则难有监督之实。

我国现行《公司法》规定，监事会、不设监事会的公司监事行使以下职权：

（1）检查公司财务，可在必要时以公司名义另行委托会计师事务所独立审查公司财务；

（2）对公司董事、总裁、副总裁、财务总监和董事会秘书执行公司职务时违反法律、法规或《公司章程》的行为进行监督；

（3）当公司董事、总裁、副总裁、财务总监、董事会秘书的行为损害公司的利益时，要求前述人员予以纠正；

（4）核对董事会拟提交股东大会的财务报告、营业报告和利润分配方案等财务资料，发现疑问的可以公司名义委托注册会计师、执业审计师帮助复审；

（5）可对公司聘用会计师事务所发表建议；

（6）提议召开临时股东大会，也可以在股东年会上提出临时提案；

（7）提议召开临时董事会；

（8）代表公司与董事交涉或对董事起诉 。

现行《公司法》第五十五条规定，监事可以列席董事会会议，并对董事会决议事项提出质询或者建议。监事会、不设监事会的公司的监事发现公司经营情况异常，可以进行调查；必要时，可以聘请会计师事务所等协助其工作，费用由公司承担。

现行《公司法》与以前《公司法》相比，在监事会的职权方面已经有了很大的进步，在现行《公司法》当中，已经规定了监事会的股东会召集权和代表公司诉讼的权利。

6.2.4 监事会在公司治理中的作用

综观各国特别是我国公司立法规定和公司实践，监事会作用主要体现在以下几个方面：

（1）业务监督

董事、管理层是股东推选出代表股东对公司进行经营管理的，监事会、监事是股东推选出代表股东对董事、管理层的经营管理活动进行监督的，这就决定了监事会有权利也有义务监督董事、管理层的业务执行情况，是其所享有的根本性权力。

德国《股份法》规定，监事会应监督业务的执行；日本《商法典》规定：监察人监督董事职务执行情况。董事、经理在执行业务中拥有一定程度的权力，这是公司经营发展之必须，但是在权力任意扩大而不加以适当的限制，那么它极易被滥用，因为“一切有权力的人都容易滥用权力。有权力的人们使用权力，直到需要遇到有边界的地方才休止。”，而在英美法系公司法上，由其单层的公司治理结构所决定，其监督职能由董事会及董事行使，并于20世纪五六十年代，开创独立董事制度以弥补董事会监督不力的缺陷。我国借鉴大陆法系的立法经验，把监事会在法律上定为公司法定必备机关。

在我国公司治理结构中，董事会不承担对公司业务的监督权，这就决定了监事会的业务监督权具有两个特点：第一，监事会不但要对董事执行业务的行为进行监督，还要对管理层执行业务的行为进行监督。第二，监事会不但要对董事、管理层行为的合法性进行监督，还要对董事、管理层行为的妥当性进行监督。两种监督中，合法性监督更为重要。为了履行好业务监督权，我国《公司法》还特别补充了监事会对公司经营情况的调查权，规定监事会在发现公司经营情况异常时，可以进行调查，必要时可以聘请会计师事务所协助其工作。

（2）财务监督。监事会的财务监督权是其根本职权之一，各国股份公司只要设立了监事会或监察人，都对其有所规定。监事会享有检查公司财务的权利，可以检查财务会计报告、会计账册、会计凭证、营业报告、利润分配方案以及其他有关财务会计文件。监事会行使公司财务检查权时，可以聘请会计师事务所协助工作。检查公司财务是监事会的一项主要职权，也是监事会对公司业务进行监督的重要环节。

德国的《联邦德国股份公司法》规定：监事会可以查阅和审查公司的账簿、文件以及财产，特别是公司金库和现存的有价证券及商品，并且这一职权可以随时行使。日本《商法》规定，监事可随时要求董事及经理人及其他使用人报告营业情况，或随时调查公司业务及财产状况。

我国2013年修订的《公司法》在第五十三条第一款、第一百一十八条均规定了监事会“检查公司财务”的职权。该法第五十四条第二款还规定：监事会、不设监事会的公司的监事发现公司经营情况异常，可以进行调查；必要时，可以聘请会计师事务所等协助其工作，费用由公司承担。监事会如何行使财务检查权，中国证监会在《关于公司年报编制的规定》对其进行了进一步规定，要求上市公司的监事负责审议年报中的“财务会计报告”，对其中的有关议案形成决议，并与年报摘要同时公布。在这个报告中，监事会应独立发表意见，包括“检查公司财务状况”的报告。监事会应当对会计事务所出具的审计意见及所涉事项作出评价，明确说明财务报告是否真实反映公司的财务状况和经营成果。

（3）罢免建议

任免权是对董事和管理层进行监督、制衡、约束的最有力手段。监督权只有同任免权结合才能最有效力。德国、荷兰、奥地利等欧洲大陆国家的公司监事会拥有任免董事的权力。在中国及日本等国的公司治理结构中，股东会享有董事的任免权，董事会享有管理层的任免权，监事会享有对董事及管理层的监督权。我国《公司法》修订后在监督权与任免权的连接上迈出了一步，赋予监事会以董事、高级管理人员的罢免建议权。

（4）不当行为纠正

我国《公司法》规定，当董事、高级管理人员的行为损害公司利益时，监事会有权要求董事、高级管理人员予以纠正。许多国家公司法也都规定了监事会的这一权利。如日本公司法就规定，董事超出公司目的范围的行为、其他违反法令或章程的行为可能对公司产生显著损害时，监事会有权停止董事行为。赋予监事会这一权利，有利于及时制止董事、高级管理人员的违法越权、损害公司利益的行为，避免或减少公司利益的损失。

（5）召集股东会会议

一般情况下，公司股东会或股东大会会议由公司董事会负责召集。但是在某些特殊情况下，如董事会应当召集而不为召集时，为了维护公司和全体股东的利益，公司监事会有权以自己的名义召集股东会或股东大会。我国《公司法》第五十三条第四款规定了监事会召开临时股东会会议的提议权。

（5）特殊情况下代表公司

当董事会成员和公司发生业务联系或者法律争议时，若仍由他们对外集体代表公司，不但容易造成道德风险，而且形成了自己代理，违背民法的基本原则。因此，德国公司法规定：监事会在诉讼和诉讼外，相当于董事会的成员代表公司。

6.2.5 监事会功能发挥存在的主要问题及解决之道

现阶段，我国正处于经济转型时期，综观我国上市公司的运行状况，可以发现，监事会制度还存在诸多不足，亟待不断探索完善。

6.2.5.1 监事会功能发挥存在的主要问题

（1）监事会缺乏独立性，机构运行缺乏保障

《公司法》第一百四十六条规定了监事任职的七种消极资格，并没有规定可以在股东之外聘任一定比例的未曾担任过公司董事、监事、经理等高级管理人员的具备专业知识的人，即外部监事担任监事。同时，《公司法》又规定，监事会应包括股东代表和适当比例的公司职工代表，其中职工代表的比例不得低于三分之一，具体比例由公司章程规定。然而，在上市公司“一股独大”和国有股“股东缺位”的现实下，很难保证职工在监事会有自己适当比例的代表，从而难以保障在董事、高级管理人员侵犯职工的利益时通过监事会进行救济。此外，《公司法》第五十六条规定：监事会、不设监事会的公司的监事行使职权所必需的费用，由公司承担；第一百一十八条规定：监事会行使职权所必需的费用由公司承担，但是对于什么是“必需费用”未作明确规定，导致部分公司监事会缺乏基本的经费。这就表明《公司法》并没有规定监事会具有独立的经费可供使用。没有必要的经费保障，监事会难以履行其监督职能。以上这些都难以保证监事会独立的法律地位，严重影响了监事行使职权的独立性。监事难以很好地行使职权，进行切实有效地监督工作。

大多数上市公司的监事会成员来自于大股东，其作用主要是维护大股东的利益，配合董事会和经理进行工作。虽然有少数公司监事会曾经对股东、董事、经理违反法律、法规或公司章程，损害公司利益的情况提出了监督意见，有的还独立提议召开临时股东大会，但基本上是在大股东之间出现矛盾或职工与股东发生冲突的情况下进行的，这从侧面说明了监事会还不能代表全体股东来维护上市公司利益。

（2）监事会职责不明确，具体职权偏小

我国《公司法》较修订前，对监事会增加了许多有实质意义的职权，如诉讼提起权、公司经营情况调查权、股东（大）会提案权等，但与大陆法系国家的公司监事会职权相比，我国公司的监事会可以说是“弱小的监事会”。如德国《股份法》赋予监事会很大的权力，德国的监事会不仅具有监督职能而且可以参与公司决策管理。而我国的监事会只对公司业务活动实施监督，并不直接干预公司的业务决策和日常事务，其功能主要是监察督促公司财务和董事、经理及其他高级管理人员履行职务的行为。因此说我国监事会是“弱小的监事会”。

公司法对于监事会的监督权规定得比较原则化，各公司章程中也没有相应细化条款。一是财务监督权，公司法规定监事会可以检查公司财务，但没有进一步明确检查形式和程序。现在监事会对公司财务状况的了解，普遍要通过董事会的“中介”和“过滤”，难以发挥独立监督作用。二是对董事、高级管理人员执行公司职务的行为进行监督，对违反法律、行政法规、公司章程或者股东会决议的董事、高级管理人员提出罢免的建议，这项规定仅有权对董事、高级管理人员行为进行监督，从而忽视了对董事会决议的监督；仅规定监事会的违法性监督权，没有规定对董事会的妥当性监督权。三是当董事、高级管理人员的行为损害公司的利益时，要求董事、高级管理人员予以纠正，监事会这项规定属于事中、事后监督权，损失既已造成，要求予以纠正属于亡羊补牢。

（3）监事的义务和责任不明确。我国现行《公司法》只对监事违反其义务、滥用职权收受贿赂、侵占公司财产等规定了法律责任，而对监事因疏忽大意或故意不履行职责等给公司造成损失的消极行为，缺乏相应的处罚规定；对监事违反义务的责任尤其是民事责任的规定不够全面和明确；同时，对监事行为的法律约束也规定得不够充分。在约束机制不健全的情况下，监事自然消极怠工，有的监事甚至与经理层相互勾结，从事不正当交易以牟取私利。此外，《公司法》对董事、高级管理人员的竞业禁止义务作了规定，如第一百四十八条规定：未经股东会或者股东大会同意，利用职务便利为自己或者他人谋取属于公司的商业机会，自营或者为他人经营与所任职公司同类的业务。然而对监事的竞业禁止义务却未做具体规定。

（4）监事会激励机制不健全。公司监事会的监督权是由出资者所有权决定的，是出资者所有权的延伸。监事本身作为出资者的代表，理所当然出资者的利益就是监事的激励要素。在实践中，公司监事的担当者往往是公司中的工作人员或中层职员，要让他对“上级领导”董事和高级管理人员进行监督是困难的，或不敢监督、或无力监督。作为上市公司的监事，其行为的有效性或获得支持的可能性比较差，其地位的稳定性则依赖于与董事、高管人员的感情配合。监事的任免考核基本没有脱离传统的企业干部管理的做法，相当数量的监事具有公司雇员和公司监事的双重身份，其被考核的绩效和薪酬的依据是在公司内部作为雇员的那份工作，而不是公司所有者委托其从事的监督工作。监事在任免、考核、收入各方面都缺乏独立性，在现实中又往往被当作决策层和经理层的附属，在被监督者掌控着监督者的情况下，监事对履行监督职责缺乏积极性。在我国现行《公司法》中，没有建立一种制止监事偷懒、激励监事忠实履行监督职能的有效措施，“监”与“不监”并无多大区别。《公司法》也未明确关于监事报酬的内容，如《公司法》只在第三十七条规定股东会“决定有关监事的报酬事项”，这一规定过于笼统，会导致在实务中，董事与监事报酬差距过大，监事报酬过少，不足以起到激励作用。

(5) 机构人员不到位，制约了监事会作用发挥。在制度安排上，上市公司监事会和董事会同样是会议制度，但董事会通常都有若干人员属于执行董事，而监事会通常没有执行监事。此外，董事会下设执行机构，即经理层，具体执行董事会决议。而监事会并无执行机构，对于内部审计部门或外部审计中介机构虽有动用和聘请的权力，但监事会办公经费没有固定预算，很多公司监事会没有设立独立办事机构，专职监事较少，大多由控股股东或少数大股东的领导或中层干部来兼任。即使这些监事工作能力和责任心都较强，但受兼职工作限制，很难再有时间和精力参与监事会工作。

监事会要有效地行使其监督权，其成员中必须要有通晓法律、财务会计、审计等专业知识的人才，监事还必须要有较为丰富的实践经验，否则无法对专业性要求加强的公司生产经营、财务会计等环节进行有效监督。而我国《公司法》仅对监事的消极任职资格做了规定，对监事的积极任职资格则没有涉及。

(6) 没有明确划分监事会与独立董事的职能

目前，我国在上市公司中引入属于“一元制”模式中的独立董事，但《公司法》并没有明确地划分监事会与独立董事的职能，按照我国当前的法律法规，二者的职责存在着相似甚至重叠，这将会导致监督效率低下。《公司法》并未具体确定独立董事的职责，仅在第一百二十二条规定：上市公司设立独立董事，具体办法由国务院规定。但是从中国证监会发布的《关于在上市公司建立独立董事制度的指导意见》和《中国上市公司治理准则》中可以看出，独立董事的很多职权与监事会的职权之间存在明显的重叠和交叉。我国监事会及监事的职权：一是监督公司财务；二是监督董事与经理层的行为。而独立董事的主要职权是监督公司财务，与监事会之间存在职权重叠与冲突。这一职权界定的模糊与不明确状况，往往诱导独立董事利用与监事会的职能重叠，推诿责任，影响、削弱了独立董事与监事会各自的职权行使效率。同时，这种不明晰的职权关系也增加了监管企业运营的成本，降低了公司治理结构的运行效率。

6.2.5.2 完善我国公司监事会制度的构想

公司监事会制度是公司制度经过数百年的发展而逐步形成的，是公司法人治理结构的重要组成部分。针对我国公司监事会制度存在的缺陷，要借鉴及吸收国外的立法经验，在监事会成员的组成、监事会的职权、监事的义务与责任和监事会与相关方面的关系等方面采取措施完善，促进监事会监督职能的真正发挥，切实维护公司股东、债权人等相关各方的利益。

（1）完善监事会成员的组成和组织机构。《公司法》规定，我国公司监事会成员由股东代表和职工代表组成。该规定有其合理性，股东作为出资者当然要对经营者进行监督以维持投资利益，职工作为利益相关者也应有利益代表。但内部监事存在利益趋同等一系列问题，加上监事履行监督职责，需相应专业知识，而在实践中，监事会中"三不懂"监事居多，即不懂国家政策法规，不懂企业管理，不懂财务会计制度，监事素质令人担忧。因此可参考国外做法，如德国、日本等，聘请一定数量的银行家、律师、会计师、审计师等专业人员作为外部监事，内部监事由股东代表和职工代表组成，由内部监事和外部监事组成监事会。设立外部监事不仅可以提高监事会的整体素质，而且能增强监事会决策的客观性和独立性。同时，对于那些党政干部和职工代表，也应加强财务、经营和管理方面的培训，以便使监事的监督职能得到真正的发挥。

我国《公司法》规定监事会设主席一人，可以设副主席。把监事会召集人明确为主席，使得监事会的组织机构层次清晰。另外，比较大的监事会，应该设立自己的办公机构，协助监事会和监事的工作，协调监事会决议的执行，为监事会和监事提供决策支持和建议。

（2）对监事会的任职资格严加限制

我国《公司法》没有对同时担任监事职位数量的限制，也没有考虑到关联公司中监事与董事的任职情况。应该对实践中某一监事同时担任监事职位的数量和关联公司中监事与董事的相互兼职进行限制。可以借鉴德国公司立法的规定，一个人不能同时担任十个以上监事职位；被控股公司不得向控股公司派出监事；两个公司不得相互派遣自己的监事出任对方的监事，而只能是一方派出董事出任另一方的监事。这些规定的目的在于避免监事会成员与董事会成员发生身份上的竞合，防止损害第三人利益，确保监事集中精力行使职权。

（3）强化监事会的职权

现行《公司法》虽然赋予监事会一些新增加的职权，但有关规定过于原则、简单，缺乏可操作性。为此应进一步明确并加强监事会的职权。

一是完善财务监督权。我国《公司法》对监事会财务监督权的规定可操作性还不强，可以参照国外公司立法进行完善。如日本商法和韩国商法中规定，监事会有权随时调查公司的业务和财务状况并要求董事、经理报告营业情况，有权调查董事会准备向股东大会提交的议案和文件的合法性和正当性，如果认为有违反法令、规章和显然有不正当的事项时，应当将其意见报告股东大会。德国股份法不仅规定监事会可以随时向董事会了解有关本公司或本公司合伙公司的重大事务，而且要求董事会必须定期向监事会报告有关公司的决策、利润、经营、营业额、公司事务等情况。借鉴国外相关经验，可作如下完善：第一，监事会可随时查阅或抄写会计账簿和文件，或要求董事、高级管理人员提交相关会计报告，对董事会向股东大会提交的会计文件进行调查，并向股东大会报告意见；第二，可借鉴日本和中国台湾的做法，明确规定有关人员阻挠、妨碍监事会行使财务监督权时如何排除妨碍、如何处罚等，从而确保财务监督权有足够的刚性。

二是完善监事会代表公司诉讼的权力。监事会代表公司诉讼是许多国家公司法普遍规定的权力。我国新修订的《公司法》也只规定了在特定情况下监事会可代表公司向董事、高级管理人员提起诉讼，但没有赋予监事会在董事向公司提起诉讼时代表公司的权力。应借鉴日本《商法典》规定的监察人代表公司诉讼权，即“公司对董事或董事对公司提起诉讼时，监察人在诉讼中代表公司”。

三是完善股东大会的召集权。新修订的《公司法》规定了监事会有提议召开临时股东大会，在董事不履行本法规定的召集和主持股东大会职责时召集和主持股东大会的权力。这一规定过于粗略，公司立法应进一步规定监事会可以为了公司利益而在特殊情况下直接召集临时股东大会的权力，同时，对如何召集股东会，如何处理作为董事会成员的大股东缺席的状况作出具体的规定。

四是增加关于行使职权的程序性规定。监事会会议是监事行使职权最重要，也是最主要的方式。公司应在公司章程中规定监事会议事规则，监事会会议应严格按规定程序进行。新修订的《公司法》对监事会会议制度进行了补充，但与国外公司法相比，其对监事会的议事方式、表决方式等程序性内容的规定仍然较为简略粗疏。实践证明，法律赋予的权力如果没有必要的行使程序，就可能很难实现。监事会权力主要是通过会议决议的方式体现的，因此，我国公司立法应借鉴国外公司法如德国《股份法》、日本《商法典特例法》对监事会议事方式、表决方式等程序性内容作出较为详细的规定，以保证监事会权力的实现。

（4）明确监事的义务和责任

现行《公司法》对监事义务和责任的规定不够全面和明确。为了督促监事会能更好地行使监事职能，我国公司法应当对之加以完善。

应该明确监事的注意义务。监事与公司董事、经理一样，与股东和公司之间是一种信托关系，但二者受信托的事务不一样，对于监事而言，它与公司是一种基于信任的经营监督之法定代表关系。笔者认为可以借鉴日本的做法，明确监事的注意义务。日本《商法》规定了监事基于公司的委任契约处于受委任人的地位，从而对公司负有善良管理人之注意义务。该注意义务要求监事像普通谨慎之人在相似的情况下给予合理的注意一样，理智慎重地、克尽勤勉地行使其监督职责。所谓合理的注意程度一般采用客观判断标准，即监事应与社会通常上处于监事地位的人通常被要求的注意履行其义务。

健全监事责任。健全监事的责任，包括健全监事对公司和第三人的责任：第一，监事对公司的责任。一定条件下，监事可与董事、经理承担连带责任。公司董事、经理的决策或行为被证明违法或严重损害公司利益，且该决策或行为已向监事报告，而监事未予以劝阻也没提出反对意见，甚至包庇董事、经理，由此造成的损失，监事应与董事、经理承担连带赔偿责任。此外，《公司法》还应赋予股东代位诉讼的权利，建立代表诉讼制度，即由拥有少数股东权的股东代位公司提起追究监事民事赔偿责任的诉讼，以维护公司利益；第二，监事对第三人的责任。从理论上讲，与公司董事一样，公司监事与公司人格各自独立，监事对第三人并无直接法律关系，因此，监事不应该对第三人直接承担责任。但是，与董事对第三人承担责任的依据一样，若监事会以及监事在履行义务时，直接或间接致使第三人受损害，那么，基于保护第三人权益的必要性，公司立法往往加重监事的责任，有时即使无违法行为，也应该对第三人承担损害赔偿责任。如日本商法规定，监事在监察报告中就应记载的重大事项进行虚假记载时，监事对第三人负损害赔偿责任；监事对公司或第三人应负责任时，该监事和董事为连带责任。而我国《公司法》偏重于追究公司负责人和直接责任人员的行政责任或刑事责任，少民事责任的规定，即没有规定对第三人承担损害赔偿的责任，这又是立法的一漏洞。它不利于保障交易安全及监督监事切实履行其作为善良监管人所负的注意义务，不利于现代公司中设置监事会这一专门监督机关的精神与价值的充分实现。

(5) 监事会在工作中要处理好“四个关系”

一是与选举人，即与股东和职工的关系。一旦成为公司的监事，就要维护公司的整体利益，维护全体股东和职工的合法权益。监事会要接受股东大会的监督，并向股东大会报告工作，接受股东会质询；监事的报酬须经过股东大会批准，并接受其考核。监事会可以和工会开展沟通与合作，共同维护各方的合法权益，但不能相互混淆和代替。

二是与董事会、经理层的关系。监事会行使监督职权时要注意既要到位又不越位。公司法授予监事会对董事、经理有业务监督权和违规行为的要求纠正权，这使监事会行使职权有了法律上的保障。监事会有权要求公司董事会和经理层要配合和支持监督工作，要求其定期向监事会通报公司经营情况，也可以列席公司董事、经理会议了解情况。但是，监事会行使监督权不能超越法定范围，不能在职权范围外任意干扰董事会和经理层的日常经营管理活动，无权代行董事会和经理的职权。

三是与独立董事的关系。首先要分清两者的不同性质，独立董事制度是董事会的内控机制，而监事会是董事会之外与其并行的公司监督机构。独立董事仍属于监事会监督的范畴。其次要正确界定两者的功能。独立董事是事先监督和参与过程监督，是既决策又监督，而监事会是事后监督和非参与过程监督。独立董事不是常设性机构，监事会是常设性机构，日常监督是它的职能。监事会功能与独立董事功能是相互补充的，不能因为独立董事制度的实施而淡漠了监事会制度的建设。

四是与公司有关职能部门的关系。监事会的工作可能会与公司内部纪检、审计、财务、工会等部门发生一定的联系，有时可能相互借鉴对方的工作，以提高效率和降低监督成本，但内部部门有各自的工作职责，各自代表的利益和工作目的并不完全相同，不能定位不清，互相替代。

(6) 强化对监事会运作的监管。监事应当遵守法律、法规和公司章程的规定，履行诚信和勤勉的义务。监事连续两次不能亲自出席监事会会议的，视为不能履行职责，股东大会或职工代表大会应当予以撤换。监事违反法律、法规和公司章程，致使公司利益受到损害的，公司、股东可以依法对监事起诉。监事会应当向股东大会报告监事履行职责的情况、绩效评价结果及其薪酬情况，并予以披露。股东大会对监事会报告进行审议批准。监事的评价应采取自我评价与相互评价相结合的方式进行。在公司年度报告披露后，监事会应将过去一年内实施的监督工作进行全面总结，包括如实报告公司董事、经理勤勉尽责情况、公司规范运作情况以及监督发现问题并责成公司整改效果的情况，还要对下年主要监督事项及相关工作做出安排。监管部门应当研究对包括监事在内的上市公司高管人员进行资格认定办法，如果监事发生违规行为，将受到相应的行政处罚。

(7) 实施各监督机构间的信息共享与合作，提高整体监督效果。对一般的股份公司，内部的监督机构除监事会外，还设立了审计部、监察部（室）。有些在美国、中国香港上市的公司，还必须依照上市地的法律规定，设立董事会审计委员会。这些不同程度上都履行着监督部门的职能，不仅在业务上有交叉，组织上也经常分工不明。要明确这些监督机构之间的关系，企业的其他监督部门应该多向监事会通报情况，协助监事会搞好监督工作。监事会办事机构、企业其他监督部门应该形成联席会议、统筹协作机制，切实发挥各级监督部门的优势，探究加强和改进监督工作的方法，维护公司和股东的长远利益。

【阅读】我国监事会制度何去何从

就我国目前的情况来说，借鉴德国的监事会制度，提高我国监事会的法律地位，改进和完善监事会这一专门监督机构的构成和运行机制，比引进美国的独立董事制度更具有合理性和可行性。原因如下：一是我国的股权结构比较特殊，与美国公司的股权结构大相径庭。我国的上市公司中，股权不是极度分散，而是过度集中，公司一般都有控股股东。二是独立董事与我国现行公司治理结构中的监事会的职能相互重叠(见表6.1)，由于“搭便车”的心理，两个机构之间的矛盾、推诿很可能将仅有的一些监督绩效降低为零。二是独立董事制度并不能解决国有股一股独大的问题。

表6.1　独立董事与监事会比较

	独立董事	监事会
职责范围	对经理有监督的职责	有权对公司的业务活动以及董事和经理进行全面的监督（检查公司账务、检查公司财务账簿和其他会计资料）
权力安排	《指导意见》所规定的独立董事的权力远远大于监事会	法律上监事会与董事会是水平并列的权力机构
监督实施	贯穿事前、事中、事后，是全程监督	事后监督

然而，我国的公司治理结构是一种二元制的结构。公司在股东大会下设董事会和监事会两个平等的机构。在我国的二元制公司治理结构下，监事会的权力既不像德国监事会，也无法像英美独立董事那样拥有接近公司的优势条件。监事会无法了解实情，又缺乏监督手段，起不到监督作用。

我国现行监事会的职能没有得到确实发挥，其中要原因有三：一是监事会地位不高，名义上与董事会平级，实则是董事会和经理层的附庸；二是监事会人员构成不合理，缺乏履行职责的必要知识和能力，导致监事会无力监督；三是监事会缺乏监督手段，《公司法》虽有关于监事会职权的规定，但条文过粗，缺乏可操作性，故流于形式。监事会也就形同虚设，沦为管理层的“橡皮图章”。

6.3 独立监事制度

6.3.1 独立监事制度的概念

独立监事这一概念的提出，源于对独立董事制度的研究和思考。吸收美国独立董事制度的优点，将其独立性思想贯彻融合到监事会制度中，便形成了独立监事制度。

独立监事制度与独立董事制度，其制度的精神和宗旨是一致的，都在于通过维护监督主体行使监督权的独立性来保证监督的客观性和公司性，不同的只是身份而已，即一个身份是“董事”，另一个身份是“监事”。因此，也可以说，“独立监事”这一概念是由“独立董事”的概念演化而来的。独立董事实质就是与公司、管理层不存在任何实质利害关系的非执行外部董事。对照此概念，可以把独立监事界定为：独立监事是指那些与公司、管理层不存在任何影响，其客观独立判断之利害关系的外部监事。

6.3.2 独立监事的独立性

对独立监事概念的理解，关键是如何理解“独立”，即要达到什么样的标准，独立监事才算是真正的“独立”监事？综合人们对“独立”的看法，我们判断独立监事是否“独立”主要基于以下几个因素：①与该公司或该公司关联企业的雇佣关系；②与该公司或该公司关联企业的经济利益关系；③与该公司或该公司关联企业的高级管理人员的私人关系或经济利益关系。只要属于以上三种情形之一，这样的监事就不是真正意义上的独立监事。另外，还有一种特殊情形，即一开始具备独立监事资格，但后来在履行监事职责过程中与公司管理层产生了影响其做出独立客观判断之利害关系，这样的监事也不是真正意义上的独立监事。

外部监事与独立监事这两个概念是否等同，又有什么不同呢？就我国公司治理的情况而言，独立监事与外部监事实际上是两个内涵不同的范畴。外部监事只是表明此监事不是公司一般职工或管理者，而独立监事强调此监事不但不属于公司成员，而且与公司没有经济上或其他可能妨碍其做出客观判断的利害关系。独立监事不兼任公司职工，与公司不存在实质性利害关系，独立监事又不同于其他外部监事，尤其是股东代表监事。从形式上看，独立监事来自公司之外，其深层含义是强调该监事与公司既无职务所属关系，又无经营利害关系，有的只是监督的客观性。这种独立特征，保障了监事行使监督权的独立性。可以说，外部监事强调的是监事来源的外部性，与“内部监事”相对；独立监事强调的是监事行使权时的独立性，与之相对的是“非独立监事”。出于确保监事独立性的考虑，独立监事必须来源于公司的外部，由外部监事担任。所以也可以说，独立监事必须是外部监事，但外部监事不一定是独立监事，因为有些外部监事可能与公司、管理层存在利害关系而不具有监督的独立性。

【阅读】A公司为国有股份有限公司，李某为国资委派驻到A公司的监事。李某虽然不是A公司的一般职工和管理者，但李某身为国资委工作人员实际上是一种股东代表监事，与A公司存在经营利害关系，所以李某只能算是公司的外部监事，而不是独立监事。你认为以分析正确吗？

（资料来源：沈乐平，张咏莲．公司治理．大连：东北财经大学出版社，2009：129.）

独立监事在各国或地区的称谓不一致，如在日本称外部监察，韩国称外部监查，我国台湾地区称独立监察人，我国则称外部监事或称独立监事，而且这些制度的具体内容也并不完全相同。但是这些制度的宗旨是一致的，都是强调监督主体的独立性和客观性。

6.3.3 独立监事制度的作用

目前我国在独立监事制度方面尚未做出完善的规定，但是独立监事制度在以下方面可以发挥它的作用：

（1）可以增强对我国上市公司的监督力度

近年来我国频频发生上市公司账务造假、恶意“圈钱”、违规担保等损害投资者及上市公司利益事件，这些事件表明我国上市公司的监督机制要继续加强。独立监事独立于公司，能够以更加有效和客观的形式监督权力，加大监督力度。

（2）有利于完善我国公司监事会制度

长期以来，我国监事会没有发挥其应有的监督作用，存在缺乏独立性、缺乏专业性、缺乏激励约束机制和议事机制不合理等问题。独立监事是与公司管理层没有任何实质利害关系的外部监事，这使得他们能够独立、客观、公正地履行监事职责，无疑更具有独立性。独立监事的任职人员要求具有必要的财会、管理、法律等方面知识，与以往的监事相比更具有专业性和监督能力。此外，独立监事还享有独任监督权和更有效的激励约束机制。

因此，在监事会制度存在的同时，独立监事制度的引入也成为公司治理当中的一个趋势。

【思考与练习】

1. 什么是监事？享有哪些权利？应承担什么义务和责任？
2. 监事会是什么？如何组成？监事会的职权有哪些？
3. 什么是独立监事？它的主要作用是什么？
4. 案例分析一

【案情】原告罗某于2000年12月经选举成为被告某房地产开发有限公司的监事。2006年3月、4月，原告两次书面通知被告要求其将财务资料给原告进行财务检查，均遭到拒绝。原告认为被告侵害了其作为监事的合法权益，遂向法院起诉请求判令被告提供全部财务资料给原告进行检查。被告认为，按公司章程，原告担任监事期限截至2005年12月。章程没有关于监事期满后权力的规定，且原告以监事名义对财务状况的检查只提出时间，没有明确具体的检查方式，故产生争议。（本案例选自深圳市南山区人民法院网）

【思考问题】

（1）本案中涉及监事会的什么监督权力？除此之外监事会还有哪些权力呢？

（2）你认为对于双方的争议，法院将会做出怎样的判决？

5. 案例分析二

某石化集团的董事长未经股东大会同意，决定将公司分拆出一家新的公司，同时决定解除公司两名监事的职务，其中一人为职工监事。另外，对监事会聘请外部审计师对公司财务和经营状况进行审计所发生的费用，董事会拒绝将其列入公司成本。公司部分股东得知此事后认为，公司分立使公司经营的业务受到极大影响，损害了公司股东的利益，董事会代替股东大会决定公司分立、解除监事职务等行为，均属违法越权。于是公司部分股东向监事会提出召开临时股东会议，要求撤销董事会的上述决议并解除董事长职务。监事会向董事长提出召开股东会议的请求，但是董事会自收到该请求3个月后一直未作答复。于是监事会直接向股东发出通知，召开临时股东会，依法做出解除董事长职务的决议。

【思考问题】

在上述案例中，根据《公司法》规定：

（1）董事长与董事会的工作存在哪些错误行为？

（2）本案例下监事会召集和主持股东会议是否合法？决议是否有效？

7 高层管理者激励约束机制与业绩评价

【本章学习目标】

1. 理解经理和经理层的概念，掌握经理的特征以及权利和义务，并了解“内部人控制”现象。

2. 掌握公司高层管理者激励机制。

3. 掌握公司高层管理者约束机制。

7.1 经理

7.1.1 经理的定义和特征

7.1.1.1 经理的定义

所谓“经理”，即经营管理，从这个角度来看，一个公司的经理有两大方面的职责：一是负责统筹和规划公司的业务经营，制定公司的经营策略并有效地执行；二是负责协调公司经营过程中各个部门之间的沟通和衔接，使各部门的员工更有效率地工作。这两个方面前者注重“经营”，而后者则关注“管理”，对于一名经理来说，二者缺一不可。因此，根据经理工作的本质属性，可以将其定义为：

经理是指对公司资产的保值和增值负有责任，受雇于公司资产所有者，在公司日常运作中独立地行使业务执行和管理权利的经营管理者，是公司治理结构的核心组成部分。在公司治理结构中更是指由公司高层管理人员组成的控制并领导公司日常事务的行政管理机构。从这个角度讲，经理是一个集合概念，它不是指单个自然人，而是指一个机构。它由公司的总经理、副总经理、总工程师、总会计师等共同构成。这一机构的最高负责人是总经理，总经理由董事会聘任，对董事会负责。

【阅读】公司是否必须设置经理?

经理是由董事会聘任的、负责组织公司日常经营管理活动的常设执行机关，总经理是该执行机关的负责人。

通常公司都会设置经理这个职位，实际上根据《公司法》第五十条的规定，对于有限责任公司而言，经理是选设机构，不是必设机构，有限责任公司可以根据公司情况决定是否设置经理。而根据《公司法》第一百一十四条的规定，股份有限公司必须设置经理。对于股份有限公司而言，经理是必设机构。

7.1.1.2 经理的特征

一名优秀的经理应该具备以下特征：

(1) 专业从业素质。其具体包括：决策能力；在经营活动中善于发现问题、提出解决方案的创造能力；对于下属不仅要“知人善任”，而且“知人善免”，善于调动下属的工作激情，挖掘员工的潜力并加以培养和利用；面对瞬息万变的市场要有良好的应变能力，具备战略眼光，对工作善于设计、组织和实施。

(2) 优秀的个人品质。这是指经理的人格魅力，优秀的公司经理在工作过程中能够表现出信心和乐观的精神，这使他面临困境时能够理智；具有良好的职业道德，经理自身的行为符合公司的行为规范，在员工中起模范和统帅作用；具有良好的沟通能力；对公司、对工作、对自己的员工具有强烈的责任心，能以自己为中心形成强大的凝聚力。

(3) 良好的职业心态。经理自身必须自知和自信；具备坚强的意志和面对各种困境临危不乱的胆识；待人真诚，做到宽容和忍耐；心态开放，在激烈的市场竞争中持续进取，不断追求卓越。

7.1.2 经理的权利和义务

经理受董事会的聘任，承担公司日常经营管理工作，必须拥有一定职权，同时也要承担一定责任。

7.1.2.1 经理的权利

世界各国的公司法对经理人员的职权都有一定规定，一般地说，经理人员的主要职权是：执行董事会的决议、主持公司的日常业务活动、经董事会授权对外签订合同或者处理业务、任免其他经理人员等。

按照我国公司法的规定，经理具有以下职权：①主持公司的生产经营管理工作，组织实施董事会决议；②组织实施公司年度经营计划和投资方案；③拟定公司内部管理机构设置方案；④拟定公司的基本管理制度；⑤制定公司的具体章程；⑥提请聘任或解聘公司副经理、财务负责人；⑦聘任或解聘除应由董事会聘任或者解聘以外的负责管理人员；⑧公司章程中董事会授予的其他职权。

以上为经理的法定权利，或者说基本权利。除此之外，如公司章程对经理的职权另有规定的，则从其规定。

7.1.2.2 经理的义务

与经理权利相对应的是其按照《公司法》和公司章程规定所应承担的义务：①经理应当遵守公司章程，忠实履行职务，维护公司利益，不得利用在公司的地位和职权为自己谋取私利；②不得挪用公司资金或将公司资金借贷给他人，不得将公司资产以个人名义或以其他个人名义开立储蓄账户，不得以公司资产为本公司的股东或其他个人债务提供担保；③不得自营或为他人经营与其所任职公司同类的营业或从事损害本公司利益的活动；④除依法规定或经股东大会同意以外，不得泄露公司机密；⑤经理在执行职务时违反法律法规或公司章程的规定，给公司造成损害的，应当承担赔偿责任。

【阅读】董事与高级管理人员的违法行为也需要公司承担责任吗？

股东出资成立公司，将公司的经营活动交给董事与高级管理人员打理。对于这些掌握公司实际控制权的“内部人”，股东们不无担心：如果出现“董事不‘懂事’、监事无所事、经理总出事”的糟糕局面怎么办？董事与高级管理人员的违法行为都需要公司承担责任吗？

对于这个问题不能一概而论。

首先，董事与高级管理人员以个人名义，从事与其公司职务无关的活动时实施了违法行为的，公司无须承担责任。例如，某董事长周末自驾车出游，途中交通肇事违法；又如某公司总经理对下属女员工实施性骚扰被告上了法庭，这时应当由董事长、总经理个人视情节承担民事乃至刑事责任，而与所在公司无关，公司无须对其行为承担经济责任。而且，如果该董事、监事或高级管理人员的不正当行为表明其已不具备《公司法》与公司章程规定的任职条件，则公司应当免去其董事、监事、高级管理人员职务。

其次，董事与高级管理人员以公司的名义从事经营活动时违法，给他人造成经济损失的，公司应当承担民事责任。

某服装公司生产的“宏庆”牌西服畅销全国，某玩具公司总经理十分眼红，于是也生产了“红庆”牌西服。服装公司将玩具公司及其总经理一同告上了法庭。法官认定玩具公司侵犯他人注册商标专用权，要求玩具公司停止生产“红庆”牌西服，并赔偿服装公司所受经济损失 1 200 万元，但是没有判决玩具公司总经理承担连带赔偿责任。因为总经理的个人人格已为公司所吸收，发生违法时应当由公司对外承担法律责任，而不是由总经理个人对外承担法律责任。

假设玩具公司不那么“羞羞答答”，直接生产“宏庆”牌西服，则可构成假冒注册商标罪。这时，玩具公司构成单位犯罪，实行双罚制，对玩具公司判处罚金，并对公司总经理等责任人员判处刑罚。同一个行为，按照其违法情节的严重性，有时既要承担民事责任又要承担刑事责任，还可能遭受行政处罚。

再次，董事、高级管理人员执行公司职务时违法，公司为其“埋单”之后，可向违法者追偿。

如上案例，玩具公司因为公司总经理的违法决定遭受重大损失，公司股东可以书面请求公司董事会或监事会起诉总经理，要求他承担赔偿责任；董事会或监事会不起诉的，股东可自己直接起诉总经理。同理，如果董事会做出了错误的决定导致公司受损，股东或监事会可以起诉参与错误决策的董事。当然，在表决时立场正确的董事可以免除责任。

最后，公司董事、高级管理人员违法给他人造成经济损失，他人也有责任的，公司可以不承担或者减轻承担责任。

例如，公司的总经理超越权限对外订立合同，相对人也明知总经理越权的，该代表行为对公司没有效力，公司无须承担责任。

又如，董事长、总经理等违法对外签订合同，合同最终归于无效时，如果合同双方都有过错，应当各自承担相应的责任。

甲公司经理接受乙公司业务员的好处后，代表甲公司签订采购合同，购入乙公司一批劣质货物，一直放在仓库里，也不派人验货，致使货物大半损毁。后甲公司解聘该经理，并拒绝乙公司的付款请求，乙公司于是起诉甲公司要求其承担违约责任。该合同因有恶意串通损害第三人利益的情形，归于无效，甲公司应当将劣质货物返还乙公司，无法返还的应当折价补偿。虽然甲公司要为其经理的违法行为承担责任，但是相对人乙公司也有过错，双方应当各自承担责任，甲公司可以减轻责任承担。

（资料来源 根据网上资料整理）

7.1.3 内部人控制

我国法律对经理权利和义务的规定是为了更好地规范经理在管理过程中的行为，法律和道德的约束使经理的权利和义务达到一个制衡，从而赋予经理层充分、适当的空间以实施相应的经营管理活动。另一方面，经理层与治理层之间存在委托—代理关系，这是二者利益产生冲突的根源，而公司组织结构本身无法消除这个矛盾。在这个矛盾加剧的条件下，如果经理的权利被过分地放大，而相应的义务被过度地忽视，公司所有者的利益将不可避免地遭到损害，这就是公司治理中所面临的“内部人控制”问题。

所谓“内部人控制”现象，是指在现代公司所有权和经营权分离的前提下，公司所有者和经营者的利益存在冲突，而公司经理人同时掌握了实际的经营管理权和控制权，在公司的经营、战略决策中过度体现自身利益，并依靠所掌握的权利架空所有者的监督和控制，使公司所有者利益蒙受损害的现象。

“内部人控制”现象是公司治理层和管理层信息不对称的产物，其内在驱动因素是在治理层和经理层利益冲突下的经理层个人利益最大化。由于经理层直接管理公司运作，筹资权、人事权等都控制在公司的经理层手中，治理层的监督实际上是“名存实亡”。经营者的短期决策、过度投资或者过分地在职消费都会不同程度地损害股东的长远利益，委托人的代理成本不断上升，但权利在“内部人”手中集中使公司所有者无可奈何，从而产生了“内部人控制”。

“内部人控制”问题对公司治理的危害很大。由于经理层脱离监督和控制，完全基于自身利益最大化的经理的经营目标与公司所有者的长远目标不断背离，甚至将导致公司资产被掏空、经营效率低下、公司治理失效；而对于上市公司的经理层而言，自身利益因素的驱动使“内部人”的诚信程度下降，为了使个人利益尽量得到满足，“内部人”甚至处心积虑地制造和发布虚假信息并从中攫取巨额收益，市场秩序也将遭到沉重的打击。

“内部人控制”是现代公司治理的“大敌”，治理层和经理层之间的利益冲突不能够消除，但可以采取一定措施进行缓和，甚至使二者的利益实现趋同。为了杜绝这一问题，现代企业制度要建立产权明晰、责权明确、管理科学的体制；加强股东等公司经营信息需求者参与监控的动机和能力；健全董事会、建立审计委员会，建立股东对经营管理者的强力约束；完善业绩评价机构；改变激励措施，防止经营者的短期行为；加强股权间的相互制约，解决“一股独大”的问题；建立健全独立董事、监事制度，切实维护中小股东的利益；完善公司内部会计控制体系，规范公司的财务行为等。

7.2 高层管理者的激励机制

7.2.1 设计高层管理者的激励机制的必要性

7.2.1.1 所有权与经营权分离

现代企业的所有权与经营权发生分离，改变了传统企业中企业所有者和经营者合一的形式，产生了委托代理关系。由于企业的出资者与经营者具有不同的目标函数，经营者行为并不会自动完全服从于股东利益，这就产生了代理问题。如何解决代理问题，协调股东和经理人之间的潜在利益冲突，成为了公司治理上一个重要的研究领域。

在现代企业中，股东是企业的实际所有者，而经理人作为经营者基本掌握着企业的控制权。董事会代表股东利益，对经营者进行监督和激励控制，并且保留了对公司的重大事件的决策权。

在证券市场比较发达的国家，企业的出资者分散程度较高，代理问题更加严重。一方面，分散的个别出资者基于自身利益成本的考虑将缺乏动力对经营者实施必要的监督；另一方面，由于缺乏监督，拥有公司控制权的在位经营者选择有利于自身利益而有损于股东权益的行为。正如伯利（Berle，A. A.）和米恩斯（Means，G. G.）在1932年出版的《现代公司与私有财产》书中所陈述的，持续的两权分离可能导致经营者对公司进行掠夺。因此，设计一套激励制度使经营者有积极性为了投资者创造价值，非常必要。

经营者才能是一种特殊的人力资本，表现在它的使用是复杂劳动和风险劳动的统一，因此，经营者的人力资本价值更高。国外有研究表明，一般劳动力每增加1%，生产增加0.75%；而素质较高、善于经营的管理人员每增加1%，则生产增加1.8%。为了补偿经营者较高的人力资本及承担的风险和责任，他们的收入比普通工人应当高出许多。如得不到相应的补偿，必然会损伤他们的积极性。

优秀的经营者是具有特殊禀赋的人才，属于稀缺资源，其在企业中的特殊地位使得他们的决策不仅会对企业业绩产生很大的影响，而且决定着企业的长期命运，企业的绩效是集体努力的结果，尤其与经营者的努力程度关系密切。企业经营者作为一个特殊的群体，既满足经济学中“经济人”的基本假设，也满足管理学中“自我实现”的人性假设，他们毫无例外地具备追求个人私利的强烈动机和愿望，也迫切希望自己的经营才能被市场认可。因此他们不仅是激励活动的接纳者，同时也是激励活动的施行者，“被激励”是需求，“激励他人”是责任。经营者激励需要满足两个限制要求：一是当企业任务被确定之后，经营者将会按照自身利益最大化作决策；二是经营者需要有足够的薪酬和满足感让他们愿意为公司效力。在现代企业经营过程中，对经营者的激励不仅是必要的，而且应该有别于对一般员工的激励。

对经营者进行有效的激励，可以引导经营者行为，调和股东与经理人之间的利益冲突，因此设计有效的激励机制、肯定经营者人力资本对公司业绩的贡献，具有重要意义。

7.2.1.2　信息不对称

在传统经济学基本假设中，重要的一条就是“经济人”拥有完全信息。然而，现实生活中市场主体不可能占有完全的市场信息，一般信息是不对称的。信息不对称是指有关某些事件的知识在相互对应的经济人之间的不对称分布，即经济人就某些事件所掌握的信息既不完全也不对等。通常将占有信息优势的一方称为代理人，而处于劣势的一方称为委托人。由于信息不对称，代理人为了自身利益可能凭借自己的信息优势选择对委托人不利的行为，从而引发信息不对称理论中的两个核心问题——逆向选择和道德风险。

在“经济人”假设下，企业的经营者追求自身利益最大化，而不是资本所有者的利益最大化，由于信息不对称，经营者有隐瞒企业实际经营情况的倾向，即存在着“道德风险”问题。所谓道德风险，就是从事经济活动的人最大限度地增加自身效用而做出不利于他人的行动的可能性。例如，当经营者的薪酬与短期利润联系紧密的时候，他们就倾向于追求短期利润，而相对忽视了企业的长期发展，并且隐瞒这种行为选择的真实动机。

造成道德风险的原因除了经营者追求自身利益的原始愿望之外，还由于委托人和代理人之间的信息不对称以及合同的订立和实施障碍等原因。一方面作为代理人企业经营者是否努力以及努力的程度，实际上很难衡量、监督；另一方面，企业所有者往往不如经营者熟悉实际情况，他们不可能知道经营者所考虑的所有可选方案，而决策权基本上掌握在经营者手中，难保经营者不利用手中权力欺瞒企业所有者而为自己谋取私利，即使企业所有者知道什么行为是最优的，不对称信息也使经营者采取的实际行动具有不可观察性，即使出现经营错误，也大多是不可见的、隐蔽的。另外，企业所有者与经营者之间制定的合同不可能预见所有可能发生的问题，因而是不完全的，在具体实施过程中也会存在着一些问题。基于以上种种原因，如果没有合理的激励机制，企业经营者不会循规蹈矩地按合同条文行事，他们也许会在实际的经营中侵占股东的利益。

要想保证经营者能够为企业的资本所有者带来利益最大化，资本所有者就必须设计合理有效的激励机制来刺激经营者。激励的作用在于促使经营者不仅是循规蹈矩地按契约条文行事，而且要促使他们在契约的基本框架内充分施展自己的能力。不仅如此，设计与企业绩效相联系的激励机制，还可以通过“利益制约关系”激励经营者选择能够增加股东财富的活动，使得其对个人效用最大化的追求转变为对公司利润最大化的追求。

7.2.1.3　不完全契约关系

契约是一组承诺的集合，这些承诺是当事人在签约时做出的、并且预期在未来（契约到期之日）能够兑现。契约最核心的内容在于：它的条款是状态依存（state-contingent）的，对未来可能发生的自然状态中参与者可以采取的行为做出规定（所以在一定意义上契约理论也可理解为解决组织内决策权的配置问题），并规定了参与契约各方基于可确证信息的最终结算方式。在契约被理解为机制或制度的一部分的时候，契约理论可以看作机制设计理论的应用。

契约可分为完全契约与不完全契约两类。所谓完全契约，是指这些承诺的集合完全包括了双方在未来预期的事件发生时所有的权利和义务。例如在经典的双边贸易模型中，若买方和卖方签订的契约中完全规定了卖方向买方提供的产品或服务的性能和特征，和买方向卖方支付数额及形式，以及双方违约时的惩罚措施等，则此契约就是完全的。

但未来本质上是不确定的，特别是将来某种程度上是现在选择的结果，而现在的选择又基于对未来的预期，这使得现在与将来之间的关系上有一种内禀的随机性。因此，从观察者的角度看，大部分契约都是不完全的，譬如，对某些自然状态下的相应行为没有做出规定。要么是没有完全指定某一方或双方的责任，诸如违约赔偿之类，要么是没能完全描述未来所有可能的状态下对应的行为和责任。对于第一种类型的不完全契约，法学家们称为“责任”不完全的契约，或者是有“瑕疵”的契约。在法律上一般通过指定缺席规则（default rule）来填补责任上的空缺。对于第二种类型的不完全契约，我们称之为“不能充分描述各种可能机会”的不完全契约，这正是经济学家们所关注的不完全契约。从本质上说，当契约所涉及的未来状态足够复杂时，个人在签约时的主观预期就不可能是完全的，因此“不可预见的可能性”（unforeseen contingencies）就成为契约不完全性的最本质的原因。

由于契约的签订不能够详尽描述将来可能发生的所有情况及应对措施，不能够清晰界定各种不确定情况下契约各方的权利、责任和义务，因此不完全契约才是企业所面对的真正现实。经营者与股东之间是一种不完全的契约关系。

契约的不完全性使得激励问题变得更加复杂。在完全契约条件下，契约各方能够就未来可能发生的一切情况及应对措施达到一致，股东和经营者利益分配在各种情况下均具有可参考的契约安排。但是在不完全契约条件下，事后的谈判与讨价还价能力将在很大程度上影响各方获取的租金大小。

将出资者的资金投入和经营者的人力资本投入都看作为企业的资产，他们在一定程度上都具有资产专用性。经营者考虑到契约的不完全性与事后的不确定性，将会在进行与企业相关的专用性人力资本的投入上有所顾虑，因此导致经营者减少专用性人力资本投入，从而对决策质量以及企业绩效产生负面影响。

在不完全契约条件下，需要设计有效的激励机制，从而使经营者有动力进行与企业相关的专用性人力资本投入。

7.2.2 高层管理者的激励机制理论

公司治理中的代理成本与道德风险问题仅靠监督与制衡不可能解决，关键是要设计有效的激励机制。高层管理者激励机制是解决委托人和代理人之间关系的动力问题，即委托人如何通过一套激励机制促使代理人采取适当的行为，最大限度地增加委托人的效用。因此，激励机制是关于所有者和高层管理者如何分享经营成果的一种契约。激励相容性原理与信息披露原理为设计这种激励机制奠定了理论基础。

7.2.2.1 激励相容性原理

由于各利益主体存在自身利益，如果公司能将各利益主体在合作中产生的外在性内在化，克服合作成员的相互偷懒与“搭便车”的动机，就会提高每个成员的努力程度，提高经营绩效。如果管理者的监督程度会因为与被管理者的复位和动机相同而降低，一种有效的安排就是在管理者和被管理者之间形成利益制约关系，即管理者的收益决定于被管理者的努力程度，双方产生激励相容性。被管理者利益最大化的行为也实现了管理者利益最大化。被管理者越努力，管理者所得剩余收入越多，监督与管理动机也就越强，从而激励管理者加强对其他成员的监督。

财产的激励与利益的激励合理组合、相互制衡是使公司各所有者之间实现激励相容的关键。其中财产的激励是以财产增值为目标来激励其行为。这种激励表明管理者本人即是公司财产的所有者。而利益的激励，对公司内非财产所有者的其他成员来说，激励其行为利于其个人利益的实现。财产激励与利益激励相互制约，利益激励不能脱离财产激励，而财产的激励依赖于利益的激励来实现。

7.2.2.2 信息披露性原理

获得代理人行为的信息是建立激励约束机制的关键。这是由于委托人与代理人之间的信息分布具有不对称性，遇到的普遍问题是当委托人向代理人了解他们所属类型的信息时，除非通过货币支付或者某种控制工具作为刺激和代价，否则代理人就不会如实相告。因此要使代理人公布其私人信息，必须确立博弈规则。依据信息显露原理，对每个引致代理人撒谎的契约，都对应着一个具有同样结果但代理人提供的信息完全属实的契约。这样不管何种机制把隐蔽和撒谎预计得如何充分，其效果都不会高于直接显露机制。这样，显露原理大大简化了博弈过程，把未来需要运用动态贝叶斯博弈方法来分析其均衡解的一个多阶段对称信息的博弈机制设计，运用显露原理使委托人通过代理人之间的静态贝叶斯博弈即可获得最大的期望收益。

为使期望收益最大化，作为机制设计者的委托人需要建立满足一些基本约束条件的最佳激励约束机制。而最基本的约束条件通常有两个，首先是所谓刺激一致性约束。机制所提供的刺激必须能诱使作为契约接受者的代理人自愿地选择根据他们所属类型而设计的契约。如果委托人设计的机制所依据的有关代理人的类型信息与实际相符，那么这个机制给代理人带来的效用应该不小于其他任何根据失真的类型信息设计的机制所提供的效用。不然代理人可能拒绝接受该契约，委托人无法实现其效用最大化。其次是个人更改约束，即对代理人的行为提出一种理性化假设。它要求代理人做到接受这一契约比拒绝契约在经济上更合算，这就保证了代理人参与机制设计博弈的利益动机。如果配置满足了刺激一致性约束，那么此契约就是可操作的；如果可操作的契约满足了个人理性约束，那么该配置可行，从而保证激励约束机制处于最佳状态。

7.2.3 高层管理者的激励手段和激励机制的主要内容

7.2.3.1 高层管理者的激励手段

人的需要是多层次的、多元化的，因此激励手段同样应该具有多样性。经营者的目标函数中不仅仅只包括收入因素，还应该包括名誉、自我实现、权利、友谊等因素。在表7.1中，我们将激励手段按内容和时间两种方式进行分类。

表7.1 激励手段的选择

划分尺度	细分	具体方式
按激励内容划分	物质激励	奖金 分红 年薪制 股份
	精神激励	在职消费 提升 荣誉称号 资格、职称和证书 度假、进修
按时间划分	长期激励	年薪制 股份、股票期权
	短期激励	在职消费 提成、奖金

（资料来源：荆林波. 经营者股票期权——长期激励和调和术：谁为企业老总造饭碗. 北京：中国经济出版社，2000.）

对经营者的激励一般包括物质激励和精神激励。物质激励，主要是资本所有者运用支付给经营者的货币收入即报酬的多少来实现激励，具体形式为工资、奖金、津贴和福利、股票和股票期权。精神激励，主要是资本所有者给予经营者的名誉鼓励和职位消费。其中，股票和股票期权具备长期激励的特征。

7.2.3.2 高层管理者的激励机制的主要内容

（1）报酬激励机制

对高层管理者的报酬激励一般由固定薪金、股票与股票期权、退休金计划等构成。

其中，固定薪金优点在于稳定可靠无风险，能作基本保障，但缺乏灵活性和刺激性。奖金和股票与其经营业绩紧密相关，对经营者来讲有一定风险，也有较强的激励作用，但易引发经理人员短期行为。退休金计划则有助于激励高层管理者的长期行为。

在西方发达国家，高层管理者的薪酬激励较为成功和典型的是美国。为了防止各级经理只追求短期利益或局部利益，美国公司中按照长期业绩付给的激励性报酬所占比重很大，其形式采取延期支付奖金、分成、购股证和增股等。经营班子的薪酬通常由年度薪酬、长期前后左右薪酬和其他薪酬三大部分组成。

公司在增加高层管理者报酬的时候，要认真分析所增加报酬的边际价值，是否我们所支付的一部分报酬不仅没有发挥积极的激励约束作用，反而抵制了经理人员为公司管理提高公司绩效的积极性。要考虑心理契约对高层管理者行为的影响。

在我国公司中，建立健全高层管理者的利益激励机制，首先应当把他们作为独立的利益主体对待，将其利益和一般职工利益区分开来，适当拉开收入差距，逐步提高收入。其次，必须改变高层管理者收入形成的方式。在国有控股的股份公司中，董事长、总经理和董事的工资标准和奖励办法应由有关政府部门决定，其他经理人员的工资标准和奖励办法应由董事长、总经理提出方案，由董事会批准。高层管理者的收入可由三个部分组成：一是工资。工资形式既可以是月薪制，也可以是年薪制。工资要进入成本。二是资金。它要与高层管理者的经营绩效挂钩。奖金只能从公司的利润中开支，没有利润不能发给奖金。三是股份收入。通过一定方式，高层管理者有优先认股权，可通过股份或股票升值获得收入。

不同形式的收入对高层管理者起着不同的激励与约束作用，以保证高层管理者行为长期化和规范化。结合我国公司实际情况，高层管理者的报酬激励机制应加强以下两个方面的工作：

①年薪制。在西方国家，年薪制实际上是对高层管理者履行的俸薪制度，是保健性制度。但在社会主义初级阶段的中国，年薪制仍是行之有效的激励制度。目前，全国各地试点公司的年薪收入大体上由基本收入和风险收入组成，我们认为还应包括第三项，即其他奖罚。基本收入应体现高层管理者人力资本的价格。应当以公司职工平均工资为基数，以公司规模结合其他因素来确定高层管理者基本收入系数。高层管理者在完成国有资产的保值和增值的任务后，将获得基本的收入。风险收入是对高层管理者超额贡献的奖励，从机会成本的角度来讲，也是高层管理者决策失误时分担经营风险的形式。在公司高层管理者的年薪收入中还应加入一定奖罚指标加以修正。奖罚指标可分为两类：一类是对公司效益有重大影响，但短期考核指标上反映不出来的事项，如重大投资决策失误等；另一类是后果及影响不反映在考核指标上的事物，如重高层管理者严重违反财经纪律等。根据奖罚指标的考核，对高层管理者的奖罚可是一次性的，按基本收入百分比计算；或是精神奖励与物质奖励相结合等形式。

②股票期权。实行股票期权制度可以使高层管理者更关心所有者的利益和资产的保值增值，使高层管理者的利益与所有者的利益结合得更紧密，目前全球排名前500名的大公司有89.4%实施股票期权制度。因此应大胆在完成股份制发行的国有企业试点并推行。具体操作时，公司可与高层管理者签订契约：如果公司当年股票每股一元，

高层管理者有权用一元购买100万股。期限三年，高层管理者先交10%的定金。如果三年后公司资产增值，每股涨为5元，高层管理者仍有权以一元一股的价格购进再抛出；如果公司资产贬值，每股降为0.5元，高层管理者自然放弃股票期权，10%的定金随之丧失。这样高层管理者要想获得高的回报，自然会想方设法搞好公司经营，而且把高层管理者的利益同国有企业的长远发展直接联系起来，有利于克服高层管理者行为的短期化。

【阅读】高层管理者有效报酬激励契约设计原理

（1）充足信息原理。在管理者的报酬方案中，如果报酬决定因素中，包含有哪些可以减少经营管理者业绩测试误差的指标，同时，排除那些会增加业绩测度误差的指标（因为它们可能只反映非企业家所能控制的随机因素），报酬方案的有效性或价值就能够相应地增加。也就是说，有效的激励方案应该尽量使信息变量成为充足统计量，全面准确地提供经营管理者的行为信息，基于此设计的激励方案将会降低成本、提高效率。

（2）激励强度原理。企业经营者的激励方案的激励作用或激励强度，与很多因素有关，基本上可以看做是工作努力的边际回报率、行为绩效评价的准确性、经营者风险承担程度和经营者行为对激励报酬因素的反应敏感度等四个变量的增函数。工作努力的边际回报率提高，即经营者单位努力增加可以得到更多的报酬，那么激励作用就会相应地增大；行为绩效评价的准确程度越高，也就是说报酬能够更准确地衡量并补偿经营者的“付出”，激励方案对经营者的激励强度越大；经营者的风险态度也将影响激励性报酬的作用效果，较少的风险厌恶会降低企业家承担风险的成本，增加激励强度；经营者行为对激励报酬因素的反应敏感度是指，受激励性补偿因素的影响，经营者行为取得的结果的可能变化程度。例如，在自由市场经济体制下，经营者行为空间自由度很大，反应敏感度高，为了获得激励性报酬，经营者将进行创新以改进其绩效，从而产生可观的利润。但在计划体制下，经营者行为空间自由度小，反映敏感度低，即使存在强激励性报酬，经营者的行为效果也不可能有多大的变化程度，激励作用很小。

（3）等报酬原理。如果存在两类经营者行为或任务，委托人不能监督测评出经营者在每类行为或任务上投入的时间和精力，在经营者报酬契约设计时，应该使两类经营者行为和任务具有相等的边际收益。由于对经营者的某种行为的强激励，会诱导经营者将其用于其他行为上的时间和精力转移到该种行为上。因而，在需要经营者完成两种以上任务时，使两类经营者行为或任务具有相等的边际收益，有利于经营者平均分配时间、精力于两种工作。

（4）棘轮效应原理。如果经营者的激励报酬契约中，以其过去的业绩表现作为今后经营者奖罚激励的基准，就会产生所谓的“鞭打快牛”现象。以前的业绩好，奖励的基点高，经营者相应比较难得到高的报酬；以前的业绩差，奖励的基点低，经营者反而比较容易得到高的报酬。这又被称为“棘轮效应”，棘轮效应对业绩好的经营者是不公平的，不具有激励作用，反而会产生破坏作用。克服棘轮效应的方法是采用横向比较业绩评估的方法，即所谓的“标尺竞争”方法。

(5) 透明性原则。有效的激励设计应该具有一定的透明性，建立相应信息披露制度以保证对经营者的激励机制的透明性，可以确保公平性与合理性，并且可以有效地防止经营者利用职务便利采取制造虚假业绩的可能性。

(6) 期望值动态变化原则。有效的激励设计应当使经营者的期望薪酬收入随着利润的变化而变化。当利润相对较低的时候，薪酬应该随利润的升高而迅速提升，以此激励经营者在业绩不好的时候更加努力地工作。

(2) 经营控制权激励机制

按照产权理论的分析框架，契约性控制权可以分为经营控制权和剩余控制权，经营控制权是指那种能在事前通过契约加以明确确定的控制权权力，即在契约中明确规定的契约方在什么情况下具体如何使用的权力。在创业企业中，特定控制权通过契约制授权给了创业企业，这种特定控制权就是高层经理人员的经营控制权，包括日常的生产、销售、雇佣等权力。经营控制权对高层管理者通常会产生激励作用，使其拥有职位特权享受职位消费，给高层管理者带来正规报酬激励以外的物质利益满足。因为高层管理者的效用除货币物品外，还有非货币物品，如豪华办公室，合意雇员和观光风景胜地等。

【阅读】韦尔奇的退休福利

有着“全球第一 CEO”之称的美国通用电气公司前董事长兼首席执行官杰克·韦尔奇，在他退休前，没有人清楚地知道他的财产收入状况，只能猜测他的身家。然而，随着他那场家喻户晓的离婚官司，他的财产被公之于众，他的财富不再神秘。

从通用电气公司退休后，虽然韦尔奇个人的总资产高达 9 亿美元，但是韦尔奇仍旧在很多花费上继续花着通用电气公司的公款。比如通用电气为韦尔奇报销 4 处住宅里的电器、汽车、卫星电视费用；一些各种体育赛事等娱乐活动的昂贵门票费用也在报销之列；韦尔奇还享受着位于曼哈顿隶属通用电气的豪华公寓的使用权，一套豪华办公室的使用权和相关秘书服务；甚至连日常食品、酒水、订阅报纸杂志等费用，韦尔奇也不用自己掏腰包。

另外，文件还将韦尔奇的其他退休福利公之于众，众多通用电气的投资者震惊地发现，这位前 CEO 在退休之后还能拿到巨额的款项：韦尔奇的退休金是每年 1 000 万美元，外加 2 200 万股通用电气的普通股票。韦尔奇乘坐通用电气公司商务飞机的费用平均每月就高达 30 万美元。

（资料来源：马秀琴. 财富惹的祸——杰克·韦尔奇：退休后的财富隐私. http://finance.sina.com.cn，2006-04-29.）

(3) 剩余支配权激励机制

剩余支配权激励机制表现为向高层管理者转让剩余支配权。对剩余支配权的分配，表现为如何在股东和高层管理之间分配事后剩余或利润，这影响到对高层管理者的激励。如果契约越接近高层管理者开创性努力，激励效果越好；如果公司缺少剩余权或剩余权很小，因为忽略对创造剩余的直接承担者的激励，而不能实现这种效率最大化。剩余控制权则是指那种事前没在契约中明确界定如何使用的权力，是决定资产在最终契约所限定的特殊用途以外如何被使用的权力。剩余控制权一般由所有者的代表董事会拥有，如任命和解雇总经理、重大投资、合并和拍卖等战略性的决策权。剩余控制权决定了经营控制权的授予。

(4) 声誉或荣誉激励机制

除物质激励外，在公司治理中还有精神激励。公司高层管理者一向格外重视自身长期职业生涯的声誉。良好的职业声誉之所以可作为激励高层管理者努力工作的重要因素，一是因为使高层管理者获得社会赞誉及地位，能满足其成就感；二是声誉、荣誉会带来明天的货币收入，高层管理者预期货币收入和声誉之间有着替代关系。

尽管许多国有企业高层管理者对激励现状很无奈，但强烈的事业成就感以及由事业成功而得到的良好的职业声誉、社会荣誉及地位依然是激励他们努力工作的重要原因。各级政府和行业主管部门以往都比较强调精神鼓励，也常常授予经营有方的厂长、经理“优秀企业家”、“五一劳动奖章”等荣誉称号。但这些称号过于空泛，评选的标准不一，难以真正体现高层管理者的业绩。应由国有资产管理部门出面制定全国范围内有较大影响力的国有企业高层管理者评级体系，对国家企业高层管理者能力、素质和业绩进行评定，分别授予不同级别企业家的称号。高层管理者级数的评定并非固定不变，可每两年调整一次。如果高层管理者经营的公司出现亏损，级数自动下调，反之亦然。这样高层管理者自然会努力争取更高级别的荣誉称号，激励机制作用也得以体现，同时也为公司选拔高层管理者提供了依据。

(5) 聘用与解雇激励机制

尽管货币支付是作为用来对高层管理者行为进行激励的主要方法，但资本拥有者对高层管理者人选的决定权也是另外一种重要的激励手段。聘用和解雇对高层管理者行为的激励，是资本所有者通过经理市场竞争自由选择经理人才来实现的。已被聘用的经理既要面对外部经理市场的竞争压力，又得应对公司内部下级的竞争威胁，这种竞争使已被聘用的经理面临被解雇的潜在危机。声誉往往是经理被聘用或解雇的重要条件，高层管理者对自身声誉看得愈重，聘用和解雇的激励作用就愈大。

(6) 知识激励制度

培养一位经理需要大量的投入，而维护这种管理劳动的声誉、提高管理劳动的素质也需要坚持不懈的投入。在知识信息快速更新、繁衍的新经济时代，不断进行“充电”，防止知识老化，对担负着创新职能的高层管理者尤其重要。因此，必须自始至终为国有企业高层管理者继续提供知识更新和获得深造、与各类同行专家和学者、教授交流学习的机会，建立高效率信息情报网络，订阅有关书报杂志等。

7.3 高层管理者的约束机制

所谓约束机制，是指公司的利益相关者针对高层管理者的经营结果、行为或决策所进行的一系列客观而及时的审核、监察与督导的行为。因而公司治理约束机制的内容包括所有者通过公司内部实施的监督，与通过公司外部进行的监督两方面的内容，前者是公司治理内部约束机制，后者是公司治理外部约束机制。

从内部约束机制来看，一是公司章程。公司章程是公司的宪法，章程可以约束公司高层管理者的地为。二是合同约束。任何人服务于公司，必须签订合同，合同必须非常严厉。三是偏好约束。并非所有的高层管理者都偏爱风险，或者都为金钱而努力，或者都有“高尚情操”等，因此偏好约束非常重要。四是机构约束。把公司董事会建立成真正能对公司经营和各个方面发挥作用的机构。五是在激励中体现约束。

从外部约束来看，首先是法律约束。公司法对公司整体行为有约定，但对公司主要利益主体没有约束，因此应建立关于人力资本的有关法律，职业经理人、企业家是很重要的社会群体，必须有相应的法律来约定与调整。其次是市场约束。要完善人力资本的市场，高层管理者的招聘选拔必须有明确的标准和界定的范围。其三是道德约束。任何高层管理者必须有职业道德。最后是新闻媒介的约束。但一定要选好切入点，最终目的是保证公司的发展，而不是为求得某种新闻效应。

公司高层管理者约束机制主要内容有：完善的监督机制（股东与股东会的监督机制、董事会的监督、监事会的监督）、外部约束机制，对权力的约束，对渎职者采取的惩罚措施。

本节在介绍高层管理者的约束机制建立理论基础后重点介绍几种内部约束机制内容，外部约束机制是当前完善公司治理的重要趋势，于本教材外部治理篇进行介绍。

7.3.1 建立高层管理者约束机制的理论基础

高层管理者约束问题是随着公司所有权与经营权的分离而逐渐突显出来的，并成为现代企业制度条件下普遍存在的现实问题。目前，包括发达国家的公司界和学术界，也都在不断地探索解决这一问题，并取得了一些有借鉴意义的成果。

现代公司理论方面的成果主要在：产权理论、委托代理理论与非对称信息理论三方面，相关内容前已述及，在此不再赘述，下面着重介绍公司监督机制原理。

设计公司约束机制的理论基础是公司内部权力的分立与制衡原理。公司权力制衡与监督原理强调公司内部各方利益的协调与相互制约。为了保护所有者的利益，作为所有权与控制权分离的典型公司组织形式的现代公司，以法律方式确立一套权力分立与制衡的法人治理结构，这种权力相互制衡实际上是权力的相互监督。公司制企业最大特点就是公司财产的原始所有者远离对高层管理者的控制，他们享有独立的法人财产权，由此产生各种权利，拥有这些权利的权力主体接受多层面的监督和制约也就成为一种客观的要求。

（1）因为所有权与控制权的分离，作为财产最终所有者的股东不能直接从事公司经营管理。股东远离公司直接治理而又必须关心公司经营绩效，作为出资者表达其意志的公司权力机关——股东会的成立旨在对经营者进行约束与监督，确保股东利益。

（2）现代公司股东众多，股东会又不是常设机关，这使得股东会不可能经常地直接监督和干预公司事务，所以股东会在保留重大方针政策决策权的同时，将其他决策权交由股东会选举产生的董事组成的董事会行使。于是公司治理权力出现第一次分工。董事会在公司治理结构中权力巨大，对内是决策者和指挥者，对外是公司的代表和权力象征。当董事会将公司具体经营业务和行政管理交由出任的经理人员负责时，董事会作为高层管理者的公司权力出现了第二次分工。董事会为保证其决策的贯彻，必然对经理人员进行约束与监督，防止其行为损害和偏离公司经营方向。

（3）董事会虽然拥有任免经理层的权力，然而经理层的权力一旦形成，有可能在事实上控制董事会甚至任命自己为董事长或CEO；还可能存在董事与经理人员合谋的道德风险难题。因此有些公司成立出资者代表的专职监督机关——监事会，对公司董事会和经理层进行全面的、独立的、强有力的监督。

7.3.2 组织制度约束

规范的公司治理结构中的股东大会、董事会和监事会制度本身就是一种约束机制。股东大会对经理人员的约束通过对董事会的信任委托间接进行。董事会通过对公司重大决策权的控制和对经理人员的任免、奖惩进行直接约束。监事会对董事、经理执行公司职务时违反法律、法规或者公司章程以及损害公司利益的行为进行监督。组织制度约束是公司内部约束机制的核心。

7.3.3 管理制度约束

监事会的约束多属事后的检查监督，而科学的管理制度，尤其是严格规范的财务制度则是经常的事前的约束，是有效防止高层管理者挥霍公款、过度在职消费、贪污转移国有资产的重要的制度保证，也是组织制度约束的基础。目前，不少国有企业内部管理混乱，且财务部门往往在经理人员的完全控制中虚报现象普遍。改变这种状况的办法是，在决策层与执行层职务分离的前提下，由董事会主持制定公司财务制度，并委派财务总管，使财务部门具有相对独立性，以保证公司财务报表的真实性，为所有者及时了解公司经营状况并实施监督提供依据。充分发挥财务审计部门的监督作用，增强收入的透明度，尤其要注重对企业家的职位消费进行有效的约束。

7.3.4 公司章程对高层管理者的约束

我国《公司法》规定，设立公司必须依法制定公司章程，公司章程对公司、股东、董事、监事、高级管理人员具有约束力。作为公司组织与行为的基本准则，公司章程对公司的成立及运营具有十分重要的意义。它既是公司成立的基础，也是公司赖以生存的灵魂。

公司章程可以说是公司的“自治规范”。公司章程作为公司的自治规范，是由以下内容所决定的：其一，公司章程作为一种行为规范，不是由国家，而是由公司股东依据公司法自行制定的。公司法是公司章程制定的依据。但公司法只能规定公司的普遍性的问题，不可能顾及各个公司的特殊性。而每个公司依照公司法制定的公司章程，则能反映本公司的个性，为公司提供行为规范。其二，公司章程是一种法律外的行为规范，由公司自己来执行，无须国家强制力保障实施。当出现违反公司章程的行为时，只要该行为不违反法律、法规，就由公司自行解决。其三，公司章程作为公司内部的行为规范，其效力仅及于公司和相关当事人，而无普遍的效力。公司章程一经生效，即发生法律约束力。

7.3.5 高层管理者约束机制建设方面的经验借鉴与思考

（1）日本

日本企业家激励机制，不以物质激励为主，而是以高层管理者等级晋升为主。总经理的选拔很像马拉松比赛，是相同年功和同事的角逐。公司升级提干同时利用两种评价标准：“年功序列制”和“评价查定制”。新职工进入公司后，一般要经数个岗位的轮换培训。而公司经理是按其对公司所做贡献被评价和挑选的，各级经理都要受到同事和下属的监督，任何一级经理如不能树立自己的声誉，并得到下属的支持，他在公司中的影响就会被削弱，失去晋升机会。只要努力工作，人人都是候选人。这种追求社会承认的渴望是日本企业家的内在驱动力，是不同于物质激励的有效激励机制。

维持长期雇佣关系使得市场管理者难以流动，为扩大升级提升机会，就必须竭尽全力以追求公司的永续发展为己任。因此不需要更多的物质激励，寻求自身发展的需求本身就是强有力的激励，也有利于公司注重长期发展战略。

日本公司的突出特点是其以法人相互持股、交叉持股为主体的公司产权制度。对公司高层管理者的约束并非来自于所有者，并且高层管理者的权力和自由度相当大。法人股东交叉持股使股东的影响力相互抵消，实际上就是不同法人公司股东的法定代表人——高层管理者之间的相互持股，成为支持公司高层者的强大力量。所谓对高层管理者的约束，实际是高层管理者彼此相互约束和自我约束，而作为最终所有者的个人股东则完全被架空。

日本公司的法人股东相互持股，以银行法人和公司法人相互持股为主。与欧美等国有企业相比，日本公司对银行金融资本的依赖程度很高，自有资金比率低，对贷款依赖程度高。银行作为公司资金的主要供给者，往往握有公司股票，对公司的监督和约束较多、较强。银行不仅派董事进入公司董事会，还委派专业干部参与公司财务与经营管理，所以对公司高层管理者的监督和约束主要来自于银行机构。

（2）欧美国家

帕玛拉特、安然、世通等财务丑闻，虽发生在欧美国家，却震动并影响着全球。欧美上市公司频频爆发财务丑闻的直接原因是上市公司的利润率下降，导致股价低迷，不仅直接影响经理层的丰厚利益，而且可能引发公司的财务危机以至破产。所以他们编造虚假的经营业绩和良好的财务状况来欺骗投资人，力求稳定资本市场。深层的原因在于美国的经济制度和公司制度。美国上市公司的财务作假最终引起了美国资本市场的诚信危机。

①“检查—制衡”机制缺失：公司屡屡舞弊的根本原因。美国废品管理公司在组织设计方面，还未真正建立防范舞弊所需的“检查—制衡”机制。林斯投资基金首次投资废品管理公司时，发现该公司董事会中与公司没有直接重大利益关系的只有三人，其余的不是废品管理公司的前雇员、现雇员等内部人员，就是与公司有其他直接利益关系的“准内部人”。董事会中外部人士的比例仅为25%。而且，管理当局屡次漠视机构投资者提出的选举新董事、改组董事会的要求、提议，避重就轻地试图化解问题。再次，有效的“检查—制衡”机制的缺乏，使公司预算制度名存实亡，高管人员结成权力模块为所欲为，肆无忌惮地粉饰会计报表，捏造经营业绩，大肆攫取不正当利益。

许多管理实践表明，高管人员适当的职责分工且相互制衡，可有效地缩小舞弊的时间、空间范围，提高、发现和防范舞弊的几率。而没有这种有效的内部制衡机制，很容易形成集体舞弊，舞弊者所冒的风险也因制衡机制的瘫痪而大大降低。

②诚信教育与商业伦理：制度安排与公司治理的“守护神”。当前美国或其他国家，不同程度上都存在会计造假，这是诚信缺失的具体表现和违反会计伦理、职业道德的行为。证券市场是充满机会和诱惑的场所，需要通过制度安排对参与者和监管者进行制约和威慑。然而，如果证券市场的参与者和监管者不讲正直诚信与商业伦理，制度安排将显得苍白无力。当巨额的经济利益与严肃的道德规范发生碰撞时，只有潜移默化的诚信教育，才能使天平倾向于道德规范。因为市场经济首先体现为竞争经济，其次体现为法制经济，还体现为伦理经济，讲究仁义礼智信，依靠义务、良心、荣誉、节操、人格来建立相互交往的友好关系，以确保社会成员的行为合法、合情、合理。

作为对包括安然和世通等系列公司财务丑闻的回应，美国颁布了一些新的法律、法规，并对原有公司法做出修改和补充，其中代表作就是萨班斯（Sarban-Oxley）法案。近来商界显现出一种新趋势，即公司的商业伦理状况正日益受到商业伙伴的重视。明显的征兆是，越来越多的审计公司由于不赞成客户的商业伦理表现而拒绝继续合作。美国商业技术和伦理研究所（1BTE）主任艾里斯曼教授为健康的公司伦理概括出应该具备的八种品质：开放性保持谦卑；负责任；担风险；“正确处理事务”的坚定承诺；容忍错误；诚实；具备合作精神；勇敢面对困难。为了实现这些品质，他提出了高水准的商业道德领袖应该遵从以尊敬方式与雇员平等交流；财务往来公平；沟通中保证诚实等十项行为原则。

③账务报表重述制度：上市公司财务舞弊的“照妖镜”。美国财务报表重述制度虽然由来已久，但直到最近刮起舞弊风暴才备受各界关注。美国的财务报表重述制度规定，如果上市公司因舞弊、严重违反公认会计准则或发生重大会计差错，导致其过去对外公布的财务报表存在重大误导，一经发现，上市公司管理当局有义务予以纠正，重新编制和公司纠正后的财务报表，并详细披露各种舞弊手法或重大差错对财务状况、经营业绩和现金流量的影响，以便让投资者和社会公众了解上市公司的舞弊伎俩、会计差错及其影响，评估上市公司的内部控制及其管理当局的正直诚信。

④职业道德：弥补制度先天缺陷必要性的非制度因素。制度的先天性缺陷是无法预见到现实中可能出现的所有情况的。所以制度体系，包括内部公司治理机制，隐含

地依赖制度执行者的职业道德作为其存在理由的基础。假期制度执行者在有能力规避、放大制度内在缺漏时，会不受道德制约地规避、毁损制度，制度终不过是虚设。废品管理公司的舞弊者和安达信的相关审计负责人，都是道德上应受批判者。他们人性中贪财、慕名、恋利、丑陋的一面，强烈腐蚀和侵害了制度。道德本身不是能够纯粹依靠制度强化的东西，因而有必要在制度之外，再创造能够使制度约束对象自动关注或者被迫讲求职业道德的社会环境。提升职业道德水准，明显可缓解很多制度目前正在承受的压力，监管者不仅呼吁相关专业人士讲求诚信，SEC 借助最原始的“保证书”形式，将道德诉求于带点宗教意味的发誓形式，确实是无奈之举。在法律高压失去作用时，最简单的较为现实可靠的方法便是用道德规范教育人。注重灌输、培养人们的职业道德意识。营造提倡职业道德的大环境，在公司内部增设评价相关人员的职业道德的机构，将这项工作纳入现在工作范围，结合自我评价作为形式上的约束。此外，还就大职业团体、公司内部开展有关职业道德的宣传、研究活动。

（3）竞争选聘安排

高层管理者选任安排主要解决的是如何挑选出有能力的高层管理的问题，它是激励、约束安排能够有效发挥作用的前提条件。高层管理者选任安排的核心是由谁、以何种方式选择高层管理者。根据选任主体、选择方式的不同，要以区分两种类型的高层管理者选任安排。一种是通过竞争机制在公司内外部经理市场进行考核选拔、择优选聘，可以称为“竞争选聘安排”；另一种是由公司中掌握实际控制权的人直接指派任命，可称为“指派产生安排”。

竞争选聘安排的好处是显而易见的，即能够通过相对公开、透明的形式，选择真正有能力的人出任高层管理者。而计划经济或转轨条件下的国有企业，一般是由上级主管部门指派公司高层管理者。从高层管理者能力的角度而言，竞争选聘安排显然优于指派产生安排。李维安通过对经理层任免制度的评价研究后也发现，经理层任免的行政程度与公司绩效显著负相关，总经理市场化选聘方式也与公司绩效显著正相关。中国上市公司经理层任免机制经历着由行政性、制度化到市场化的转移过程。当前经理层任免市场化进程加深，单纯的行政任命减少，但同时市场化程度不高，经理层任免制度的市场化及制度化的加强对公司纯绩效的增加有益。

（4）高层管理者约束制度安排

高层管理者约束在此特指董事会、监事会等基于公司治理结构框架的对高层管理者的经营结果、行为或决策所进行的一系列审核、监察和督导的行动。这种约束是法律法规所确认的一种正式制度安排，具体可以包括对高层管理者的监督问责机制，业绩考核安排、署名安排以及重大事项的决策机制等。

董事会、监事会对高层管理者的监督问责机制是基础的约束机制。为了保证自己的决策得到贯彻、利益得到保证，董事会就必须建立严格的监控制度，对高层管理者进行监督、约束，一旦其行为损害公司利益、偏离公司经营方向，能够及时采取有效措施进行纠正。为了强化这种监督问责机制，设立代表出资者利益的专职监督机构——监事会，对包括董事会在内的高层管理者进行全面的、独立的监督。董事会对高层管理者的监督也必须建立在事实和综合、全面考虑的基础上。因此，有一套符合公司运营情况的、行之有效的业绩考虑机制。高层管理者在面临可能被董事会罢免的情况下，也会调整自己的利益取向、更为努力地工作，这也在事实上约束了其行为。

除上述约束安排之外，还有一些特殊条件下的高层管理者约束安排。如在中国，行政上级或国有资产管理部门作为国有资产的代表，目前对高层管理者也具有直接的约束职能，对国有企业高层管理者的选拔、任免、业绩考核和监督都具有最终的发言权。这种约束安排虽不规范，实践中效果也不理想，但现阶段仍是重要的高层管理者约束安排。

【思考与练习】

1. 按照公司法和公司章程的规定，经理通常具有哪些权利和义务？
2. 经理人激励机制包括哪几种方式？各有什么特点？
3. 当前为什么要建立高层管理者激励与约束机制？
4. 什么是激励相容性与信息披露性？
5. 如何认识激励机制与约束机制之间的关系？
6. 案例分析一

甲、乙、丙、丁分别为四家普通有限责任公司的大股东兼董事长，四位老总均计划安排自己的子女做公司接班人。

甲说：我的儿子是公务员，有地位而不富有，我暂时让他在我的公司做领取高薪、工作清闲的监事会主席。

乙对甲说：我比你更关心自己的儿子。他开了一家公司，最近因为经营失误而破产清算，我要给他再一次证明自己的机会，让他担任我公司的董事。

丙对乙说：我比你幸运，我的儿子自己经营超市很赚钱，我要让他兼任我超市公司的总经理。

丁对甲、乙、丙说：我爱我的宝贝女儿胜过你们三位。我要把公司80%的股权转让给我8岁的女儿，让她做大股东。

【思考问题】

四位老总对接班人的安排是否符合法律规定？为什么？

7. 案例分析二

A公司系甲、乙、丙根据《公司法》投资设立的内资股份有限公司，甲、乙、丙的持股比例分别为70%、20%、10%。B公司是A公司的全资子公司。C公司是A公司的业务合作伙伴。股东丙被A公司董事会聘任为公司总经理。

【思考问题】

(1) A公司准备向C公司的股东受让C公司20%的股权；

(2) A公司为C公司向银行借款提供抵押担保；

(3) A公司为其全资子公司B公司的银行借款提供担保；

(4) A公司为股东甲提供担保；

(5) A公司为股东乙提供担保；

（6）丙因个人原因急需一笔钱周转，向A公司借款5万元；

（7）将A公司资金存在甲的个人账户；

（8）丙于2009年1月辞去A公司总经理职务，并于2009年4月将所持的全部A公司股份转让给了股东甲。

请问如上决议中，哪些事情是总经理没有权力做的？

8 员工参与制度

【本章学习目标】

1. 理解员工参与治理的相关理论;
2. 掌握员工持股计划相关内容;
3. 理解我国员工持股计划的实践发展;
4. 了解工会对员工参与公司治理中的作用。

8.1 员工参与公司治理

员工参与公司治理制度是一种由公司法规定的、员工以特定方式参与公司决策机构、介入公司决策程序、影响公司决策结果、监督公司决策实施的民主管理制度。[①] 当前，由员工参与公司治理是各国公司法普遍关注的热点问题。

传统的公司理论认为，公司只是一个由物质资本所有者或股东组成的联合体，公司利益就等于股东利益。从公司法角度而言，“员工参与在本质上是与股东主权原则相冲突的”[②]。20世纪以来，随着科学技术的进步，企业规模的扩大，生产社会化程度的提高，这种陈旧的制度安排已显得极为僵化而不适应生产力发展的需要。尤其是随着国际人权运动的蓬勃发展，劳动者权利意识的日益复苏，工人不断争取政治上、经济上的权利。在此背景下，如果继续恪守陈旧的公司法理念，势必加剧劳资冲突，不利于公司资本积累的长期发展。这就要求从理论上对受个人主义影响的传统公司法有所突破。公司社会化问题，尤其是公司社会责任便在这一时期被提了出来：“公司的民主状况、劳工的地位直接影响着整个社会的稳定与安宁，成为社会进步和文明的一个缩影。”[③]

20世纪90年代以来，伴随着公司治理问题的日益突出，公司治理结构的改革与创新，企业员工以各种形式参与公司治理成为一大趋势，在公司治理结构的改善与治理绩效的提高中起着越来越重要的作用。

① 张燕．论职工参与公司决策制度的理论基础．经济评论，2001（3）．
② 金泽良雄．当代经济法．沈阳：辽宁人民出版社，1989：107．
③ 范健，张萱．德国法中雇员参与公司决策制度比较研究．外国法译评，1996（3）．

8.1.1 员工参与公司治理的理论依据

8.1.1.1 双因素经济理论[①]

双因素经济理论是在20世纪50年代由路易斯·凯尔索提出来的，该理论认为，生产要素有两种：资本和劳动；工人只拥有劳动而不拥有资本，导致了财富分配的严重不公。在正常的经济运行中，任何人不仅通过劳动获得收入，而且还可以通过资本来获得收入，这是人的基本权利；人类社会需要一种既能达到公平又能促进增长的制度，这种制度必须提供一种使每个人都能获得劳动收入和资本收入的结构，劳动者的劳动收入和资本收入应该结合在一起。1967年，凯尔索提出了职工持股计划，通过信贷的方式使劳动者变成公司资本的所有者。1986年，凯尔索在《民主与经济力量》正式提出了“双因素经济论”。作为西方倡导员工持股计划第一人，凯尔索的双因素经济理论一直是被看做是论述员工持股原因的经典思想。其理论意义在于揭示了员工阶层贫困的原因，即在一个资本作用日趋重要的社会中，由于他们缺乏资本所有权而不能分享资本收益。其实践意义在于：在保持私有资本所有制的前提下为员工阶层找到一条缓解或摆脱贫困的道路。双因素理论为员工持股计划奠定了理论基础。

8.1.1.2 人力资本理论与新增长理论

20世纪60年代，美国经济学家舒尔茨和贝克尔创立了人力资本理论。该理论认为资本不仅包括物质资本，而且包括人力资本，特别是人力资本已成为现代社会经济增长的主要动力和决定性因素。舒尔茨在其《人力资本投资》一书中指出：“劳动者成为资本拥有者不是由于公司股票的所有权扩散到民间，而是由于劳动者掌握了具有经济价值的知识和技能。这种知识和技能在很大程度上是投资人结果，它们同其他人力投资结合在一起是造就技术先进国家生产优势和重要原因。”罗默和卢卡斯进一步将人力资本理论引入新增长理论，他们认为知识和人力资本是现代经济增长的新源泉和决定性因素，一国的经济增长取决于特殊的知识的增长和专业化的人力资本的增长，而传统的资本（物质资本）对经济增长和企业收益的主导作用开始动摇。因此，人力资本理论与新增长理论也就成为人力资本参与公司治理的重要依据。

8.1.1.3 人力资本投资理论

布莱尔认为股东并不是唯一投资人和风险投资者，员工也提供了特殊的投资，并与股东承担着企业的风险。员工即人力资本在企业通过自身学习或专业培训形成的特殊的工作能力、技术、方法以及特定的信息，使他们具有更高的生产效率，给企业带来了发展机会；但是也正是由于这种技能所带来的专用性，使得员工与企业所有者都承担了企业的经营风险，一旦经营失败，员工原有的专用性资本也就不复存在。同时员工的退出会给员工本人以及用工企业带来很大的损失：对员工而言，退出企业意味着原有的专用性价值会降低或荡然无存；对于企业，则需要承担原有员工的培训费、

① 路易斯·凯尔索，帕特里西亚·凯尔索. 民主与经济力量. 赵曙明，译. 南京：南京大学出版社，1996：6-22.

新旧员工的替换成本以及新员工工作效率损失等。布莱尔指出："在公司专用化人力资本已成为财富创造的关键因素的企业里，解决公司治理问题的一个重要方案是增加员工的所有权和公司财产的控制权。"因此员工也应该分享企业的所有权，参与公司治理。人力资本投资理论是员工参与公司治理的重要依据。

8.1.1.4 利益相关者理论

利益者是指影响企业目标的实现或被企业经营所影响的个人或团体。伴随着公司制企业的发展，企业要想取得经营成功，必须处理好各种关系，包括供应商、顾客、员工、社区等各利益关系。其中企业员工就是企业要妥善处理的重要相关者之一。同时企业的员工由于其利益与企业发展密切相关，而且他们身处企业内部，相比分散的股东更容易掌握企业的真实状况，因此员工可能是比股东更有效的公司监管者。

8.1.1.5 分享经济理论

分享经济论①（The Share Economy Theory）形成于20世纪80年代，其创始人为美国麻省理工学院经济学教授马丁·L. 魏茨曼。他的代表作是1984年出版的《分享经济论》。作者在理论分析的基础上，提出分享制这一经济主张，用以解决滞胀问题。

分享经济论主要思想是把工资制度改为利润分享制度，把职工的劳动报酬与企业的利润相联系，职工以劳动为标准按比例分享利润。这样，职工和资本家在工资谈判中，确定的不再是具体的工资额，而是确定在企业未来的收益中的分享比率。魏茨曼首先将雇员的报酬制度分为工资制度和分享制度两种模式。工资制度指的是"厂商对雇员的报酬是与某种同厂商经营甚至同厂商所做或能做的一切无关的外在的核算单位（例如货币或生活费用指数）相联系"；分享制度则是"工人的工资与某种能够恰当反映厂商经营的指数（譬如厂商的收入或利润）相联系"。

在魏茨曼看来，现在资本主义经济运行中的"停滞膨胀正产生于工资制度这种特殊的劳动报酬模式"。当务之急是"通过改变劳动报酬的性质来触及现代资本主义经济的运行方式，并直接在个别厂商层次上矫正根本的结构缺陷"。因为当今的主要经济问题，从本质上看不是宏观的问题，而恰恰是微观的行为、制度和政策问题。"所需要的工资改革的性质并不十分复杂，基本做法是把工资制度改变为分享制度"。若使现行的工资制度转向分享制度，首先要利用舆论工具，使分享制度给社会带来的良好宏观经济效果为人们所理解和接受。应当从社会意识、教育和信息等多方面入手，以便把社会责任感注入劳资的集体协议过程中，使工会、公司和普通公民都了解采用分享制的目的和采用工资制的危害。其次是运用宏观经济手段，鼓励企业实行分享制度。他建议将劳动收入分成两个部分：工资收入和分享收入。对这两个部分在税收上区别对待，对分享收入予以减税。政府应当成立专门的分享制度实施机构，由它来制定分享制度的标准。

8.1.1.6 经济民主理论

民主的首要含义就是参与，经济民主意味着人人都有参与经济活动的权利。然而

① 马丁·L. 魏茨曼. 分享经济论. 林青松，等，译. 北京：中国经济出版社，1986：1-3.

现行的公司治理理念围绕股东利益最大化，员工除了得到劳动报酬外，没有权利参与公司的经营决策，因此民主只是股东的民主，资本的民主，而员工却享受不到真正的民主。因此伴随民主观念从政治不断向经济的渗透，必须要求员工也要参与公司治理。

民主公司制理论是由美国经济学家艾勒曼提出来的。艾勒曼认为“经济民主可以简单地定义为混合的市场经济，其中处于支配地位的经济企业是民主的工人拥有的公司，工人和公司之间的关系是成员关系，即一个经济版的‘公民身份’，而不是雇佣关系”。他认为“人人拥有与生俱来的不可剥夺的享有自己劳动成果的权利和民主自治权利”；认为民主公司制应当是蒙德拉式合作社和美国的员工持股计划中最有价值思想的混合物。①

“职工主体论”是由蒋一苇提出来的。他认为职工是社会主义的主体。“全民所有制企业的职工被认为是国家的职工，由国家进行招工，所谓用工制度，在全民所有制企业来说就是国家招工，类似于国家雇工，因此很难消除在职工中存在的雇用观念。”②他指出：“社会主义公有制决定了劳动人民是生产资料的主人，从而也是社会的主人、国家的主人，这是调动亿万劳动人民社会主义积极性的基础。但是，劳动人民的主人翁地位，还不能只就全国范围、全社会范围而言。如果不能在生产上，在他所参与的生产单位里有当家做主的权利，他就不能在经常的现实生活中发挥主人翁的责任感。”而要具体实现职工在企业中的主体地位，就必须对传统的所有制进行改革。蒋一苇认为，应该通过广义的企业民主，如劳动制度的民主化、产权制度的民主化、经营制度的民主化、分配制度的民主化、领导制度的民主化来实现。其中产权制度的民主化是核心。它是指改革全民所有制的实现形式，采取股份制的形式，使职工拥有本企业的股票，成为本企业部分所有者，实现职工对企业资产的关心。通过建立在经济利益基础上的“自由人的联合体”，成为企业的主体，使劳动者“成为自己的社会结合的主人，从而也成为自然界的主人，成为自己本身的主人——自由的人。”

8.1.2 西方国家职工参与公司治理的方式③

利益相关者理论推动了公司治理观念的变革，公司治理的一个趋势是，现代企业越来越重视职工参与企业治理，表现为职工参与企业的决策、监督、检查和管理的全过程。其形式多种多样，如企业董事会中的职工代表制度、公司职工建议制度等，有些已经制度化、法律化。由于国内立法环境不同，各国职工参与制度在内容和形式上都各有不同。而不同国家侧重的模式也有差别。如美、日侧重于职工持股参与，而欧洲则注重非持股参与。但纵观西方发达国家职工参与方式，大体可归纳为以下 4 种方式：持股参与、经营参与、监督参与、信息参与。④

（1）信息参与方式。信息参与是公司职工通过特定机构或劳资协议参与公司管理，

① 杨欢亮，王来武．中国员工持股制度研究．北京：北京大学出版社，2005：64－65.

② 蒋一苇．职工主体论．工人日报，1991－06－21.

③ 马建军，邱玉成．西方国家职工参与公司治理制度及其对我国的启示．东北亚论坛，2003（3）.

④ 蒋大兴．公司法的展开与评判——方法·判例·制度．北京：法律出版社，2001：614，654，672－674.

有权了解公司的经营状况，并向公司决策机关提出建议和意见。

这种参与方式层次较低，参与程度也不够深。通常是通过谈判的形式表现出来，内容主要涉及劳动时间、劳动报酬、职工福利等社会性问题。一般是先选出雇员的谈判代表，最后按法定程序进行谈判，然后签订集体合同。通过信息参与，促使双方在理解、信任、合作的基础上达到双方利益的一致，这是作为公司重要利益相关者的职工参与企业管理的重要手段。

（2）经营参与方式。由雇员代表直接进入董事会，参与经营决策。这是20世纪70年代后欧洲大陆各国普遍推行的方式。许多国家的法律规定公司董事会必须有职工代表，从而为职工参与公司治理，改善公司治理结构，提供了制度基础。德国、法国、荷兰、瑞典等国法律都规定，公司董事中必须有职工代表，少至1人，多则占董事会人数的1/3左右。例如法国于1986年和1988年修订后的《商事公司》法规定，董事会可包括由职工选举产生的董事，但职工董事数额不得超过4个，上市公司不得超过5个，同时职工董事人数不得超过其他董事人数的1/3。如为国家投资设立或国家持股比例超过50 %的公司所控制或共同持股的公司，雇佣人员在200～1 000人之间，则其董事必须包含2名职工代表或雇佣人员超过1 000人，则董事会成员中1/3须为职工代表①。德国《参与决定法》和《冶矿业劳工参决法》都规定必须在董事会中设1名劳方董事，由雇员代表担任，享有同等权利②。

（3）监督参与方式。监督参与即公司职工通过参加公司的监督机构来行使监督权。通常是由职工进入监事会的方式进行。在传统公司法里，监事会成员一般是在有行为能力的股东中选任。20世纪，德国首创的“职工参与制”，即职工参与企业决策制度，对西方国家，特别是欧洲大陆国家产生了较大影响。现在欧洲大陆不少国家，都通过立法规定监事会中应有一定比例的职工代表参与公司的经营监督。职工监事所占的比例高的为1/2，一般都规定监事会成员的1/3由职工代表担任。如德国《共同决定法》规定，监事会由劳资双方的代表组成，是公司的最高权力机构。监事会负责公司经营董事会的任免，对公司经营董事会进行监督和检查。其中监事会成员由劳资双方对等组成，权力相当。法国劳动法规定，雇员人数超过50人以上的企业必须设立劳资协会，该协会有权从其成员中选出2名代表参加董事会或监事会，雇员代表应邀参加董事会或监事会的所有会议，并参加讨论，但无表决权。与欧洲不同，美国公司内部不设监事会，而由董事会履行监督职责，为解决职工监督参与问题。美国公司法引入了“外部董事制度”，即在董事会中设置一个由来自于公司外部且独立于公司业务执行委员会的外部董事组成的内部委员会来行使监督参与权。这不仅赋予公司职工监督参与权，而且拓宽了公司管理机构获得忠告和建议的渠道，有利于实现管理机构内部在权力和利益上的相互制约和平衡。

（4）职工持股参与方式。持股参与又称所有参与，是指职工通过持有公司股份成为其股东，并参加股东大会来行使其民主管理权利。这是美国和日本雇员参与公司管

① 刘俊海. 职工参与公司机关制度的比较研究//王保树. 商事法论集：第3卷. 北京：法律出版社，1999.

② 石少侠，王福友. 论公司职工参与权. 法制与社会发展，1999（3）.

理的重要途径。推行职工持股的目的在于通过职工拥有公司的一部分股份，参与利润分配来提高与公司的关联度，增强企业的凝聚力，并为企业职工参与公司治理提供制度保证。

职工持股的基本做法是由公司提供一部分股份，或拿出一部分现金，转交给一个专门设立的职工基金会，购进股票，然后由公司董事会根据职工相应工资水平或劳动贡献大小，把这些股票分配给职工。

一般说来，职工提供的劳动被作为享有公司股权的依据，职工所持股份就按工资水平而定。其实质是将一部分利润采用按劳分红的方法进行分配，分配的结果不是直接让职工得到现金，而是得到一种投资凭证（职工股）。在职工持股企业中，职工股份的转让受到严格限制，以确保职工参与意识的维持和股东结构的稳定。职工持股参与制度在美国、日本的公司管理实践中都发挥了不少作用。

8.1.3 员工参与制度的模式

虽然西方各国雇员参与公司治理的立法状况、参与方式和参与程度等存在一些差别，但仍可划分为美、日的持股模式和欧洲的非持股模式。比较两种模式，可说是各有利弊。欧洲模式规定的职工参与权较为广泛，而且该模式将职工参与制度作为强制性条款进行规定，使职工的参与权能够获得充足法律保障。但是，由于职工和股东之间缺乏资本联系纽带，股东代表和职工代表在公司机构中的对立形象并未获根本性的改变，这在一定程度上影响了公司内部机构的科学决策和决策的效率。而偏重职工持股参与的美、日模式则刚好能克服这一弊端。因为在这一模式中，职工代表同时又具有股东身份，这使得其在公司机构中易于获得非雇员股东代表的理解和支持，公司决策的效率和科学性也随之提高。而且，此模式将职工利益与公司经营效果直接联系，有利于提高职工对公司长期经营的关注度。但是，职工持股制度对职工所持股份进行区别对待，限制其转让，违背了股权平等原则，加上职工所持股份所占比重较低，使职工代表对公司决策影响不大。基于以上原因，随着国际交流的加强，各国有关职工参与制度的差距正在逐渐缩小，职工参与方式显现出融合的趋势。这一趋势对我国职工参与制度的发展具有指导或启示作用。

8.1.3.1 德国的员工参与共决制

共决制（Co-determination）即共同决定制，是指雇员选举自己的代表，依法进入公司的决策层，与所有者代表一起共同组成公司的决策机构。德国是共决制的典范，原因在于欧洲是社会主义思想的发源地，而且工人运动非常活跃，欧洲一直就有重视工人权益的传统，共决制使工人不需要拥有实物资产就可以参与到公司治理中。20世纪50年代以来，德国制定了一系列促进员工参与共决制的法律，如1951年颁布的《煤钢行业参与决定法》、1952年颁布的《企业职工委员会参与管理法》和《企业组织法》、1976年的《参与决定法》。职工参与的最高形式就是职工派代表直接参加监事会、管理理事会和职工委员会，主要规定如下：

《煤钢行业参与决定法》规定：员工在1 000人以上的公司中，监事会和理事会中必须有员工代表；监事会由11人组成，劳资双方各出5名代表，联合提名1名中立者担任主席；管理理事会通常由4～7人组成，其中要有一名劳工经理。《参与决定法》规定：员工超过2 000人的大企业，监事会由12、16或20名成员组成，其中股东代表、员工代表各占一半，主席由股东推选的人员担任。《企业组织法》规定：凡是员工在500人以上的企业，员工在监事会中的比例不得小于三分之一。另外，《企业组织法》还规定：拥有员工5名以上的企业必须经本企业职工选举成立企业职工委员会，职工委员会在企业福利、劳动、人事和经济事务方面参与企业民主管理。员工参与共决制是德国社会市场经济体制的重要组成部分，它在一定程度上促进了德国社会各个阶层的平等和劳资关系的和谐，激发了员工的工作潜能，对提高企业力发挥了一定作用。

8.1.3.2 日本的终身雇佣制和年功序列制

终身雇佣制主要是指日本的年轻人在走出校门后，一经被某一家企业正式录用，将一直在同一家企业工作，直到退休，中途一般不会被解雇。员工很少更换雇主，而企业在经济不景气的时候也很少解雇员工，使得员工的利益和企业的利益牢牢拴在一起，员工与企业形成了长期稳定的合作关系，强化了员工在公司中的地位，提高了员工的安全感和对企业的忠诚度及归属感，员工时刻把公司的利益放在首位。年功序列制是指员工的工资待遇随着员工在企业的资历逐年提高，而资历条件也是员工晋升的主要条件，经理人员通常都是由企业内部员工提升而来的，这使得所有的员工为了提薪和晋升很少更换雇主，并且使员工之间、员工与经理层之间得以相互配合，共同促进企业的发展和繁荣。

但是随着日本经济的持续低迷，特别是1997年亚洲金融危机，终身雇佣制和年功序列制也暴露出了许多弊端。终身雇佣制增加了企业的负担，同时企业一旦发生危险，员工无法分散风险。而年功序列制注重资历，不太注重工作业绩和能力，特别是不利于主张竞争和自由的年轻一代的发展，影响了企业的创新发展。尽管如此，日本的终身雇佣制和年功序列制相结合，有力地调动了员工的积极性，使员工各级参与到公司的管理和决策中，也为员工参与公司治理奠定了基础，在促进了企业发展的同时，也促进了日本经济的迅速发展和崛起。

我国目前采用的公司治理结构类似于德国模式，同样采用双层委员会制，同样强调职工参与。如何立足本国国情，借鉴国外公司治理结构的优点，实乃我国公司治理的重中之重。

8.2 员工持股计划

8.2.1 员工持股计划定义

员工持股是指员工通过认购或购买公司股票从而以员工和股东的身份参与到公司治理中。目前员工持股的主要形式有员工持股计划（Employee Stock Ownership Plan，ESOP）、员工股票期权（Employee Stock Option，ESO）和员工股票购买计划（Employee

Stock Purchase Plan，ESPP），等等。

员工股票期权是指公司按照一定的程序授予员工购买本公司股票的权利，该权利允许员工在未来的某一时间以某种价格购买公司一定数量的股票。员工股票期权限于经理或管理者，则称为经理股票期权（Executive Stock Option）。目前将股票期权普及到所有员工的企业还比较少，主要是经理股票期权。

员工股票购买计划是一种面向全体员工的持股计划，员工可以将一定比例的指定薪酬用于购买公司的股票，购买价略低于股票市价，一般是股票市价的85%。股票来源一般为董事会授权增发的新股或公司从证券二级市场上回购的股票，员工认购后可以出售获利。因此，员工股票购买计划是一种短期激励性质兼具福利的计划。

员工持股计划也称员工股票所有权计划，是指企业员工通过贷款或现金等方式购买或认购企业的股票，从而以劳动者和所有者双重身份参与到企业的生产经营与企业治理中。员工持股计划的基本内容是：在企业内部或外部设立专门机构（员工持股会或员工持股信托基金），这种机构通过信贷方式形成购股基金，然后帮助员工购买并取得本企业的股票，进而使本企业员工从中分得一定比例，一定数额的股票红利。同时也通过持股制度调动员工参与企业经营的积极性，形成对企业经营者的有效约束。显然，员工持股计划从根本上打破了物质资本一元垄断的局面，它主张劳动力资本化，这给员工提供了一条凭自己的劳动、技术、知识分享利润的途径，从而比简单的让员工出资购买公司的股份大大前进了一步。

对于员工股票期权和员工股票购买计划，员工大多数会行权或在得到股票后进行抛售，所以，这两种计划是短期的激励，而不是长期的激励，因此员工对公司治理的参与效果没有员工持股计划好。从公司治理的角度看，员工持股计划有效地把员工的长远利益相结合，从而使员工在公司治理中发挥积极的作用。

8.2.2 员工持股计划的类型

8.2.2.1 按实现形式分类

（1）现股激励：它通过公司奖励或参照股票当前市场价值向管理层和骨干员工出售股票，同时规定管理层和骨干员工在一定时期内必须持有，不得出售。

（2）期股激励：它是由公司所有者和管理层、骨干员工约定，允许管理层和骨干员工在将来某个时期以一定价格购买一定数量的股票，购股价格一般参照当前市场价格确定，同时对管理层和骨干员工在购股后再出售股票的期限作出规定。

（3）期权激励：公司所有者给予管理层和骨干员工在将来某个时期以一定价格购买一定数量股票的权利，管理层和骨干员工到期可以行使或放弃这个权利，购买价格一般参照股权的当前价格确定，同时对购股后再出售的期限做出约定。

8.2.2.2 按是否利用信贷杠杆（购股资金来源）分类

（1）非杠杆型的员工持股计划是指由公司每年向该计划贡献一定数额的公司股票或用于购买股票的现金。这种类型的计划是由员工持股信托基金会持有员工的股票，并定期向员工通报股票数额及其价值。而员工退休或因故离开公司时，将根据一定年限的要求相应取得股票或现金，它的特点是职工不需做任何支出。

（2）杠杆型的员工持股计划主要是利用信贷杠杆来实现的。它的做法是银行贷款给公司，再由公司借款给员工持股信托基金会，或由公司做担保，银行直接贷款给持股计划管理机构，由持股计划管理机构用借款从公司或现有的股票持有者手中购买股票，公司每年向持股计划管理机构提供一定的免税的贡献份额；公司或银行的贷款则从公司取得的利润和其他资金归还。

8.2.2.3 按照员工持股的目的分类

（1）福利型的员工持股。此类模式有多种形式，目的是为企业员工谋取福利，吸引和保留人才，增加企业的凝聚力。美国的员工持股计划属于福利型，它将员工的贡献与拥有的股份相挂钩，逐步增加股票积累。

（2）风险型的员工持股。其直接目的是提高企业的效率，特别是提高企业的资本效率。它与福利型员工持股的区别在于，只有企业效率增长，员工才能得到收益。日本公司的员工持股接近风险型的员工持股。

（3）集资型的员工持股。目的在于使企业能集中得到生产经营、技术开发、项目投资所需要的资金，它要求企业员工一次性出资数额较大，员工和企业所承担的风险相对也较大。新加坡的员工持股是集资型的员工持股。

8.2.3 国内外员工持股计划的发展

8.2.3.1 员工持股制度国外发展现状

（1）美国

美国的员工持股制度是随着美国经济迅速发展而带来的贫富矛盾日益增大的情况下，为了缓解由此引发的各种社会矛盾和不安定因素而采取的一种财产组织方式。虽然美国员工持股的实践最早可以追溯到18世纪末，但真正获得发展则从19世纪末开始，主要经历了三个阶段。

第一阶段从19世纪末到20世纪50年代。这一时期，美国经济快速发展，贫富紧张局势加剧，工人暴动越来越多，影响了社会的安定和经济的发展。一些公司开始尝试使用股份制、利润分成、工人工伤补助、员工假期、卫生保健以及保险等友好政策缓解劳资双方的矛盾。其中，雇员购买股票计划成为较为常见的一种新型所有制形式。第二阶段从20世纪50年代末到70年代初。这一时期的员工持股源于“股票奖励计划”。由于这一时期许多公司以股票形式作为补助给公司的经理和一些白领雇员，同时国家在税收方面给予支持，引起了蓝领和普通工人以及他们的工会的注意。在他们的要求下，一些公司开始在蓝领和普通工人中推行“股票奖励计划”。第三阶段是1974年以后，这一阶段是真正现代意义上的员工持股。

被称作“员工持股计划”的创始人是美国经济学家、律师凯尔索（Louis Kelso），他在50年代就提出一套新的理论——双因素理论，并致力于将该理论付诸实践。这个阶段是美国员工持股计划发展最迅速，形式趋于完善和多样化的阶段。到了90年代，美国实行员工持股计划的企业发展到约1万家。

2005年，美国大约有11 000家拥有员工持股计划的公司，覆盖了1 000万名员工，占私营部门劳动力的10%；其中大约有800家公开交易的公司，占公司总数的7%；在11 000家公司中，大约有6 000家的员工持股计划对公司的战略和文化产生重要影响；约有3 500家公司的多数所有权由员工持股计划拥有；有2 000家公司的所有权100%由员工持股计划持有。尽管所有的产业都有员工持股计划的案例，但是超过25%分布于制造部门，接下来是建筑和销售部门；至少有75%是杠杆员工持股计划，通过使用融资获取由员工持股计划信托持有的证券。2004年，由员工持股计划持有的总资产估计为6 000亿美元。

（2）日本

日本企业的员工持股制度是在日本经济处于快速发展的起步阶段、对外开放逐步扩大的情况下发展起来的，在日本的股份制企业中实行比较普遍。主要做法是在公司内部设立本企业员工持股会，员工个人出资为主，公司给予少量补贴，帮助员工个人累积资金以陆续购买本企业股票的一种制度。

日本现代意义上的员工持股制度形成于20世纪60年代，主要是作为一种防范外国资本吞并，保持股东队伍的稳定的措施而发展起来的。到了70年代中期，形成个人财产变成了第一位的目的。80年代以后，实施员工持股制度的企业，在持股会章程中都把便于职工取得本公司股票，帮助职工形成个人财产列为首要目的，实际上是帮助职工增加退休后的收入。60年代初，日本加入了国际经济合作发展组织，从而必须实行资本自由化，放宽对外商直接投资的限制，由此出现了企业股票被吞并的可能性，使股票市场中流动的股票比例减少。为了防止企业被吞并，需要建立一个稳定的股东队伍。到1969年，日本全国有20%的公司实行了员工持股计划，在这些公司中，6%的劳动者参加了员工持股计划。到了1984年，实施员工持股计划的公司达到60%，参与的劳动者比例达40%。1988年，在日本所有的股票市场中实行了员工持股计划的公司超过90%，劳动者参加率达50%。

在日本的20世纪70年代至90年代，员工持股计划在克服经济中的消极因素，增强日本经济强大竞争力的过程中扮演了重要角色，在对付石油危机及第一章员工持股制度的国内外发展现状日元急剧贬值方面作用显著，同时促进了就业。在1984年，实行员工持股计划的公司与没有实行的公司相比，员工持股计划的公司拥有更多的就业，同时具有高出25%的价值增加值。

（3）英国

1829年威尔斯康特勋爵在自己的农场实行了英国有史以来的第一个员工持股计划，直到1865年才又有6家企业开始实行员工持股。

英国现代意义上的员工持股兴起于20世纪70年代以后。当时，一方面由于石油价格上涨引发的世界性通货膨胀，导致严重的经济衰退，大批企业濒临破产或已经超过破产边缘，而在1954年开始实施员工持股的英国帝国化学工业公司则表现出较明显的抵抗危机的活力；另一方面，美国员工持股制度的发展，对英国政府推动和鼓励员工持股起到了一定的示范作用。

1978年，英国国会通过一项财政法案，批准对股份公司分享利润形式的员工持股实行税收减免；1979年又进行了修订，规定凡是以普通股股票形式向本公司员工支付奖金，并在指定期间交由信托机构管理的，可以免征所得税。

英国员工持股取得快速发展是在撒切尔夫人执政之后。撒切尔夫人在任期间，赞同将工人的工资与企业的经济效益挂钩的做法，让劳资双方共同承担企业的风险，共同分享企业的收益。其在实践上采取“民众资本主义”做法，出售国有企业。国有企业从1979年占国民生产总值的11.5%，下降到1987年只占7.5%。这一过程中，50万员工转移到私营部门，其中90%的员工购买了本公司的股份。

英国全国货运公司是撒切尔政府第一个实行私有化的国有企业。1982年这家企业由于亏损严重，行将倒闭，政府把它廉价卖给了本公司的员工，70%的员工由雇佣者变成了拥有股票的股东。通过全体员工的齐心努力，不到几年的时间，一个濒临倒闭的企业变成了英国名列前茅的盈利企业。到90年代，英国员工持股人数达到200万人。1999年英国政府宣布扩大员工持股的范围，并在2000年修订金融法，以有利于员工持股的融资。

英国的员工持股有三种方式，即利润分享制、通过储蓄购买股票和授予股票购买权。利润分享制就是企业每年用完税前的部分利润购买股票，然后分配给有资格的职工。通过储蓄购买股票是指员工与国家储蓄部门或住房互助协会签订“发工资时扣存储蓄款”的合同，同意在5年内逐月存储一笔固定金额，相应取得以一定折扣认购公司普通股股票的权利，取得股票后可以在证券市场出售。股票购买权是由董事会决定授予主要经理人员购买股票的权利。按照政府规定，通过股票购买权取得的收益可以享受所得税减免优惠。一般而言，利润分享制和通过储蓄购买股票适用于一般员工，而授予股票购买权则较为适用于经理人员。

8.2.3.2 员工持股制度国内发展现状

我国的员工持股最早产生于股份合作制企业中。80年代初，基于农村经济发展和乡镇企业改制的内在需要，出现了由农民自发集资入股而产生的新型合作经济组织，并显现出强大的生命力。90年代中后期，小型国有企业的股份合作制改造开始兴起，并向全国范围扩展。

我国员工持股的另一个领域是股份制企业。股份制企业的员工持股，是我国理论界和企业界以及政府关注的焦点。在我国大中城市，员工持股伴随着股份制企业的出现而产生，与国有企业建立现代企业制度密切相关。最早实行员工持股的股份制企业是北京天桥百货股份有限公司。为了筹措资金，天桥百货股份有限公司的股本设置中设立了个人股，占公司总股本的1.29%。1992年，原国家体改委《股份制试点办法》和《股份有限公司规范意见》出台后，出现了绝大多数定向募集公司都有内部职工股的现象，员工持股的企业迅猛增加。

在员工持股得到较快发展的同时，实践中出现了许多问题，偏离了改革的初衷。为此，政府各部门开始对内部职工持股加以限制。1993—1998 年，国务院办公厅、原国家体改委等各部门先后发布了《关于立即停止发行内部职工股不规范做法意见的紧急通知》，《关于立即停止审批定向募集股份有限公司并重申停止审批和发行内部职工股的通知》、《关于股份有限公司公开发行股票一律不准再发行公司职工股的通知》，以及《关于暂停对企业内部职工持股会进行社团法人登记的函》。

但是在 1994—1998 年，在没有国家明确规定的情况下，部分地区和部门通过总结以往的经验教训，借鉴西方员工持股制度的成功做法，陆续出台了员工持股的相关政策，推动股份制企业员工持股的发展。其中主要有北京市体改委 1996 年颁布的《北京市现代企业制度试点企业职工持股会试行办法》，民政部、外经贸部、国家体改委、国家工商行政管理总局四部委在 1997 年联合发布的《关于外经贸试点企业内部职工持股会登记管理问题的暂行规定》，《浙江省国有企业内部职工持股试行办法》（浙政［1998］16 号）等。这一时期员工持股的显著特征是以员工持股会作为员工持股的组织形式。其中，浙江省出台的文件对员工持股会的审批、登记和注册都作了详细的规定，对员工持股的股份比例、资金来源等问题作了具有创新性的安排，成为我国较为规范的员工持股制度框架。2002 年 11 月，原国家经贸委等八部门联合制定下发了《关于国有大中型企业在主辅分离辅业改制分流安置富余人员的实施办法》（国经贸企改［2002］859 号），允许国有大中型企业在实施主辅分离改制分流过程中，对职工个人解除劳动关系取得的经济补偿金，可在自愿基础上转为改制企业的等价股权或债权。该实施办法在客观上为现阶段国企改制、并确立职工参与决策机制，使职工参与到公司治理中来提供了政策依据。

在集体企业要求明晰企业产权时，在中央十五届四中全会要求国有资本“有进有退、有所为有所不为”时，集体资本和国有资本的退出，具有员工持股特征的管理者员工收购又应运而生。单纯职工福利性质的员工持股开始真正转向福利与激励相结合，标志着我国股份制企业员工持股制度建设开始进入规范化、实质发展阶段。

8.2.4 我国推行员工持股计划的意义①

8.2.4.1 有利于推动我国国企改革

（1）促进企业良性发展

我国正处于产权改革的关键时刻，推行员工持股计划有利于推动产权改革的进程，促进企业良性发展。员工持股计划作为股东与员工之间的桥梁，通过引入本企业员工持股成分，形成多元投资主体格局，有助于明晰产权，解决了国有企业所有者缺位问题，是企业制度的创新。主要表现在其有利于政企分开，有利于形成有效率的企业治

① 孙晓. 国外员工持股制度的比较及借鉴. 工会理论与实践，2002（3）：57.

理结构。我国国有企业从大型到中小型都有着不同程度上的亏损，一般信用较差，而在今天银行业同样自主经营、自负盈亏的情况下，信用差的企业想从银行贷款很难。通过员工持股计划，不仅解决了企业的资金缺口，又引入了新型产权制度，这将促进企业的良性发展企业。

（2）完善企业股权结构

由于企业职工得到了部分公司股份，在一定程度上改变了企业股东权益的构成，增强了职工与企业之间的联系。我国国有企业改革发展不顺利的主要原因就是改制后的企业仍然存在国有股一股独大，改制很不彻底的问题，使得其他股东在企业事务上没有发言权，只能充当顾问的角色，这造成了很坏的影响。外部人会认为股份制改革只是在圈钱，阻碍了整个股份制改革的进程。而员工持股计划将员工股引入，有助于企业股权结构的完善及多元权力制衡结构的形成，使国有股以外的股东在企业事务决策上更有发言权。

8.2.4.2 社会保障制度的重要补充

通过员工持股，企业效益不断提高，国家的税收收入也不断提高，而收入是社会保障制度的基础。所以员工持股又是社会保障制度的有益补充，为员工的养老保险、医疗保障做出应有的贡献。在国外员工持股计划可以和员工退休计划相结合，通过员工持股为员工积累个人资金，将员工持股看作员工以股票形式获得的养老金，使其退休后的生活更加有保障。我国即将步入老龄化社会，养老基金必将会出现缺口。通过与员工持股制度有机结合来探索健全企业补充养老保障制度，是对社会保障制度的重要补充。

8.2.4.3 建立科学的约束与激励机制

我国企业普遍存在员工权利与义务不相称的情况，员工往往只有义务而没有权利，对企业的事务没有发言权，权力资源被股东所垄断，员工作为企业财富的直接创造者被排除在权力部门之外了。在这种情况下，员工对企业缺乏归属感，从心理上觉得自己是在为别人打工，企业业绩的好坏只关系到薪水的高低，而不会将工作当做自己的事业，与企业不能抱成一团。这就需要一种可以将员工与企业结成利益共同体的机制，而员工持股计划通过让员工持股达到了这个目的。员工通过持股使其自身利益与企业休戚相关，同时也因为持有一定股权，对公司大小事务有了一定的发言权，将可以在更大范围内更努力地为企业奋斗。不仅在权力分配上，在收入上，员工通过员工持股计划也有了较大的提高，而性质也有变化——从工资收入转变成收入分享了，这将极大提高其工作的积极性，同时作为企业的主人，员工也将约束自己的行为，尽所能地去维护企业的利益。所以，员工持股计划对员工具备激励与约束双重效果，尤其是对经理层，通过员工持股计划，针对他们形成一个有效的激励约束机制，将其长期财富如养老金与企业的股票业绩联系起来，从而避免了管理层追逐近利的短期行为的发生。

8.2.4.4 帮助企业抵制敌意兼并

通过实行职工持股计划，将公司股份分散于企业职工之中，利用公司职工担心企业被兼并后可能裁员的心理和职工对企业的感情，在一定程度上可以帮助企业抵制敌意兼并。在美国，因实行职工持股计划而挫败了其他企业的敌意兼并企图的案例是很多的，如1994年，西北航空公司通过员工持股计划，成功走出困境，避免了被对手兼并的命运。

8.2.4.5 有效降低融资成本

在我国许多国有企业和一些新兴高科技企业由于信用差或处于起步阶段，对于那些以赢利为目的银行来说并不是好的贷款对象，存在着融资难的问题。而且，即使通过银行、同业拆借等方式达到融资的目的，借贷利率也是非常高的，这对企业的发展，特别是中小企业的发展是相当不利的。员工持股计划作为一种股权激励机制可以通过向员工发行内部员工股募集资金，这可以在一定程度上缓解一些企业融资难的问题，而且也可以降低融资成本，使企业走上良性循环的健康发展之路。

8.2.5 员工持股计划的缺点①

（1）投资风险

通常员工持股计划与退休养老计划合在一起，这使得员工的投资过于集中本企业，一旦企业经营状况发生变化，员工将面临巨大的投资风险。如美国安然事件导致数千名员工在该下挫中损失惨重，特别是退休和养老金化为乌有。这一事件后，戴尔公司随即要求员工尽量减少其账户中持有本公司股票。此前，戴尔公司员工中大约有58%的退休养老计划投资于戴尔公司股票。

（2）员工持股计划有一定适用范围

尽管员工持股计划有着巨大的优势，但不是所有的企业都适合实施。一是因人力资本密集型企业和资本密集型企业的不同，员工持股计划主要适用于人力资本比较集中的企业，如高新技术企业、咨询企业等。对于资本密集型的企业，由于资本的贡献比较大，相应的员工持股计划不能起到真正的激励作用。二是企业的发展前景。对于那些已走下坡路的企业，如果不改变经营方式，仅靠实施员工持股计划并不能改变企业的命运，最多只能延长企业的寿命。

（3）员工持股计划的实施受到一定的环境制约

员工持股计划的成功实施受企业的内部环境的影响，如果国家的经济政策、行业背景、竞争环境，以及企业的经营状况等因素，并不是每一个企业的员工持股计划都能够成功实施。如2002年海通证券员工持股计划因未获中国证监会批准而未能实施。

（4）员工持股计划的激励效果受到员工持股比例的影响

员工持股比例太小，就不能调动员工的积极性，影响员工在公司治理中的作用的发挥。但如果员工持股比例大，由于员工兼有股东的身份，而大多数员工通常没有经营层的管理和决策能力，容易产生短视行为，反而影响了企业的长远发展。

① 沈乐平，张咏莲. 公司治理原理与案例. 大连：东北财经大学出版社，2009：187.

8.2.6 我国员工持股计划制度的探索

要建立和推行员工持股制度，必须充分借鉴西方先进企业和国家的经验。

一是完善的立法是员工持股制度有效推行的制度保障。西方发达国家基本上是把企业员工持股制度作为一项社会保障计划来加以推行和支持的。在美国，ESOP 实际上是一项特别的养老金福利计划，它的初衷很大程度上是为雇员创造多种退休收入来源。日本及其他一些国家也基本上把这项制度作为增加员工收入，提高社会保险能力的方法给予相应的政策支持。借鉴国外的做法，我国的员工持股计划应该与社会保障制度，特别是与职工养老保险制度结合起来。这不仅可以增强企业的内部凝聚力，而且可以逐渐发展成为一种事前的、内生的员工自我养老保障制度，减轻国家和社会的养老负担。

二是设立专门的组织为员工持股计划的顺利实施提供组织保障。对于员工持有的股份，西方各国基本上都建立了专门的机构实行统一管理。美国的员工持股计划基本上有两类：一类是不利用信贷杠杆的员工持股计划，也称股票奖金计划，即期权式股票。公司直接将股票交给员工持股计划委员会，由委员会为每个员工建立账户，员工每年从企业利润中按其持有的股票分得红利，并用这些红利来归还原雇主或公司以股票形式的赊账，还完后股票即属员工所有。另一类是利用信贷杠杆的员工持股计划。即公司先设立一个员工持股计划信托基金会，该基金会由公司担保向银行或其他金融机构贷款，用以购买公司的股票，购买的股票由信托基金会掌握而不直接分配给每个员工，公司每年从利润中按预定比例提取一部分归还银行贷款，随着贷款的偿还，信托基金会按事前确定的比例逐步将股票转入员工个人账户。我国推行员工持股制度，可以设立员工持股会，对员工持股进行统一管理和监督，员工持股的管理机构可主要由工会组织来管理，但应依法建立专门的机构，并明确其法律地位。一些大型企业内部职工持股或高层管理人员持股也可以由外部的信托机构、基金管理机构来管理。

三是员工持股制度的实施要注意兼顾公平与效率。实行员工持股计划在充分重视其激励作用的同时还必须认真考虑分配公平问题，各国政府都对员工持股制度作了一些鼓励公平合理分配的规定：如对通过持股计划获得的收入进行限制，确保低收入员工能从员工持股计划的推行中获得合理的利益。美国规定，实行员工持股计划的企业须有 70% 以上的员工参加，一般员工因此获得收益不低于高薪阶层收益的 70%，但每个员工从员工持股计划中收益不超过其年工资总额的 25%；企业雇员持股比例达 30% 以上，出售股票的股东免交 28% 的股份收入增值所得税，贷款的金融机构其利息可免征 50% 所得税。

四是要发挥信用在员工持股计划中的作用，普遍实行购股手段非现金化。美、英等国基本上通过信用制度鼓励企业员工持股。如美国实行 ESOP 的公司，雇员购买股票并不是用现金支付，而是用预期劳动支付。其资金来源方式主要有两种：一是由公司先建立具有法人资格的雇员持股基金，再由公司担保由持股基金向金融机构贷款，形成雇员持股，然后用股本的红利逐年（法律规定不超过7年）偿还；二是由公司直接出让股本总额的30%左右给公司雇员持股基金，购股款用日后的红利逐年偿还。有的国家还规定实行员工持股的企业可用税前利润的一定比例用于购买股票分配给员工。从实践看，我国职工持股的资金来源主要有现金出资、银行贷（借）款、公益金、净资产增值奖励、专利及专有技术作价等，以现金为主要购股手段，这与西方发达国家通行的以预期劳动为支付手段有很大的差异。我们应借鉴西方国家的成功做法，推行职工持股贷款项目。这不仅可以解决职工持股计划实行过程中的资金问题，而且对解决银行贷款出路、启动投资等问题也具有一定的促进作用。

8.3 员工利益的代表——工会与公司治理

一直以来工会主要是从维护员工权益的角度出发，主要关注工资、福利等与工作相关的问题，而不涉及公司的治理，但在实践中发现工会有助于推动员工参与公司治理。

8.3.1 工会在公司治理中的作用

（1）在国际上工会推动机构投资者作为

在20世纪70年代，机构投资者在公司治理中的行为还只是消极的和被动的。而到了80年代机构投资者开始转变消极的行为，一部分原因是因为机构投资者用脚投票的代价比较大，迫使机构投资者在公司治理中采取积极的行动，另一部分原因就是工会的推动作用。

（2）工会直接在公司治理中的作用

从职工董事、职工监事在董事会和监事会中的比例来看，员工参与公司程度不够，员工作为单个个体来说，在公司治理中发挥的作用有限。而工会作为员工利益的代表，其法定的身份和地位更有助于员工在公司治理中发挥应有的作用。

8.3.2 加强和发挥我国工会在公司治理中的作用

（1）我国对工会参与公司治理有着明确的法律规定。《公司法》第十八条规定：公司研究决定改制以及经营方面的重大问题、制定重要的规章制度时，应当听取公司工会的意见，并通过职工代表大会或者其他形式听取职工的意见和建议。

（2）我国工会依照法律规定，在积极推动公司制企业职工董事、职工监事进入董事会、监事会，行使职工参与决策和监督方面发挥重要作用。

（3）我国工会重视在非公有制企业推行民主管理工作。根据《中华人民共和国工会法》第三十七条关于“国有、集体企业以外的其他企业、事业单位的工会委员会，依照法律规定组织职工采取与企业、事业单位相适应的形式，参与企业、事业单位民主管理”的规定，积极探索非公有制企业职工参与民主管理制度、形式和方法。

【思考与练习】

1. 谈谈你对双因素经济理论的理解。
2. 如何看待员工持股计划的意义？
3. 谈谈我国推行员工持股计划制度的看法。
4. 分析工会在公司治理中的作用。

外部治理篇

外部治理，即如何从外部对公司的决策和经营实施影响，迫使公司选择良好的治理结构安排。其主要是从外部相关利益者的角度出发，通过资本市场、产品市场和经理市场等市场约束对经营者进行有效监督。

9 公司外部治理机制

【本章学习目标】

1. 了解经理市场与产品市场在公司治理中的作用；
2. 了解证券市场与公司治理的关系、证券市场与控制权配置的联系；
3. 明确公司并购与公司剥离、证券市场监管的主要内容；
4. 掌握证券市场对公司治理发挥作用的基本机制。

公司治理包括外部治理与内部治理，二者相互补充，相互依存，共同构成一个完整的公司治理机制。在前面对内部治理分析的基础上，从本章开始，转入对外部治理的探讨。外部治理机制主要是指通过资本市场、产品市场和经理市场等市场约束对经营者进行有效监督。法马认为，经理人员市场、资本市场和产品市场上的竞争能够产生约束经理行为的信息，因此能够解决由于企业的所有权和控制权分离而产生的激励问题。

9.1 经理市场与产品市场

9.1.1 经理市场及其作用

在现代市场经济中，经理是职业化的经营管理专家，其经营才能是一种重要的资源。作为经理，必须在市场上尽力寻找适合自己的企业，企业也必须在市场上寻找适合自己的经理。经理找不到合适自己的企业，或者所有企业都不选择该经理，那就意味着该经理还不能称之为经理。而如果某个被聘用的经理由于经营业绩较差而被解聘，那么他作为经理的价值就会大幅贬值。在以后的职业生涯中，他或者被降格使用，或者干脆找不到任何一个经理职位。为此，经理市场的存在将促使经理努力工作，而不敢懈怠。

在现代公司制企业中，由于委托代理关系的存在，企业治理需要解决的两个关键性问题就是经理的选择问题和经理的激励问题。经理市场的部分机制对于这两个问题的解决起着重要的作用。经理市场主要从以下两个方面对经营管理者产生激励和约束作用：一是经理市场本身是企业选择经营者的重要来源。在经营不善时，现任经理就存在被替代的可能。这种来自外部乃至企业内部潜在经营者的竞争会迫使现任经营者努力工作。二是市场的信号显示的传递机制会把企业的业绩与经营者的人力资本价值对应起来，促使经营者为提升自己的人力资本价值而全力以赴地改善公司业绩。因此，成熟经理市场的存在，能有效促使经理人勤奋工作，激励经理人不断创新，注重为公司创造价值。

经理市场或称为代理人市场、企业家市场，实质是企业家的竞争选聘机制。竞争选聘的目的，在于将职业企业家的职位交给有能力和积极性的企业家。而企业家的能力和努力程度，是企业家长期工作业绩建立的职业声誉。经理市场的“供方”是经理，“需方”是作为独立市场经济主体的企业。在“供需双方”之间，存在大量提供企业信息、评估经理候选人能力和业绩的市场中介机构。如果把经理的报酬作为经理市场上经理的“价格”信号，经理的声誉便是经理市场上经理的“质量”信号。经理市场的竞争选聘机制的基本功能在于克服由于信息不对称产生的“逆向选择”问题，它一方面为企业提供一个广泛筛选、鉴别经理能力和品质的制度；另一方面又保证企业始终拥有在发现选错候选人后及时改正有助于降低经理的“道德风险”。因为充分的经理市场竞争，可动态地显示经理的能力和努力程度，使经理始终保持“生存”危机感，从而自觉地约束自己的机会主义行为。经理市场的另一个功能在于保证经理得到公平的、体现其能力和价值的报酬。如果一个经理的能力和努力都被市场证明是“高质量”的，而该经理并没有被报以相应的高报酬，如果经理市场的信息又是较为充分的，该经理的业绩将被其他企业注意到，这些企业就可能向其提供高报酬，从而将其吸引走。这种威胁的存在，使得企业必须公平地对待经理。

经理市场为企业提供了相对客观的选择机制，使经理的人力资本价值得到充分的评价，从而使职业经理重视自身的业绩和声誉。一方面，通过经理市场中的竞争选拔，企业能够发现有能力的经理；另一方面，经理市场的存在给在职经理提供了这样一种信息：具有良好经营业绩的经理能够在经理市场中获取较好的谈判条件。当经理价值能在经理市场上得到正确的评价，现任经理为提高自身在未来经理市场上的价值，需要努力工作和保持良好的声誉，这就是经理市场提供的激励作用。而且，通过市场竞争机制能相对有效地解决经营者的选择问题，让“真正有能力的经营者”获得经理岗位。

经理市场可以使经理处于一种不断自我激励的过程之中，这在很大程度上解决了经理自身的潜在激励问题。经理市场起作用的前提是这个市场能够客观地反映出经理人力资本的价值信号，而这种信号是经理行为的累积结果，良好的经营业绩来自于经理过去的努力。如果这种价值信号与经理最为关心的报酬水平高度相关，即本期报酬水平由从前各期的边际产出来决定，而当期的边际产出又直接影响到以后各期的价值预期，经理为自身的未来利益考虑，就需要提高企业的当期绩效。

经理市场的存在既给有能力的经营者提供了选择岗位的舞台，又给在职经理造成了压力。发达的经理市场作为劳动力市场的一部分，可以满足股东们从中挑选所信赖的代理人的需要。正是由于这种市场的存在，从而对那些“偷懒”或以损害股东利益以谋求个人利益的人构成有力的威胁。有效的经理市场可以随时根据经营者的经营业绩来判定其人力资本价值的升高或降低。如果一名经理受能力限制或以权谋私使公司蒙受损失，那么，他本人的人力资本价值就会贬值，从而他就会被潜在的竞争者所取代，其人力资本贬值的结果还可能殃及其以后的职业生涯。由于经理市场上存在许多优秀的经理人才，股东们可通过“用手投票”挑选更合适的人选来取代他。这种来自经理市场的压力迫使在职的经营者更加努力地工作，以使自己的人力资本和经营业绩高于竞争者。经理市场的优胜劣汰机制，将经理的收入、社会声望、发展前途、职业生涯与企业的发展紧密地联系在一起，形成同舟共济、荣辱与共的格局。

9.1.2　产品市场及其竞争激励

在产品市场上，经理的表现和业绩会通过其产品的市场占有率和利润的变化直接表现出来，产品市场的激烈竞争及其带来的破产威胁会使经理尽力发挥其人力资本作用，提高企业经营效率。

一般认为，作为企业代理人的经理比作为企业委托人的股东在企业经营上具有信息优势，在信息不对称的情况下，经理偷懒的可能性就大，代理成本就会增多。但由于产品市场竞争的存在，这种信息不对称在长期内是可以得到解决的。哈特建立了一个模型，用以说明所有者控制的企业会迫使经营者控制的企业的经理努力降低成本，减少偷懒。

假定同一产品或替代产品在市场上有许多企业，尽管企业的生产成本是相同或不确定的，但各企业的生产成本显然是高度相关的。这样，产品市场的价格便包含着其他企业成本的信息。假定社会上有一部分企业由经理控制，而另一部分企业由所有者控制。由于由所有者控制的企业会竭力使产品成本降至最低，从而压低产品市场的价格。这样，由所有者控制的企业越多，由经营者控制的企业经理受到的压力就越大，偷懒的可能性就越小。结果，由经营者控制的企业为了避免由于产品成本高而产生不利影响，就会有充分的动力降低产品成本。这样，由于企业间的产品竞争，使得尽管存在委托代理关系下的信息不对称，但仍然可以有效地降低代理成本。从这种意义上说，中国民营企业的发展和存在，增加了国有企业经理的压力，从而也提高了国有企业的竞争力。可以说，这是近些年来中国一部分国有企业业绩提高的重要促进因素。

实际上，即便市场上没有存在由所有者控制的企业这一假设条件，在市场上存在的全部都是由经营者控制的企业，那些生产相同、相似或可以互相替代的产品的企业之间存在的竞争也会使代理成本大大降低。

产品市场的竞争经理造成压力，产生激励，有赖于市场的完善和市场得以有序运作的制度结构的建立与完善，否则，因市场不完善，市场有序所必需的制度结构没有建立，则会产生无序竞争，从而出现低效率。转型期的中国市场，不仅市场体系不健全，而且确保市场有序运作的制度结构也不健全，这就决定了中国的市场是一种不完全意义的市场。由于市场的不完全和市场制度环境的扭曲，必然会引发企业竞争地位的不平等，致使市场竞争难以充分发挥其优胜劣汰的作用。

9.2 证券市场的治理

通过证券市场进行控制权配置是公司外部治理的重要方式之一。它对于公司技术进步、产品结构调整、竞争能力提高以及生产要素的优化组合都具有重要的意义。

9.2.1 证券市场的基本概念与作用

9.2.1.1 证券市场的基本概念

证券市场是证券发行和买卖的场所，它是金融市场的重要组成部分。证券市场是资金调节和分配的枢纽之一，它集社会上的闲散资金于市场，使得资金所有者能根据有关信息和规则进行证券投资。在一个有效的证券市场，经营业绩优良的企业能够吸引较多的资金发展企业，提高企业的价值。而经营业绩较差的企业难于吸收更多的资金发展企业，企业价值随经营业绩的下降而下跌。利用证券市场进行控制权配置是公司外部治理的重要方式之一。

控制权配置是以市场为依托而进行的产权交易，其本身也是一种资本运动，它的完成必须借助于证券市场。发达完善的证券市场是企业控制权有效配置的必要条件。国外企业并购浪潮之所以一浪高过一浪，并对经济发展产生重大影响，正是发达的证券市场发挥了重要的推动作用。主要表现在：

（1）证券市场的价格定位职能为企业控制权配置主体的价值评定奠定了基础。企业控制权配置成功的先决条件是双方达成合理价位。资本市场上同类上市公司的价格则是并购价位的极好参照。

（2）发达的资本市场造就了控制权配置主体。一个企业为取得对另一个企业的控制权，往往需要大量的资本投入。发达的资本市场则为企业获得资本提供了充分的条件。同时，由于资本市场的发展，使一些夕阳产业的企业、陷入经营困境的企业、面临挑战的企业，能够从资本市场的价格变化情况看出自身的不足，使它们产生联营或变现的愿望。同时，发达的资本市场也使得企业产权流动极其方便。

（3）资本市场上投资银行等中介机构的职能多样化为企业控制权配置提供了重要推动力。中介机构既为企业控制权配置提供了方便，省去许多繁琐的工作，同时也保证了控制权配置的科学性和合理性。

综上，在公司治理中证券市场的作用集中体现在对企业控制权配置上，而证券市场于控制权配置的推动作用主要表现在融资与资源配置两类上，作用的发挥有赖于证券市场的有效性。

9.2.1.2 证券市场的作用

总的来看，证券市场对公司治理的有效性，在很大程度上取决于资本市场的有效性。从中国证券市场的发展实践来看，它对完善和改进公司治理起到了积极的作用，在促使上市公司及时披露真实准确的信息、保护中小股东的利益以及提供有利于公司竞争的良好治理机制等方面取得了不同程度的进展。

一个有效的资本市场，对公司治理的作用主要体现在以下几个方面，一是资本市场的融资机制，使投资者有权选择投资的对象，从而改善和提高公司的治理结构；二是资本市场的价格机制，可使出资者了解公司经营信息，降低了股东对管理层的监控信息成本，降低了公司治理的成本；三是资本市场的并购机制，可以强制性纠正公司治理的低效率。

（1）融资机制

资本市场的重要功能之一是融资功能。无论债务融资还是股权融资都会对公司治理产生影响。尽管股权融资相对于债务融资没有还本付息的压力，但融资的大小受到公司业绩的影响，投资者会根据公司的业绩进行投资的选择。为获得融资的机会，公司经营者会通过改善公司管理，提高公司的营运水平、提供优质的产品和服务来改善公司的业绩。同时，融资结构还可以对经营者的经营激励、对公司的并购产生影响，进而对公司治理产生影响。

（2）价格机制

在有效的资本市场中，公司股票的市场价格提供了公司管理效率的信息，反映了公司经营者的经营水平。出资者通过对公司市场价格的观察和预期，可以评价公司经营者的管理水平，降低了代理成本中的监督成本。资本市场的价格提供了投资者对公司的评价，同时也提供了对公司经营者的评价。公司的股价波动会给经营者带来相当的压力，促使经营者尽职尽责，并通过努力工作用良好的经营业绩来维持股票价格。由于前文已经对此进行过分析，此处不再重复。

（3）并购机制

资本市场对公司治理产生影响的实质是公司控制权争夺，主要通过并购来实现。并购除能实现协同效应外，还能强制性地纠正公司经营者的不良表现。在有效的市场中，即使公司的股票价格正确反映了公司经营状况及财务状况，但企业仍然存在着经营不善的倾向和情况，当公司的股价下跌时，公司的经营者一般情况下不会主动提出辞职，但公司的经营并未得到改善，因此通过并购使得外部力量强制进入公司，介入公司经营和控制，重新任免公司的经营层。通过并购机制，使得经营者面临“下岗”的威胁，为此经营者会在股价下跌时，不断改善公司的经营。在股价下跌时，中小投资者通过出卖股票减少损失，此时容易出现恶意收购。恶意收购具有强烈的排挤效应，排挤效应的潜在威胁迫使公司经营者为股东的利益努力工作，改善公司经营管理，以避免恶意收购的发生。

9.2.2 证券市场的有效性

9.2.2.1 证券市场的有效性基本含义

市场的有效性是指根据某组已知的信息做出的决策不可能给投资者带来经济利润。可见证券市场的有效性是指证券市场效率，包括证券市场的运行效率与证券市场的配置效率，前者指市场本身的运作效率，包含了证券市场中股票交易的畅通程度及信息的完整性，股价能否反映股票存在的价值；后者指市场运行对社会经济资源重新优化组合的能力及对国民经济总体发展所产生的推动作用能力的大小。

9.2.2.1 证券市场的有效性的表现

美国芝加哥大学教授法玛（Eugene Fama）将市场效率划分为三种形式：弱式、半强式和强式。三种形式的划分在于假定了不同的相关信息被渗透到证券价格中。其中，弱式效率（Weak Efficiency）是指证券价格反映了过去的价格和交易信息，即仅仅使用历史价格进行图表和技术分析无助于发现那些价值被低估的股票。半强式效率（Semi-strong Efficiency）是指证券价格不仅反映了历史价格所包含的信息，而且反映了所有其他公开的信息，即通过使用和处理这些信息进行投资决策无法找到被低估的股票。强式效率（Strong Efficiency）是指证券价格反映了所有信息（包括公开信息和内幕信息），即任何投资者都不可能持续发现价值被低估的股票。

有效市场理论意味着证券市场价格是合理的，股票价格反映了所有与公司价值有关的公开信息，它说明，我们可以通过在其他条件不变的情况下，通过测度每一决策对股价应有的影响来完成使股东财富最大化的目标。

国外许多学者对股票价格与公司业绩的关系进行了研究。相关研究成果表明，股票价格总是很快地、且以一种公正的方式对各种事项（例如公司宣布进行股票分割、宣布发放股利，以及宣布中期或年度报表）做出反应，对公司公布收益信息的研究显示，股票价格甚至在公布日前的数月即已有所反应。

尽管股票市场的涨跌和股价的高低不时受到诸多主、客观因素的影响，但随着投资者的日益成熟和股票市场的日益理性化，个股股价的高低最终将取决于其内在投资价值，即公司的盈利水平和风险状况。

如上所述，大量研究表明，股票价格最终将取决于公司的盈利水平和风险状况。但是，从某一时期来看，股票价格可能会背离其内在价值而大起大落。因此，公司应进行股票价值评估，并将评估价值与公司股票的市场价值进行比较。如果股票市场价值低于所估算的价值，管理层就需要改进与市场的沟通，以便提高市场价值。如果情况相反，那么认识上的相反差距可能意味着公司是一个潜在的被收购目标，需要通过改进对资产的管理来缩小差距。

缩小认识上的相反差距，途径之一是进行内部改进，即通过利用战略上和经营上的机会，实现其资产的潜在价值；途径之二是确定增值有无可能来自外部机会，即通过资产剥离缩小公司规模或者通过并购扩大公司规模。或者同时采取以上两种措施。

9.2.3 证券市场控制权配置方式

控制权配置包括并购和资产剥离两种形式。

9.2.3.1 企业并购

（1）企业并购基本概念

企业并购是兼并（Merger）与收购（Acquisition）的总称。在西方，二者惯于被联用为一个专业术语——Merger and Acquisition，缩写为“M&A”。兼并是指一个企业吸收其他企业合并组成一家企业，被吸收企业解散，并依法办理注销登记，被吸收企业的债权、债务由承继企业承继的行为。收购是指一个企业通过购买其他企业的资产、股份或股票，或对其他企业的股东发行新股票，以换取所持有的股权，从而取得其他企业的资产和负债。

兼并和收购有着一定的区别。兼并的结果通常是目标企业法人地位的丧失，成为兼并方的一部分。从产权经济学角度看，兼并是企业所有权的一次彻底转移，兼并方无论从实质上还是从形式上都完全拥有了目标企业的所有权。而在收购行为中，目标企业可能仍保留着原有名称，优势企业只是通过购买目标企业全部或部分所有权而获得对目标企业的控制权。在实践中，接管、企业重组、企业控制、企业所有权结构变更等都统称为并购（M&A）。

（2）企业并购条件

并购并非轻而易举，并购机制并非总是行之有效的。首先，并购需要收集关于并购目标企业的无效性和有待改进领域的信息，而收集这些信息的成本可能是昂贵的。其次，一些被并购公司的股东不转让其股份、不支持并购者的“搭便车”现象会对并购产生巨大的阻力。因为对于被接管公司的股东而言，保留股份能够免费享受到并购者并购带来的股价提高的好处。再次，并购者可能面临来自其他并购者和少数股东的竞争。最后，被并购公司的管理阶层会采取各种并购防御措施使并购难以成功。

（3）企业反并购措施

①诉诸法律。诉讼策略是目标公司在遭遇敌意并购时常使用的法律手段。目标公司在收购方开始收集股份之时便以对方收购的主体资格、委托授权、资金来源、信息披露等方面违法违规为由向法院起诉，请求法院确认对方的收购行为无效。于是，收购方必须给出充足的证据证明目标公司的指控不成立，否则不能继续增加购买目标公司的股票。从提起诉讼到具体审理再到裁决，一般都需要一段时间，目标公司可以请反并购专家来商量对策，也可以寻求有合作意向的善意收购者来拯救公司。总之，不论诉讼成功与否，都为目标公司争取了宝贵的时间，这也是其被广泛采用的主要原因。

②定向股份回购。这是指目标公司以可用的现金或公积金或通过发行债券融资来购回本公司发行在外的股票。股票一经回购，势必会使流通在外的股票数量减少，假设回购不影响公司的利益，那么剩余股票的每股收益率就会上升，使每股的市价也随之上涨。目标公司如果提出比收购价格更高的出价来收购其股票，则收购者不得不提高其收购价格，从而抬高收购成本，增加收购难度。目标公司通常采取举债或出售资产的方式融资来回购股票，这样可以抬高公司的负债比率或将引起收购者兴趣的特殊资产（如商标、专利、关键资产或子公司等）出售，从而降低并购收益。1985 年 Atlantic Kichfield 公司为了避免敌意并购袭击，一次性举债 40 亿美元用于回购股票，将公司负债比率敌意并购从 12% 提高到 34%。1986 年固特异轮胎和橡胶公司为抵御 Jmaes Goldsmith 的敌意并购，出售了三个经营很好的子公司，用这笔钱回购 2 000 万股公司股票。

③资产重组与债务重组。目标公司采用资产重组的目的在于减少公司的吸引力，增加并购公司的并购成本。目标公司或是购进并购方不要的资产或部门，或是忍痛出

售并购方看中的资产或部门，使并购方失去兴趣，达到反并购的目的。

与资产重组一样，目标公司进行债务重组的目的也是增加并购方的成本。通过对债务的重新安排，使并购方在并购成功后会面临巨额的债务负担。例如，目标公司可以将以前的债务重新安排偿还时间，使并购方在并购后立即面临还债的难题。

④毒丸防御。毒丸策略一般是由企业发行特别权证，该权证载明当本企业发生突变事件时，权证持有人可以按非常优惠的价格将特别权证转换为普通股票，或是企业有权以特别优惠的价格赎回特别权证。毒丸防御策略增加了收购目标公司的成本，从而增强了目标公司抵御接管并购的能力。

【阅读】新浪启动毒丸计划回应盛大并购

2005年2月19日，盛大在二级市场收购新浪19.5%股票以来，新浪一直低调处理此事。直到2005年2月22日新浪公司才宣布，启动毒丸计划回应盛大并购。

根据该计划，一旦新浪公司10%或以上的普通股被收购（就盛大及其某些关联方而言，再收购新浪0.5%或以上的股权），购股权的持有人（收购人除外）将有权以半价购买新浪公司的普通股。如新浪其后被收购，购股权的持有人将有权以半价购买收购方的股票。每一份股权的行使价格为150美元。

9.2.3.2 公司剥离

与公司并购相对应的行为是公司剥离，即依照法律规定、行政指令或经公司决策，将一个公司分解为两个或两个以上的相互独立的新公司，或将公司的某个部门予以出售的行为。

公司剥离方式主要有部门出售、股权分割和持股分立三种形式。

（1）部门出售

部门出售是指将公司的某一部分出售给其他企业。部门出售的主要目的或是为了取得一定数量的现金收入，或是为了调整企业的经营结构，以集中力量办好企业有能力做好的业务。美国的学术研究一般表明，出售资产的公司和收购与自己有关行业的公司，会造成股票价格提高，但收购与自己行业无关的公司，股票价格不会提高。

（2）股权分割

股权分割又称资产分割，是将原公司分解为两个或两个以上完全独立的公司。分立后的企业各有自己独立的董事会和管理机构，原公司的股东同时成为分立后的新公司的股东。股权分割的动机与部门出售相似。但股权分割后，别的公司不会经营该分割出的单位，因此，不会出现公司重组中的协同效应。有可能的是，在不同的管理手段下，该经营单位作为一个独立的公司比原来经营得更好，股权分割就可能获得经济效益。但应注意的是，股权分割也是有成本的；相对于一个独立的公司，有两个独立的公司又有新的代理成本。

（3）持股分立

持股分立是在将公司的一部分分立为一个独立的新公司的同时，以新公司的名义对外发行股票，而原公司仍持有新公司的部分股票。持股分立与股权分割的不同之处在于：在股权分割时，分立后的公司相互之间完全独立，在股权上没有任何联系；而持股分立的典型情况是，持股分立后的新公司虽然也是独立的法人单位，但原公司继续拥有新公司的部分权益，原公司与新公司之间存在着持股甚至控股关系，新老公司形成一个有股权联系的企业集团。

9.2.4 完善我国证券市场，促进公司治理

在现代市场经济，仅仅依靠市场的自发调节作用（亚当·斯密“看不见的手”）很难达到资源的最优配置，证券市场也不例外。因此，世界各国的通行做法是：让政府对市场运作进行干预（“看得见的手”），纠正市场缺陷，作为社会公共利益的代表，提供公共产品为社会服务。对于证券市场而言，由于其影响面较广，因此政府的监管就更是不可或缺。

在我国证券市场上，监管部门主要是中国证券监督委员会，它承担着证券市场的监管者和证券市场投资者（特别是中小投资者）的保护屏障两大功能。

证券监管部门的监督作用，主要是中国证监会依据国家有关法律、法规、政策完善我国证券市场，主要包括信息披露制度、投资者利益保护制度、防止内部人控制制度、禁止内幕交易制度等基本制度（具体内容请参考本教材第10章的相关分析）。

9.3 信贷市场的治理

9.3.1 商业银行治理概述

在20世纪90年代中期之前，虽然“银行”一词频繁地与公司治理联系在一起，但人们更多的是从一般公司治理的角度将银行作为公司治理的重要监督力量加以论述。但1997年开始的东南亚金融危机增加了人们对银行业的关注，银行与公司治理的关系也发生了微妙的变化。危机原因的分析和危机过后的恢复调整越来越使人们认识到稳健的银行体系的重要性，而这又与银行的治理结构密切相关，由此银行业自身的治理问题成为关注的热点。从一般公司的“治理者”转变到被治理对象的“被治理者”（或者二者并重）是商业银行公司治理问题的主要特征，本节理当包括两部分的内容：一是商业银行作为债权人对公司治理的参与；二是商业银行自身的治理。按照一般的公司治理理论架构，商业银行（“治理者”的角色）是重要的外部治理机制之一，但是对于银行治理（“被治理者”角色）而言，又是一般公司治理理论在商业银行这一特殊的金融中介的应用。为服从全书体系的总体安排，本节只阐述商业银行对一般公司治理的参与，即商业银行的“治理者”角色。

【阅读】从治理者到被治理者：金融机构公司治理的角色转换

对于非金融企业公司治理而言，金融机构是作为公司治理的重要监督力量的“治理者”之一。20世纪90年代中期之后，金融机构的这种单一角色有了改变，主要原因在于，东南亚金融危机使我们认识到商业银行薄弱的管理和治理结构会引发储蓄和信贷危机进而产生巨大的金融成本，从而使银行业自身的治理问题成为关注的热点。1999年9月巴塞尔委员会专门就商业银行的治理结构问题颁发的《加强银行机构公司治理》和2002年6月4日中国人民银行发布的《股份制商业银行公司治理指引》及《股份制商业银行独立董事和外部监事制度指引》两个商业银行公司治理方面的指导性文件，将商业银行治理结构问题推到了从未有过的历史高度。这样，银行不仅是一般公司治理的重要参与力量，而且成为公司治理理论应用的对象之一。从一般公司的“治理者”转变到“被治理者”，是金融机构公司治理问题的主要特征，也将公司治理理论带入非金融机构公司治理和金融机构公司治理并重的新阶段。

………

（资料来源：李维安．对治理者的治理：金融机构公司治理问题透视．南开管理评论，2003(3)．）

9.3.2 公司融资结构与银企关系

9.3.2.1 公司融资结构的含义

公司的发展离不开融资，如何筹集资金是现代公司经营决策的一项重要内容。公司究竟是以内部资金为主（内部融资）还是以外部筹资为主（外部融资），在很大程度上决定公司的发展和治理模式。一般而言，给定投资机会，现代公司的融资渠道主要有以下三种途径：一是内部自由积累；二是对外发行公司债券；三是对外发行股票。现代公司资金的来源往往不是单一的，而是多种渠道的混合，而所有这些融资渠道所筹集到的资金总和就构成了公司的总资本。由于债券和股票在发行成本、净收益、税收以及债权人对企业所有权的认可程度的差异，在给定投资机会时，公司的筹资决策就是根据自己的目标函数和收益成本约束，选择适当的融资结构。

所谓融资结构就是指公司各项资金来源的组成状况，如债务在资本中的比例状况。给定公司资本总额和内部人的股本投入，公司负债比例越高，对外部股本的需求就越低，从而内部股本占总股本的比例就越高，反之内部股本占总股本的比例就越低。就微观层面的经济运行而言，公司融资结构之所以重要，一是因为公司融资结构影响着公司的融资成本和公司的市场价值；二是融资结构影响企业的治理结构，即经理、股东和债务持有者之间的契约关系。给定投资决策，公司经营者的目标函数是寻找最佳的融资结构使其市场价值极大化，亦即使自己的融资结构对投资者有最大的吸引力。从投资者的角度看，各种公司证券代表对未来收益的不同认可，且所有权的程度不一样。债券持有者对未来收益有优先认可权，股票持有者则与公司经营者共担风险。当公司经营不善而破产时，也就是当公司资产小于负债时，债权人有优先权获取企业的一切财产，而股票持有者的收益为零。当公司经营良好且其股票市场价值增大时，公司全部市场价值的增加表现为股票持有者的收益增加。此时作为获取给定比率收益的公司债权人，其收益增量为零。因此，债权收益具有优先权且比较稳定，相对股票而言的风险也较小，股票收益在理论上可以是无限的，但没有优先认可权，相对风险也较大。在这里，公司经营者欲使公司价值最大的结果是一致的。因此公司市场价值就是债权人（债券持有者和股票持有者）的资产价值。如何吸引投资者购买公司的债券或股票，或者公司经营者如何组合公司的融资结构，此时显得异常重要。

9.3.2.2 银企关系

从公司融资结构可见，融资方式的选择决定融资结构，从而影响公司的治理结构和治理效率的高低。根据融资方式选择的种类不同，出资方与公司之间的紧密关系也不同，由此形成了银企关系的诸多模式。一般而言，公司融资方式主要有关系型融资和“距离”型融资两种。

关系型融资是指出资者在一系列事先明确的情况下，为了将来不断获取租金而增加融资的一种融资方式。在关系型融资中，投资者通过自己监督企业投资决策来减少代理成本问题。这种融资方式在日本表现得最为突出。与此相对应的是，一般非关系型融资就是“距离”型融资。在此种融资方式中，投资者并不直接干预经营战略决策，只要他们得到了合同规定的给付。当然保持距离型融资并不排斥干预，只是最初的投资者通过诸如资本市场或公司控制权市场之类的外部机制实现其干预。这种形式的融资在英美最为典型。

作为市场融资的两种基本手段，关系型融资和“距离”型融资反映了公司与融资者（银行）关系的密切程度，由此也就形成了当今世界上最为典型的两种银企关系模式——英美模式和日德模式。

（1）英美模式

在英美模式中，以美国为例。美国银企关系模式以自由市场为运行基础，银企间产权制约较弱。美国的金融机构有严格的分工，商业银行和投资银行各自为营，业务交叉少。美国的商业银行被禁止直接持有非金融公司的股份，它们同企业的联系主要体现在贷款等债务关系和作为信托财产的个人股份管理这两个方面，银行信托部是根据合同为了委托者的利益优先运用股份，持有股份的买卖周转率较高，与以控制公司管理权为目的持股行为有本质的区别。在这种模式下，银行对企业的监督是间断性的，即只有当企业违约时才进行，目的也只不过为了保证其贷款本金的安全性。银行从企业得到的信息只是外部公开的信息，由于企业风险不易被评估，所以银行贷款往往要求抵押和担保。然而，作为经济发展的客观要求，美国商业银行通过银行信托部和银行持股公司间接地向企业投资，并持有公司股份的趋势加强。尤其是90年代以来，金融管制的改革及金融法规的修改与调整，使商业银行出现经营业务综合化，银行与企业的关系日趋密切与复杂。

总之，美国银企关系是一种非常独特的模式，和美国崇尚自由竞争市场经济有关。在这种模式下，银行与企业的关系处于松散状态之中，银行不能持有企业股份，当然也就无法控制股份公司，只有在企业破产时银行才会临时接受股票以交换其贷款。银行对企业资金业务以短期为主，一般不对企业作长期贷款。这样一来，尽管债权银行可以对企业施加一定的影响，但企业对自己的经营管理都能保有较大的自由权。所以可以把这种银企关系称为“距离”型银企关系。

（2）日德模式

日德银企关系模式以“社团”和“社会”市场经济为运行基础，银企间产权制约较强，企业以间接融资为主，银行在经济和企业经营中发挥重要作用，而资本市场作用较小。

日德两国都允许公司之间相互持股，商业银行可以直接持有企业股份。日本的银行在企业的财务中扮演着双重角色，既是主要的股东，又是长期和短期的放款人。日本的公司通过相互持股形成企业集团，一个典型的公司既持有其他公司的股份，又被其他公司持有股份。这种松散的企业集团一般都至少包括一家银行，集团内的相互持股也不能完全或大部分由某成员公司包揽，而是涉及很多成员公司。每个公司都拥有少量股份。企业集团内部的银行与非金融公司通过相互持股而形成了一种比较稳定的所有权关系，因此银行与企业之间的债务关系也比较稳定。在这种模式下，银行和企业之间常常保持密切而持续的联系与沟通。企业与主力银行或主银行保持稳定的交易关系，银行与客户相互持股，银行通过贷款契约、持股占有、人事结合及代理小股东的表决权等方式对企业经营决策产生影响。银行可以获得企业内部信息，随时监督和干预企业的经营与管理行为。银行注重企业的长远发展，当企业出现财务问题时，只要银行综合判断企业的困境是暂时的，则银行会通过与其他债权人的协调，延续、减免债务或紧急融资或派专家协助经营等来支持和帮助企业。

总之，在日德模式下，银行与企业的关系处于紧密状态之中，很多企业内部，一家大银行往往既充当主要的债权人，同时又是主要的股东。由于银行提供了巨额的资金，又同时拥有大量的股票，人事方面的交流也就成了必然趋势。这样一来，实际上银行已经部分地控制了企业的经营管理权，并对企业保持着密切的总体监督角色。我们把这种关系称为关系型银企模式。①

9.3.3 主银行制及相机治理

9.3.3.1 主银行制

银行相机治理的支持者认为，以主银行作为监督者的相机治理制度可以克服资本市场的无效性，实现企业价值的最大化。

通常，一个企业从许多银行获得贷款，有些国家还允许银行持有股份公司的股份。若其中一个银行是企业的主要贷款行或持有公司最多股份的银行，即该银行是企业最大的债权人和股东，该银行就会承担起监督企业的主要责任，即被称为主银行。因此，主期银行一般是指对于某些企业来说在资金筹措和运用方面容量最大的银行，并拥有与企业持股、人员派遣等综合性、长期性、固定性的交易关系。在企业发生财务危机

① 李维安，武立东. 公司治理教程. 上海：上海人民出版社，2007：184.

时，主银行出面组织救援。企业重组时，银行拥有主导权。以上这些行为与机构安排上的总和就构成了人们通常所说的主银行制度。从本质上讲，主银行制是一种公司融资和治理的制度，该制度涉及工商企业、各类银行及其他各类金融机构和管制当局之间非正式的实践、制度安排和行为。

【阅读】中国四大国有金融资产管理公司

1999年10月中旬，为了集中管理和处置工、农、中、建四大国有商业银行历史遗留且长期得不到解决的不良贷款，我国政府成立四家直属国务院的资产管理公司——中国华融资产管理公司（CHAMC）、中国长城资产管理公司（GWAMC）、中国信达资产管理公司（CINDAAMC）和中国东方资产管理公司（COAMC），专门分别收购、经营、处置来自四大国有商业银行及国家开发银行约1.4万亿元不良资产。

中国东方资产管理公司：对应接收中国银行不良资产；

中国信达资产管理公司：对应接收中国建设银行和国家开发银行部分不良资产；

中国华融资产管理公司：对应接收中国工商银行部分不良资产；

中国长城资产管理公司：对应接收中国农业银行的不良资产。

但现在各公司同样也接收、处置其他金融机构和非对口银行的不良资产。

主银行不仅为客户企业提供信贷、资产处理、购买的服务和监督，而且主银行还向公司派遣董事。

主银行制度包括三个关系：一是企业与银行之间存在的金融、信息、经营等多元关系；二是银行之间的相互关系；三是管制当局与银行之间的关系。其核心是主银行关系，该关系通常包括四个方面：结算账户、股份持有、公司债券的发行与经营参与。

银行贷款给企业实质上是为企业提供了一部分风险资本，而企业为获得这部分资本，则必须及时、主动地向主银行提供内部经营信息。同时，主银行作为最大的债权人和主要股东，依据银企之间的交易合约，也定期收集企业的经营与财务信息，全面、准确地把握企业的经营问题，及时采取有效措施，迅速弥补企业决策失误造成的损失，乃至采取企业重组等综合性措施，并帮助企业扭转不利经营局面。由此形成了对企业经营管理者的有效约束。

对银行来说，人事参与的目的主要有：①分担公司的业务风险，银行向公司派遣的都是与公司业务有关的专业人员，这样有助于加强公司的业务管理尤其是风险管理。②获得第一手信息。派遣管理人员的另一个重要目的在于了解公司决策的过程，并不是要获得公司的各种一般性财务报表，而是要获取“第一手的信息”，即预先信息或比公众所知更详细的信息。这些信息对于银行来说，在业务上有使用价值，同时也是承担企业风险所必需的。

主银行制度可产生如下几个方面的积极作用：①通过主银行的监督机能和信息生产机能，全社会对企业的监督费用和信息费用得到削减，利用企业信息时的信息搜索费用也得以减少；②主银行对市场有替代机能，这就减轻了企业被吸纳合并的不安，企业因此可以放弃追求在市场上披露的短期会计利润；③主银行可使资金交易内部化，促使企业积极地向银行提供经营财务信息，减弱了资金供求双方的信息不对称性，也减少了企业投资时的内部资金制约；④主银行制度下股票的债券倾向明显，一般股东的发言权由此减少，企业可以从角度规划投资、安排经营；⑤主银行对经营危机的企业采取救济政策，从而减少了资源浪费，促进了社会安定。①

9.3.3.2 主银行的相机治理

主银行与企业结成资金交易关系的最终目的是要获得预期最大利润。特别是作为资本信贷的所有者要求凭借其剩余索取权而从企业创造的收益中获取利益。然而这些目标的实现存在着巨大的风险，这个风险不是来自别处，而是来自结成交易关系的双方。由于交易双方在达成交易契约以及在契约执行的过程中对于各种有关信息的掌握具有不对称性和不完全性，这势必引发一系列影响契约的达成和顺利实施的问题。因此，这就需要一系列机制，以便于制冷者对投资项目的可行性、经理阶层的经营能力和决策水平、公司的经营绩效等进行监督和规划，从而维护自身的投资权益，保证契约的顺利实现。

主银行对企业的相机治理主要体现在以下几个方面：

（1）主银行监督的相机性原则。主银行在企业财务关系状况正常、良好时，主银行把企业剩余索取权给予企业的经营者作为激励机制。当企业财务状况恶化时，主银行通过企业的结算账户，对企业的财务恶化程度加以核实。如果没有主银行的追加贷款就无法生存时，主银行就行使企业的剩余索取权与剩余控制权，采取解雇经营者等措施对公司进行主导治理，并最终决定解散还是救助。这种依企业财务状况而行动的治理原则称为相机治理原则。

（2）主银行监督的一体化原则。与高度分散的市场监督不同，主银行对企业监督的三个阶段（事前、事中与事后）被统一起来。

主银行的事前治理指对企业提出的投资项目的经济价值进行评价和考察。其作用在于克服投资者和法人企业内部治理在关于拟投资项目的利润和风险潜力及企业的管理和组织水平等重要信息时不对称时导致的“逆向选择”问题产生。事中治理是指主银行资金流入企业后，投资者介入法人企业，直接检查经理人员的经营行为和企业的运营状况以及资金的使用情况。其作用在于克服由于对经理制约和监督不力所致经理背离投资者利益使用资金的机会主义行为。事后治理则是指投资者检查企业的经营绩效或财务状况，判断公司在出现财务困难的情况下能否继续长期生存下去，主银行对于企业恶化财务困境采取纠正或处罚措施。

（3）主银行的救助原则。以主银行为相机治理主体的治理结构安排，在企业陷于危机时给予企业救助。实际上，从长远来看，不少企业往往因为暂时困难或其他原因而陷入危机。如果不给予救助，这些企业将破产倒闭。

尽管主银行相机主导的治理结构具有积极的作用，但是也存在缺陷。一是主银行

① 高明华. 公司治理：理论演进与实证分析. 北京：经济科学出版社，2001：248.

被企业套牢的风险较大。日本20世纪80年代的泡沫经济与这种主银行相机主导治理机制不无关系。二是主银行相机治理结构限制了资本市场在分散风险与公司治理中的作用。

9.3.4 “距离”型银行的监督机制

如前所述，英美等国的商业银行作为公司最初的投资者之一，是通过完善的资本市场来加强对公司的监督和控制，而不是对公司的经营决策直接干预，所以说英美等国商业银行对工商企业的融资是一种保持距离融资。可见，“距离”型银行的最重要的特征就是通过市场和法律而不是通过人事参与等直接干预来实现银行对公司的控制。因为英美等国实行以资本市场为基础的体制，公司对证券市场的依赖较深，商业银行与工商企业保持“距离”，正是通过股权市场对公司的监督是一种外部监督机制，通过对外部股权市场中公司控制权市场的争夺达到对公司的控制，推动公司的效率，并由此实现外部投资者对企业的监控。

9.4 机构投资者的治理

9.4.1 机构投资者概述

9.4.1.1 机构投资者的定义

机构投资者，是指用自有资金或者从分散的公众手中筹集的资金专门进行有价证券投资活动的法人机构，包括证券投资基金、社会保障基金、商业保险公司和各种投资公司，等等。

与机构投资者所对应的是个人投资者，一般来说，机构投资者投入的资金数量很大，而个人投资者投入的资金数量较小。

9.4.1.2 机构投资者的分类

机构投资者又有广义和狭义之分。狭义的机构投资者主要有各种证券中介机构、证券投资基金、养老基金、社会保险基金及保险公司。广义的机构投资者不仅包括这些，而且还包括各种私人捐款的基金会、社会慈善机构甚至教堂宗教组织等。

以美国为例，机构投资者主要包括如下机构：商业银行、保险公司、共同基金与投资公司、养老基金等。

目前中国资本市场中的机构投资者主要有：基金公司、证券公司、信托投资公司、财务公司、社保基金、保险公司、合格的外国机构投资者（QFII）等。其中在目前可以直接进入证券市场的机构投资者主要有证券投资基金、证券公司、三类企业（国有企业、国有控股企业、上市公司）、合格的外国机构投资者等，其中证券投资基金的发展最为引人注目。

以下简要介绍一下各类机构投资者：

（1）养老基金

养老基金被认为是四类金融机构中受限制最少的一种机构投资者，养老基金自身的特点使得它与其他的机构投资者有所区别。

首先，养老基金具有预知性的进入和退出的措施，对于它们来说，资产的流动性比其他金融机构显得更为重要。历史上，许多养老基金的受托管理者都曾以努力增加回报为目的，将其资产的一部分交给那些在实际中买进和卖出股票的基金经理们；但越来越多的迹象表明，当所有的交易费用都是正常的情况下，这种投资战略难以始终如一地抓住市场的均衡。结果，一些大型养老基金便会采取了“定向投资（indexing）”的策略，这样，便迅速降低了其资产投资的分散程度并延长了它们持有股票的平均周期。公共的养老基金一般执行长期的投资策略（平均周期是12 年），因而他们对公司的长期经营管理比一般的投资者更感兴趣。

其次，养老基金已经变得非常庞大，所持有的股份在市场变化中举足轻重。养老基金比其他类型的机构投资者持有更多的公司股票，即养老基金可以持有股票份额是全部上市公司的股票总额的25% 以上。并且即使他们对所持的股票进行调整，实际上也只是在极小的范围里做些边际上的调整。

因此，从资金量和证券占有量上看，他们是机构投资者的主体，同时也是机构投资者中最沉默、持仓时间最长的部分。此类机构投资者受资金来源主体的限制，投资目的以获取长期稳定的收益为主，由此决定了此类机构投资者参与公司治理的积极性。

（2）商业银行

早在1863 年美国颁布的《国民银行法》赋予了国民银行有限的权力，却没有包含让其持有股票的权利，特别是1933 年通过的格拉斯—斯蒂格尔法（Glass - Steagall Act）强制性地将商业银行的活动与投资银行的活动分开，从而使商业银行不能从事证券业务。后来美国对银行的管制逐步放松，才使一些大的银行获得了证券交易商的资格或开始从事证券中介经纪业务。银行可以通过它们持有股票的公司来规避格拉斯—斯蒂格尔法的一些限制，后者被准许购买一家非银行企业超过5% 的有表决权的股票，但要求这些股票的持有者必须是被动的投资者（Passive Investors）。

另外，多年来银行一直是大公司借贷周转资金（working capital）的主要来源，20 世纪70 年代后，由于商业票据（commercial papers，简称CP）市场获得了进一步的发展和完善，从而使大多数公司可以通过公开证券市场发行和销售短期CP 来筹措周转资金。当银行变成这些公司的主要借贷者时，银行面临着次公平（Equitable subordination）的麻烦，这个麻烦限制了银行通过贷款的作用来试图控制公司经营管理的程度。例如：当一家公司不能履行还贷协议并申请破产保护时，任何一个被认为曾对该公司经营决策产生过有效影响的债权人将会发现，它在该公司的破产清算中对该公司拥有的债务索取权是“次要的”。如果此案处理过程中有事实表明银行为了自己的利益而操纵了该公司，那么，银行也将对其他债权人负有赔偿损害的责任。

可见，美国对持有股票的法律限定与债务索取权潜在的次要性的结合，削弱了银行在公司治理中所能发挥的作用。

(3) 投资公司(共同基金)

投资公司是一种由众多个人投资者投资，由职业投资经理管理投资者资产的组织。投资公司是个人投资者的重要投资方式，其吸引投资者的地方在于：第一，投资公司的资产由职业经理管理，其投资决策通常优于个人投资者；第二，投资公司的规模巨大，可以充分实现分散投资的收益，减低投资风险；第三，投资公司与其他信托不同之处在于投资公司是为了流动性而设计，及投资公司的投资者原则上可以在任何时候购买或赎回在投资公司的股份，享有很高的流动性。

(4) 保险公司

保险公司通常分为两大类：人寿保险公司与财产保险公司，但只有具有储蓄的功能的人寿保险保单才可以用于投资，并且有见于保险公司经营对于财务稳健的特别要求，各国法律都对保险公司投资于公司股票的额度进行限定，并且，通常只能将其中的一少部分(例如纽约州规定其总资产的2%)投资于一家单个公司的股票。因此，保险公司与银行很相似，在公司中基本上是完全被动的投资者。

(5) 教育和慈善基金

教育和慈善基金由捐赠而形成，基金产生的收益用于捐赠人制定的慈善公益或教育用途。此类基金投资广泛，也包括普通股。

9.4.1.3 机构投资者的特点

机构投资者与个人投资者相比，具有以下几个特点：

(1) 投资管理专业化。机构投资者一般具有较为雄厚的资金实力，在投资决策运作、信息搜集分析、上市公司研究、投资理财方式等方面都配备有专门部门，由证券投资专家进行管理。因此，从理论上讲，机构投资者的投资行为相对理性化，投资规模相对较大，投资周期相对较长，从而有利于证券市场的健康稳定发展。

(2) 投资结构组合化。证券市场是一个风险较高的市场，机构投资者入市资金越多，承受的风险就越大。为了尽可能降低风险，机构投资者在投资过程中会进行合理投资组合。机构投资者庞大的资金、专业化的管理和多方位的市场研究，也为建立有效的投资组合提供了可能。

(3) 投资行为规范化。机构投资者是一个具有独立法人地位的经济实体，投资行为受到多方面的监管，相对来说，也就较为规范。一方面，为了保证证券交易的“公开、公正、公平”原则，维护社会稳定，保障资金安全，国家和政府制定了一系列的法律、法规来规范和监督机构投资者的投资行为；另一方面，机构投资进本身通过自律管理，从各个方面规范自己的投资行为，保护客户的利益，维护自己在社会上的信誉。

9.4.2 机构投资者的参与治理

资本市场是公司治理的重要外部条件之一。从资本市场中投资者资金的多寡来分，资本市场的投资者可以分为机构投资者和个人投资者。一般个人股东不会直接去监督企业家，而是让企业家提供详尽的财务数据，并且要求证券市场管理者制订规则确保信息通畅、信息及时发布和公平交易。更多的时候，个人股东是“用脚投票”（即卖出股票），卖掉其不满意的公司股票。对于机构投资者来说，当其所持股票占上市公司全部流通股票的比例较小时，它们可以在该上市公司经营管理不善时采用“用脚投票”（即卖出股票）方式，但是当其所持有的该公司股票数量庞大时，要想顺利出售该股票而又不影响该股票的价格，从而不影响自身的市场表现，几乎是不可能的，即“用脚投票”的成本会变得很大，这时，对机构投资者来说是一种困境。但是，由于机构投资者资产规模巨大，持股量多，因而其监督成本与监督收益的匹配程度较好，因此，机构投资者较之个人股东更有积极性去监督企业家，介入公司的经营管理。这样，机构投资者就开始改变其被动接受上市公司经营不善的现实情况，转而采取主动策略，积极参与公司治理，帮助完善上市公司的治理结构，积极寻求改善上市公司经营状况的方式和方法。逐渐地，机构投资者在公司治理结构的舞台上真正从幕后走到台前，从而成为公司外部治理的一个重要因素。

【阅读】机构投资者不该靠天吃饭

目前，我国股票市场中机构投资者无论在规模上还是在数量上都在增加，机构投资者在股票市场中的作用越来越大，机构投资者对股票市场的影响也越来越大。但是我们的机构投资者还没有发挥其应有的作用，特别是其机构投资者的股东地位也没有充分发挥出来，人才优势也没有充分发挥。可以说，我国的机构投资者的投资理念和小散户一样，还在靠天吃饭：所持股票涨，就赚钱；所持股票跌，就等着赔钱。

（资料来源：田书华. 机构投资者不该靠天吃饭. 证券时报，2004（5）.）

9.4.2.1 机构投资者参与治理的途径

机构投资者主要可以通过以下两种途径参与公司治理、改善上市公司治理结构：

（1）行为干预

这里所说的行为干预其实就是机构投资者作为投资人有参与到被投资公司的管理的权利。发现价值被低估的公司就增持该公司的股票，然后对董事会加以改组、发放红利，从而使机构投资者持有人获利。因为上市公司首先是由于价值的低估而导致交易清淡，不被市场所认可，从而形成公司长远发展融投资渠道的闭塞，对公司长远的价值提升造成障碍。机构投资者有可能通过干预公司实行积极的红利政策调整，从而调动市场的积极反应，达到疏通公司与市场沟通渠道的效果。另一方面，作为上市公司的合作伙伴，机构投资者一般遵循长期投资的理念，公司运作的成功需要机构投资者更积极地参与。

（2）外界干预

机构投资者还可以直接对公司董事会或经理层施加影响，使其意见受到重视。例如，机构投资者可以通过其代表的代言人会对公司重大决策如业务扩张多元化、购并、合资、开设分支机构、雇佣审计管理事务所表明意见；机构投资者可以通过向经理层信息披露的完全性、可靠性提出自己的要求或意见，从而使经理阶层面临市场的压力。

同时公司业绩的变化也迫使经理层能够及时对股东等利益相关者的要求作出反应，这样就促使经理层必须更加努力来为公司未来着想，以减少逆向选择和道德风险。

而在潜在危机较为严重的情况下，机构投资者可能会同其他大股东一起，更换管理层或寻找适合的买家甚而进行破产清算以释放变现的风险。当然机构投资者也可以通过将公司业绩与管理层对公司所有权的分享相结合，从而使管理层勤勉敬业地在公司成长中获得自身利益的增值，公司其他利益相关者也获得利益的增加。

【阅读】机构投资者不再沉默

在以投资基金持股为主的美国，持有公司相对多数股票的投资基金的管理人虽然并不时时刻刻干预公司的经营，但是在公司遇到重大问题和需做出重大决策时，他们就自然而然地扮演了最为重要的角色。如美国通用汽车公司在20世纪80年代曾经由罗哲执掌大权。由于公认的能力和出色的业绩，罗哲在通用汽车公司几乎是不可一世，但是当他的一项措施极大地损害了公司形象时，华尔街两个最大的投资集团就毫不留情地将罗哲赶下了总裁的宝座。可见，只要投资基金对公司的投资达到了一定比例，就不得不在监督公司的经营者方面发挥其作用，公司的治理效率也就必然因此而改进。

9.4.2.2 机构投资者参与公司治理的内外部条件

限制机构投资者参与公司治理的条件很多，包括内部和外部两方面的条件。相对美国而言，新兴市场国家的机构投资者还不成熟，机构投资者对上市公司治理作用的发挥还需要一定的时间，更需要一定的条件。比如法律制度对机构投资者持股比例规定的放宽，投资者保护的增强，公司治理结构和机制的进一步规范化等。

（1）股权结构

股权结构是决定公司治理结构有效性的重要因素，由于不同的股权结构决定不同的公司控制权分布，从而决定着所有者与经营者之间委托代理关系的性质，进而影响公司整体的治理效率。研究认为机构投资者的股权集中度越高，越愿意对公司实施监督。机构投资者持股比例越高，其交易成本越高。随着持股时间的延长，交易成本会越来越高，监督成本会降低。持股比例高并进行长期投资的机构投资者将能够对公司实施监督和影响，并从中获利。

（2）法律制度

法律制度是制约机构投资者参与公司治理的重要外部因素之一。在中国特殊的法律和现实背景下，机构股东积极主义受到多方面限制。所有权结构的高度集中，发行在外的三分之二的股票非流通，并且由两到三个大股东持有；基金托管人股东与基金投资者之间的利益冲突；基金经理的联合行动问题；法律障碍，包括一只基金持有一家上市公司的股票，其市值不得超过基金净值的10%；同一基金管理人管理的全部基金持有一家公司的证券，不得超过该证券的10%；内部交易规则和持股披露规则等。

机构投资者在降低经理人的代理成本、提高代理效率，以及加强经理人激励方面具有一定的影响力。但是，如果机构投资者聘请了外部经理人来管理，那么外部经理人员在公司经营过程中的行为取向并不一定符合机构投资者股东的利益，机构的外部经理人员有可能与被投资公司合谋。研究发现共同基金经常支持被投资公司经理人薪酬计划，并且阻止其他不赞同薪酬计划的股东，表明共同基金参与公司治理反而增强了股东与经理之间的利益冲突。

(3) 以“股东至上主义”为核心的股权文化

股权文化是指公司具有的尊重并回报股东的理念，是公司治理的最高境界。它包括公司重视听取并采纳股东的合理化意见和建议，努力做到不断提高公司经营业绩，真实地向股东汇报公司的财务及业务状况，注重向股东提供分红派现的回报等。这就要求加强对企业家的监督和约束、保障出资人的权益的客观需要。20 世纪 80 年代后期发达国家资本市场上针对经营不善公司的敌意接管逐渐减少，但是公司治理依然问题重重，公司的企业家机会主义行为有增无减，客观上需要一个主体替补敌意收购留下的空白，加强对企业家的监督和约束，保障出资人的权益，而机构投资者正好可以填补这个空白。

9.4.2.3 积极引导机构投资者进行监督职能的探索①

其一，机构投资者在公司治理的作用犹如一把“双刃剑”，它可能会对管理层进行有效的监督，也可能与管理合谋而侵害其他股东利益；其二，机构投资者作为积极股东的效果在我国已经开始显现。基于研究结果，我们认为，推动机构投资者扮演有效监督者角色并防止其利益攫取者应该作为完善机构投资者有关管理制度的目标取向。目前，可以积极引导机构投资者进行监督职能的措施有：

(1) 放宽机构投资者持股比例的限制

我国目前的投资基金法规规定，基金对一家上市公司持股不能超过其流通股权的10%。此制度出台的背景是我国上市公司普遍存在的一股独大以及股权二元结构的现象。这一规定限制了机构投资者发挥对最大股东制衡和管理层监督的作用。目前我国证券市场的股权分置改革已经基本完成，流通股与非流通股并存的现象将成为历史，因此限制投资基金对一家上市公司持股不能超过其流通股权的 10% 的规定其经济背景已经发生重大改变，继续维持此规定将不利于机构投资者的发展，也不利于保护中小投资者。根据本文的研究结论，应该放宽机构投资者对一家上市公司持股比例的限制。当持股达到一定比例时，机构投资者就具备参与监督公司经营活动和公司高管行为的动力与能力，从而能更好地充当有效监督者角色。

(2) 完善机构投资者间“一致行动”与“代理权征集”机制

“一致行动”机制可以使机构投资者只需要持有较低比例的股份，就可有效行使对管理层监督的权利。招商银行的“可转换债券风波”和万科股东大会上多家基金联手提出修改议案的事件，说明我国的机构投资者已经开始通过“一致行动”行使股东权利。我们应在《公司法》中，允许股票持有人之间直接联系，放松对委托代理制度中

① 唐松莲，袁春生. 监督还是攫取：机构投资者治理角色的识别研究，上海市第六届社会科学年会优秀论文选。国家自然基金项目“机构投资者的持股行为、治理角色与上市公司信息披露”（项目批准号：70772061）的阶段性研究成果。

有关股东联系披露的法律限制，降低机构投资者参与公司治理成本和潜在的法律责任。与此同时还可以健全“代理权征集”机制。“代理权征集”制度可使机构投资者与中小股东的利益一致。相对于普通投资者，机构投资者拥有更多的专业知识、信息获取渠道和丰富的经验，从而具备了更强的信息解读和公司价值评估能力，从而具有监督能力优势。可在《公司法》中强化机构投资者作为股东的作用，允许机构投资者征集代理权，实现机构投资者和中小股东的目标价值函数一致，使机构投资者成为中小股东利益上真正代言人。通过机构投资者间的“一致行动”和机构投资者与中小股东间的“征集代理权”机制，使得机构投资者行使监督的渠道顺畅和成本降低。

（3）培育多元化的机构投资者并强化信息披露制度

法规限制曾是美国机构投资者采取消极主义的重要原因，随着经济形势的变化，美国逐步放松了对金融市场和金融机构的管制，极大促进了机构投资者行为方式的转变。我们的建议是，一方面，应当在发展资本市场过程中大力扶持并培育多元化的机构投资者，尤其是社保基金；另一方面，加快建设完善软性金融市场基础设施，如完善的机构投资者的投资财务审计制度、严格的信息披露制度及政府对机构投资者信息披露的监管水平等。多元化的机构投资者市场格局将促进机构投资者着力于提高自身的证券投资分析与风险防范能力，迫使机构投资者发挥对上市公司监督功能。而严格的机构投资者投资信息披露与监管制度将限制机构投资者与上市公司合谋，侵害中小股东利益。

9.5 公司债权人治理

9.5.1 公司债权人类型

按照债权人承接债权关系的主动性，广义上可以将公司债权人划分为自愿性债权人与非自愿性债权人两种类型。非自愿性债权人是指因为企业的侵权行为而被动负债的组织或个人，是由于契约双方地位的不对等以及谈判实力不平衡所致。例如，公司员工以及受公司行为影响的社区居民等。由于谈判力量的失衡，非自愿性债权人通常无法实现自身利益与风险承担的良性匹配。利益的获取常常受到公司闲置，并且被动接受风险。权力失衡导致非自愿性债权人不具备对公司行为进行干预的动机和能力，治理效应也就难以发挥。

自愿性债权人在对自身收益与风险的平衡作出理性判断后，能够主动与公司缔结债务契约关系。自愿性债务契约关系的建立和维系是债权人自我主体意识以及谈判主体地位的体现，表明债权人具备相应的与公司进行交涉的能力。这种缔结与自愿性债权人以及公司双方的债权债务关系建立在债权人对监督、干预上市公司的能力和动机的自我认识以及自我评价的基础之上。债权人这种主体意识的存在，使其具有强烈的动机去降低利益风险，保障借贷资本的本金以及利息不受损害，或者当公司陷入财务危机时，对公司进行救助，实现联盟利益最大化。因此，债权人治理效应的发挥，必然是以自愿性债权人作为主体。我国公司的自愿性债权人主要有商业银行、商业信用供给方以及公司债权人。

9.5.2 公司债权人的权利属性

按照我国《商业银行法》《贷款通则》《破产法》等法律规定，债权人享有：

（1）知情权。由于信贷资产的保护，债权人与公司签订债务契约前以及在履行债务契约过程中，有权了解债务人的盈利能力、运营能力、偿债能力等财务情况以及债务人对接借贷资本的用途。另一方面，债务人也具备向债权人提供相应信息，并接受债权人监督的义务。在对相关信息的收集与整合后，债权人能较为有效地选择优质的债务人，并在缔结债务契约后对贷款的使用效率及用途进行干预和监督，进而保障债务人能够在规定的借款期限内对债权人还本付息。

《商业银行法》第七条规定："商业银行开展信贷业务，应当严格审查借款人的资信，实行担保，保障按期收回贷款。商业银行依法向借款人收回到期贷款的本金和利息，受法律保护。"第三十五条规定："商业银行贷款，应当对借款人的借款用途、偿还能力、还款方式等情况进行严格审查。"《贷款通则》第十九条规定："借款人的义务包括应当如实提供贷款人要求的资料（法律规定不能提供者除外），应当向贷款人如实提供所有开户行、账号及存贷款余额情况，配合贷款人的调查、审查和检查"。

（2）监督权。我国公司债权人对监督权的行使主要发生在借贷契约缔结完成之后，按照契约规定的关于借贷资本用途的相关初始信息，债权人有权对借贷资本的实际用途和效率进行跟踪了解，及时发现债务人的违约行为，并采取相应措施予以干预和制止，降低风险，进而保障债权人风险和收益的良好匹配。

《贷款通则》第十九条规定："应当接受贷款人对其使用信贷资金情况和有关生产经营、财务活动的监督；应当按借款合同约定用途使用贷款；应当按借款合同约定及时清偿贷款本息"。第二十二条规定："借款人未能履行借款合同规定义务的，贷款人有权依合同约定要求借款人提前归还贷款或停止支付借款人尚未使用的贷款；在贷款将受或已受损失时，可依据合同规定，采取使贷款免受损失的措施。"第三十一条规定："贷款发放后，贷款人应当对借款人执行借款合同情况及借款人的经营情况进行追踪调查和检查。"。第三十三条规定："贷款人应当建立和完善贷款的质量监管制度，对不良贷款进行分类、登记、考核和催收。"《合同法》第二百零二条规定"贷款人按照约定可以检查、监督借款的使用情况。借款人应当按照约定向贷款人定期提供有关财务会计报表等资料"。

（3）处置权。当公司经营状况恶化、财务质量下降、资不抵债时，债权人可以通过破产清算等方式获得债务人的控制权，进而对公司相关事务进行处置，以保障债权人合法权益。债权人处置权的获取，建立在债务人无法偿还债务的基础上，是债权人在债务契约关系即将破裂或者破裂之后的控制形式，具有滞后性。这种特殊条件下的控制权转移，是职权人对公司相机治理的实现途径。《破产法》规定，当清算程序启动后，债权人可以通过债权申报、聘请清算组、召开债权人会议、建立债权人委员会等方式对债务人进行管理和分配，以保障债权人利益。

9.5.3 债权人治理类型

（1）职权人防御型治理。由于债务代理成本涵盖了债务资本委托代理问题带给债权人的损失以及债权人为解决代理问题而支付的监督约束成本的总和，因此债权人风险与债务代理成本之间具有相互依存、相互转化的关系。

针对公司忽视契约要求而进行的投机性自利行为，债权人可以采取防御性治理来降低风险。作为我国公司的主要债权人之一，银行能够以较低的成本获得债务人的相关信息，其能够充分利用信息优势对公司进行监督和约束，能从一定程度上克服信息不对称带来的代理问题。因此，银行可以通过信息搜集渠道来获取公司的管理信息，及时跟踪债务人对借贷资本的适用用途。另外，银行所具有的人才优势及其与公司签订的具有限制性条款的契约均能实现对债务人行为的有效约束。商业信用债权人同样具备运作防御型治理的信息优势，其与公司之间的伙伴式供应关系为获取丰富的债务人信息提供了便利。同时双方的供应关系从一定程度上保障了商业信用供应方对购买方的控制能力。商业信用债权人通常处于产业链条的上游，其可以通过产品供应决策对处在下游的购买方进行控制。

因此，防御型治理的实质是银行以及商业信用债权人利用信息、人才等优势，借助债务契约、法律援助或联盟关系等治理工具，对债务人投机动机导致的自利行为进行监督和约束，以降低债权人风险与收益不匹配程度，避免显性和隐性风险对债权人造成的经济损失。

（2）债权人支持型治理。尽管公司严格按照契约要求来经营公司，但债权人仍可能面临由于公司内外部环境变化而出现无法到期偿还债券的局面。为了避免公司和债权人双方都遭受经济损失，债权人可以通过向公司派驻专业人员或者债务重组等方式对其进行积极地支持型治理，通过改善公司管理水平，提高市场竞争力和风险抗击力，最终在长期内实现债务人与债权人的共赢。债权人的支持型治理通常立足于债权人与公司的联盟利益，从长期战略视角下对公司进行积极干预和扶持。通常情况下，支持型治理建立在双方的债权关系以及股权关系双层纽带基础上，债权人通过向公司派驻董事、监事，保障公司决策的效率性和公平性。股权关系的存在有利于实现契约双方的利益捆绑，当公司陷入财务危机时，债权人可以通过债务重组方式向公司再次注资或延长还债期限，保证了公司的资金实力，从而在债权人利益保护的基础上，提升公司治理水平，实现二者共赢。

（3）债权人外部性治理。所谓外部性，是指一项经济活动对无辜第三方造成的影响。就债务契约而言，缔约的双方为债权人以及公司，债权人向公司输入债务资本，公司在规定期限内向债权人还本付息。因而债权人为债务人提出的要求是偿还本息，而对公司股东与经理人以及大股东与小股东之间的代理冲突，并没有具体要求公司的治理结构以及治理水平，属于债务契约双方意外的外生因素。事实上，负债融资确实能够通过种种传导机制对第一类与第二类委托代理问题产生影响，所以负债融资对于公司的代理问题具有强烈的外部性特征。

一是外部性治理与第一类代理问题。公司所有权与控制权的分离为经理层利用信息优势控制公司，挖掘股东和公司利益以满足自身利益最大化的需求奠定了基础，也为股东与经理人之间的代理冲突（第一类代理问题）埋下隐患，为实现公司价值提升，股东需要耗费更多的精力弥补经理人自利行为为公司造成的损失，以及设计激励、约束、监督和决策机制对经理人行为进行纠偏，以最大限度地保证经理人行为目标与股东行为目标的一致性。因此，第一类代理成本主要成因是股东与经理人之间行为目标的差异性。

当公司引入债券融资后，公司的资本结构更加复杂。债券资本具有刚性的还本付息的特征，当公司绩效下降，巨大的偿债能力能够直接威胁到公司的生存能力，增加公司破产风险。在信息不对称条件以及高昂的监督成本面前，债券资本的加入并不能对公司剩余控制权和剩余索取权进行转移，剩余控制权仍然掌握在实际控制人（公司经理层）手中。但是，债权人的固定求偿权有可能削弱经营者自由支配自由现金流的动机和能力，使得经理人不得不放弃原有的利用剩余控制权为自己谋利的机会，其原有的自利动机必须让位于公司的偿债需求。所以，为了维持原有的剩余索取权，并保障公司偿债能力处于较高水平，公司经理层通常会表现出更积极的行为，制定更为准确、科学、公平的决策。可见，债券融资为股东提供了一个约束经理人自利行为的机制，使得经理人行为目标与股东目标趋于一致，进而减缓股东与经理人之间的委托代理冲突，降低代理成本，优化公司治理。

另外，公司负债规模的扩大使公司面临的流动性风险增加，破产几率上升，而经理人员对薪酬和职务的依赖性特征决定了其要极力避免公司破产。所以，债权人引致的破产风险再一次为经理人勤勉工作带来激励。综上所述，在债务契约中，债权人只希望通过积极干预和监督使公司按期偿债，但对公司的治理状况并无暇顾及，然而事实上负债融资能够通过公司自由现金流、破产风险等传导机制对经理人行为产生影响，进而缓解由于所有权与控制权分离带来的代理冲突。因此，负债融资能够降低第一类委托代理成本，具有外部性治理效应。

二是外部性与第二类代理问题。伴随着资本市场的发展，公司股东也分化出大股东和中小股东两种类型。所有权的集中和大股东的崛起从一定程度上克服了两权分立造成的股东与经理层的代理问题。凭借强烈的动机和充足的投票权，大股东能够有效地选聘经理人，对经理行为进行监管，替换绩效较差的经理人员，并对公司发展做出战略决策，使公司朝着价值提升的方向不断发展，因而大股东的出现能够克服股权分散导致的决策效率低下，解决中小股东的“用脚投票”和“搭便车”问题。但是，由于不完全契约和信息不对称条件的存在，大股东时常会拥有较多的机会获得剩余控制权和剩余索取权。为了满足收益最大化，大股东可以通过关联交易等方式攫取公司利益，获取控制权私有收益，进而对中小股东的利益产生损害，产生第二类代理问题。

然后，当公司引入债券融资后，其进行非正常关联交易的动机和能力将被削弱。首先，债权人介入到公司契约网络中，其有权对公司的经营状况进行监督。当债权人发现公司存在非正常关联交易，并且危及到公司的正常运营和偿债能力时，其有权解除债务契约，这将进一步降低公司运营的稳定性，使公司资金链受到断裂的威胁，增加破产风险。再者，负债融资额度的提高对公司的运作能力提出了更高要求，公司务必规范运作，并提高生产经营效率以保证良好的财务绩效，所以其会在一定程度上规避非正常关联交易，保持较高的运营能力。另外，有过非正常关联交易的公司通常会得到较低的信用评级，不利于获得债权人的持续性贷款，进而融资渠道受阻。因此，债权人的监督能力及其引致的负债压力迫使公司提升经营管理水平，避免非正常的关联交易，进而切断大股东对中小股东进行利益挖掘的途径，有效抑制了第二类代理成本的增加。

9.5.4　债权人治理机制优化

（1）债权人防御型治理机制优化

债权人防御型治理的基本出发点在于权益保护，债权人应通过完善风险控制体系，严格筛选债务公司，对贷款的使用情况进行及时跟踪，对违约可能性较高的公司进行贷款提前收回或者增加利息等途径，全面降低债权人风险，提升债权人治理效应。

一是规范信贷市场。实现信贷市场的竞争均衡是解决信贷市场规范性问题的关键。部分地区表现出融资难、贷款难、信贷歧视等问题时，部分地区却表现出“争抢企业客户”的恶性竞争问题。这一现象形成的关键原因是信贷市场的总体供求关系失衡。在债权人和债务人缔结的契约关系中，债务人的偿还能力是双方关注的焦点。因此，规范信贷市场的重要环节在于通过克服信贷歧视，恢复信贷供求的平衡。政府部门可以向面临贷款难的企业，尤其是中小企业提供政策优惠，例如，设立中小企业专项贷款，提高国家补贴额度等。同时，加大对政策决策执行力度和监督力度，切实让融资困难企业享受到政策优惠。另外，鼓励银行向具备贷款资格的中小企业放贷，对出现意外违约的中小企业进行政策宽容，通过激励债权人和优惠债务人的双向促进，恢复市场供求关系，规范信贷市场。

二是完善风险评价体系。随着外部环境的变化，适用于过去环境中的风险防范评价系统并不能保证长期内利益不受损失。恢复信贷市场的供求均衡需要刺激银行向中小企业贷款，但对借款企业的资质审核是维系良好市场秩序，保障债权人利益不受损害的重要前提和基础。对于银行债权人而言，应通过构建动态评价指标和完善数据库两方面来提高风险评价能力。为全面考察借款人资质，银行可以将与申请贷款企业密切关联的上下游企业的经营、资信情况，以及申请企业法人代表的个人资信信息、公司治理质量等重要指标信息作为重要参考因素，全面考察企业的信用等级和偿债能力，以提高长期风险评价的准确性，提高风险预测能力，降低风险损失。

（2）债权人支持型治理机制优化

银行与企业形成良好的利益联盟，必须以较高的相互依赖性为基本前提。主办行制度主导下的银企关系中，任何一方对另一方的依赖性欠缺都会导致利益联盟的松散。我国的主办行制度的推行局限于国有企业与国有商业银行之间，二者都存在预算软约束和资源配置效率较低的特征，因而彼此之间的相互依赖程度也大打折扣。所有，提高银企之间资源依赖程度的途径之一是构建银企联盟，实现债权人支持型治理的重要途径。

一是构建股权关系。银行与企业之间，股权关系缺失的重要原因在于企业风险会通过股权纽带转移给商业银行，进而对其他存款人造成利益威胁，降低社会和经济环境的稳定性。然而，股权关系能够有效地帮助银行与企业实现目标函数的一致性，将二者紧密地联系在一起。因此，为银行与企业构建风险适当的股权关系是构建联盟的重要基础。风险适量是股权关系构建的关键，风险过大，将直接削弱银行参与企业经营管理的主动性，而且引致的银行财务风险将直接威胁其他存款人的利益，降低银行信用，造成金融体系的隐患。

在正常的运营过程中，银行可以通过将保险公司引入契约网络，实现股权关系的风险阻隔。银行与公司缔结股权关系时，银行可以与保险公司签订保险契约。当公司在正常运营时，银行的财务状况良好，资金充裕。在此期间，银行可以向保险公司定期支付一定的保险金，支付期限由双方共同设计。当企业出现财务风险，并且风险引致效应一旦威胁到银行的正常运作以及存款人的利益时，保险公司应对银行进行理赔，以充足银行的资金储备，保证银行信用以及金融体系的良性运作。

二是恢复治理结构的平衡。银行的支持型治理，重点是通过构建资源交换渠道实现银企联盟共赢。联盟的构建和运作中，银行甄别具有良好发展前景的企业以及企业资金真实需求状况至关重要，其甄别能力的高低不仅决定着银行的风险水平，还决定着银企联盟的共赢能力和发展潜力。然后，现存的我国主办银行制度的推广状况表明，一方面出于风险的考虑，银行对中小企业表现出“歧视”的态度；另一方面，主办银行对企业决策的参与程度较低。导致现状的主要原因在于企业治理结构中，代表银行意志的公司治理主体缺位。

在日德的双链控制模式中，银行能够以股东身份向公司董事会和监事会委派董事和监事，进而在公司的决策和监督过程中体现银行的意志。这种治理结构的委派行为通常是建立在产权基础之上，通过股权关系银行实现在公司治理中的利益。然而我国董事会和监事会构成较为多元化，银行向债务人派驻董事和监事不一定以股权关系为基础。契约设计过程中，可以考虑如果债务期限在一定年限或者债务数额在一定规模以上，主办银行须向董事会和监事会派驻利益代表（董事和监事），并赋予其表决权。银行董事应在涉及银行贷款用途、再融资决策以及公司其他重大决策方面进行表决，同时银行监事应负担起对公司行为监督和控制的责任。为充分体现银企联盟的长远利益，银行监事或董事的薪酬由银行和公司共同支付，一方面能够避免银行过度保护下产生的保守决策，另一方面可以避免公司利用信息优势进行风险投机活动。为避免银行董事和监事的自利行为出现，银行可以成立债务人决策评估委员会，银行派驻到公司的董事和监事由委员会投票产生，董事和监事向委员会负责，并由委员会监督。为实现联盟利益的协同，公司应委派人员进入银行债务人决策评估委员会，进而在债务人决策评估过程中体现公司意志。

（3）债权人外部性治理的内化机制

债权人的外部性治理，其机理在于负债融资为公司带来的偿债压力使得股东和经理的行为选择受到限制，偿债压力引致的破产风险、信用风险、解聘风险以及其他风险效应令股东和经理在决策过程中必然以利益分配的公平和公正为首要前提，促进了公司治理质量的提高。由于债权人和债务人缔结债务契约不以公司治理水平的推进为首要目标，因此公司治理效应的优化具有较强的外部性特征。治理转型期间，公司外部治理机制的重要性日益凸显，然而迫于部分债权人与债务人的国有产权背景产生的预算软约束问题，债权人外部性治理效应并没有正常发挥。所以，通过外部性治理效应的内化过程，将对公司治理的外部性转化为债权人的主动治理，进而更有效地解决股东与经理以及大股东和中小股东之间的代理问题成为突破公司外部治理困境，全面提升治理水平的有效方法。

9.6　会计师事务所的治理

会计师事务所是搭建在股东与经理、大股东与小股东、政府与公司、债权人与公司诸多利益主体之间十分关键的桥梁和纽带，是独立存在和运作的社会单位，其提供的审计业务员归属于公司的外部审计范畴，对公司治理的优化具有重要作用。其鉴定公司经济成果、审计公司资源配置情况等重要职能和作用，能够从很大程度上降低公司委托方与代理方之间信息不对称的程度，是投资者、债权人和政府等主体能够在充分了解公司运营状况、作出客观决策、对公司的运作进行监督的基础。通过会计事务所搭建的信息沟通渠道，公司内部各个代理问题能够得到有效缓解，帮助公司提高治理质量，实现可持续发展。

会计师事务所治理的职能如下：

（1）监督企业财务行为。公司成立之初，注册资本金由注册会计师验证核实之后才能被工商部门所认可，进而批准公司设立。在运营过程中，公司所产生的经营成果须经注册会计师核准后才能产生法律效力。依照我国《注册会计师法》规定，注册会计师的业务包括审查公司会计报表，出具审计报告；验证公司资本，出具验资报告等内容。《公司法》第一百六十四条规定：公司应当在每一会计年度终了时编制财务会计报告，并依法经会计师事务所审计。可见，公司的财务行为必然要通过会计师事务所的审核才能够被合法确认，注册会计师的审核必然会对公司的经营管理行为产生约束和导向作用，进而显现出会计师事务所在微观经济层面所具有的监督者角色。因此，在某些发达国家，会计师事务所被形象地称为“经济警察”。

（2）评价公司经营状况。会计师事务所对公司进行独立审计时，会针对公司的内控制度合理性与合法性，以及财务报告对公司真实财务状况、经营成果、资金变动情况的反映程度进行判断和评价，进而确定公司准确的财务实力、信用等级，并核准公司利润和应纳税额，对公司的盈利能力以及风险水平作出准确评价。当公司准备上市时，证券监督管理部门会依据注册会计师对公司资产、利润、每股利益、每股净资产等财务指标作出的评价来判断是否批准上市。上市公司运营过程中，投资者也会依据注册会计师审核鉴定的公司经营状况作出准确的投资决策。可见，会计师事务所所在公司经营层面扮演者重要的评价角色，

（3）传递公司经营信息。作为证券市场的中介机构之一，会计师事务所的信息传递职能对于缓解公司内外部信息不对称问题具有十分重要的作用。会计师事务所独立

的审计、财务咨询等多元化业务的建立和发展，均建立在其信息传递角色基础之上。分散的股权结构下，因信息不对称的存在，股东难以完全掌握其代理人的努力程度以及经营管理状况，承担了较大风险。即便是在股权集中度较高的市场中，中小投资者也会因为信息不对称而有可能做出错误的投资决策。同时，政府监管部门因无法掌握真实的公司经营管理状况而导致调控手段失灵和资源配置能力的降低，而资源配置能力的降低又进一步加深了利益失衡。因此，会计师事务所对公司经营成果进行合法性和真实性的鉴别与披露便起到了重要的信息透明化作用。

9.7 资信评级机构的治理

资信评级（Credit Rating）又称信用评级、信用评估，是指具有专业技术和知识的独立机构或部门，运用科学、全面的指标体系和评估技术，根据独立、客观、公正、科学的原则，对参与信用评估活动的各类经济主体以及各类金融工具的发行主体进行风险评估，进而对各类评估客体在特定期间自主履行相关承诺的能力、可信任程度及其可能带来的风险水平进行综合评级，并以简洁的符号表示其资信等级的业务活动。资信评级的客体主要包括各类企业、金融机构、政府部门、社会团体和个人等经济主体，也包括股票、债券、商业票据、结构性金融产品等金融工具。从对“资信评级”的界定中可以看出，从事资信评级业务的机构对于降低投资者与其投资客体之间的信息不对称程度，保护投资者权益，维护资本市场的稳定性具有重要意义。因此，资信评级机构常被誉为资本市场的“看门人”。

资信评级机构是由专职机构使用科学的评价方法，对在经济活动中的借贷信用行为的可靠性和安全性程度进行分析，并用专用符号作出评估报告的一种金融信息服务业务的一种机构。

（1）对投资者而言，信用评级的作用首先表现为它可以揭示债务发行人的信用风险，起到防范并降低投资者所面临的信用风险，协助投资者进行投资决策和提高证券发行效率的作用。其次，信用评级可以降低投资者的交易成本和投资风险。由于投资者不可能获得发行人的全部信息，因此难以进行精确分析和选择，而信用评级机构利用自身的专业优势对拟发行的债券还本付息的可靠程度进行客观、公正和权威的评定，改变了发债者与投资者之间信息不对称的现象，同时降低了投资者的信息搜寻成本。最后，信用评级结果既是债券定价、风险与报酬的评估参考，又是债券投资组合风险控制与管理的参考，为债券交易决策及内部信用评价作参考。

（2）对发债人而言，信用评级首先可为其降低融资成本。高等级的信用可以帮助企业较方便地取得金融机构的支持，得到投资者的信任，能够扩大融资规模，降低融资成本。信用评级是利率市场化条件下企业确定融资成本的依据，成为债券的定价基础。资信等级越高的证券，越容易得到投资者的信任，能够以较低的利率出售；而资信等级低的证券，风险较大，只能以较高的利率发行。其次，信用评级是企业改善经营管理的外在压力和内在动力，可以增强企业的信用意识，促使其为获得优良等级而改善自身的经营管理。企业还可以通过同行业信用状况的横向比较促进自身健康发展。最后，信用评级为发债人提供了一个客观公正的信用等级证明，有助于其拓展融资渠道，稳定融资来源，并扩大其投资者基础，为企业树立良好的信用形象。

（3）信用评级是监管部门监管的重要参考依据。随着市场经济的发展，信用评级在监管中的作用将得到进一步发挥，如监管机构在对银行、保险、证券等金融机构及担保机构的监管中参考信用评级结果等。对监管部门而言，信用评级一方面可协助监管部门加强市场监管，有效防范金融风险。政府监管部门采用评级结果的做法，有助于提高信息透明度，有效防范金融风险，也是其衡量资产素质的有效工具。另一方面，大量运用信用评级结果还可以减少政府对资本市场中的直接干预，提高证券市场、金融市场及保险市场的效率、透明度和规范性。

中国资信评级业伴随着中国债券市场的产生而诞生，经过二十多年的发展，取得了一定的成果，为中国债券市场和信贷市场的发展、信用风险控制的人才培养做出了重要贡献。但资信评级行业的发展不仅仅是行业本身的问题，也会受到所面临的生态环境的严重影响。中国资信评级行业存在资信评级业发展的理论混乱、资信评级业的社会认知不足、资信评级业的多头监管问题突出、资信评级行业协会重叠或交叉设立、资信评级业的政府介入过深、资信评级业市场地位较低、资信评级的业务品种较少规模小、以信用级别确定发行利率的倾向等问题。下一步，要明确统一监管主体和监管思路，建立健全法律法规，推进统一行业自律组织建设，提高收费水平、提升资信评级行业地位、稳定分析师队伍，推进债券市场发展、推动交易对手主体评级、推动理财产品评级，促进我国资信评级业的健康发展。

【思考与练习】

1. 如何通过股票价格来判断资本市场效率？
2. 兼并与收购的含义是什么？企业有哪些主要的并购战略？
3. 企业有哪些防止敌意接管的策略？
4. 商业银行对于一般公司治理的参与主要有哪些方式？这些方式在全球范围内又有哪些区域性特点？
5. 案例讨论

美国机构投资者炮打“司令部”

“一只500磅重的大猩猩会坐在哪儿?”这并不是一个“脑筋急转弯”的问题，而是美国的一句谚语，答案是：“它想坐在哪儿就会坐在哪儿!”

近来，在很多美国大型上市企业如可口可乐、花旗集团、苹果电脑等公司管理层的眼里，重量级的机构投资者——掌管约1 670亿美元资产的“加州公务员退休基金”(California Public Employees´Retirement System，简称Calpers)，就是一只很难缠的500磅重的大猩猩，它的屁股往股东席上一坐，往往就是公司麻烦的开始。

作为全美最大的养老基金，Calpers近年来频频扮演“改革先锋”角色。在购买了大量公司股份并成为大股东后，Calpers就开始旗帜鲜明地向所投资公司的企业治理

“开炮”。他们前一段时间最辉煌的战果是：与迪斯尼公司创始人之侄罗伊·迪斯尼（Roy E. Disney）联手，在3月3日召开的迪斯尼年度股东大会上，令现任董事长兼CEO迈克尔·埃斯纳（Michael Eisner）颜面丢尽，被迫辞去了董事长职务。

目前，Calpers又准备故伎重演，被列入“炮击黑名单”的企业多达十余家，其中已经被正式曝光的除上述几家公司外，还包括美国运通公司、强生公司、军火商洛克希德·马丁公司、通讯商南贝尔公司以及电脑外设制造商利盟公司等多家知名企业。

①撞翻可口可乐。上周末，Calpers通过全美最大的共同基金经理人代理投票顾问机构——机构股东服务公司（Institutional Shareholder Services 简称ISS）发表声明称：在4月21日召开的年度股东大会上，他们将提出不应由同一人同时担任可口可乐的董事长与CEO职务的提案。同时，他们将不支持可口可乐公司现任的6名审计委员会董事连任，这其中包括著名的“世界第二富豪”沃伦·巴菲特。Calpers表示，反对他们连任的原因是该6人委员会批准可口可乐公司的会计师事务所从事与审计无关的业务，如税务建议、规划、并购咨询等。Calpers认为，这将影响到会计师事务所的公正性。

②欲拔“花旗”。在4月20日即将召开股东年会的花旗集团也受到了Calpers的搅局困扰。本周初，握有接近2 670万股花旗股票的该基金公开表示：将反对花旗现任董事长威尔（Sanford Weill）、CEO查尔斯·普林斯（Charles Prince）以及其他6位董事留任。该基金认为，威尔应该为花旗集团在财务方面的一些不当行为遭调查招致巨额的费用损失、投资研究部门和投资银行部门之间存在利益冲突等问题承担全部责任，威尔不但应该“下课”，而且最好找一位真正的独立董事来担任花旗董事长。Calpers的提议得到了美国第二大养老基金——纽约州退休基金（New York State Common Retirement Fund）的支持，该基金资产约1 200亿美元，共持有近2 200万股花旗股票。本周二，纽约州退休基金发表声明说：威尔、普林斯等人的表现令花旗董事会的独立和公正性大打折扣。去年，受各种违规丑闻困扰的华尔街十大金融机构与美证交会最终达成了和解协议，并“委曲求全”地支付了14亿美元的“天价”和解金，仅花旗集团一家就掏出了4亿美元。威尔作为花旗董事长，却在去年得到了4 470万美元的报酬，其中3 000万美元是以现金形式支付，这也使得他成为了去年全美领取现金报酬最多的企业高管。普林斯去年也拿到了2 900万美元，另外还有传言说：普林斯的妻子任职的会计事务所与花旗存在业务往来关系。

③刀捅“苹果”。本周四，“唯恐天下不乱”的Calpers又狠狠捅了苹果电脑公司一刀。去年，在Calpers的支持下，一项要求在苹果年度财报中把股票期权作为开支处理的提案正式出台。苹果公司却一直在极力反对该提案。他们争辩说，由于给雇员的报酬很大一部分是股票期权，把股票期权作为开支会降低公司的利润。他们还称，准确地评估股票期权的价值是很困难的，而且为了保留工程师和其他中级雇员不被竞争对手挖走，股票期权是必须要给的。眼见苹果公司对自己的要求无动于衷，掌握148万股权的Calpers在4月15日威胁说，他将拒绝支持任何一位苹果董事会成员。

④“找茬儿”乐此不疲。安然等重磅企业丑闻近年来横扫欧美金融市场，给投资者带来巨大损失，企业治理问题特别是其董事会是否公正独立愈发成为投资者普遍关注的焦点，维护股东权益之风也随之甚嚣尘上。最近，越来越多的美国机构投资者对

其投资的企业治理加强了监管，但对企业来说，这意味着庞大的改革压力。很多公司高层也纷纷被迫下马。投资者普遍相信，好的企业治理能够带来公司好的业绩，从而提高股东的投资回报率。

以 Calpers 为代表的政府养老基金由于连年亏损，也不得不调整投资策略，开始更直接地介入被投资公司的管理中去。对 Calpers 的做法，业界也存在不同的看法，很多人拍手称快，认为机构投资者对被投资公司施加压力是人们期盼已久的事情。但也有人对此表示担忧，他们觉得公司一般都不喜欢外来投资者过分就企业治理指手画脚，担心 Calpers 的举动会引发公司的强烈抵触。Calpers 则表示，要带头维护投资者的权益，并要用自己的举动，使得改善企业治理成为美国各行各业上市公司的经常行为。

（资料来源：陈晓刚. 美国机构投资者炮打“司令部”. 《中国证券报》国际版，2004 年 4 月 19 日。）

【思考问题】

（1）美国机构投资者为什么要“炮打司令部”？你对他们的行为有何评价？

（2）美国机构投资者自身存在哪些问题？

10 基本法律制度

【本章学习目标】

1. 掌握强制性信息披露的基本含义与特征；
2. 了解强制性信息披露制度的主要内容与方向；
3. 理解信息披露制度的作用；
4. 了解投资者利益保护制度的主要内容；
5. 了解内部人控制含义、表现形式与成因；
6. 了解内幕交易的含义、特点及表现形式；
7. 理解内幕交易的危害。

10.1 信息披露制度概述

强制性信息披露制度，是世界各国政府对其证券市场进行规范、管理的最重要的制度之一，信息披露制度已经成为各国证券市场（包括控制权市场）有效运行的基础。证券市场的有效性与信息披露的质量有密切的关系。经合组织（OECD，1999）《公司治理原则》明确指出，信息透明度（information transparency）是公司治理机制的重点之一。

10.1.1 信息披露①

（1）信息披露的必要性

根据现代企业理论，公司治理中存在道德风险（如操纵财务信息）和信息不对称现象，它们会对公司的股东（特别是外部中小股东）造成利益损害。而信息披露正是纠正这些问题的重要措施。强制性信息披露可以提高信息质量，并使证券市场逼近最优效率状态，同时，它还可以节约交易成本。从实践中看，全球各国普遍越来越重视对信息披露的监管。

理论上而言，公司并没有进行信息披露的动力。原因有二：①公司管理层缺乏主动披露的激励。公司的信息公布会使竞争对手、供应商、客户等了解公司的运营情况，使潜在收购者更容易对公司进行评估，选择适合的收购时机，减少收购风险和收购成

① 李维安. 公司治理学. 北京：高等教育出版社，2005：194－195.

本。如果披露的信息是公司的坏消息，会影响管理层在经理市场的形象，也会影响企业的产品销售，甚至导致股价大幅度下跌，公司被恶意并购。②信息披露是有成本的（根据信息经济学，信息的供给存在信息成本）。在信息披露公开化的情况下，还容易出现争执和分歧，甚至引起股东诉讼。这就是信息披露的外部性。因此，各国大多采用强制性信息披露方式（部分国家辅以自愿性披露）。但是，即使是在强制性披露的情况下，上市公司还是有一定的披露弹性，如披露程度的详略、披露时间的迟早、表外披露还是表内披露等。

（2）信息披露的价值

信号理论（signaling theory）认为，在信息不对称情况下，质量较好的公司有较高标准的公司治理信息。

公司治理好的公司，将及时披露该公司绩效信息。管理当局为降低股东和债权人的疑虑，主动披露信息作为信号，以传递其并未产生支出偏好或偷懒行为而降低公司价值的信息，进而解除代理责任或获得市场资源。信号功能在于，从多个方面向信息使用者提供公司状况的信息。通过直接披露的信息，了解公司治理结构、资本结构、股利政策、会计政策选择等，判断公司价值、公司破产可能性、会计政策稳健性等。如果经营者提供的反映公司价值的信息存在虚假成分，信号的显示功能就会对公众发出警告。

公司披露信息的动力在于获得资源的低成本，真实、完整、及时的信息可以增强投资者的信心。Partha Sengupta（1998）研究认为，债权人和承销商在预测企业的拖欠风险时通常考虑的因素是信息披露政策。信息披露质量由以下几个方面决定：季报、年报的详细和明晰程度，能否获取公司管理层与财务分析师的讨论结果，通过媒体发布信息的频率等。实证发现，当公司在上述几个方面的表现较好时，公司债务的筹资成本较低。债权人和承销商评价拖欠风险的因素之一是公司隐瞒不利信息的可能性，当公司过去的信息披露质量较高时，债权人和保险商认为公司隐瞒不利信息的可能性很低，因而要求的风险报酬也更低。当公司面对的市场不确定性越大时，公司信息披露质量和债务筹资成本的反向关系越明显。公司为了获得社会资源，就必须满足资源提供者对信息的需求。

（3）信息披露的目标

提升信息透明度是信息披露的目标所在。契约理论认为，企业是一系列契约的集合。例如企业与债权人之间，所有者与经营者之间，企业与供应商、销售代理商之间，企业内部高层管理者与其下属之间，企业与员工之间的契约。如果市场是有效的，某一契约当事人的机会主义行为均有可能损害另一方当事人利益，因而存在自愿降低信息不对称性，提高信息透明度的要求。契约动力将驱使公司管理当局提供所有与契约履行相关的信息，信息披露及评价是契约当事人内部协调的结果。如果参与契约签订的人数众多，契约就可能失效，因为此时契约签订成本太高。由于经营者、所有者、债权人委托代理关系的存在，且由于信息处理处于经营者控制之中，信息质量和披露质量被利益相关者所关注。考虑到不同信息需求者的需求，经营者与其他利益相关者不得不就信息需求达成一致意见。

10.1.2 信息披露制度

信息披露制度，也称公示制度、公开披露制度，是上市公司为保障投资者利益、接受社会公众的监督而依照法律规定必须将其自身的财务变化、经营状况等信息和资料向证券管理部门和证券交易所报告，并向社会公开或公告，以便使投资者充分了解情况的制度。它既包括发行前的披露，也包括上市后的持续信息公开，它主要由招股说明书制度、定期报告制度和临时报告制度组成。从世界范围来看，信息披露制度主要存在完全信息披露制度和实质性审查制度两种模式。

10.1.2.1 信息披露制度的特征

（1）从信息披露法律制度的主体上看，它是以发行人为主体、由多方主体共同参加的制度

从各个主体在信息披露制度中所起的作用和所处的地位看，它们大体可分为四类：第一类是信息披露的重要主体，这类主体包括证券市场的监管机构和政府有关部门；第二类是信息披露的一般主体，即证券发行人，它们依法承担披露义务，所披露的主要是关于自己的及与自己有关的信息，是证券市场信息的主要披露人；第三类是信息披露的特定主体，它们是证券市场的投资者，一般没有信息披露的义务，只是在特定情况下，它们才履行披露义务；第四类主体是其他机构，如股票交易场所等自律组织、各类证券中介机构，它们是制定一些市场交易规则，有时也发布极为重要的信息，如交易制度的改革等，因此也应按照有关规定履行相应职责。

（2）持续性

信息披露制度在信息公开的时间上是个永远持续的过程，是定期与不定期的结合。

（3）强制性

有关市场主体在一定的条件下披露信息是一项法定义务，披露者没有丝毫变更的余地。法律对发行人的披露义务也作出了详尽的规定，发行人的自主权是极为有限的，它在提供所有法律要求披露的信息之后，才有少许自由发挥的余地。尽管如此，它依然必须对其中的所有信息的真实性、准确性和完整性承担责任。

（4）权利与义务的单向性

信息披露制度在法律上的另一个特点是权利义务的单向性，即信息披露人只承担信息披露的义务和责任，投资者只享有获得信息的权利。无论在证券发行阶段还是在交易阶段，发行人或特定条件下的其他披露主体均只承担披露义务，而不得要求对价。而无论是现实投资者或是潜在投资者均可依法要求有关披露主体提供必须披露的信息材料。

10.1.2.2 信息披露制度的内容

（1）证券发行的信息披露制度

在此期间最主要的就是招股说明书和上市公告书。在采取注册制的发行审核制度下，发行和上市是两个独立的过程，即公开发行的股票不一定会在证券交易所上市。从证券市场的实际操作程序来看，如果发行人希望公开发行的股票上市，各交易所一

般都要求发行公司在公布招股说明书之前，必须取得证交所的同意。该招股说明书由于完备的内容与信息披露，成为公司发行上市过程中的核心。而上市公告书在许多发达的证券市场中并非必然的程序之一。许多市场中的招股说明书实际上就是上市公告书。

（2）证券交易的信息披露制度

证券交易的信息披露也称持续阶段的信息披露，是指证券发行上市后，发行人所要承担的信息披露义务。主要是定期报告和临时报告两类，定期报告又包括中期报告和年度报告。

①中期报告。中期报告是上市公司向国务院证券监管机构和证券交易所提交的反映公司基本经营情况及与证券交易有关的重大信息的法律文件，包括半年度报告和季度报告。内容包括：公司财务会计报告和经营情况，涉及公司的重大诉讼事项，已发行的股票、债券变动情况，提交股东大会审议的重要事项，国务院证券监管机构规定的其他事项。

②年度报告。年度报告是上市公司在每个会计年度结束时，向国务院证券监管机构和证券交易所提交的反映公司基本经营情况及与证券交易有关的重大信息的法律文件。包括：公司概况，公司财务会计报告和经营情况，董事、监事、经理及高级管理人员简介及其持股情况，已发行的股票、债券变动情况，包括持有公司股份最多的前10名股东名单和持股数额，国务院证券监管机构规定的其他事项。

③临时报告。临时报告指上市公司在发生重大事件后，立即将该信息向社会公众披露，说明事件的实质，并报告证券监管机构和证券交易所的法定信息披露文件。临时报告包括以下三种：重大事件报告、收购报告书与公司合并公告。

10.1.2.3 信息披露制度的作用

信息具有外部性、垄断供给、不对称性特点，信息使用者借助于信息披露制度等获得所需的信息，由于多种因素的存在使得信息供求矛盾依靠非市场因素来调节。信息披露制度是外部调节机制的一部分，这一机制有助于缩短上市公司自愿信息供给与信息需求者期望之间的差距，改善信息质量。

具体来说，信息披露制度有三方面的作用：①有利于保护投资者，使股东全面了解公司情况，做出科学决策。同时也有利于减少关联交易、内部交易等行为的发生。②加强对经营者的约束和激励。在信息公开披露的情况下，经营者受到证券市场的强大约束，大大降低了其滥用权利的可能性。另一方面，许多上市公司高管人员的报酬都是与股价挂钩的，典型形式即股票期权。而信息披露（特别是在公司业绩较好时）有助于提升股价，加大对经营者的激励。当然，这种做法是一柄双刃剑，也有经营者为了高收入而操纵信息披露的。③信息披露促进了控制权市场的发展。控制权市场发挥作用的基础是充分、准确的信息。强制性信息披露有助于收购者获得更多信息。如果信息不充分，就可能会影响收购的正常进行。

在公司经营状况不佳时，信息披露会导致股价下跌，增加公司收购的可能性，促进控制权的优化配置。

10.1.3　信息披露质量及其发展方向[①]

10.1.3.1　信息披露的质量

信息披露的质量，主要可以从四个方面考察：一是财务信息，包括使用的会计准则、公司的财务状况、关联交易等；二是审计信息，包括注册会计师的审计报告、内部控制评估等，审计及信息披露评价当前比较注重审计关系本身的合规性、独立性；三是披露的公司治理信息是否符合相关规定，目前虽具有较高的定性标准，但缺乏具体的量化标准；四是信息披露的及时性，公司应建立网站，便于投资者及时查阅有关信息。

总的来看，信息透明度的核心是真实性、及时性、完整性。

（1）信息披露的真实性

真实性是指一项计量或叙述与其所要表达的现象或状况的一致性。真实性是信息的生命，要求公司所公开的信息能够正确反映客观事实或经济活动的发展趋势，而且能够按照一定标准予以检验。一般情况下，作为外部人仅通过公开信息是无法完全判断上市公司资料真实性的，但是可以借助上市公司及其相关人员违规历史记录等评价信息披露真实性。从信息传递角度讲，监管机构和中介组织搜集、分析信息，并验证信息真实性。

（2）信息披露的及时性

信息披露的及时性是指在信息失去影响决策的功能之前提供给决策者。信息除了具备真实完整特征之外，还要有时效性。由于投资者、监管机构和社会公众与公司内部管理人员在掌握信息的时间上存在差异，为解决获取信息的时间性不对称性可能产生的弊端，信息披露制度要求公司管理当局在规定的时期内依法披露信息，减少有关人员利用内幕信息进行内幕交易的可能性，增强公司透明度，降低监管难度，有利于规范公司管理当局经营行为，保护投资者利益；从公众投资者分析，及时披露的信息可以使投资者做出理性的投资决策；从上市公司本身来看，及时披露信息使公司股价及时调整，保证交易的连续和有效，减少市场盲动。

（3）信息披露的完整性

信息披露完整性要求上市公司必须提供公司完整的信息，不得忽略、隐瞒重要信息，使信息使用者了解公司治理结构、财务状况、经营成果、现金流量、经营风险及风险程度等。

公开所有法定项目的信息，使投资者足以了解公司全貌、事项的实质和结果，披露的完整性包括形式上的完整和内容的完整。

特别需要指出的是，完整、准确、及时地披露上市公司内部控制及其运行、股权结构及其变更情况是信息披露的重要内容。包括公司治理结构信息在内的非财务信息在信息披露中占有重要地位，是必须予以披露和评价的。普华永道国际会计师事务所

① 李维安．公司治理学．北京：高等教育出版社，2005：196.

总裁（Samuel A. Dipiazza，2002）提出"公司透明度的三级模式"，倡议计量和报告信息的准则应该具体到各个行业，需要建立具体的公司信息指南，如战略、计划、风险管理、薪酬政策、公司治理与绩效评价等信息。管理层编制信息报告时遵循的六个目标是完整性（completeness）、符合性（compliance）、一致性（consistency）、评价性（commentary）、明晰性（clarity）、沟通性（communication）。只有当公司以一种整合的方式传递信息，包括市场机会、战略、价值驱动、财务成果等，投资者才能从中受益。

【阅读】信息披露问题严重

虽然经过不断的建章立制，上市公司的信息披露工作取得了长足进步，信息透明度也不断增强，但在实践中，信息披露违规仍是很常见的违规行为。在有统计数据的1996—2009年间，沪深两市上市公司共计发生695起违规事件，其中，涉及信息披露的违规事件达530起，占上市公司违规总量的76.3%。

（一）信息披露不及时。从直观上来说，上市公司信息及时披露至少有两方面的好处，一是会降低利用信息披露的时滞进行内幕交易（或私下交易）的可能性，达到交易公平。二是有助于投资者对公司进行理性估价，从一定程度上消除证券定价的过分偏差和累积风险，提高证券市场传导机制的有效性。在有统计数据的1996—2009年间，沪深两市上市公司共计发生530起信息披露违规事件，其中，违规原因为"未及时披露公司重大事项"的达212起，占总量的40%，说明未及时披露公司重大事项已经成为信息披露违规的主因。

（二）信息披露不准确。公司信息披露的真实性和准确性是证券市场的核心问题，也是信息披露是否有效的核心环节。虚假的信息披露将造成市场秩序的无效和市场功能的丧失。在有统计数据的1996—2009年间，沪深两市上市公司共计发生530起信息披露违规事件，"信息披露虚假或严重误导性陈述"占其17%，高居第二位。很多实证研究表明，由于利润对中国上市公司在发行新股、配股、保牌和避免特别处理等方面具有特殊的意义，上市公司在IPO、再融资和避免摘牌或特别处理过程中存在着围绕利润的虚假信息披露行为。此外，有些上市公司的信息披露上还存在一定程度的误导性陈述，其表现为：上市公司披露了应予公开的事实，但该信息的表述语言半真半假或在理解上有模糊歧义，或故意使用不准确的、似是而非的、不知所云的、晦涩难懂的语言来误导投资者；或者没有表述全部事实，误导投资者以为是该事实的全部。

（三）信息披露不完整。完整披露原则是要求公司信息披露对全体投资者不得忽略或隐瞒任何主要信息，这是上市公司信息披露有效性的一个重要原则，也是降低信息不对称的有效办法。总体来说，随着市场的规范化发展，上市公司信息披露的完整性在逐步好转，发布信息的频率呈现明显上升趋势，但仍存在不少问题。一是对资金投资情况和获利能力构成的信息披露不够。近年来，许多企业开展多元化经营活动，非主营业务利润和投资收益占利润总额的比重越开越大。比如，有的公司将股东和债权人投入企业的资金大量投放于股票交易、期货交易或房地产交易上，以期获利。这使得股东和债权人面临的风险大大增加，如果向他们详细披露资金投向，会引起投资者的警惕，进而反对投资活动。因而企业的通常做法是将此类信息一笔带过，笼统称为“对外投资收益”。二是对重大财务事项的提示不够完整。虽然上市公司会计报表注释对或有事项、承诺事项和后期事项有一定程度的揭示，但远远不能满足信息使用者的需求，有的企业还回避此类信息的披露，致使投资者不能弄清楚企业真实情况。三是借保护商业秘密为由，隐瞒相关信息。一些上市公司以商业机密为由，有意模糊商业秘密和财务信息的界限，故意隐瞒真实的财务状况。尤其是在一些企业应收账款比例不断上升，坏账损失可能增大的情况下，若不披露资产的实际运行情况，不仅违背信息披露的完整性和充分性原则，也不符合会计的稳健性原则要求。四是与某个时间相关的所有信息不一次性全面披露。近年来，发布补充公告和更正公告（俗称打补丁）占全部上市公司总数的很大比例。虽然一些补充公告或更正公告能对年报中信息的差错和遗漏进行及时更正，但由于不少“补丁”常打在重要的财务数据或敏感的问题上，甚至有些上市公司在年报披露过程中将应当披露的资料有意遗漏，事后以一小块不引人注意的小公告更正，以作掩饰，这使得“补丁”成为粉饰年报的工具。五是选择性信息披露现象非常普遍。每家企业都希望信息带来最好的积极效应，故很多时候都有意或无意进行选择性披露，例如，在披露利好消息时，往往不遗余力，在披露负面信息时语焉不详甚至压根不提。

10.1.3.2 信息披露的发展方向

提高信息披露透明度，是我国证券市场发展的重要举措之一。其主要发展方向有：

（1）我国上市公司应当保证真实、准确、完整、及时地披露与公司有关的全部重大问题为保证公司披露所有与公司有关的重大问题，公司应当披露的重要信息至少包括：

①公司概况及治理原则。

②公司目标与政策。这些信息能帮助投资者更好地评估公司的未来收益，有助于利用该方面的信息在资本市场上做出科学判断和决策。

③经营状况。经营状况是潜在投资者及利害关系者进行经济决策的重要依据。

④股权结构及其变动情况。出资者有权利了解企业股份所有权的结构、投资者的权利以及其他股份所有者的权利。公司也应提供关联方之间的交易信息，即使该公司与关联方不存在交易，也应披露关联方所持股份或权益变化。

⑤董事长、董事、经理等人员情况及报酬。投资者和其他信息使用者要求得到董事会成员和主要执行人员的个人信息以便评估他们的资格。

⑥与雇员和其他利害关系者有关的重要问题。

⑦财务会计状况及经营成果。财务会计状况和经营成果一直是公司治理信息披露的核心内容，也是信息使用者最为关注的焦点。

⑧可预见的重大风险。随着市场竞争激烈及不确定性的加强，为维护出资者的正当利益，公司应预测重大风险并及时予以披露是必要的。

从以上分析可以看出，非财务信息将被广泛地披露。

（2）提高公司治理信息披露质量，建立信息披露监管系统为真正使公司治理信息披露规范化和科学化，监管机构可以采取措施提高公司治理信息披露质量，建立全方位的公司治理信息披露监管系统。目前可从以下方面入手：

①我国公司治理信息披露应扩大范围、缩短时间，采用现代化电子手段。传统的信息披露一般只包括财务会计信息，而按目前科学决策的要求，公司治理披露的信息应包括公司治理结构状况、经营状况、所有权状况、财务会计状况等。在信息披露的时间上，各国普遍主张采用定期与不定期相结合的方式。应信息使用者的需求，公司经常主动披露信息，一般披露次数和内容比制度规定的要多。在信息披露的手段上应提倡和鼓励采用现代化的通讯技术，如公司在互联网上设立网页，通过互联网进行披露。

②将公司治理信息披露纳入法律法规体系，加大处罚力度。同时完善公司治理信息披露的监督控制机制，加大对公司风险信息的披露，采用高质量的会计标准、审计标准和金融标准披露公司治理信息，以保证公司治理信息披露的可信度。

③加强对会计行业的监管，改革审计制度。例如：年度财务会计报告不得长期由同一会计师事务所和注册会计师进行审计，强制性更换注册会计师，或由股东直接提名注册会计师等，以保证公司治理信息披露的高质量。

10.2 投资者利益保护制度

我国证券市场脱胎于我国转型经济，自成立以来就肩负着为国企改革和解困服务的重任，这几年的发展中为国企改制、上市公司融资和转移银行负担等经济目标的实现发挥了不可替代的作用。广大中小投资者作为证券市场的投资主体，他们的投资决策将影响整个社会的经济发展。国内外的经验研究表明，一国或地区对中小投资者的权益保护越好，资本市场就越发达，抵抗金融风险的能力就越强，对经济增长的促进作用也就越大。因此中小投资者保护研究在我国有很强的现实意义。

10.2.1 投资者利益

（1）投资者利益概念

投资者利益也已就是股东的权益，泛指公司给予股东的各种权益或者所有者权利，具体是指股东基于股东资格而享有的从公司获取经济利益并参与公司管理的权利。

我国《公司法》对股东权益做出了基本界定，确定公司股东作为出资者按投入公司的资本额享有所有者的资产受益、重大决策和选择管理者等权利。投资者的权益目标是通过股票投资获得最大的收益。投资者的收益由两部分构成：一是公司派发的股息与红利；二是通过买卖股票赚取的差价收入。

（2）投资者利益的分类

对于股权的分类有很多种，如以重要程度分，分为固有权与非固有权；以行使方法分，分为单独股东与少数股东权；以行使主体分，分为一般股东权与特别股东权；

以其产生的法律渊源分，又分为法定股东权与章定股东权。而其中最重要的一种分类方式就是按照行使目的将其分为自益权和共益权。

自益权是股东为自己的利益而行使的权利，以资本市场为例，投资者的这类基本权益主要包括：证券赋予的权利，如股票赋予的股权，债券赋予的债权等；信息知情权，即充分了解相关证券的各种公开信息的权利；证券交易权，即可根据自己的意愿，自由买卖证券；交易选择权，即是根据自己的意愿选择适合自己的投资需求的证券品种、数量和交易方式。

共益权是股东为自己的利益的同时兼为公司利益而行使的权利，主要包括：表决权、代表诉讼提起权、股东大会召集请求权和召集权、提案权、质询权、股东大会决议撤销诉权、股东大会召集决议无效确认诉权、累积投票权、新股发行停止请求权、新股发行无效权、公司设立无效诉权、公司合并无效诉权、会计文件查阅权、会计账簿查阅权、检查人选任请求权、董事监事和清算人解任请求权、公司重整请求权等。

维护投资者权益，从根本上讲就是要充分而有效地落实投资者的以上这些基本权益。但在实践中，投资者（主要指中小投资者，下同）的这些基本权益常常受到影响甚至伤害。

10.2.2 我国中小投资者利益保护的现状

2000年以来，中小投资者利益的保护问题逐渐受到重视，国家也相继出台了关于投资者保护的法律法规，但是中小投资者人微言轻的弱势地位依旧制约着其与位高权重的大股东和利益集团抗衡。我国中小投资者利益保护机制的种种缺陷，使中小股东的权益受到了不同程度的侵害。

（1）投票表决权难以实现。实现中小投资者参与公司经营管理的权利，必须通过股东大会来“用手投票”。由于我国上市公司特殊的股权结构，国有股和法人股两类未流通股比重较高，国有大股东处于绝对控股地位，在“资本多数决”原则下，控股股东可以合法地利用控制权操纵股东大会，使股东大会从一个民主决策机构演变成为大股东一票表决的场所和合法转移上市公司利益的工具，小股东的利益无法通过股东大会“用手投票”的方式得到保护，这导致了中小股东“用脚投票”等短视投机行为的出现。

（2）剩余分配权无法保障。获取股票持有收益是中小投资者做出投资决策的根本目的，也是保护中小投资者利益最重要的环节。然而，我国上市公司的股利政策却成为控股股东谋取私利的工具，股利分配呈现出“钓鱼式分红”和“掏空式分红”两种极端，上市公司股利政策缺乏连续性和稳定性，近几年上市公司很少分配现金股利，或以股票股利取而代之，这实际上是对中小投资者资金的低效率占用。

（3）信息不对称。中小投资者监督管理层经营管理的唯一途径就是获取公司披露的有关公司经营的信息，但我国上市公司信息披露制度仍存在种种缺陷，导致虚假陈述几乎成了流行病。欺骗上市、虚构利润、误导性预测、信息披露不及时、不全面等行为使外部中小投资者难以获得投资决策所需的关键信息，信息的不对称成为内部人侵害中小投资者利益的途径之一。

(4) 民事责任缺位。我国关于中小投资者保护的法律条款虽臻于完善，但是与很多发达国家相比还存在差距，比较突出的一点是民事责任缺位。我国《证券法》关于证券违法犯罪行为的行政责任、刑事责任和民事责任的规定严重失衡，涉及民事责任的条款仅规定了虚假陈述和违背客户意思表示造成损失这两种情况必须承担民事赔偿责任，其他都是行政责任和刑事责任。民事责任的缺位使得投资者在证券市场中因不法行为而遭受损害不能得到充分救助，不能诉请法院获得赔偿，中小投资者的权益还是得不到切实的保障。①

【阅读】法律体系对外部投资者利益的影响

LLSV (1998) (Laporta、Lopez2de2Silanes、Shleifer 和 Vishny，简称 LLSV) 比较了不同法系对股东权力的保护程度。结果发现，普通法系国家的企业比大陆法系国家的企业更能保护股东，特别是小股东的利益。在公司治理对外部投资者缺乏保护的大陆法系国家，公司的股权有集中的趋势。这是因为当投资者法律保护环境较差的时候，外部股东的权利由于缺乏法律保护很容易被剥夺，人们通常不会选择通过股权来相互融资，因此，公司股权掌握在少数几个大股东手中。

大股东出于对自身利益的追求，往往利用手中的大额投票权对公司施加影响。当大股东的权力足以决定经营管理层的选择或在相反情况下，即大股东治理和监督不到位，都将导致实际上的内部人控制问题，给他们有效剥夺中小股东利益的机会。

10.2.3 投资者利益保护相关制度

投资者利益保护现有相关制度包括：股东大会制度、知情权保护制度、表决权保护制度、独立董事制度、异议股东股份回购请求权制度以及司法救济制度等，其中大部分内容在前边章节已经提及，在此不再赘述，重点讨论一下司法救济制度相关问题。而对中小股东的司法救济制度主要包括：决议瑕疵诉讼制度与股东派生诉讼制度。

(1) 决议瑕疵诉讼制度

《公司法》第二十二条规定："公司股东会或股东大会、董事会的决议内容违反法律、行政法规的无效。股东会或者股东大会、董事会的会议召集程序、表决方式违反法律、行政法规或者公司章程，或者决议内容违反公司章程的，股东可以自决议做出之日起六十日内，请求人民法院撤销。"新《公司法》完善了股东诉讼的相关规定，赋予股东对瑕疵股东会或股东大会决议一定的撤销权和确认无效的权利，这对保护股东，尤其是保护小股东的权利提供了更加完善的机制。

(2) 股东派生诉讼制度

一般认为公司诉讼主要分为直接诉讼和派生诉讼两种。前者是指公司股东基于公司所有权人的身份而提起的旨在强制执行其请求权的诉讼。这种诉讼提起权是一种自益权，完全是为了自身的算准而提起。原《公司法》第一百一十一条及新《公司法》

① 李红. 论我国中小投资者利益保护. 经济论丛，2008 (8)：52-53.

第一百五十二条均有相应规定，因此本书着重讨论后者。“董事、高级管理人员有本法第一百五十条规定的情形的，有限责任公司的股东、股份有限公司连续一百八十日以上单独或者合计持有公司百分之一以上股份的股东，可以书面请求监事会或者不设监事会的有限责任公司的监事向人民法院提起诉讼；监事有本法第一到五十条规定的情形的，前述股东可以书面请求董事会或者不设董事会的有限责任公司的执行董事向人民法院提起诉讼。监事会、不设监事会的有限责任公司的监事，或者董事会、执行董事收到前款规定的股东书面请求后拒绝提起诉讼，或者自收到请求之日起三十日内未提起诉讼，或者情况紧急、不立即提起诉讼将会使公司利益受到难以弥补的损害的，前款规定的股东有限为了公司的利益以自己的名义直接向人民法院提起诉讼。他人侵犯公司合法权益，给公司造成损失的，本条第一款规定的股东可以依照前两款的规定向人民法院提起诉讼。”

有学者归纳出股东派生诉讼具有以下两个方面的重要功能：

①事后救济功能，即在公司受到董事、高级职员及控制股东、公司实际控制人的非法侵害后，通过股东提起派生诉讼的方式，来及时获得经济赔偿或其他非经济救济，以恢复公司及其股东原有合法利益。

②事前抵制功能，即事前监督功能。从理论上讲，股东派生诉讼制度的存在，增加了公司上述内部人从公司谋取不正当利益的风险成本，起到了预告制止该类行为的作用。

10.2.4 完善投资者利益保护制度探索

保护投资者利益是发展证券市场的一个永恒主题，只有充分、有效地保护投资者利益，才能使证券市场健康、长期地发展。从国内外的经验看，加强和完善投资者权利保护，制度的建设与完善是关键，制度不仅包括法人治理制度，而且包括法律、法规，实施机制以及相关的制度结构。由于现行制度结构的产生有深厚的政治、历史和文化的积淀，所以现行制度结构的改革将是一个随外部市场环境演化的过程。

从目前中国证券市场运行情况看，充分保护投资者利益，健全市场运行制度、组织制度，完善市场监管制度及法律法规体系将是中国证券市场的必然选择。

（1）完善对投资者的法律保护体系。鉴于我国目前在证券法律制度方面存在着立法缺乏前瞻性、民事规范的缺失、立法效力等级较低、缺乏可操作性等不足，故考虑从以下几方面来加强中小投资者的法律保护：

①确保投资者的知情权。与此相关联的问题就是要不断提高会计准则和审计服务质量，因为很多信息是在财务报告中产生的。应加快上市公司信息披露的频率，逐步完善季报披露制度，尽可能减少投资者与管理层之间的信息不对称问题。

②健全民事责任赔偿制度。证券民事损害赔偿责任制度是指在上市公司公众投资者利益受到侵害，通过诉诸相关法律，获取相应赔偿的机制。民事责任赔偿制度的健全和完善对于投资者利益保护具有重大意义，证券民事损害赔偿责任的范围应该涵盖内幕交易、操纵市场等其他证券欺诈案件。另外，必须着力解决证券市场民事赔偿案件中存在的最终财产保障问题，使得投资者胜诉后有相应的物质财产可以得到赔偿。

③建立股东代表诉讼制。通过借鉴其他国家和地区的经验，可以对我国建立股东代表诉讼制度提出一些设想，如建立诉讼前的内部救济制度，尽量维护公司正常的治理结构，给公司有关程序缓冲，过滤掉不成熟的代表诉讼，使诉讼行为更多些理性。再如诉讼补偿制度。我国也可以引入美国的司法判例首创的诉讼费用补偿制度，即只要诉讼结果给公司带来了实质性的财产利益或者成功地避免了公司可能遭受的损失，原告股东就其诉讼行为所支付的包括律师费用等在内的合理费用可以请求公司给予补偿（孙峰，王璇，2008）。

（2）完善公司治理结构。针对我国公司治理水平普遍不高，对于中小投资者的保护应在法律制度的宏观指导下完善公司治理结构制度。具体来说有以下几个方面：通过市场接管，优化股权结构；建立有效的风险承担机制，做到责权分明；发挥银行在公司治理结构中的主导作用，银行是我国国有企业最大的债权人，要把银行的约束作用引入公司的治理机制；强化监事会对公司的监督和完善独立董事制度，等等。

（3）加强市场中介服务机构的规范化建设。我国证券市场上行政干预过多造成了投资者过分注重政府的动向，轻视乃至忽视市场中介机构特别是注册会计师的作用，注册会计师频频遭遇信任危机。再者，监管机构资源有限，要充分保护投资者，就要充分发挥中介机构的监督作用。为此，政府应从一些空间退出，让中介机构来承担起监管责任，直接对投资者负责，这样可以迫使中介机构提高自身的服务水平，提高和维护自身的声誉。同时应促使中介机构摆正职能定位，强化注册会计师的“经济警察”角色，会计师不仅就财务报告的公允性、合法性发表专业意见，还必须勤勉尽责地发现那些应该发现的舞弊行为。

（4）加强投资者自我保护教育。投资者成熟的程度是衡量一国证券市场是否成熟的标志。我们处在一个不断创新和发展的社会经济环境中，许多新事物会不断进入投资领域，这更需要我们不断学习、接受教育。法律对中小股东权益保护规定的完善只是给中小股东权益保护提供了一个外部条件，中小股东必须加强自我保护意识，提高自身素质，保护自身合法权益。首先，要加强证券知识的学习，熟悉和掌握相关知识，形成正确的投资理念。其次，要承担社会监督的责任，投资中发现问题要及时举报。最后，要充分了解、行使法律赋予的各项权利。

10.3 防止内部人控制制度

10.3.1 内部人控制概述

（1）内部人控制含义

所谓“内部人控制”是指企业的出资者（股东）和债权人（银行等）对企业失去控制和监督，或者控制监督不力，企业实际上由内部的经理人所把持，权力不受约束，导致所有者、债权人的权益和国家利益受到损害。所谓“内部人”，即是执掌公司董事会经营行政大权的董事长、董事，以及由董事会聘任的高层管理者们。

在我国从计划经济体制向市场经济体制转变过程中，产生并存在于一些国有企业的这一现象已越来越引起国内外专家学者和有关主管部门的注意。美国斯坦福大学教授、总统经济顾问斯蒂格里茨等经济学家，1993 年来华考察时就已指出，中国在体制转轨中，由于“内部人控制”，使一些国有企业发生嬗变，国家作为资本所有者的意志和利益被架空，企业管理者个人或集体随意攫取更大的利益。国家经贸委副主任陈清泰认为，我国国有企业存在“内部人控制”的现象，助长了经营管理人员私欲膨胀，利用政府赋予的权力，以合法和非法的方式转移国有资产，甚至蚕食侵占变为私产，造成国有资产严重流失。

【阅读】

曾被李岚清同志作为典型案例点名的武汉中国长江动力集团公司的于志安，曾集党委书记、董事长、总经理于一身。在 20 世纪 80 年代初期，他曾使拥有 5 千多人、濒于倒闭的武汉汽轮机发电厂起死回生，接着组建长动集团，10 年税利增长 100 倍，跻身全国 500 强的行列，被一些经济学家誉为“超常发展的典型”，他也成了全国劳模、全国优秀企业家、国家有突出贡献专家、人大代表。然而，就是这个于志安，1995 年 4 月出逃菲律宾之后，有关部门才发现他早在 1993 年就把属下一家有 4.2 亿元资产的企业股权的 48% 出让给港商，却仅收回 8 610 万元，等于白送给对方 1.1 亿元；还曾于 1992 年调动国有资金，用私人名义在菲律宾注册开办一家年收入达 1 000 万美元的电力公司，成为他个人合法拥有的企业。而长动集团属下的 200 多家企业已大部分亏损，负债累累。广东省国有商业的天龙食品集团公司原党委书记、董事长、总经理谢鹤亭又是一个类似的例子。他可以随意调动大笔资金而不受约束和监督，共计造成企业直接损失 1 600 多万元，个人贪污侵占又达 1 600 多万元，使一个曾有过良好经营业绩的企业濒临破产。

（2）内部人控制的表现形式

一般认为，内部人控制问题主要表现在：过分地在职消费；信息披露不规范，不及时，而且报喜不报忧，随时进行会计程序的技术处理，导致信息失真；经营者的短期行为，拒绝对企业进行整顿；绩效很差的经理不会被替代；过度投资和耗用资产；新资本不可能以低成本筹集起来；工资、资金等收入增长过快，侵占利润；转移国有资产；置小股东利益和声誉于不顾；大量拖欠债务，甚至严重亏损等。这些问题都在不同程度上损害了股东的长远利益，提高了代理成本，导致公司治理失效。

10.3.2 内部人控制问题的成因

内部人控制问题的形成，实际上是公司治理中“所有者缺位”和控制权与剩余索取权不相配的问题。在两权分离的条件下，不掌握企业经营权的分散的股东成为企业的外部成员，由于监督不力，企业实际上由不拥有股权或只拥有很小份额股权的经理阶层所控制，经理人员事实上掌握了企业的控制权。以我国国企改革为例，造成内部人控制问题的主要成因为：

（1）国有产权虚置，所有者缺位

国有资产的最终所有者是全体人民，全民的所有权只能通过国家来行使，而国家的职能由政府来履行。长期以来，政府各部门都代表国家管理企业。由于每个部门都履行一定的国家职能，多部门行使所有权的结果是使国有企业所有权缺乏一种人格化的主体，即产权虚置问题。它使国有企业的所有权的作用被削弱，也就是说，国有企业没有明确的所有者像关心自己私人资产那样来关心企业的经营绩效和资产的保值增值，以及自觉地激励、监督、约束国有企业的经理人和职工。在国企放权让利的过程中，职工的权利实际上是虚置的，国企经营者则取得了事实上的控制权，并且处于失控状态。因而，“所有者缺位”所导致的后果实际上是为“内部人”即国企经理人谋求对国有资产过多的控制权提供了“温床”。

（2）公司内部治理失效

公司治理实质上要解决的是因所有权与控制权相分离而产生的代理问题。简单地说，它要处理的是股东与经理人之间的关系问题。根据委托—代理理论，在两权分离的企业里，“理性”的经理人（代理人）会利用自己的信息优势和不完备契约留下的“空子”，不惜牺牲所有者的利益而追求自身效用函数（利益）的最大化，而所有者（委托人）要实现自己利益的最大化目标，就必须付出相当的协调成本，从而达到二者目标的统一。因此，公司治理的实质在一定程度上可看作所有者在赋予企业经理人员一定“控制权”的同时，通过相关机制和规则来约束经理人员的行为，以促使他们在追求个人效用目标的时候，采取的是与所有者相合意的行动，而不是损害所有者的利益。

在国有企业转制过程中，为保证政府的“控制权”，国有股权一般在公司化改制后的公司股权结构中占据统治地位，而且这种控股股权通常由国有独资的“授权投资机构”——控股公司、集团公司、资产经营公司等来行使。由于广泛采用这种“授权”的方式确定国有股东，在多数改制后的公司中，行使国有股权的都是另外一个全资国有企业，即被政府授权的这些控股公司、集团公司、资产经营公司等，这些被授权企业通常只有一个统一的“领导班子”。由于“领导班子”通常是由国家或政府直接委派经营这些国有独资的“授权投资机构”的人员，所以从这个层面上看，“领导班子”（代理人）与国家或政府（委托人）是一种委托—代理关系。这些国有企业所有者主体是缺失的，并没有明确的所有者对经理人的行为进行约束，公司内部治理在一定意义上说是失效的。作为内部人的这些“领导班子”并不具有企业的所有权，也就没有对企业的最终控制权。但由于所有者的缺位导致了对于国企内部人行为进行约束的缺乏，当这些内部人认为可把企业的利益转化为更多的自身利益时，他们便会利用手中已有的经营权和信息优势，不惜损害作为外部人的国家的利益，不遗余力地谋求对企业的实际控制权来实现自身更多的利益。

在国企改制以后的大多数股份制公司中，这些“领导班子成员”既是国有股权的全权代表，又是他们所雇用的改制公司中的经理人员。为了保证政府的控制权，其股东大会往往是国有股一股独大的，董事会成员的人选大多是内定或协商产生的。在这种情况下，又形成了另一种委托—代理关系，即国有大股东（代理人）与其他分散的股东（委托人）之间的代理关系。股东分成两类：一类是内部股东，他们管理着公司，有着对经营管理决策的投票权；另一类是外部股东，他们没有投票权。国有大股东往往直接参与公司的经营管理，作为公司内部股东，他们掌握了更多的控制权和信息，外部股东即其他分散的股东很少能够对内部股东的行为进行约束和监督，所以经常会发生国有大股东（内部股东）为个人或小集团私利而侵害其他分散的股东（外部股东）利益的情形。另外，董事会要么与经理层高度重合，导致权力过分集中，使得董事会对经理层的制衡作用完全失效，要么由于种种原因导致“董事不懂事”；监事会则由于监事自身能力不足、信息不充分和缺乏激励等原因也形同虚设。国企的内部治理在对内部人与外部人关系的制衡中失效。

（3）外部治理机制失效

在传统的股东主权治理模式中，对经理层的监督和控制是由公司外部股东来完成的，而外部股东作用的发挥程度依赖于一个有效率的，具有评定公司价值和转移公司控制权功能的、竞争的资本市场，同时还要通过其他一些制度安排，比如竞争性的买卖经理人和工人劳动服务的经理人市场和劳动力市场，以形成良好、完善的竞争市场环境系统。但现在我国的市场缺乏有效、竞争的资本市场；经理人市场还尚未形成；缺乏完善竞争的劳动力市场；以及还存在传统体制遗留下来的一些弊端。因此，来自公司外部的治理机制不能或不能充分发挥作用。

【阅读】

我们在对因内部人控制失控而给他人与国家带来的巨大损失深恶痛绝的同时，还应该反思深层次的问题是制度和机制，不能简单地归咎于个人的道德品质。我们任何时候都不能忽视思想道德教育的作用，但与制度约束相比，后者更为重要。邓小平同志说过，制度好坏人难以得逞，制度不好好人也会犯错误。广州市一位领导同志指出，无限制的审批权是腐败的根源之一，无监督的权力必然导致腐败。前述几个例子，当事人原来并不坏，大多还为企业改革发展作过贡献。问题在于，一方面，近乎无限制、无监督的权力，导致他们私欲膨胀；另一方面，一些优秀企业家作为一种重要的社会资源和生产要素，政府未能遵循市场经济的客观规律，制定出相应的分配政策，保证经营者应得的高收益，这也使部分经营者认为不公平而导致心理不平衡，引发其运用合法乃至非法手段牟取私利的一个重要原因。

10.3.3 防止内部人控制的制度措施

防止内部人控制的关键是建立规范有效的法人治理结构，实质在于协调所有权与经营权分离所产生的代理问题。为此：

（1）外部市场机制约束

在成熟的市场经济条件下，股东对经理人员的监督与制约，是通过有效的公司价值评定和公司控制权转移的资本市场以及其他一些制度安排来加以实现的，规范的股份制度与股票市场可以通过一系列市场手段（如公司控制权之症、敌意接管、融资安排等）约束经理人行为，迫使经理人努力工作。我们应当在活化公司股权的基础上构筑破产机制、兼并机制，并发展完善经理人市场。通过外部股东以及人力资本市场的压力加强对内部人的控制。加强债权人对公司的监督作用，建立主银行制。充分发挥利益相关者的监督作用，同时经济、行政、法律手段相结合，构建对国企经营者的外部监督机制。

（2）优化上市公司股权结构

我国有些上市公司董事长与总经理都由一个人兼任，意味着自己监督自己，很难从制度上保证董事会的监督职能。通过国有股坚持和法人股转让实现我国上市公司的股权结构优化，将有利于对内部人的监督约束。国有资产从竞争性行业退出；同时，引入企业法人大股东，将上市公司内部人控制限制在一个相对正常的范围中。由此可以实现增加外部董事，改变董事会结构，避免董事长与总经理职权合一，从而增强对内部人的监督控制。

（3）在国有上市公司治理结构中引入独立董事制度

把企业的董事会建立成真正能对企业经营和各个方面发挥作用的机构，使人力资本和企业的争论成为人力资本与董事会的争论，而不是人与人的争论。在我国上市公司中发现董事会成员的构成中内部董事的比例过大。从其中一项调查发现，我国上市公司的“内部人控制制度”（内部董事人数/董事会成员总数）平均高达67.0%；并且上市公司内部人控制度与股权的集中高度正相关。所以必须建立来自董事会、监事会的约束机制专门负责评价公司治理标准、公司治理程序。

（4）要提高“违纪犯规”的机会成本，降低监督约束成本

由于企业改革和制度完善仍需有一个过程，国有企业一定时期内存在“内部人控制”的现象是不可能完全避免的。然而，存在“内部人控制”的条件，并不一定就发生“违纪犯规”的行为，这要看“违纪犯规”的机会成本的高低。如果风险大、成本高，就会加大对“内部人”的威慑作用；反之成本低，必然会加大问题发生的可能。应当肯定，近几年党和政府已不断加大打击腐败的力度，但对“内部人控制”而“违纪犯规”的机会成本却注意不够。最近，一些专家学者指出了“集体腐败”和“腐而不败”两种值得注意的现象。前者，由于形式上是集体研究决定，甚至是贯彻了“民主集中制”的原则，或者涉及“集体”利益关系，因而有些问题往往追究不到个人责任而不了了之，其风险和机会成本对当事人来说等于零。后者，由于有上下左右利益关系和权力的保护，最终不受制裁或从轻发落，这样，风险和机会成本又降到最低限度。我们必须加大对“内部人控制”的责任人、保护人监督制约的力度，大大提高“违纪犯规”的机会成本，才能更有效地防止“内部人控制”和腐败现象。我们还要看到，由于我国经营性国有资产面广分散，加上金字塔形的多层管理监督机构，从总体上看监督成本相当高；从个体上看，监督力量捉襟见肘。应当结合国有企业改革，“抓大放小”，尽可能收回过小过散的国有资本，让纪检、监察部门集中力量对国有大资本、大企业实施重点监督。只有这样，才能降低监督成本，收到更好的效果。

10.4 禁止内幕交易制度

证券市场是市场经济的重要组成部分。证券市场既是一个风险市场，也是一个机会市场，这种投机性和风险性先天的特性，必然招致证券欺诈行为与其相伴相随。其中最令投资者和证券监管者深恶痛绝的便是内幕交易行为。

10.4.1 内幕交易的含义和特点

有关反内幕交易的法律至今无法给内幕交易下一个通用的定义。一般情况下使用下面这个定义。内幕交易，又称内部人交易或知情交易，是指掌握公开发行有价证券企业未公开的，可以影响证券价格的重要信息的人，直接或间接地利用该信息进行证券交易，以获取利益或减少损失的行为。①

内幕交易行为具有如下特点：第一，它是由内幕人员所为的交易行为。这是内幕交易的主体方面的特点，是掌握了内幕信息的自然人、法人或其他组织利用别人所不具有的信息优势而从事证券交易；第二，它是由内幕人员依据其不合理掌握的内幕信息而进行的证券交易，这是内幕交易客观方面的特点，内幕交易是信息滥用的典型表现；第三，它是内幕人员以获利为目的用不法方式利用内幕信息进行的证券交易。这是内幕交易的主观方面的特点，从事内幕交易者最直接的目的只有两个，获取利润或规避风险。利用内幕信息使他人实施证券交易者的目的即使不直接从证券交易中获取利益或规避损失，但也是为了获取其他的利益，包括获取其他人对其较高的评价以及直接或间接的金钱利益。

从法律属性的角度看，内幕交易是一种典型的证券欺诈行为；内幕交易是一种不正当竞争行为；内幕交易是一种证券投机行为。

10.4.2 内幕交易的构成要素

10.4.2.1 内幕信息

2005年修改后的《中华人民共和国证券法》第七十五条对内幕信息是这样定义的：证券交易活动中，涉及公司的经营、财务或者对该公司证券的市场价格有重大影响的尚未公开的信息，为内幕信息。下列信息皆属内幕信息：

①本法第六十七条第二款所列重大事件；

②公司分配股利或者增资的计划；

③公司股权结构的重大变化；

④公司债务担保的重大变更；

⑤公司营业用主要资产的抵押、出售或者报废一次超过该资产的百分之三十；

① 杨亮．内幕交易论．北京：北京大学出版社，2001（12）：4.

⑥公司的董事、监事、高级管理人员的行为可能依法承担重大损害赔偿责任；

⑦上市公司收购的有关方案；

⑧国务院证券监督管理机构认定的对证券交易价格有显著影响的其他重要信息。

在以内幕信息为中心的概念当中，内幕交易的存在是以内幕信息的存在为前提的。没有内幕信息，一切都无从谈起。所谓内幕信息是指尚未公开的、对公司证券价格有重大影响的消息。内幕信息的构成有三个要素：一是未公开性。内幕信息之所以称为内幕信息，最根本的就在于这种信息的非公开性。信息公开的认定是对实质上公开标准的认定，即信息是否为市场所消化。某项消息一旦被投资人知悉，该公司的股票价格便会很快地产生变动；反过来看，当股票的市场价格发生变动，也就意味着某一消息已经为市场所吸收。二是确切性。认定信息是否具有确切性，主要应该考虑两个原则：其一，非源于信息源的虚假信息不具有确切性，如捏造事实、道听途说、捕风捉影或妄加揣测的谣言，不属于内幕信息。其二，确切性是相对的，只要确实来自于信息源，且与信息源的信息基本一致，不论该信息的内容最终是否实现或按知情人的预测方向运行，也不论该信息是否为信息发源地的人所编造或是否事后被发现“虚假”，都应当构成内幕信息。其三是重大性，即为实质性，是指对证券价格产生重大影响的可能性。在《证券法》中，并非所有的未公开信息都能构成内幕信息。重大性主要是指信息对于证券市场中相关证券价格的影响程度。

10.4.2.2 内幕交易的主体

内幕交易的主体也称内幕人，是指掌握尚未公开而对特定证券价格有重大影响信息的人。内幕人依其标准不同，可以作多种分类。以接触内幕信息的便捷与否划分，可分为传统内幕人员（traditional insider）和临时内幕人员（temporary insider），前者是指传统理论所指的公司内幕人员，包括公司董事、经理、控股股东、监事和一般员工；后者是指第一手或经常性接触内幕信息，而仅因为工作或其他便利关系能够暂时或偶尔接触内幕信息的人员，包括律师、会计师、银行、券商等中介机构和记者、官员等其他人员。

内幕人员界定的宽与严，直接反映了立法者对内幕交易的惩戒力度。由于内幕人员界定标准的复杂性，各国对此的规定肯定不一而足，但总体而言，均持较为严格的态度。我国现行《证券法》（2005 年版）第七十四条对证券交易内幕信息的知情人定义为：

（1）发行人的董事、监事、高级管理人员；

（2）持有公司百分之五以上股份的股东及其董事、监事、高级管理人员，公司的实际控制人及其董事、监事、高级管理人员；

（3）发行人控股的公司及其董事、监事、高级管理人员；

（4）由于所任公司职务可以获取公司有关内幕信息的人员；

（5）证券监督管理机构工作人员以及由于法定职责对证券的发行、交易进行管理的其他人员；

（6）保荐人、承销的证券公司、证券交易所、证券登记结算机构、证券服务机构的有关人员；

（7）国务院证券监督管理机构规定的其他人。

10.4.2.3 利用内幕信息的行为

我国现行《证券法》第七十三条中规定：禁止证券交易内幕信息的知情人和非法获取内幕信息的人利用内幕信息从事证券交易活动。关于内幕交易的行为样态的争论，主要是内幕交易的主观心态是否以利用内幕信息为认定内幕交易行为的标准。“利用”一词本身含有积极地或有意识地促使客观事物或规律发生效用的意味，是一种在人们主观意志支配下的能动行为。这正符合内幕交易的认定。如果行为人不具有追求不当利益的动议，又不知是内幕信息是可以免责的。

根据行为的性质，我们可以将利用内幕信息的行为分为三种：第一，内幕人利用内幕信息买卖相关证券。这是内幕人在掌握内幕信息后，直接利用内幕信息从事交易，是最传统和最典型的内幕信息的利用方式。第二，泄露内幕信息。这是指将内幕信息泄露给从事证券交易的人的行为。不一定是为了自己谋利，也不一定是为了帮助他人买卖证券，而将内幕信息泄露给他人。第三，内幕人利用内幕信息建议他人买卖证券。这也是利用内幕信息的又一种形式。

10.4.3 内幕交易的危害性

在证券市场发展的初期，法律并没有禁止内幕交易。直到20世纪20年代，美国证券市场大崩溃，引起史无前例的经济大恐慌，人们才反思到，内幕交易的盛行，影响到证券市场的稳定和投资者的信心，是引起证券市场瘫痪的重要原因之一。迄今为止，各国证券法几乎无一例外明令禁止内幕交易。内幕交易具有以下几个方面的危害性：

（1）侵犯了广大投资者的合法权益

投资者进入证券市场是为了取得回报，而投资者的这种回报预期依赖于投资者对市场前景的判断。证券市场上的各种信息，是投资者进行投资决策的基本依据。

内幕交易则使一部分人能利用内幕信息，先行一步对市场做出反应，使其有更多的获利或减少损失的机会，从而增加了广大投资者遭受损失的可能性。因此，内幕交易最直接的受害者就是广大的投资人，一个理性和诚实的投资者，不可能在信息不对称而又允许滥用信息优势的情况下，还能对证券市场抱有信心。

（2）内幕交易损害了上市公司的利益

如果允许内部人员从事内幕交易，那么内幕人员就会选择比股东所要求或预期的风险更大的风险投资方案，即使该方案失败了，失败的风险完全可以转到股东身上。这种对内幕交易行为法律规制研究游戏把公司及公司股东推到了十分危险的境地。上市公司作为公众持股的公司，必须定期向广大投资者及时公布财务状况和经营情况，建立一种全面公开的信息披露制度，这样才能取得公众的信任。而一部分人利用内幕信息，进行证券买卖，使上市公司的信息披露有失公正，损害了广大投资者对上市公司的信心，从而影响上市公司的正常发展。

同时内幕交易还严重损坏了公司的运营效率。罗伯特·哈夫特（Robert Haft）教授在其“内幕交易对大公司内部效率的影响”一文中就内幕交易对公司运行效率的破坏进行了专门的分析①。他指出，在任何大型组织体制中，组织的运作有赖于各种命令及资讯的上下传递。就现代大公司而言，其运营效率大多取决于公司管理层在这种传递过程中的控制能力。而如果允许内幕交易的话，则公司每一级组织的下级员工，为了自己获得内幕交易的利益，完全可能迟滞或阻碍信息向上一级传递。因此就整体而言，内幕交易将对公司的运行效率造成损害。

(3) 内幕交易扰乱了证券市场运行秩序

内幕人员往往利用内幕信息，人为地造成股价波动，扰乱证券市场的正常秩序。证券交易中信息不对称是一种普遍现象，内幕人员借自己掌握而公众未掌握的内幕信息大量买入或卖出证券，致使不知情的公众做出反向行为，达到自己获利或避损之目的，而与其相反交易的投资者则会受损（证券市场是一个零和博弈的市场，一方的盈利意味着对方的损失）②。

这种损害其他投资者和中小股东的利益为自己牟利的内幕交易行为，违背了公认的商业道德，增加了市场的道德风险，减少市场的流动性和削弱市场的效率，甚至会影响到市场普通投资者投资的信心，导致市场普通投资者对进一步投资持审慎态度，造成实际投资减少，危害了证券市场的健康发展。③

10.4.4 内幕交易行为的防范和制裁

内幕交易在世界各国都受到法律明令禁止，打击证券内幕交易已成为全球证券监管机构面对的重要课题。

10.4.4.1 完善预防监督制度

(1) 塑造社会信用机制

社会大众是证券市场的主体，大众投资者只有在全面掌握市场信息的基础上才能做出正确的投资决策。但当前市场，却存在严重的信息不对称。证券公司、上市公司拥有大量的信息，而社会大众却只能通过较少渠道获取信息。在这样的市场环境下，要维护市场的公平与市场的健康发展，就需要建立完整的信用机制。而证券市场是社会的一个有机组成部分，它的良好运行需要外界环境的配合，所以，社会信用体系的构建是证券市场诚信氛围形成的基础。

加强诚信建设，是证券市场健康发展的迫切要求，符合市场各方面的利益。我们应该重点从下面几个方面着手：首先，完善证券市场信用管理体系；其次，建立健全上市公司的信用机制和诚信问责机制；最后，规范政府行为，减少行政干预。

(2) 提高投资者素质

目前我国投资者的素质难以跟上证券市场的发展。对投资者教育将会减少内幕交易成功的可能性。监管部门、交易所和各券商应该利用一切媒体——互联网、电视、

---

① 龙超. 证券市场监管的经济学分析. 北京：经济科学出版社，2003：13.

② 胡光志. 内幕交易及其法律控制研究. 北京：法律出版社，2002：309.

③ 于莹. 证券法中的民事责任. 北京：中国法制出版社，2004（1）：32.

报纸，进一步加强投资者教育，开展有效的投资者教育活动。投资者教育的重点应该是与投资决策有关的有关知识、投资者的各项权利以及维护投资者手段的各项权利和途径①。同时我国还应借鉴发达国家的经验，证监会应该设立专门的投资者教育部门，受理投资者提出的各种疑问。

（3）完善上市公司治理制度

健全和完善上市公司内部制衡机制，进一步提高上市公司规范运作水平。督促上市公司按照《公司法》、《证券法》的要求，通过上市公司治理专项活动，健全上市公司董事会决策机制。督促公司设立以独立董事为主体的审计委员会、薪酬与考核委员会，切实保障独立董事履行职责。完善企业经理人市场化聘用机制和激励约束机制。通过治理专项活动，督促上市公司加强内部控制制度建设，加强内部检查和自我评估，有效提高风险防范能力。通过上市公司治理专项活动，健全和完善上市公司内部制衡机制，进一步提高上市公司规范运作水平，遏制内幕交易行为的发生。

（4）完善证券市场信息披露制度

信息披露制度建设的主要方面包括：对上市公司信息披露的静态监管向动态监管转变；加强强制性信息披露的同时鼓励自愿性信息披露；加强对网上信息披露的监管；监管部门也应该加强信息披露制度建设。中国当前的证券市场中上市公司的信息披露存在着某种程度的"诚信危机"，在这种情况下，监管部门应该进一步加强强制性信息披露，保证上市公司信息披露的及时性、有效性和正确性②。不仅如此，监管部门也应该鼓励上市公司的自愿性信息披露，增强信息披露的完整性、可靠性，使操纵者利用信息优势操纵成功的可能性降低。具体的，监管部门应该在相关的证券法规、规则中加入鼓励公司自愿披露信息的条款，同时加强对自愿性信息披露的监管。不仅上市公司等主体要加强信息披露制度的建设，监管部门本身也要加强信息披露制度建设，保证决策的透明度、公正、公平和公告的及时性，以防止操纵者利用政策因素操纵股价。

（5）提高证券市场监管水平和执法水平

①建立联合监管体制。目前我国有必要在中国证监会、证券交易所、司法部门、证券登记结算公司之间完善并强化证券联合监管机制，通过合理的合作机制和工作流程，加大证券监管稽查力度，联合防范和打击证券市场内幕交易等违法行为。同时在证监会、证券交易所和证监局之间，要做到"三位一体、分工协作"，信息披露监管、市场监察、立案稽查等各部门保持监管信息的共享和及时传递，建立多层次的联动机制。通过扩大"三点一线"之间的联动，促进监管关口前移，进一步完善和加强对内幕交易等违法行为的监管。

②建立或引入有效的内幕交易行为的监测指标体系。构建内幕操纵的动态监管体系，对内幕交易和市场操纵行为进行有效、及时甄别。

传统的对证券市场异常波动的监测主要应用"事件研究法"、换手率等市场运行指

① 曾宝华，周荃．内幕交易、证券分析师与证券市场效率的实现．电子科技大学学报：社科版，2008（1）：21.

② 宋玉臣．信息不对称与内幕交易对证券市场影响的辨证分析．社会科学战线，2006（4）：34.

标观测股价波动，尽管这些指标简明直观，但存在很大的滞后性，即在内幕交易发生时难以及时预警，而当确认内幕交易时，内幕交易者可能已经结束内幕交易行为。这显然不适应内幕交易的日趋复杂性趋势，不利于中小投资者的权益保护。针对传统指标的缺陷，我们提出了以金融市场微观结构理论为基础，引入流动性、自相关性、信息反应能力等指标，实现内幕交易监控的技术化、模型化和动态化，根据微观技术指标即时监测股价运动状态，及时发现内幕交易行为，防止内幕操纵事件发生。

③建立多元化的监管方式以及举报奖励机制。在新的市场环境下，如何强化事前预防和事中监控，如何有效甄别内幕交易行为，及时对之进行控制和禁止，将是监管部门最为重要的任务。还有，由于国内的内幕交易监管体系更强调政府主导，市场多元化的监管制度没有确立，这不仅增加整个证券监管体系的运作成本，导致监管低效率，而且也无法调动整个市场其他当事人的积极性。建立举报，受害人投诉，新闻监督等公众监督，证监会还可以将内幕交易民事罚款的10%奖励给举报者，以此来强化市场监管机制的广泛性。监管部门严格监管的关键在于执法成本与执法意志。监管层应该加大对交易行为的关注力度，利用新闻监督、民间舆论和中小股民的力量，对不法行为进行内、外部监督。

10.4.4.2 法律责任制度

要想完全扼制内幕交易的泛滥，需要一个行政、刑事、民事相结合完整的法律制裁制度，证券法上民事责任与刑事责任、行政责任分别从私法和公法的角度，对证券法律关系进行了调整。三者各有所长，只有协调一致，才能更好地维护证券市场的秩序；刑事责任由国家负责追究，行政责任及处罚由主管机关追究。民事责任则由蒙受损害的投资大众根据本身的意愿追诉。民事责任既不能代替其他的法律责任形式，也不能由其他的法律责任形式所替代。

（1）加重行政处罚尺度

在证券立法的早期阶段，行政责任更是反内幕交易的主要手段。违规成本过低必然会促使更多内幕人铤而走险。市场越活跃，发生内幕交易行为的可能性就越大，在我国要防范内幕交易行为的泛滥，当务之急是提高查处和惩罚的力度。在内幕交易中，违法主体实施违法行为的必然成本为其所掌握的信息资源，故其必然成本很低。尽管我国不断加大了对内幕交易的处罚力度，其法定成本在逐步增加，但由于执法水平不高，导致受罚率微乎其微，根本起不到威慑的作用。立法既然无法根除内幕交易，那就应对有限的资源合理配置，争取以最少的成本实现有效威慑行为的社会效应①。

（2）强化刑事处罚措施和程度

当然光靠行政法规和行政手段显然远远不够，毫无疑问，最严厉和最有威慑力的武器，就是刑事责任的确立和应用。许多学者认为，将内幕交易罪、贪污罪、贿赂罪和盗窃罪的刑事责任（最高可判死刑）进行比较后，认为与这些犯罪具有极为相似的社会危害性的内幕交易罪，其最高刑期仅十年有期徒刑，明显偏低。因此《证券法》

① 郑顺炎. 二证券市场不当行为的法律实证. 北京：中国政法大学出版社，2000：118－119.

对内幕交易现有刑事处罚规定得较轻。加重内幕交易的法律责任，是当前各国反内幕交易立法的一个共同趋势，在目前的基础上适当提高内幕交易的法律责任，有助于对内幕交易的规制。

(3) 进一步完善民事责任

证券法上民事责任是保护证券法律关系主体民事权利的重要措施。证券法上民事责任的实质是证券法对民事主体提出的一定行为要求，属于民事责任范围。证券法上民事责任所表现的是个人对他人和社会应当担负的民事法律后果。只有对受害人进行民事救济，将侵害人的非法所得用于补偿受害人的损失，才能实现对当事人权利的保护，真正实现法律的公平与正义。

【思考与练习】

1. 怎样建立中国的强制性信息披露制度？谈谈你的观点。
2. 强制性信息披露制度的主要内容与方向有哪些？
3. 信息披露制度的作用何在？
4. 投资者利益保护制度的意义及主要内容是什么？
5. 什么是内部人控制？有哪些表现形式？是什么原因导致内部人控制的？
6. 什么是内幕交易？内幕交易有哪些特点及主要表现形式？
7. 谈谈你对内幕交易危害的理解。

新兴治理篇

新经济时代催生出了大量不同于单个公司制形式的企业集团治理与网络治理问题，形成了内涵更加丰富的公司治理问题，也是我们不容回避的事实。

11 企业集团的公司治理

【本章学习目标】

1. 掌握企业集团的概念、特征、组织结构和类型；
2. 理解企业集团在现代经济中的作用；
3. 把握集团治理的本质、特点及主要内容；
4. 掌握集团治理与企业治理的异同；
5. 掌握集团治理控制与协作机制；
6. 掌握韩国、美国企业集团的治理模式及对我国企业集团治理模式的启示。

企业集团在当今世界经济运行中发挥着重要的作用。企业集团中错综复杂的企业间关联使得企业运营行为已经超越了企业的“法人边界”。这样，以法人治理结构为基础的治理机制已经难以与这种行为相匹配，于是产生了集团治理问题。

11.1 企业集团概述

11.1.1 企业集团定义与特征

11.1.1.1 企业集团的定义

日本是最早使用“企业集团”概念的国家，日本《经济词典》将企业集团概述为“多数企业相互保持独立性、并相互持股，在融资关系、人员派遣、原材料供应、产品销售、制造技术等方面建立紧密关系而协调行动的企业集体”。欧美等国虽没有明确的“企业集团”概念，但是以垄断形式存在的卡特尔、辛迪加、托拉斯和康采恩，在西方各国的经济生活中一直发挥着企业集团的功能。在中国，有关“企业集团”的定义有很多种，有的则掺杂了所有制关系在内。有学者提出，应撇开国家特点和所有制问题，定义“企业集团”为“企业集团是多个法人企业在共同利益的基础上，通过资产等联系纽带，以实力雄厚的企业为核心，组建的具有多层次的组织结构及多种经济功能的大型法人企业联合体”。

要正确理解企业集团的概念，有必要区分与其有密切相关的几个概念：

(1) 母公司

母公司是指通过掌握其他公司一定比例的股权，从而控制其经营活动的公司。从其定义可知，母公司是一种控股公司，属于控股公司中的混合控股公司。控股公司有两类，一类是纯粹控股公司，一类是混合控股公司。纯粹控股公司是指只对其他公司实施投资行为并取得控股地位，而自己没有其他业务的公司。其设立的目的只是为了掌握子公司的股份，从事资本运作，通过控制子公司的股权，影响股东大会和董事会，控制子公司的重大决策和生产经营活动。各类投资公司就属于纯粹控股公司。混合控股公司是指对其他公司既有投资关系并取得控股地位又有自身业务的公司。一方面，它掌握子公司的控股权，支配其生产经营活动，使被控股公司的业务活动有利于控股公司营业活动的发展，如多元化经营、跨地区以至跨国经营等；另一方面，它又直接从事某种实际业务的生产经营活动。企业集团中的母公司一般都属于此类控股公司。

(2) 子公司

子公司是指受母公司控制但在法律上独立的公司。界定子公司应注意其遵循的三个原则：一是主动原则，即要有支配公司的意思；二是控制原则，即对公司主要的经营活动实施控制，通常表现为对公司的重大经营决策施加影响和控制，以贯彻母公司的经营战略；三是持续原则，对公司的控制是永久和强力的，即有计划而持续，并非偶然而暂时的。

(3) 关联公司

公司A以少数股权参股B公司，且公司A在B公司的董事会中只有发言权，其意志在公司B的体现程度取决于B公司董事会成员间讨价还价的结果。这样，我们称公司B为公司A的关联公司；或者公司A和公司B同为一公司的子公司，则二者为关联公司。[①]

【阅读】企业集团的本质

在新古典经济学的研究与阐述中，企业是被抽象化了的一系列生产函数的集合，所有要素都是作为自变量投入企业（这个生产函数）中的，而市场价格可以引导企业的收益最大化。Coase 则认为，如果市场机制能完全有效地决定价格以及协调产品和服务的交换就不需要企业这种组织来协调，而现实中存在大量的交易成本，为了降低交易成本个体经济参与者通过建立企业来协调这些交易活动，因此企业可以看做是社会降低交易成本的一种替代组织或装置。新制度经济学家 McNulty（1984）甚至认为企业和市场是一个相互作用体系中的组成部分。威廉姆森则用资产专用性理论将企业性质的核心问题转化为"契约"，即"企业组织可以看成是一个包含契约的治理结构而不单单是生产函数"（威廉姆森，1985，《资本主义经济制度》）。上述学者在对企业性质的研究中并没有区分"企业"与"企业集团"，他们只是把企业集团视为大企业而已。Granoyetter（1994）将 Coase 等人的研究扩展到企业间的互动和其他组织形式相关问题上。他认为，为了实现市场交换，企业之间必然存在互动的关系，当这种互动关系不断被重复和保持稳定时，通常会形成一种契约性质的联合关系，企业集团就是这样一种联合关系。日本学者今井贤一（1992、1995）按照威廉姆森的分析框架提出"企业

① 李维安. 公司治理学. 北京：高等教育出版社，2005：257.

集团是克服市场失灵和组织失灵的制度性方法”。我国也有些学者（张富春，1998；陶向京等，2001；赵增耀等，2004）参照交易成本对企业性质的分析框架进行了研究，他们认为企业集团是一种市场与组织的混成物，是市场和组织之外的另一种制度安排。

11.1.1.2 企业集团的基本特征

虽然不同国家、不同类型的企业集团，都具有各自的一些特点，但是也具有一些共同的基本特征。

(1) 企业集团是资本为中心的多元联结纽带

将企业集团各成员紧密联结在一起的最基本、最重要的纽带就是资本，即持股、控股、融通资金等。它是企业集团成员间最坚固的纽带。通过持股、控股等方式，将会使企业集团成员的紧密度大大加强。当然，企业集团中仅有资本联结纽带是远远不够的，在此基础上，基于生产经营的需要，还要有生产、技术、产品、销售、人事参与等联结纽带，但它们是否牢固取决于资金联结纽带的紧密度。企业集团还会有另一种重要的联结纽带——契约纽带。它虽然不是企业集团的最主要纽带，但在很大程度上，它会关系到企业集团的整个经营活动的成败。

企业集团成员企业间多存在人事上的参与、交流，这是由成员企业间的关系特点决定的，如企业间的单方或相互持股关系、信贷和资金融通关系、生产经营上长期紧密的联系等。企业集团成员企业基本上都是股份制企业，企业间的人事参与也多采取单方或相互派遣董事的方式。

组建企业集团的重要原因之一就是要充分发挥企业集团的内部资源协调与分配优势，在获取规模经济效益的同时，通过成员企业间在生产经营上的紧密协作，实现共赢互利。因此，在许多企业集团中，成员企业之间都存在着生产、技术和销售等经营方面的紧密联系。

(2) 企业集团的多法人性

企业集团是以一个实力雄厚的大型企业为核心，以产权、资本、事业为基准联结在一起，具有多层次结构的以母子公司为主体的多法人经济联合体。企业集团的规模在一定程度上取决于参加企业集团的法人企业数量，因此，有的大型企业集团拥有几十个甚至上百个成员企业，小的企业集团也拥有十几个成员企业。

虽然集团的成员企业各自都具有法人资格，但集团本身不是法人。企业集团不是一般的大企业，也不是独立的法人，而是包括母企业在内的经济联合体。集团内各成员都是独立的法人实体，相互之间是平等的法人关系。

有一种观点认为，企业集团与其成员企业一样具有法人资格。这种观点可以称之为“两级法人观”。“两级法人观”的观点是错误的。这一理论违反了民法特权理论的一物一权的原则。如果在实际组建和发展国有企业集团的过程中按照这一理论去做的话，也必然会造成企业集团产权界限模糊，导致企业集团内部权利、责任不清。在中国经济体制改革中，容易为行政机关“翻牌”改建企业集团、企业利用其原来享有的行政管理权力无偿调拨其下属企业的财产制造理论上的基础。因为按照“两级法人观”

的观点，企业集团作为一级法人对成员企业的财产就享有了财产权。一方面，一旦企业集团发生债务，企业集团就凭借其一级法人的地位，就可调用二级法人的财产承担债务清偿责任；另一方面，二级法人一旦拖欠债务，按照揭开公司面纱的法理，企业集团便要承担连带责任。由于企业集团不具有自己的财产，于是，企业集团便会调拨其他二级法人财产偿还债务。

（3）企业集团组织结构的层次性

企业集团必须有能起主导作用的核心企业，可称之为母公司。这个核心企业可以是一个从事生产经营和资本经营的企业法人，也可以是一个专门从事资本经营的企业法人，母公司规模较大。在企业集团内，母公司依据产权关系，行使出资者所有权（股权）职能。企业集团往往是围绕核心企业组织起来的，由于成员企业与核心企业在联系纽带方面存在着差异，企业集团形成了多层次性的组织结构。一般说来，企业集团内部组织结构可以分为这样几个层次，即核心层、关联层以及协作层体系。多个企业通过股权和契约纽带逐步形成母公司、子公司、孙公司的控制与控股关系，构成多层次的内部经济关系。

（4）企业集团的规模大型化

企业集团规模的大型化指企业集团整体的规模，也指企业集团母公司（核心企业）的规模。企业集团是以母公司为核心，通过相互持股、单方参股控股方式，运用资本纽带，把若干企业联合在一起，并形成多层次的内部组织结构。这样的企业集团组织表现为在社会化大生产及专业化分工基础上的企业联合，通过这种联合所聚焦起来的庞大生产力，能产生单个企业难以实现的组合效应，具有强大的辐射能力和凝聚力，能够迅速满足现代规模经济的要求。

（5）企业集团经营范围的多元化

企业集团在经营方向上一般都实行多元化经营，这种多元化经营包括相关联品种的多元化和无关联品种的多元化，也可以说是经营层次上的多元化和产品经营的多元化。

【阅读】

企业集团的注册规定

（1）企业集团的母公司注册资本在5 000万元人民币以上，并至少拥有5家子公司；

（2）母公司和其子公司的注册资本总和在1亿元人民币以上；

（3）集团成员单位均具有法人资格。

国家试点企业集团还应符合国务院确定的试点企业集团条件。

企业集团的登记应当由企业集团的母公司提出申请，原则上应当与母公司的设立或者变更登记一并进行。

11.1.2 企业集团的类型

通过分析古今中外的各种企业联合如康采恩、卡特尔、托拉斯等垄断体以及当今的跨国企业集团等，企业集团基本可以分为两类：财团型企业集团、母子公司型企业集团，或者称为环形持股型集团、垂直持股型集团。

财团型企业集团的核心以金融机构为主，有的也包括工商企业，成员企业环状持股，集团没有统一的投资和累积机构，其规模往往庞大，实力雄厚。如日本的三菱、三井等大财团。

母子公司型企业集团是以大型公司为核心，通过控股、参股或契约而形成比较紧密的企业联合。其核心公司在从事经营活动的同时又是控股公司（母公司）。通过控制、协调和影响众多的子公司、关联企业、协作企业，形成具有共同经济利益的企业联合体。

母子公司型企业集团的特征：

①产权联结性。无论是财团型企业集团还是垂直持股型企业集团，集团内的企业之间以产权联结为主要纽带。当然也不排除以技术、契约为联结方式。

②组织规模性。企业集团是若干企业的联合，必须是一个具有相当规模的组织。集团的组织规模性体现在两个方面：一是资本规模与资产规模；二是具有独立法律地位的企业的数量规模。在从《时代》杂志排名 1 000 家公司中抽样分析表明，排名前 50 家公司拥有超过 10 000 家子公司，平均每家集团的控股公司拥有超过 230 家子公司。

③非法人性。集团不具有独立的法律人格。集团内的母公司、子公司、关联公司、协作企业各自都是独立的企业法人。

④层级组织性。集团内企业之间基于产权联结程度不同形成控制程度不同的多层次结构。

11.1.3 企业集团在现代经济中的作用

企业集团介于企业组织与市场机制之间，通过利用企业组织和市场机制，在优化资源配置、加速技术进步、增强市场竞争力等方面发挥着重要作用。

（1）优化资源配置

在经济发展的一定阶段内，人类可以利用的资源都是有限的，资源供给的有限性和社会对资源需求的无限性之间的矛盾，需要通过资源配置的最佳方式来解决。

企业集团降低资源配置成本。正如科斯定理所指出的那样，交易从市场转移到企业内部，资源分配通过企业内部行政权威实施，大大降低了交易费用。企业集团是介于单个企业和市场之间的中间组织，具有独特的组织形态。企业集团可以利用其核心企业的辐射功能，模拟市场机制手段，将原来各企业间的纯市场关系变成一种准市场关系，调节资源的配置，使企业的许多购销活动在企业集团内部进行。这样，集团内的中小企业能够从银行得到比较稳定的贷款，核心企业也能从中小企业获得高质量、低价格的零部件，减少了一些不必要的中间环节，节约了市场组织交易成本，提高了经济效益。此外，企业集团利用其在股权纽带基础上建立起来的企业经济层级组织的行政权威，使包括商标优势在内的大企业所拥有的大量经营资源在集团内部各成员企业间共同享用。

（2）加速技术进步

从技术进步的结果来看，可分为三种：一是中性技术进步，即在资本和劳动这两种投入同比例减少的情况下，仍能生产与以前相同产量的技术改进；二是劳动节约型技术进步，是指每单位产品耗用的劳动减少的技术改进；三是资本节约型技术进步，是指在给定劳动的前提下，单位产品所使用的资本减少的技术改进。这些技术进步都需要以企业集团的科技开发、管理、规模和资金实力做后盾。

再从技术进步的过程来看，可分为三个阶段：一是发明阶段，即研究与开发，主要解决构思新产品或新的生产方式以及解决相关技术问题；二是创新阶段，创新涉及企业家的职能，需要这种职能把握原始的发明，作出进一步开发的决策，并筹措资本，进行市场研究，确定新产品的市场；三是扩散阶段，新产品或新的生产方式被广泛认同，各企业群起追随创新的企业，用新产品或新的生产方式占领市场。

可以说，企业集团在技术进步的每一个种类和每一个阶段都起着决定性的作用，如所发明技术的高度与速度、创新的强度以及扩散率的大小，都与企业集团的实力呈正相关。由于企业集团集聚了一定的财力和科技人才，在发明阶段比中小企业更占优势；在创新阶段，不仅需要企业家的胆略，还需要大量资本的集中投入，若中小企业将其所有的资源投入到一个创新项目中，那么其所承担的风险是巨大的，而企业集团则能从其原有其他项目的获得中取得风险的平衡，并且在筹措大量资本的能力方面，大企业集团较中小企业显然占有绝对的优势，可以迅速开拓市场，抢占市场份额；而中小企业一般则只能追随大企业集团，在市场的缝隙中求生存。由此可见，技术进步的要求和规律性，客观上要求大企业集团的崛起和发展。

（3）增加市场竞争力

企业集团的国际竞争力得以增强。纵观国际市场，可以说基本上是大企业集团主宰主要的事业领域，大企业集团是主导国际激烈竞争的主要力量。

企业集团通过形成内部市场，创造了一个可行的竞争市场。由于存在这样一个内部市场，企业集团可以开发其最有价值的能力，如专业化协作配套、统一的市场销售网络及独享的著名商标、商誉等，其结果显然比从在外部市场获得这些能力的交易中得到的利益更大，交易成本更低。

企业集团具有规模经济效应。企业之间的竞争是商品经济发展的必然现象，竞争的成败取决于其能否提高生产率，而劳动生产率的提高在很大程度上取决于企业的规模及组合。例如，20 世纪 70 年代末，美国 1 500 家大公司的利润占全部公司利润的 90%，远远超过 1 000 万家小企业的利润总和。企业集团为获得规模经济效应，必须在合理范围内扩大企业的规模。企业集团可以选择两条途径扩大其自身规模：一是靠企业自身积累逐步扩大规模，如通过内部分离、独立子公司或投资兴建新的更大的生产线来扩大规模；二是通过企业间的联合形式，即通过收购、兼并扩大规模。竞争推动着企业集团为获取规模经济效应而加强联合，联合则能使企业集团在竞争中因规模经济效应而处于优势。

企业集团拥有完善的全球信息网络，有利于全球一体化经济。企业集团在经营过程中设立遍及世界的子公司和附属机构，由此也构成了一个信息网络，大量有关新的市场机会、新的竞争等信息从全世界各地源源不断地提供给集团总部，集团决策层可以据此在全球范围内比较竞争态势，分析市场机会，作出战略决策。

11.2 企业集团治理

11.2.1 企业集团治理定义与目标

治理机制的本质在于对事后租金的讨价还价，阿尔钦和德姆塞茨提出公司是一组契约关系，缔约主体包括股东、供应商、顾客以及公司的经营者等，在缔约方之间要针对准租金的分配而进行的各种约束性的机制设计。集团治理则是在企业集团各成员企业之间进行的关于准租金分配的机制设计，来协调企业间的关系，以更好地实现企业间交易。换言之，集团治理是指一组连接并规范企业集团所有者、董事会、经营者、员工及其他利益关联者彼此间权、责、利关系的制度安排。

企业集团的实质就是为了共同的利益而将若干独立的法人企业纳入到统一管理体制下，使若干企业在一定程度上服从于来自其他企业的控制力量。这种管理体制作用的结果是，单一企业内部的利益平衡机制被打破，遭受一定的利益损失，而母公司因为统一的整合和战略管理获得了更大的收益。在这种利益得失的冲突之中，建立起为双方都能接受的平衡机制是一种必然要求。

公司治理的实质就是通过一系列合理的制度安排，实现企业的战略决策，从而满足企业所有相关利益主体的利益追求。对于企业集团来说，作为治理主体的利益相关者为数众多，不仅包括母公司的股东、债权人、供应商等，而且包括子公司的治理主体。在企业集团治理中，母公司作为控股股东，凭借其资产所有权对子公司进行治理，因此子公司的行为要体现母公司的决策意志。

综上分析，企业集团治理的目标是，建立能够平衡企业集团各个治理主体的利益，维护企业集团成员的长期有效合作，实现集团长远战略目标的机制。由于母公司的战略核心地位，企业集团治理的首要目标就是设计能够保证母公司对子公司实现有效控制的制度安排，从而能够克服在现实经济生活中，由集团的复杂性和信息的不对称而造成子公司行为违背母公司的缺陷。当然，企业集团的这种制度安排也要能够充分保护子公司及其治理主体的利益，尽量减少和避免母公司处于自身的利益考虑，利用其对子公司的控制之便，侵害子公司其他利益相关者的利益。

11.2.2 企业集团治理与企业治理的异同

由于企业集团是由法律地位相互独立的多个法人组成的群体，这就必然带来不同企业法人，不同层次的责、权、利关系的管理、控制、协调问题。因此，企业集团治理比一般公司治理要复杂得多，其组织结构也是多层次的。

企业集团作为一种大型的企业联合体，必须有一套行之有效的治理机制，以保证其有效运作。这种有效性首先要求企业集团的每一个成员企业解决好自身内部的治理问题，协调好出资者与经营者之间的关系。就这一点来说，企业集团的治理与一般公司的治理有相同的一面。

一般公司治理中各权力机构（股东大会、董事会、监事会、经理层）的职责及其相互关系，外部力量（政府、市场、社区等）对公司的影响，以及对经营者的激励和约束机制，对企业集团的治理同样适用，特别是对企业集团的核心企业（母公司、集团公司或总部）来讲，具有本质上的一致性。

其次，要求协调好成员企业之间的关系，发挥集团的整体功能。由于企业集团是多个法人企业的联合体，各有其独立的财产和利益，如何将这些独立的企业协调一致，最大限度减少相互之间的摩擦和冲突，关系到企业集团的运作效率，甚至能否生存。一般企业的有效运作，虽然也要处理好与其供应商、用户、上下游企业及其他交易伙伴的关系，但这种关系不像企业集团那样重要。因为一般的单位企业主要领先市场方式处理与其他企业间的关系，交易对象的选择具有很大的余地和灵活性，交易关系可能是短期的或一次性的。因此，不一定要想方设法以致舍弃短期利益与所选定的交易对象建立长期交易和合作关系。而企业集团则不一样，如果处理不好与既定企业的关系，相互之间貌合神离，各打自己的算盘，不积极与其他成员企业合作或考虑集团整体的利益，互相猜疑、刁难、设置障碍，就会加大集团的运作成本，降低效率，以致引起集团形同虚设甚至不如单体企业的效率，最终丧失存在的价值而走向解体。

可见，相对于一般的公司治理，企业集团治理的最大差别就是要设计一套控制、协调、激励和约束机制，处理好企业之间的关系。这就要求集团的核心企业发挥特有的功能，通过建立资本、人事、技术、组织、业务联系等纽带，将相关企业紧密联系在自己的周围。核心企业要将对成员企业的控制和协调，融于对成员企业自身的治理中，并通过成员企业的治理机制，在解决其内部的代理问题的同时，协调与其他成员企业间的关系，降低企业的市场交易费用及组织内部的协调费用。其中对于紧密层企业的控制和协调，主要通过其内、外部治理机制的方法来进行。即核心企业一方面通过持有紧密层企业的控股权，借助紧密层企业的股东大会、董事会、监事会等机构，对其高层管理者进行监控，使这些运作条例企业及集团整体的需要。另一方面通过让这些企业拥有的独立法人地位和独立财产，实现产品市场、资本市场和经理市场对其的外部治理，对企业及其经营提供高强度的市场激励和约束。对于与其关系不太紧密的其他企业，主要利用市场的外部治理和长期契约纽带，以稳定与这些企业的业务和技术协作，对于集团内每个层次的企业，核心企业要发挥控制、协调功能，只是对于不同层次的企业，采用的方式不同。

由此可见，企业集团的治理不仅要解决企业内部的代理问题，还要解决企业间的交易费用问题，而且这两个问题不是分开来单独解决，建立各自的机构、机制和程序，而是将解决成员企业间交易费用问题的主要意图贯穿在公司治理的机制中，从而在企业集团的治理中，同时解决企业运作中遇到的代理问题及交易费用的问题。

一般公司治理和企业集团治理的异同可归纳为以下几个方面：

相同性主要表现在：企业集团内部的企业，特别是公司制企业也面临着与一般公司一样的代理问题，因此二者在解决代理问题上的目的、程序、治理机制是相同的。二者的区别主要表现在：①一般的公司治理着重解决代理问题，企业集团除此之外还要解决成员企业之间的交易费用问题。②一般企业的治理从广义上说也包括企业间关系的治理，但对于这样的企业来说，不与既定企业建立和维持稳定的关系，并不影响其存在；而对企业集团治理来讲，不与既定企业建立稳定的关系，就不会形成企业集团，协调不好这种关系也将极大地影响企业集团的效率甚至生存。③在处理企业间关系上，一般企业遵循平等、自愿原则，不存在控制与被控制、支配与被支配的关系。而企业集团由于存在着资本、人事、技术、组织等联结纽带，有其控制和协调中心，从而在企业间关系上出现了控制与被控制、支配与被支配的关系。④在股权结构、股东大会董事会和监事会的构成、经营者的激励约束机制以及外部市场治理等方面，企业集团也与一般公司存在较大差别，从而使同一治理机制在一般公司和企业集团作用力度和方式上出现差异。

11.3 母公司对子公司的控制机制

11.3.1 母公司与子公司的公司治理边界和关系

（1）公司治理边界

对于一个独立的公司来说，它具有自己独立的企业组织边界，即法人边界。其公司决策意志范围被限定在法人边界内，也就是说公司的权利、责任的配置以及治理活动不能超越其法人边界。从这个意义来说，一个独立的企业，其治理边界和法人边界是一致的。由于企业集团的复杂性，使得企业集团的治理活动可能超越本企业的组织边界，延伸到本企业以外，尤其是存在母子关系的企业集团中。在企业集团治理中，母公司与子公司的关系是建立在母公司对子公司的控制基础之上的。在现实中，由于集团的复杂性及信息的不对称，子公司的行为存在着与母公司的意志背离的可能，由于母公司要对子公司的行为负责，所以，集团治理的重要内容之一就是实现母公司对子公司的有效控制。另一方面，由于企业集团治理决定了母公司对子公司的行为控制，从而可能出现母公司出于自身的利益或整个集团的利益而损害子公司的利益，进而损害子公司其他利益相关者的利益的现象。在上述两种情况下，按照揭开公司面纱的原则，母子公司就要连带承担相应的责任。

【阅读】法人人格的否认：揭开法人的面纱

日益复杂的社会经济活动，使得将每个公司都看作独立法人的传统观点与企业集团构筑起来的商业王国的现实之间存在着矛盾。因此，揭开公司的面纱理论在有限责任原则和企业集团这种大型经济组织现实之间找到一种相对的平衡，为在立法和司法实践中限制母子公司间的有限责任、解决母公司滥用权力行为所产生的问题提供了新的思路。

①揭开法人的面纱原则

在英美法系国家，揭开法人的面纱理论是法院用来处理企业集团中母公司对子公司承担责任的重要方法。指当母公司滥用子公司的独立法人人格，损害公司债权人和社会公共利益的时候，法院将抛开子公司的独立法人人格，将子公司的行为视为隐蔽在子公司背后、具有实际支配能力的母公司行为，母公司将对子公司债权人承担相应的债务责任，并不仅以投资额为限。有人对它的作用做了一个形象的比喻，即在分离实体论（separate entity）的观点支配下，揭开公司面纱理论相当于一个安全阀（safety valve），随时可以使法院在认为必要的情况下，动用这种例外，揭开隔在母子公司之间法人面纱，对母公司施加债务责任。

②适用揭开法人面纱原则的行为界定①

A. 规避契约义务行为

第一，负有契约上特定的不作为义务的当事人，为回避这一义务而设立新公司，或利用旧公司掩盖其真实行为。

第二，负有交易上巨额债务的母公司，往往通过抽逃资金或解散子公司或宣告子公司破产，再以原有的营业场所、董事会、顾主、从业人员等设立另一子公司，且经营目的也完全相同，以达到逃脱原来公司巨额债务之不当目的。

第三，利用子公司对债权人进行诈欺以逃避合同。

B. 回避法律义务行为

此行为是指受强制性法律规范制约的特定主体，应承担作为或不作为之义务，但其利用新设子公司，人为地改变了强制性法律规范的适用前提，达到规避法律义务的真正目的，从而使法律规范本来的目的落空。例如，出租车行业为防止公司业务之不法行为可能导致的巨额赔偿，将本属于一体化的企业财产分散设立若干子公司，使每一子公司资产只达到法定的最低标准，并只投保最低限额的保险，因而难以补偿受害人之损失。或者利用子公司形式逃避税务责任、社会保险责任或其他法定义务。

C. 资产混同行为

在单一公司情形下，公司的财产是独立的，只有财产独立公司才能独立地对外承担责任。然而，在企业集团情形下，母公司在处理子公司的财产时就像处理自己的财产一样。虽然它们之间的资产关系在形式上是很清晰的，但在现实的经济生活中，子公司处于母公司的实际控制当中，二者资产很容易混同，或者干脆在账目上混为一体。资产的混同很容易导致母公司的一些不法行为，如隐匿财产、非法移转财产、逃避债务和责任。

D. 资本不足行为

公司在从事其经营活动时要有足够的资金来源，以便对经营过程中可能出现的损失予以填补。一般而言，资本额是否适当，应以资本额是否足以清偿公司在正常业务范围内所可能发生的债务为标准。该标准表明随着公司业务风险的增加，资本也应相

---

① 王利明. 公司的有限责任制度的若干问题. 政法论坛，1994（2）.

应地增加，但对这一标准却没有明确的法律规定。在企业集团中，母公司则可以利用这一点，让子公司承担与其注册资本不匹配的业务活动，来转嫁经营风险。

(2) 母公司与子公司的关系

由于母公司与子公司都是独立的企业法人，在法律地位上是平等的，不是上下级之间的关系，母公司不能像对待分公司一样对于公司实施行政命令的管理控制；当然它们也不是两个互不相干的企业，母公司按其持股额的大小及法定程序，通过子公司的股东大会或在子公司的董事会和高级管理层中安排代表自己利益的董事或管理人员，达到控制子公司的目的。

11.3.2 母公司对子公司的控制机制

对子公司权力的配置，一个极端是子公司可能仅仅为管理上的需要或基于一种长期发展的考虑，其董事会在治理上没有任何实权；另一个极端是子公司可能有很大的自主决策权，其董事会可以依据公司条例负责公司指挥、经营管理、监督和说明责任，母公司实际上像一个距离遥远的外部股东。在这两个极端之间存在着广泛的选择范围，概括一下，我们可以把母公司对子公司的控制行为归纳为三种：间接控制、直接控制、混合控制。至于采取哪一种行为有效率，取决于母公司的治理目的和子公司的资源禀赋及战略地位。

11.3.2.1 间接控制

间接控制是指母公司只是通过子公司的董事会对子公司的经营活动进行控制，母公司的控制力仅在董事会这一层次体现出来。在这种模式中，母公司与子公司的联系是董事会，母公司通过取得董事会的人数优势或表决优势继而取得控制权，在子公司重大经营活动及总经理和重要管理层人员的聘用上通过董事会起控制作用，在子公司的董事会中，来自母公司的董事均为非执行董事。其优势在于：①由于母子公司之间完全以资本为纽带，使母公司的退出或融资机制非常有效，子公司发展得好，母公司可以通过上市、重组等方式使子公司增设股东、增加资本，推动子公司发展，子公司发展不好，母公司也可以通过资本市场将子公司出售以减少损失；②母公司是子公司的资本所有者，而产品经营权完全下放在子公司，这使得母公司可以完全专注于资本经营和宏观控制，有利于母公司的长远发展，减少管理成本，同时也减少了母子公司之间矛盾；③由于子公司股东是多元化的，这使母公司可以选择一些与子公司业务方向有关的企业共同投资入股子公司，加强对子公司经营支持和帮助。

在直接控制中，必须对子公司进行财务监控，由于代表母公司的董事均为非执行董事，因此，加强对子公司财物的外部监控就显得尤为重要。同时，建立快速信息反馈渠道，母公司应通过派人进驻子公司，经常听取子公司的汇报，要求子公司定期书面报告等形式，增加子公司的信息来源渠道，并建立快速的反应机制，及时解决相应的问题。

11.3.2.2 直接控制

母公司对子公司实施直接控制，就是指子公司的董事会成员均为来自母公司的执行董事，且由母公司董事会直接提名子公司的高管层，母公司的职能部门对子公司的相关职能部门实施控制和管理。母公司对子公司的财务、人事、经营活动进行全面的控制。子公司的主要产品和经营方向由母公司指定，子公司的决策由母公司决定。其优点在于控制距离较短。由于实施母公司对子公司的直接控制，使母公司的经营决策在子公司能够得到最迅速有效地实施；信息完全，控制反馈及时。由于母公司的职能部门与子公司相应的职能部门的控制关系，使母公司能够及时得到子公司的经营活动信息，并及时进行反馈控制；子公司的经营活动得到母公司的直接支持，母公司能够最有效地调配各子公司的资源，协调各子公司之间的经营活动，对发挥母公司与子公司的整体经营能力，有良好的组织结构基础。

运用直接控制机制时应处理好母子公司集权与分权的关系，母公司应着重于宏观决策，研究制定公司的总目标、总方针、总政策，将业务经营权下放到子公司，同时要完善对子公司管理层的激励机制，使子公司管理层能够与母公司保持目标一致，调动他们的积极性。

11.3.2.3 混合控制

混合控制是指母公司让子公司的管理层人员参股子公司成为子公司的股东，子公司的管理层人员进入子公司的股东会及董事会等决策机构，这样，母公司与子公司的管理层人员在经营决策及子公司的经营总目标制订方面共同进行研究决策。子公司的董事会为母公司与子公司管理层相互协商共同决策提供了有效的机制，公司的重大经营决策在董事会上作出决定，由子公司的管理层人员负责实施，子公司的信息可以及时反馈到董事会。其优点在于：子公司的管理层人员参股子公司，成为子公司资产的所有者，母公司与子公司管理层人员的目标完全一致，子公司管理层人员通过股份分红取得相应的收益，使子公司管理层人员有强大的动力全力投入子公司的经营；子公司管理层人员同时也是子公司的资产所有者，使子公司的盈亏与之切身相关，有效地避免了“内部人控制”的现象；由于子公司管理层人员参股子公司，促使他们专注于子公司的长远目标和发展潜力，而非追求短期利益，这对于子公司的长远发展有积极的意义。

运用混合控制应特别注重培育子公司董事会和谐的气氛，协调子公司管理层人员与母公司董事人员目标的一致性，防止子公司各自为政，对母公司整体利益漠不关心，同时，应注意协调子公司之间的关系，使子公司之间能互相协作，共同关注母公司发展，发挥整体优势。

11.3.2.4 比较及使用范围

上述三种母公司对子公司的控制，各有其优缺点，特点也各自不同。所以，有必要将三种控制机制详细地加以比较（请见表11.1）：

表 11.1　　控制的项目比较

比较项目＼机制	间接控制	直接控制	混合控制
管理层次	中等	最多	中等
管理跨度	中等	最大	中等
风险承担	子公司	母公司	母公司/子公司
组织复杂性	中等	最复杂	中等
组织正规化	低	高	低
组织集权化	子公司	母公司	母公司/子公司
适用规模	大	较大	中等
命令链强度	弱	强	中等
信息对称性	小	大	中等
子公司激励	中等	弱	强
决策过程	分权	集权	相对分权
目标制定	子公司	母公司	母公司/子公司
环境适应性	强	弱	较强
如何解决冲突	股东会	行政命令	股东会/董事会
利润中心	子公司	母公司	子公司
主要适用范围	综合性集团、多元化经营	产业性集团、集中化经营	高技术集团对子公司能动性、技术性较为依赖

（资料来源：葛晨，徐金发．母子公司的管理与控制模式．改革，1999（6）.）

从上表我们可以看出，不同的控制机制必须要结合不同的组织结构、组织规模及经营战略。对于间接机制更适用于实施多元化战略的综合性企业集团；直接控制机制比较适用于产业型集团或实行集中化经营的集团；混合控制机制常常适用于高科技企业集团，因为在高科技企业集团中，子公司的学习能力对母公司来说是至关重要的。

11.4　关联公司之间的协作机制①

母公司与关联公司是一种参股关系，而且在关联企业中母公司的资产投入较少，未达到控制的程度，在这种情况下，母公司只能对关联企业施加有限的影响。另外，集团中的关联公司是基于共同的战略目标而形成的关联关系，各关联公司都是平等的法人实体，这样在公司治理中不存在控制与被控制的关系，而是协作机制，包括信息交流、高级管理者互派、关联交易等。

① 李维安．公司治理学．北京：高等教育出版社，2005：263－267.

(1) 信息交流

在关联公司之间，可以通过董事长会议进行信息的交流与沟通。董事长会议就是各关联公司的董事长、总经理组成的协调彼此关系的委员会（在日本又被称为社长会)。该委员会定期举行会议，交流科技、经济、政治情报。通过董事长会议使分布在不同产业部间或不同国度的高级管理者掌握的信息互通有无，并将分别掌握的经营经验、管理技巧等软资源进行交流。董事长会议还可协商高级管理者的人事任免调整，以及针对其他竞争者在战略上采取协调行动。

(2) 高级管理者互派

在企业集团内部，高级管理人才的横向调动是分配关联公司间的拥有的经营管理人才资源、促进成员公司稳定的关联关系的重要手段之一。关于高级管理人员的派遣，是指同一企业集团的高级管理者或骨干职工被派遣成为其他关联公司的高级管理者。这里所说的高级管理是指董事长、总经理、董事、监事等一切要职人员。在关联公司中，除派遣高级管理者之外，各成员公司的高级管理者还可以通过彼此兼职，以直接施加影响力，来巩固彼此间的关联关系，促进协作的长期发展。在美国、德国等国，企业高级官员兼任的现象亦很普遍，但它不是在相互持股型企业间关联关系的基础上的兼任，而是个人之间的关系、或暂时的融资关系的兼任。在欧美诸国，特定的兼职高级管理者一旦死亡或者退休，那么企业之间高级管理者的兼职关系就随之而消失。而在相互持股型关联公司中，首先是因企业之间关联关系的长期存在，而人的关系的相互结合是为这种企业之间长期存在的战略关系服务的，是通过人员纽带来加深彼此间的了解与沟通，以减少摩擦成本，促进协作效率的提高。

(3) 关联交易

关联交易是指母公司或其子公司与在该公司直接或间接拥有权益、存在利害关系的关联公司之间所进行的交易。在国外，关联交易是在跨国公司、母子公司制及总分公司制得到广泛运用时出现的。由于关联交易所具有的降低交易成本、优化资源配置、实现公司利润最大化等优越性，使上市公司在扩张和资本运营过程中普遍采用这一形式。

由于关联公司间的交易较外部的市场交易更具有稳定性、长期性、持续性，所以，它又进一步巩固了成员公司间的关联关系，成为关联公司间重要的协作机制。随着信息化、计算机化的发展，更有让这种交易关系固定化的趋向，随着企业网络的建成及完善，在关联公司间会形成对物流、现金流的统一管理、更为简单的计算机结算，这一切会更加大幅度降低交易成本，带来效率的提高。

在西方发达国家，关联交易常常用于节约交易成本和合理避税。在亚洲的一些家族企业和官营企业中，关联交易则被用作在母公司与子公司之间转移利润或掩盖亏损。在我国关联交易常常发生在上市公司及其母公司、关联公司间，由于我国正处在经济体制转轨过程中，上市公司关联交易较其他市场经济国家更复杂、更频繁。

【阅读】母公司滥用关联交易形式

由于关联交易发生在有关联关系的特定主体之间，交易一方能够通过这种关联关系控制或影响另一方的决策行为，从而造成交易双方地位的实质不平等，使关联交易的公正性受到质疑。因此，在企业集团中出现的滥用关联交易规避法律、侵害他人利益现象层出不穷，形式更是多种多样。

(1) 产品买卖中的滥用关联交易

在经营中，母公司与关联公司串通，高价向子公司供应原材料或以低价购买子公司产品，在交易中获得超额利润，并使子公司利益受损，或虚增子公司的利润。

(2) 转让、置换和出售资产中的滥用关联交易

为了转移上市子公司的利润，子公司调高租金价格，或母公司以远高于市场价格的租金水平将资产租赁给子公司使用，或将不良资产和等额的债务剥离给子公司，金蝉脱壳，以达到降低财务费用和避免不良资产经营所产生的亏损或损失的目的，有的上市公司将从母公司租来的资产同时再转租给母公司的其他子公司，转移利润。

(3) 资金拆借中的滥用关联交易

母公司通过资金拆借中的费用的转移来对子公司进行盈余管理，以此来保住子公司作为母公司“提款机”的资格。上市子公司和母公司存在着产销和服务关系，在改组上市前，双方需签订有关费用支付和分摊标准的协议。当上市子公司利润水平不理想时，母公司或调低上市公司应交纳的费用标准，或承担上市公司的管理费用、广告费用、离退休人员的费用，甚至将上市子公司以前年度交纳的有关费用退回，从而达到转移费用、调高上市子公司利润水平的目的，不利于上市子公司盈利能力的培养。

另外，母公司往往可以利用企业间的资金拆借，大量地占用上市公司的资金。特别在上市公司发行股票或配股融资后，母公司往往无偿或通过支付少量利息而占用上市公司资金，轻则影响了上市公司对新项目投资，严重的将导致公司破产。

(4) 托管经营中的关联交易滥用

在我国目前的证券市场上，由于缺乏托管经营方面的法规规定及操作规范，托管经营往往成为转移利润的形式，具体做法有：一是母公司将不良资产委托给子公司经营，定额收取回报。这样，母公司既回避了不良资产的亏损，又凭空获得了一笔利润。二是子公司将稳定、高获利能力的资产以低收益的形式由母公司托管，直接成为母公司利润。

(5) 贷款担保中的关联交易滥用

我国《公司法》、香港地区的《公司条例》及联交所上市规则都明确规定：董事、经理不得以公司资产为本公司的股东或者其个人债务提供担保。否则公司自身的债权人的利益会因之受到影响。然而在行政干预或母公司的支配下，许多上市子公司违背自己的真实意愿为其关联公司提供担保，这不但使上市子公司多一层经营风险，也给中小股东、债权人带来利益受损的威胁。一旦被担保人出现偿债障碍，上市子公司必须履行偿债义务。

(6) 债务充抵中的关联交易滥用

在民法理论上，债的混同是指债权人与债务人合为一体时可实行债的抵消，而在现实中常常出现母公司用自己的债务与上市子公司债权充抵，而上述行为将股东与公司混同，明显违背了股东与公司相独立的原则，它侵害了中小股东、债权人在公司中的应得收益。

(7) 无形资产的使用和买卖中的关联交易滥用

母公司或关联公司向上市公司收取过高无形资产使用费，或无偿、低价使用上市公司的无形资产。在无形资产转让中，母公司或关联公司往往从上市公司攫取利润。

11.5 韩国、美国企业集团的治理模式及对我国企业集团治理模式的启示

企业集团在许多国家都存在，其治理结构也因不同国家管理环境、历史文化以及企业集团的股权结构不同，表现出很大的差异。我们认为在诸多的企业集团的治理模式中，韩国、美国模式分别代表新型工业国家和发达国家的企业集团治理模式，对我国企业集团的治理模式具有借鉴和指导意义。

11.5.1 韩国模式的特点、问题及启示

在韩国，由两大类型的企业集团：一是以家族为背景的大集团，如“现代集团”、“三星集团”、“乐喜集团”等；二是由政府投资的大企业，如“大韩石油”、“韩国信托”等，在战后韩国的经济发展过程中，这两类企业集团发展迅速，在国民经济中占十分重要的地位，其特点如下：

①规模大。1971 年，韩国前五位大企业集团的经济规模约相当于国民生产总值的 4%，到 1988 年就扩大到 11%。1987 年韩国 50 家大企业集团的总产值为 97 兆韩元，其工业产值占韩国国民生产总值的 59%。1985 年，“三星”、“现代”两大企业集团进入全球 500 强，其中，在 1990 年，“三星”实现销售收入 450 亿美元，名列全球 11 位。①

②经营多元化。在韩国，各企业集团之间的竞争相当激烈，企业之间很少相互订购零配件，因而就形成了各企业集团经营的项目无所不包。“三星”下属的 31 家关联企业，遍布食品、造纸、石化、重机、造船等 11 个行业，“现代”下属 43 家企业，除经营产业外，还介入金融业。

③对政府的依赖性强。可以说，韩国的大企业集团主要在 20 世纪 50 年代战争结束后，在美国等西方国家的扶持下成长起来的，以“金星”、“双龙”为代表。60 年代，韩国政府又实施了五年发展规划，并在发展道路上采取了“不平衡发展战略”，政府将

① 虞月君. 韩国大企业之鉴. 中国企业家，1998 (2).

有限的资源配置于重化工业部门，以期带动相关产业的发展。在产业组织和企业模式上，开始涉入由政府控制与大财团垄断的模式，政府、财团和银行之间紧密结合，政府采取各种手段支持和扶植大型企业集团，以“大宇”、“现代”为代表。目前，韩国国内50家最大的企业集团中，有近40家是在这一时期形成和发展起来的。

韩国的企业集团的发展可以说为韩国经济跻身“亚洲四小龙”的位置奠定了基础。其治理结构特征如下：

①采用“集团会长—营运委员会—子公司—工厂”的四级组织结构。在这一形式中集团会长是最高领导，在会长之下设营运委员会，相当于顾问委员会。营运委员会聘请子公司会长和社长参加，对集团的重大经营活动和发展战略，提出意见和实施方案。营运委员会作为一个协助会长的管理和决策参谋机构，同时拥有人事任免权、投资决策权、合资公司营业计划审批权。子公司是独立的法人，独立核算、自负盈亏，自身可以发行股票、募集上市。工厂是子公司的生产单位。

②家族控制与家族经营。韩国企业集团多是以血缘、亲缘和地缘为基础形成的，其中以家族经营为中心的垄断色彩异常浓厚。即使是一些实行了股份制的企业集团，从表面上看，企业已经实行了社会化、股份化，但实际上这些公司只是以家族、亲属、朋友的名义将自己的股份分散开来，其实际控制权仍然掌握在创办人手中。以“现代”为例，郑周永家族直接掌握了核心企业“现代建设”55%的股份、“现代综合商事”19%的股份、“现代水泥”45%的股份。企业集团内其他企业股份也出于其家族控制之下。在24家主要的企业中，仅有8家企业的家族控股在40%~50%，其他的都在50%以上，这足以抵御外界对其事务的干涉。①

③对政府的依赖程度过大，与政府关系密切。政府采用优惠贷款和税收等措施，促使企业集团的形成，对于国家所选定的重点扶持的企业集团，政府也拥有很大的控制权，甚至直接干涉其经营。比如政府为了扩大企业经营规模，可以在极短的时期内将重要企业合并，政府还可以直接干涉企业经营的确定，甚至责成某些企业必须实现年度目标，并对实现目标的企业予以有形或无形的奖励。

④资本结构总负债率过高，债务约束不力。由于政府的多种优惠措施，韩国大企业集团采用兼并和多元化手段积极扩张，而这部分资金主要来源是银行贷款，这就造成了企业集团过度负债经营。20世纪90年代末期，韩国排名前30位大企业集团的平均自有资本率为24%，其中位居第12的汉拿为4.8%，位于第19的真露为1.2%，居第23位的三美为3%，而且韩国不少大企业集团债务中短期债务中短期负债比例过高，有的甚至将短期贷款当做长期投资使用。②

上述的企业集团的治理模式，到1997年以前曾经作为一种成功的典范，它不仅为韩国重化工部门奠定了雄厚的基础，也造成了韩国经济30年的高速增长。然而自1997年初特别是东南亚金融风暴后，这种模式暴露出了它先天性的不足，主要是其庞大的债务直接致使其破产。在30家最大的企业中，有11家宣布破产，其他幸存下来的企业

① 郭小利. 企业集团的国际比较. 北京：中国财政经济出版社，2002：186.

② 参见：资本结构与公司治理研讨会论文，载《管理世界》，2001（8）.

纷纷减少投资规模，降低资产负债率。从上述的后果中我们可以得到如下几点启示：

启示之一：加强企业集团治理结构的建设，根据实际情况不断完善相关政策和法规。我国企业集团在组建和运作中存在的很多问题，与治理结构上的缺陷密切相关，而治理结构上存在的主要问题集中在产权和董事会的职能发挥上。从产权上看，不少国有企业集团产权主体不清，所有者缺位，即使进行了股份化改制，国有股比重仍然过高，普遍存在一股独大的特点，小股东的权力根本无法保护，这与韩国企业集团家族控制有相似之处；在董事会的构成上，内部董事所占比重太高，这也与韩国企业相似，而且我国的外部独立董事并不是真正意义上独立，其在受聘、报酬、董事会、决策程序等方面受经理层的控制，不少被用来作为“花瓶”，没有真正的话语权。对我国民营企业来说，家族色彩更为明显，尽管这种体制在企业发展初期因管理成本、协调成本小有利于发展，但在企业规模扩大到一定的程度后，进一步发展肯定会受资金和职业管理人才的制约。我们只有充分地利用社会资本和职业经理人员，才能达到上述目标。

我们认为，无论是国有企业还是民营企业，其治理结构都必须进行改革，并可在股权结构和董事会改革方面借鉴韩国企业集团的做法，大力推行企业集团股权的多元化，大大增加独立董事的比例，并完善独立董事发挥作用的条件。在完善股东大会职能的做法上，利用现代通信技术如互联网、电视电话等方式鼓励小股东参加股东大会，尤其是在提名相关管理人员时可以采取网络技术，以保证公开、公正的竞争。

启示之二：不要盲目追求规模和多元化经营。从韩国的大企业集团的经营情况可以看出，由于政府给予大企业一些优惠待遇，使企业竞相扩大生产经营规模和领域，最终出现生产能力过剩，导致企业间发生恶性竞争，以致严重亏损。在我国这种情况并不少见，不少企业在没有深入了解市场的情况下，盲目以兼并、联合等形式，扩大生产规模，甚至通过政府行政干预，将根本没有联系的企业捆绑在一起。由于这种企业在兼并和多元化后，在技术、资金、管理等方面没有跟上，淡化或分散了主业经营，或者内部成员企业间的关系难以调和，使原本生产和经营效益不错的母公司，背上了沉重的包袱，下属企业由于丧失了作为独立企业所具有的高强度的市场激励和约束及市场所赋予的灵活性，同时又得不到集团公司的支持，使各成员公司的生产经营处于被动的境地。

我们认为，我国现在不少地方为了享受国家在税收、减债、资金等方面的优惠政策，组建了众多“集而不团”的公司，因此我们在进行公司改制时，应该按市场的需要，建立真正的母子公司体制，同时建立一个良好的退出机制，一旦出现那种不适应集团发展目标的成员企业，坚决按市场机制出售或分立。

启示之三：建立合理的资本结构。利用银行的信贷资金是企业发展的重要手段，但是韩国企业过度依赖债务扩张，给企业造成过高的债务负担和风险，我们要引以为戒。我国企业的发展，主要是靠银行贷款，这点与韩国十分相似，虽然经过几次减息，与世界金融市场相比，我国的贷款利率仍然偏高，企业的利息负担依然很重。所以，企业要尽量增加企业自用资金的比例，降低负债率，安排好投资计划，绝对不能为追求规模，将短期负债用于长期项目建设。

启示之四：减少政府对大企业集团的过度扶持和干涉。由于条块分割、政企不分及部分经营者的抵抗，我国企业的兼并和企业集团组建遇到许多行政障碍。在处理这些障碍的过程中，政府干涉只能限于破除部门和地方利益对企业兼并、重组、联合的束缚，为企业集团的资本化运作提供一个公平的竞争环境和相应的政策和法律保证，而不是既当裁判员、又当运动员。韩国大企业集团为了取得政府的更多优惠待遇，竞相依靠贷款扩张经营，并不断向不同领域扩张，不断增加生产设备投资，致使投资过度，导致恶性削价竞争，以致亏损出口的现象，值得我们在组建企业集团的过程中反思。

11.5.2 美国模式的特点、问题及启示

美国企业集团也有两种典型的结构，一是以家族控制为核心的垄断财团，二是以大公司为核心的集团公司。美国财团形成于20世纪初，但是在二战后，特别是在50年代以来，由于家族对核心企业股票控制的减少和分散，通过持股和人事关系的相互渗透的加强，原来独立或准家族控制的企业集团已演变为若干大公司和金融组织的联合控制。① 如美国的摩根银行是摩根家族的核心企业，但战后丧失其控制权。1979年，摩根银行的前11名大股东共拥有股权约20.04%，摩根家族只占1.05%。与家族控制为特征的垄断财团影响力日渐衰落相比，采用集团公司组织体制的独立系集团，在美国已经占了主导地位，其基本实行“母公司—子公司（事业部）—工厂”的三级组织结构形式。我们认为，美国的这种模式对我国企业集团的影响较大，而且相对比较成功，下面将重点分析其治理结构的特点及两种新型组织对集团公司治理的影响以及相关的启示。

集团公司治理结构特点。从组织结构上讲，美国集团公司的最高权力机构为集团公司本部或母公司，母公司的权力机构为股东大会，股东通过股东大会选举董事，再由董事聘任总经理。公司不单独设立监事会，而是将执行和监督的职能都集中在董事会。董事会内部又专门设立报酬委员会、审计委员会、董事提名委员会等分支机构，这些分支机构的成员大都由外部独立的董事构成，在董事的选择上，非常注重独立董事的专长，从而使外部董事在董事会中占很大的比例，一般在70%左右。

两种新型的企业组织对集团公司治理的影响。

在美国20世纪80年代的接管浪潮中，出现了两种新型组织形式，即“杠杆收购”（Leverage Buy-out Association，简称LBO）和经理人收购（MBO）。

LBO是由几个合伙人经营，而不是公众持股公司，且这些合伙人也只从事有限的管理业务，其主要任务是计划和实行新的收购，合伙者对所卖的企业并不拥有必要的产业知识和经营技能，其活动只集中在寻找目标企业、筹集资金上，进行杠杆收购。项目收购的资金主要来自融资，其中50%~70%来自银行，其他的部分来自其他风险投资者。收购成功后，将原来的企业与核心能力无关部分分离，高度多元化经营的企业往往被分成独立的企业，原来的事业部被建成独立的企业，事业部的经理变成总经

① 李肃，等．美国五次企业兼并浪潮及启示．管理世界，1998（2）．

理，而总部消失。其主要特征如下：

（1）LBO 不是一个持续的组织形式，一般在 3 ~ 5 年之后，LBO 的合伙者重新向公众出售股票，重新变为一个富有竞争力的公众公司。

（2）高层管理人员拥有企业很高比例的股票。这种产权安排使企业的治理结构有很强的激励性。

（3）收购是由外部合伙人与公司管理层“合谋”完成。

MBO 是公司的高层管理者看到企业的盈利能力，相信自己得到控制权后使企业出现转机，但由于受董事会的控制和接管的危险，自己的设想很难付诸实施，而自己要得到控股权又缺乏资金，便通过融资的方法，达到足够控股份额后便对公司进行接管、重组。由于这种收购使所有权与控制权重新统一，其激励不相容问题大为缓解，但同时由于收购资金全部来自贷款，其负债率过高，破产的风险也大。

启示之一：以大公司、大集团的资产重组和兼并为主体，借助资本市场的大力发展，实现我国企业的规模重组、产业重组、多元品牌重组、资本重组以及企业功能重组。纵观美国 100 多年来间发生的五次兼并浪潮，在每一次兼并浪潮中，大公司、大企业始终是资产重组和企业兼并的主体。我国近年来也出现了企业集团的资产重组，并逐步由传统的行政手段为主，向市场方式转化。虽然一些发展较快的大企业在集团化、国际化及规模重组、产业重组、品牌重组、资本重组和功能重组等方面进行了有益的探索，但只是刚刚起步，真正的意义上的兼并和重组还必须要进行金融手段的创新和资本市场的发展，因此，应大力发展资本市场，为企业并购提供有效的融资渠道，为投资者控制公司提供有效的外部约束机制。

启示之二：增加独立董事在公司董事会中的作用，强化对集团公司经营者的激励和约束机制。美国的大公司中，外部的独立董事一般占 70% ~ 80%，而且均具有相关的专长，且不受总经理的控制，监督上独立性强。在美国大公司，近几年来随着机构投资者对企业经营的积极介入，它们主要利用代理权竞争和董事会来改组企业经营。相比之下，我国的大公司、大集团的董事会主要由内部人员构成，董事会的独立性和监督职能大大降低。加之国有股所有者缺位，资本市场不发达，董事会、大股东、代理权竞争及接管机制对经营者的监控都虚弱，造成高层管理者的权力过于集中，重大决策由一人说了算，甚至滥用权力、以权谋私或收受贿赂。因此我国要大幅度地增加董事会中的外部独立董事的比重。

启示之三：注重机构投资者在公司治理中的作用。近几十年来，美国大企业和集团公司的股权结构发生明显的变化，机构投资者迅速崛起，持有许多大公司的股票，并成为一些大公司的大股东。到 1995 年，人们估计这些机构投资者大约拥有美国所公开交易公司股票的 55%。就此可以分析得出结论：美国的公司治理模式也在逐渐由外部接管机制为主向依赖内部其他治理机制为主转移，或者二者并用，与日德模式靠近。这为我国大公司、大集团治理结构的演化提供了有益的启示，即利用各种基金入市，并鼓励其积极参与公司治理，达到治理手段多元化。

【思考与练习】

1. 企业集团的概念。
2. 集团治理与单个企业的治理有何异同?
3. 母公司如何选择对子公司的控制?
4. 母公司权利滥用在现实中表现为哪些方面?
5. 案例讨论

集团母公司掏空上市子公司:“猴王”变空壳

1993 年,猴王焊接股份公司从猴王集团中“剥离”出去,改组为猴王股份公司上市,猴王集团公司成为猴王股份公司的第一大股东。但此次资产重组实际上只是一种形式上的“剥离”,猴王集团和猴王股份从未在人员、资产和财务上实施真正意义上的分开剥离,这也就为后来的猴王集团破产以及猴王股份演变为“空壳”公司埋下了祸根。

猴王股份公司上市以来,经营状况江河日下,1999 年开始出现亏损,财务报表也显示出不同寻常的高额应收账款和长期负债。当初的一块优质资产沦落到如此凄惨境地,而公司过去披露的信息根本无法自圆其说,怎不让人疑窦丛生?迫于强大的舆论压力,猴王股份公司 2000 年 6 月 15 日公布了其与集团公司的债务往来:自 1994 年以来,借贷给猴王集团的长期借款高达 8.91 亿元,到目前为止未还款数额为 5.9 亿;自 1998 年 4 月以来,为集团公司及其下属企业提供信用担保金额 45 862.4 万元,由于日前猴王集团突然宣告破产,将有近 3 亿元的担保金额血本无归。这两项数额累计达近 9 亿元。而根据猴王公司 2000 年度中期报告的数据,猴王公司的总资产总共才 93 408 万元。也就是说,随着猴王集团的破产,猴王股份已经变成了一家空壳公司,几乎没有什么净资产可言了。广大中小股东此时才知真相,连呼“中计”。

从实质意义上讲,无论是猴王公司的董事会,还是其经营管理层,都只是猴王集团的一个“橡皮图章”,公司经营决策权以及激励、监督权都掌握在集团公司手中。二者在人员、资产以及财务上的千丝万缕的联系,为猴王集团恶意控制股份公司创造了条件。猴王集团本身企业负担重、创利能力差,只能指望上市公司猴王股份不断为其输血。如此一来,不但造成了国有资产的流失,也将猴王股份广大中小股东的命运捆绑到了与其并无直接联系的猴王集团的滚滚下坠的车轮上。猴王集团经营不善,无以为继,只好鲸吞猴王股份的资产,自然严重地损害着猴王股份的广大中小股东的利益。

猴王集团和股份公司的不正当关联交易,仅有一个“橡皮图章”式的董事会还远远不够,只有避开证监会和广大利益相关者(尤其是猴王股份的广大中小股东)的监督,才会实现上述的恶意控制行为。那么猴王集团及猴王股份又是怎么做的呢?

2000 年 8 月份,猴王集团就开始秘密着手一系列破产准备工作。

2001 年 1 月 9 日,猴王集团召开职工代表大会,讨论同意企业申请破产。1 月 11 日猴王集团主管部门——宜昌市经贸委同意猴王集团申请破产。1 月 18 日猴王集团正式向宜昌市中级人民法院提出破产申请。2 月 27 日猴王集团破产案开庭审理,猴王集团宣告破产。直至当日，《湖北日报》才用小篇幅文章予以了报道。2 月 28 日，猴王 A (0535) 发布董事会公告，称公司原第一大股东猴王集团已宣告破产，公司巨额债务面临严重坏账风险。

在长达半年多的时间里，猴王股份的广大中小股东并不知晓内情，因为公司从未发布正式消息披露此事。而在此期间，财政部批准猴王集团所持有的全部猴王 A 国家股 7234.9924 万股无偿变更为宜昌市夷陵国有资产经营公司持有。其根本用意在于避免猴王集团的破产而带来的国有资产的流失，可广大中小股东却被蒙在其中，他们的资产在白白流失却无人保护。

（资料来源：李维安，武立东. 公司治理教程. 上海：上海人民出版社，2003：229.）

【思考问题】

1. 如何防止母公司对上市公司的恶意控制?

2. 中小股东的利益如何得到保证?

12 网络治理

【本章学习目标】

1. 了解网络治理的定义及其所包含的内涵；
2. 理解研究网络治理的意义；
3. 掌握网络治理的理论基础；
4. 理解网络治理的机制以及目标。

12.1 网络治理的内涵及其理论基础

12.1.1 网络治理的内涵

在诸多关于网络组织治理的文献中，网络治理经常和网络组织治理的概念连在一起。但正如组织本身具有静态的组织形式和动态的组织机制一样，网络治理也具有类似的静态和动态属性。

网络治理的本质类似管理的基本原理，都是通过某些科学的原理的应用，实现组织目标的过程。只不过对于网络治理来说，其核心体现为提高决策科学性的过程。简单地说，就是注重做正确的事情，而如何选择并确定是“正确”的事情，就成为关注这种决策科学性的关键环节。

对网络治理的内涵，可以通过透视网络和治理两个方面来理解。网络的内涵既可以是关系的集合，也可以是技术条件的作用结果。因此，网络治理中“网络”的内涵至少包括经济组织关系的外部和内部因素的集合。如果再考虑到关系的制度属性，即关系如何在制度的范畴中体现，那么，我们还可以进一步将网络细化为正式的网络关系。例如，基于法律意义上的公司契约以及非正式的网络关系；基于价值观、习俗和道德等因素的东方文化关系；中国社会背景中的“关系”① 等，就是这样一种典型的非正

① FanYing. Questioning Guanxi: Definitions, Classifications and Implications. International Business Review, 2002 (11).

式制度安排[1]。因此，网络治理中的网络内涵，主要包括制度意义和技术意义上的经济组织或者经济主体之间的正式和非正式关系的总和。网络治理的内涵不是某种简单关系的体现，而可能是众多的关系相互作用的结果。

网络治理中的“治理”一词则是对应管理一词的。众所周知，管理是通过协调他人的劳动、实现组织目标的过程。通常是经由层级的组织交易模式实现的，即管理问题一般通过层级组织反映出来，事关对权力的控制性应用[2]。管理的目标，是追求管理劳动投入后的劳动效果。在治理的内涵中，虽然原则上也是有关制度权力的设计，但对于被治理的对象而言，并非多数情况下都涉及权力的控制问题，而是对象之间通过合作性的协调方式，实现组织目标的过程。因此，合作、协调、相互联系是治理的核心属性。治理的目标，从现象上看是通过设计制衡机制，杜绝现代企业制度意义上两权分离为基础的机会主义行为。但实际上，设计相互制衡的制度安排本身是为了提高决策的有效性，体现为如何做正确的决策。治理的核心属性是竞争与合作基础上的经济主体决策行为的有效性、合理性和科学性。

【阅读】关于治理

治理这一范畴在国际学术界已获得广泛承认，并成为一个颇具潜力的新兴研究领域，但对治理的定义在国内外特别是学术界尚未完全达成共识。根据罗茨（R. Rhodes）的梳理，治理至少有六种用法：作为最小国家的管理活动的治理，它指的是国家削减公共开支，以最小的成本取得最大的收益。作为公司管理的治理，它指的是指导、控制和监督企业运行的组织体制。作为新公共管理的治理，它指的是将市场的激励机制和私人部门的管理手段引入政府的公共服务。作为公共部门的治理，它指的是强调效率、法治、责任的公共服务体系。作为社会控制体系的治理，它指的是政府与民间、公共部门与私人部门之间的合作与互动。作为自组织网络的治理，它指的是建立在信任与互利基础上的社会协调网络。在关于治理的各种定义中，全球治理委员会的定义有其很大的代表性和权威性，该委员会认为：治理是各种个人和机构、公共部门与私营部门管理其共同事务的诸多方式的总和，它是使相互冲突或不同的利益得以调和并且采取联合行动的持续过程。它既包括有权迫使人们服从的正式制度和规则，也包括各种人们同意或认为符合其利益的非正式制度安排。

综合上述分析，我们认为，网络治理的内涵实质上是有关网络化的组织行为如何影响经济组织的决策科学性的问题。它至少包含事关提高三种网络组织形式的决策有效性问题。[3]

---

① 需要注意的是，中国社会中的“关系”一词，在英文中是没有对应词汇的。这是因为中国社会中的“关系”一词包含了非常深刻的内涵，难以通过正式的制度安排来测度其基本的交易成本。但在时间的维度中，关系这种非正式的制度安排的交易成本可能呈现逐步增加的趋势。参见：Mike W. Peng. Institutional Change and Strategic Choices. The Academy of Management Review, vol. 28, 2003 (2).

② 周三多，等. 管理学：原理与方法. 上海：复旦大学出版社，1999.

③ 李维安，周建. 网络治理：内涵、结构、机制与价值创造. 天津社会科学，2005 (5).

网络治理的第一个内涵是有关组织间网络如何影响组织的决策问题。由于网络形式表现为组织间的关系，所以网络治理等同于网络组织间的治理。这种网络组织，既包括志愿性的风险共担的基于正式制度安排的战略联盟，也包括旨在共同获取更多市场份额的产业组织，例如，共谋形式的卡特尔。因此，对于体现为组织间关系的网络治理而言，内涵就是关于企业间关系如何影响关系企业（例如联盟企业、特许企业和长期供应商等网络组织成员企业）的绩效，具体地说，就是建立企业间诸如战略联盟这样的合作伙伴关系会产生什么样的价值创造效应的问题。

网络治理的第二个内涵是有关网络经济条件下的公司治理问题。这实际上是技术条件改变时，作为治理的公司制企业组织形式的决策方式和机制将可能发生怎样的变化的问题。传统的公司治理是一套基于所有权和经营权相分离的，旨在制衡决策权力的制度安排体系。但在网络经济背景下，IT 技术的飞速发展使得以往的公司治理的制衡效率和方式都面临着挑战。一般意义上的治理结构，例如，董事会和股东大会作为正式的制度安排，都将可能受到信息技术的影响，从而造成不同的治理效率。

网络治理的第三个内涵，源于治理的内部网络形式。经济组织中的高科技网络企业（例如，搜索引擎门户网站等）、跨国公司和集团公司，都是比较典型的治理的内部网络形式。这类企业，势必出现不同于单个公司制形式的网络治理问题，从而形成内涵更加丰富的跨国治理和集团治理。

12.1.2 研究网络治理的意义

网络组织治理的研究意义在于：一是增进信任，防范“道德风险”、“搭便车”等机会主义行为；二是提高网络组织的运行质量，保证有序运作；三是促进结点协同互动，挖掘蕴藏在结点之间的潜在价值。由于网络组织本身和环境的复杂性以及网络组织治理环节的多样性，网络组织的治理远不是通过少数几个环节或子系统所能解决的问题，而是各有关方面密切联系、交互影响，因而是复杂的系统工程，需要系统性创新。

12.1.3 网络治理的理论基础

12.1.3.1 从科层到网络：治理环境的演化

（1）科层治理的理论架构

科层治理一般所言是指以“股东利益至上”为原则、以层级组织的权威为依托的公司治理形式，属于企业内的制度安排。正如科斯（Coase，R. H）在其《企业的性质》（1937）一文中所指出的“企业与市场是经济组织制度的两极”。因此，科层治理与市场治理（Market Governance）被认为是两种基本的治理形式。科层治理以节约组织成本，尤其是代理成本为要约；而市场治理则是以节约交易成本为原则。威廉姆森（williamson，O. E. 1979）继承和发展科斯的企业理论，以三重维度——不确定性、资产专用性与交易频率对不同的交易范式加以界定。科层治理的架构则是以三重维度为基础来试图解决企业的组织成本，尤其是代理成本的问题。科层治理结构则是有关董事会的功能、结构以及股东的权力安排。

公司需要治理的核心理由是存在不完全合约（Incomplete Contracts）。不完全合约的存在导致委托—代理各方激励的不相容、责任的不对等。而科层治理则是通过合约关系对委托—代理各方的责、权、利进行配置，其关键的功能是如何配置公司的控制权①。科层治理的行为则是通过治理机制（激励机制、约束机制为其两大重要机制）来实现治理的目标，其根本的目标是保护股东或委托人的权益，并使其利益最大化；监督经营者或代理人的行为以防止其偏离所有者的利益。这样，可得出在三重维度的环境中，科层治理的理论架构（如图 12.1 所示）。

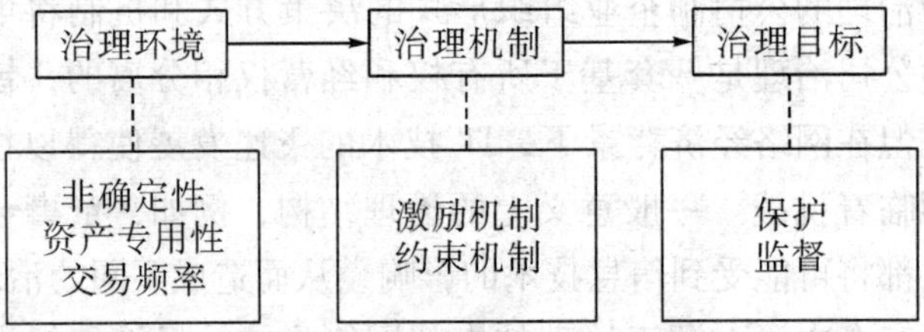

图 12.1　科层治理的理论架构

（2）治理环境的变化

在科斯的企业理论中，企业是以非市场方式——科层组织对市场进行替代。另一方面，企业是一组契约的集合体。但在战略联盟、企业集团这些以网络为基础的组织形式中，企业与企业所形成的市场交集，不仅仅有市场的价格机制起作用，而且企业间的契约也发挥着效力。因此，在企业与市场之间，存在着一个中间组织。这种中间组织并不是对企业与市场的替代，而是以兼有企业与市场某些特性的杂交形式而存在。这可从威廉姆森以三重维度为基础所分析的规制结构上得以理论证明：企业的出现是不确定性大、交易频率和资产专用程度高的结果。当这三个维度变量处于低水平时，市场则是有效的协调方式，而处于这二者之间的是双边、多边和杂交的中间组织形态。就企业间网络而言，这些中间组织形态表现为企业间复杂多样的制度安排。

构成网络组织形态的一个重要基点是非正式组织能充分发挥效力。这不仅包括企业里的非正式组织，而且包括以社区为基础、个体与群体的关系或纽带而形成的非正式组织。这些关系或纽带以嵌入的方式，通过双边或多边交易的质量与深度来对个体或组织进行非正式的控制，尤为重要的是社会资本通过这些关系或纽带嵌入于网络组织②，并在其中进行流动、链接与定位。因而，社会关系与其交易不仅是非正式组织形成的基础，而且促进正式组织与非正式组织间相互连结，扩充组织的活动规模与空间，扩展组织的边界，触发治理环境的变化。因此，在中间组织形态中，市场原则、组织准则与社会关系共存，市场机制、组织机能与关系效力相互渗透。正是这种共存与渗透，才产生了以参与者间的关系连结为特征的网络组织形态。

① 李维安，等. 公司治理. 天津：南开大学出版社，2001.

② Granovetter, M. Economic Action and Social Structure: A Theory of Embeddedness. American Journal of Sociology, 1985, 91 (3): 481-510.

治理环境的变化，使治理任务所依赖的路径发生改变，引发治理形式的渐变，即由以科层组织为基础，股东会、董事会与经理层为主体的治理结构向以中间组织状态为基础，网络治理形式的方向演化。这是因为科层治理结构面对环境的快速变化，在信息的获取、传输、利用与反馈上往往会有一段滞后期，势必影响管理决策的制定与实施。而股东因受科层治理模式中定期会议制度的限制，难以与董事会、经理层进行及时的信息交换与沟通，形成"无为治理"，削弱治理的整体效应。而且，科层治理结构所提供的渠道具有较小的选择性。股东会、董事会与经理层相对固定的治理模式，会议的定期制或预定制，以及股权与层级的限制，使科层治理的范围与程度都显得窄小，不仅小股东或内部职工的治理行为存在诸多的制约，而且外部的非股东个体与群体参与治理可选择的渠道也为数较少。此外，科层治理结构中股东行为往往具有被动性与消极性。由于治理渠道较少及信息的不对称，股东、非股东个体与群体参与治理的成本会大大提高。

而在网络组织中，信息的透明度及流动较为充分，信息的对称性提高，使治理者能进行及时的信息交换、反馈和共享。同时，社会关系的嵌入为各行为主体提供为数众多的可选择的治理渠道和机会，节约治理成本，方便治理行为，从而提高公司内部治理者、股东群体、外部的非股东个体与群体参与治理的主动性与积极性，强化治理的效果。(见表 12.1 的比较)

表 12.1　科层治理与网络治理的比较

比较对象	科层治理	网络治理
理论基础	企业理论	中间组织理论
组织形式	正式组织，权威结构	正式与非正式组织，关系链接
治理时效	滞后	及
治理渠道	少	多
治理成本	高	低
治理行为	被动与消极	主动与积极
制度形态	企业内的制度安排	参与者间的关系安排

12.1.3.2　网络治理的理论架构

在网络组织形态中，个体与群体的关系或纽带形成社会网络（Social Network），成为网络治理的基础网络组织。而社会关系网络以两种嵌入的方式影响经济的活动和结果：一是关系嵌入。它是以双边交易的质量为基础，表现为交易双方重视彼此间的需要与目标的程度，以及在信用、信任和信息共享上所展示的行为。二是结构嵌入。它可以看作群体间双边共同合约相互连接的扩展，这意味着组织间不仅具有双边关系，而且与第三方有同样的关系，使得群体间通过第三方进行间接地连接，并形成以系统为特征的关联结构。因此，结构嵌入是众多参与者互动的函数。结构嵌入使网络内的信息既可以水平地或垂直地流动，又可以斜向地传播。

相似的，企业、组织之间以显现的或隐含的，暂时的或无时限的合约组成企业间、组织间网络（Inter-firms or Inter-organizations Network），以协调与维护企业间、组织间的交易，对环境的变化保持相机的适应性。企业间、组织间网络的形成既有来自外生要素的整合，如利用技术资源的分布或依赖资源的社会结构同其他组织建立纽带，以满足资源的需要与对不确定环境进行管理，同时又是源于内在因素的驱动，即组织的行为与社会网络的关系结构驱动组织间网络的形成。可以说，企业间、组织间网络既是资源、资本、信息的主要发源地，又是网络治理的对象与客体。

与此相比，有形网络（如 Internet，intranet）则利用其高效的信息传播方式与宽广的信息流渠道，构成网络治理的技术平台，对网络治理的有效运作给予有力的支撑。因而，网络治理所言的网络应是“三网（社会网络，企业间、组织间网络，有形网络）合一”。基于此，网络治理是以社会关系、经济结构、技术要素的整合过程为基础，衍生成的一种广义的治理行为。

Jones 等（1997）扩展了交易费用经济学理论，引入任务复杂性这一维度，使网络治理建立在四重维度的交易环境中，即：①供给稳定状态下需求的不确定性；②定制交易的人力资产专用性；③时间紧迫下的任务复杂性；④网络团体间的交易频率。在此基础上，Jones 等以社会机制为基础提出了网络治理的理论模型。但该模型并没有阐明治理机制这一关键要点，而且社会机制作为网络治理的基础并不能对治理机制本身进行替代。利用 Jones 等四重维度的理念，通过对 Jones 等网络治理模型的修正，提出网络治理的理论架构（如图 12.2 所示），并对此架构进行详细的探讨。

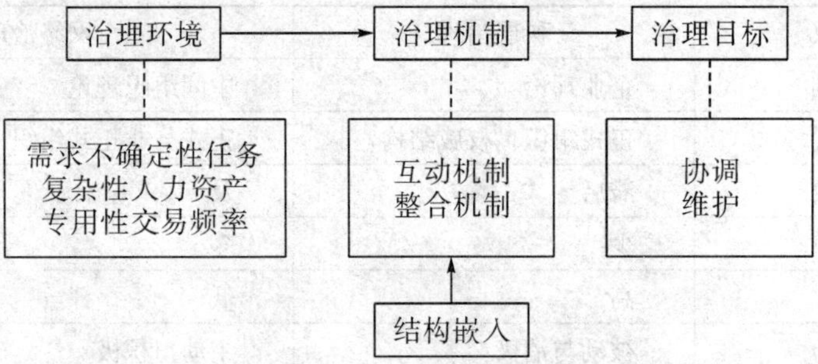

图 12.2　网络治理的理论架构①

（1）供给稳定状态下需求的不确定性

需求不确定性的产生源于三个方面：①消费者偏好的快速变化与不可知性。②知识与技术的迅速变化，这导致产品生命周期缩短和信息标准的迅速传播。③季节性的变动。

在需求不确定的条件下，通过资源外包和子合约的形式，公司的业务会分解成为几个自主的单位所拥有。这种分离增加组织的柔性，即利用资源的组合、新型的交易或租赁方式，而不是强调占有资源，从而有能力在更大范围内对环境的变化作出相机性的反应，快速与廉价地重新配置资源以满足环境变化的需要。Jones 等指出：在供给稳定状态下需求的不确定性提供了易于网络和市场运行而不利于层级组织发展的环境。

① 彭正银．网络治理理论探析．中国软科学，2002（3）：50－54.

(2) 定制交易中的人力资产专用性

产品和服务的定制化，是网络中企业所共有的。定制化的形式包含着从参与者的知识与技术中获得的人力资产的专用性，如文化、技术、惯性与在“干中学”获得的协调性。专用性人力资产的强定制交易需要有一种能增强合作、客串（proximity）与重复交易的组织形式以有效地转换团体之间的隐喻知识。值得注意的是，专用性人力资产的强定制交易不能有效地通过市场机制来协调，要么是通过层级要么是通过网络来完成。

需求的不确定性推动企业趋向非聚集化，而人力资产的定制交易则强化团体间的协调和整合的需要。网络治理可通过增强隐喻知识的快速传播来均衡这些竞争需求。Saxenian（1994）指出：在硅谷，网络促进隐喻知识迅速扩散到半导体企业，激励产品的创新与市场化，产生的收益相当于非网络企业的十倍。

(3) 时间紧迫下的任务复杂性

任务复杂性指的是需要为数众多的不同专用性投入来完成一项产品或服务。任务复杂性导致行为的相互依赖与提高协调行动的需要。与时间紧迫性相联的任务复杂性可利用一系列的非有序交易产生团队协调，使各种技术人员同步地生产产品或完成服务。时间紧迫性的产生是由于在迅速变化的市场上缩减技术与理念领先时间的需要，如半导体产业、计算机产业、电影业和时装业，或是在激烈竞争市场上减少成本的需要，如汽车业与建筑业。Coriat（1995）指出在时间紧迫的压力下，全球化的汽车企业趋向网络治理以更大地获得处理产品的多样化、市场的差异化的能力。

(4) 网络团体间的交易频率

交易频率使人力资产的专用性从“干中学”得到发展，并在持续互动中使信任（trust）得以深化，增强企业间制度安排的稳定性，使企业将这种互信关系纳入其治理结构的设计中。而且，双方交易频率的测度包含着非正式控制的嵌入。非正式控制将增强团体间隐喻知识的转移和特质性机能的移植，这有利于改变参与者在团体间交易的位置。因此，交易频率能转换团体间交易的定位与影响非正式控制的价值。

12.2 网络治理的机制

网络治理机制有能力平衡在四重维度环境中的竞争与合作需求，将有效突破市场机制与科层组织不能治理团体间网络交易行为的局限。互动与整合是网络治理的两个重要的机制。

(1) 互动机制

互动机制是网络治理的内生机理。复杂性任务要求团体通过互动以完成一个产品或服务，增进团体间的共同联系。而定制化的过程与知识要求增强互动的频率以实现对隐性知识的共享。

互动机制的运作，表明个体或团体具有通过直接或间接的纽带对其他参与者施加影响的能力与对环境的反应能力。通过互动机制，个体或团体能获得进入其他个体或团体资源的机会与实施对隐性资源或知识的交流。另一方面，互动机制不仅能促进相互的了解，而且可在公平的准则下增强信任，避免在交流中可能出现的不理解，从而有更多的机会来进行思想交流或资源交换。互动机制对具有不对称性资源的企业尤为重要，因为企业可通过互动获取关键性的资源而建立战略竞争优势。

由于处于网络中的企业既具有合作的特征，又具有竞争的性质，因而互动机制具有两重性：合作性互动是以信任为基础，依赖关系提高签约的频率和执行合约的效率。此类互动将延扩企业资源利用的边界，激励共同利益的形成，减少企业间的协调成本。而竞争性互动为高频率交易的合伙者进行重复的囚徒困境博弈创造条件。当团体间期待着为可预见的未来而重复互动时，他们相信彼此进行理性的竞争能增加相互的收益与价值，减少交易中潜在的机会主义。

(2) 整合机制

需求的不确定性与任务的复杂性要求通过资源的整合来实现团体间的联合与协作，而社会关系的嵌入则需要整合机制来建立具有可靠性的信任与互惠的关系结构。更为重要的是，整合机制服务于网络成员的创新活动，通过对关系序列的非有序重组，使之能迅速地组织精干的群体形成攻关团队。

整合机制的产生源于新兴组织的出现与关键性的双边关系调整的刺激。对企业而言，这通常是与生产和服务的两极——重要的消费者与供给者——共同作用的结果。整合机制将通过对参与者关系的疏理，形成新的多边谈判方式以巩固共同的承诺，释放单边的潜在控制利益来扩展双边的关系投资，减少市场的不确定性与信息的不对称性，形成新的竞争与合作环境。

整合机制在两个方向上运作：一是水平整合，是以资源储备的依赖方式来扩大资源的享有量，增强新技术与新技能，实现团体间资源供给的共存与差异性互补。二是垂直整合，是以资源移位的关联方式将资源的使用范围扩展至多个企业，在范围经济的基础上重组价值链。互动机制与整合机制具有动态性。

互动机制与整合机制将改变网络运作所依赖的既有条件，如合作者的目标、学习的技能、环境的性质与组织的背景。而每一次互动机制与整合机制的运作有着不尽相同的内容，如社会文化的嵌入、交易方式的调整、信息渠道的变异、利益与风险的重新配置等，而且前一次是后一次的基础，后一次是前一次的延续，在不断变化的环境中寻求阶段性的均衡。互动机制与整合机制作用的效果是网络边界的调整、协调方式的形成、利益目标的维护与网络功效的改善等方面的综合。

12.3 网络治理的目标

层级组织中，科层治理可利用正式的权威结构通过政令、规章、协议来协调和保护治理参与者的权益，尤其是股东的权益。但由于网络治理是参与者间的关系安排，因而就缺乏一个正式组织的权威结构来对网络中众多的参与者发挥作用。另一方面，在网络治理中，个体、团体之间不仅有合约关系的联结，而且有社会关系的嵌入，同时还有市场因素的介入，因而个体、团体之间的联合行动除了受到市场机制的作用与影响，相互间要在治理的进程中进行不断地适应和调整，在依赖与合作中协调参与者的责、权、利的关系，在风险与冲突中维护参与者的利益与网络的整体功效。

（1）协调

在网络治理的进程中，参与者需要运用协调方式在不确定的环境中来完成复杂性的任务。即使是在无摩擦的状态中，参与者也还需要在劳动的分工、活动与生产的界面上协调。从本质上说，网络不是自发的关系，而是建立在有意识的协调努力基础之上，倘若没有这种努力，网络就将解体。因此，协调是网络治理的基本目标。

在网络治理中，协调使参与者能在制定决策时进行沟通，并在信任与互惠的基础上共同确立其战略定向。协调还能实现专用资源、隐喻信息与知识的共享，参与者能利用资源、隐喻信息与知识的超边界的流动与传播，来扩展自身的竞争优势和发展潜在的核心能力。更为重要的是，协调能节约网络的运行成本与参与者之间的交易费用，因为网络治理众多的协调行为建立在“隐性的与无时限”的合约之上。此合约并不需要权力机构的组织与驱动或合法立约的程序与框架的约束。尤其是在信任的基础上，网络治理就可利用双边的互惠与承诺的关系以及长期重复的交易活动来进行协调，而不需要支付谈判费用与立约成本，也不需要付出高昂的事后监督成本。参与者可以在充分小的摩擦成本的状态下进行合作、交流与交易。

（2）维护

网络治理中的参与者，尤其是企业，在某些领域可相互协作地采取联合行动，但在另一些领域则又是相互的竞争对手，这就存在着风险与冲突。因此，网络治理的另一重要目标是要维护网络的整体功效、运作机能，以及参与者间的交易与利益的均衡。由于网络治理不具有类似于科层治理的权威结构来保护治理者的权益，因而网络治理更多地依赖社会关系的嵌入结构来发挥维护的效力。

在网络治理中，维护的意义首先在于能通过达成集体的共识与许可，增加不当竞争行为的成本来规范参与者间的交易。其次，维护能通过加快信息传递的速度与扩展信息的传播范围来保障参与者间信息共享的权利，最大限度地降低信息的不对称性。最后，维护能通过增强信任，强化文化整合来减少交易中的机会主义和道德风险。

12.4 网络治理实践存在的主要问题

在网络治理作为一种新的治理形式，是环境演化与组织变迁的结构性反映。网络治理所依存的网络具有广义性，是社会网络、企业间网络与有形网络共同作用的综合。相对于科层治理而言，网络治理是以企业间制度安排为核心的参与者间的关系安排。这种新治理形式及其不同于传统的制度安排，必然也会带来新的风险。

网络治理的风险。首先，网络中的相关方是否能够达成目标一致，这是网络治理存在和正常运作的前提；其次，网络治理在沟通和协调方面需要做大量工作，可能会降低治理的效率；第三，网络治理中，某些具有特殊资源或影响力的个人或组织可能会借机损害公共利益。另外，如果单纯为了实现多方共同治理而减少政府职能，可能会造成社会权力的真空，或者会导致特殊利益群体攫取社会权力。因此，我国城市在讨论网络治理问题时，不仅应关注网络治理自身效率方面的不足，更应防止因多元化治理而引发的新的社会问题。

【思考与练习】

1. 网络治理与公司治理是什么关系？
2. 为什么说治理机制是网络治理的核心？
3. 谈谈你对于网络治理目标的理解。
4. 案例讨论

某些网络组织治理现状的分析

几年前，国内彩电行业的轮番价格大战，使生产商的利润空间大大缩小，也使不少企业大伤脑筋，严重影响了企业的研发投入与核心能力的提高。面对激烈的降价风暴，2001 年国内 9 大彩电骨干企业为制止价格下滑而达成“限价同盟”，形成一种同类企业之间的联盟网络。但由于必要的机制缺失，在有企业“背叛”承诺，先行降价的情况下，其他厂家别无选择，只能纷纷跟进，掀起了又一轮价格大战。虽然“限价同盟”有违反《价格法》的嫌疑，即使成立也有被迫取缔的可能，但缺乏相应治理机制无疑为合作者提供了采取机会主义行为的土壤，这是“限价同盟”如此短命的关键原因。

（资料来源：孙国强．网络组织治理机制研究．天津：南开大学，2004.）

【思考问题】

（1）该网络组织治理存在的问题是什么？

（2）其解决对策是什么？

治理模式篇

公司治理模式是指对具有相同或类似的公司治理外在表现形式的概括或框架。由于各国历史传统、经济制度、市场环境、法律观念及其他条件的不同，各个国家公司治理模式也有所不同。通常认为比较典型的公司治理模式有三种：一是外部控制主导型模式，即以英国和美国为代表的英美股权主导型公司治理模式；二是内部控制主导型模式，即以德国和日本为代表的德日债权主导型公司治理模式；三是家族控制主导型模式，即以韩国等东亚、东南亚国家为代表的东亚与东南亚家族主导型公司治理模式。这三种公司治理模式都有着鲜明的特点，同时也存在着诸多不足。除了以上三种主要的公司治理模式外，还有转轨经济国家公司治理模式，它是社会主义国家从计划经济向市场经济转变时的产物。这四大类公司治理模式在发展过程中相互借鉴，近年来，随着经济全球化的发展，全球的公司治理模式也正在趋同。

13 英美股权主导型公司治理模式

【本章学习目标】

1. 了解英美股权主导型公司治理模式的产生过程和发展历程；
2. 理解英美股权主导型公司治理模式的本质特征；
3. 理解英美股权主导型公司治理模式的有效性分析；
4. 学会如何将英美股权主导型公司治理模式和其他公司治理模式进行对比分析。

由于英美两国在文化价值观、法律制度和政治、经济等很多方面存在着诸多的相似之处。在公司治理方面虽然存在一定的差异，但学术界认为就其本质而言是一致的，往往将英美公司的治理模式作为一个典型模式进行探讨和研究。英美公司治理模式是以英国、美国为代表，又被称为“基于股东或资本市场的模式”“股东导向的模式”或股东资本主义模式，这种治理以大型流通性资本市场为基本特征，公司大都在股票交易所上市。其存在的具体外部环境是：非常发达的金融市场、股份所有权广泛分散的开放型公司、活跃的公司控制权市场。本章将从英美模式起源谈起，探究该模式产生的原因，分析其本质特征和有效性，全面、客观、系统地阐述英美公司的治理模式。

13.1 英美公司治理模式

13.1.1 英美公司治理模式产生的背景①

英国是最早产生公司治理问题的国家之一，美国是当今公司治理发展最成熟的国家。两国的公司治理从其最初的孕育到发展成熟经历了一个漫长的过程。在这个过程中，为了最大限度地保护利益相关者的根本利益，保证经营管理的科学决策和企业的健康持续发展，公司内的权利与责任不断进行调整，最终达到一种动态意义上的权力制衡。

13.1.1.1 现代公司制度的建立

以股份公司出现为标志的现代公司制度的建立，是公司治理问题产生的基础条件。股份公司的所有权与经营权相分离，导致了委托—代理问题的出现，从而引发整个公

① 闫长乐. 公司治理. 北京：人民邮电出版社，2008：169－174.

司治理的机制问题。现代公司制度的建立经过了一个漫长的发展阶段。

（1）英美现代公司制度的建立

股份公司的形成历史可以上溯到15~16世纪的欧洲。哥伦布地理大发现的成功，催生了欧洲大陆繁荣的海上贸易。随着贸易规模的扩大，新的、有效率的商业组织应运而生。

一是合伙制的推广。合伙制最初是商人为了保护和增加商业成本，方便与确保长途运输中的关系以及分摊贸易而发明的一种商业组织形式。比较常见的是由一些固定的家族成员或亲朋密友组成的长期合作关系，这种企业的基本资本由合伙人出，需要增加资本时，可以由原来的合伙人增资，也可以吸收别人的资金入伙。这种合伙企业相对于单个业主制的企业来说，具有相对独立的生命，一旦某个合伙人无意经营或死亡，企业业务不至于中断。分享所有权的合伙制为以后所有权变成一种可以购买、转让、继承和分利的权利形成打下了基础，也为所有权和经营权的分离创造了条件。

二是特许公司。它由政府授予一定的对外贸易垄断权，享有其他一些优惠待遇。例如公司拥有自治权，有的甚至拥有军事力量和自行铸币的权力，代替国家行业行驶部分主权，是16~17世纪政府用特权交换利益的典型形式。特许公司可以分为两类：一类是契约公司；另一类是早期的股份公司。契约公司的典型例子是英国的商人冒险家公司。这家公司根据1564年的特许状，拥有垄断英国与尼德兰和汉堡所进行的布匹贸易的权力。17世纪中叶，该公司有7 200个成员。股份公司最早出现于意大利的热那亚和德意志的一些采矿中。地理大发现后，股份公司得以迅速发展。1550年第一批英国股份公司成立，专门经营对俄国和几内亚的贸易。最著名的是英国东印度公司和荷兰东印度公司。英国东印度公司于1600年得到英王特许，垄断英国与印度、中国和其他亚洲国家的贸易，成立初期有100名商人入股，原始资本达68 373英镑。1617年入股人数达954人，股金达162万英镑，1708年资本总额为316万英镑，相当于创建时的50倍。① 1602年荷兰"东印度公司"成立，成立伊始便公开征集资金，社会各界以入股的方式投入资本。连阿姆斯特丹普通的女仆也以100盾投资入股，短短一个月便募集6 424 578盾的资本。② 该公司按照合同股原则筹资，按股金比例分配利润，经营结束后将股本退还投资者本人。股份公司的正式形成和快速发展是现代公司制度及公司治理走向成熟的基础，因为股份公司带来的是经营权和所有权的分离，由此而产生的多种权利与利益关系是公司治理结构和治理机制设计的主要出发点。

1600年以后，股份公司的资本具有了永久性，公司总部不再兑现该公司的股票，而是指定股票持有人将股票拿到市场上去出售。股份永久化的目的是为了保证公司的相对独立和创造长久发展的可能性。英国的东印度公司开始将利润和资本区分，利润作为投资回报给股东处理，而资本则沉淀在公司，积累起来进一步发展。受东印度公司所起的示范效应的影响，英国公司的数量迅速增加。从1688—1695年，先后有100

① 高德步. 世界经济史. 北京：中国人民大学出版社，2001：177.

② 王斯德. 世界通史第二编：工业文明的兴盛——16~19世纪的世界史. 上海：华东师范大学出版社，2001：42.

家新公司宣告成立。1711年，著名的南海公司成立，所有政府公债持有人可以凭借政府债券来认购该公司的股票。由此可以看到，英国公司通过股票筹措资金、进行利润分配的历史由来已久。这种基础上发展起来的股权结构，以及随后发展起来证券市场的日趋成熟是直接影响其治理模式的一个重要因素。

（2）美国现代公司制度的建立

美国虽然只有200年的历史，却有着150多年的发展史。因为在英国殖民者到达美洲之前，美国的市场几乎是一片空白。英国殖民者到达美洲后，带着明显的重商主义倾向开辟殖民地，由于极为有利的自然条件和经济社会条件，美国的经济发展十分迅速，而且美国公司的模式、数量大大地超过其他国家。

19世纪40年代以前，美国基本上还处于古典企业时期，私人业主式企业和合伙人制企业在美国经济中占主导地位，公司制企业不仅数量少，规模也比较小。19世纪40年代后，美国的交通、通讯业飞速发展，南北战争后，逐渐形成了国内开放的互联结构的统一市场体系。此外美国资本市场几乎与世界资本市场同步发育起来。1873年美国爆发的经济危机，导致垄断和并购时代的到来。成功的并购企业都做到了合并生产和集中管理。大量的股票和债券的发行使他们拥有众多的股东，每一个股东亲自去管理企业显然是不现实的。同时，这些行业的管理工作不仅繁多而且复杂，需要特别的技巧和训练才能胜任，只有专职的支薪经理是适合的人选。股东只是在筹集资本、分配资金、制定公司长远规划、选举高层经理时发挥作用。公司所有者和经营者的职能明确地分开了。当时的杜邦公司的机构设置体现了这种制度创新：最高的执行机构是董事会，在董事会的执行委员会内设总裁及负责各个操作部门的副总裁。副总裁对各自分管部门的绩效负责，执行委员会注意总体规划和评估各个部门的绩效。各职能部门，例如生产的三个部门、销售部及下属地区办事处和重点原料部的日常操作由支薪的部门经理负责。我们可以看出，至此，美国的现代公司制度已基本形成，其所有权与经营权已经分离，并且董事会与经理层的职能也明确分开，公司治理中的委托—代理关系的前提就此形成。有关学者在评价美国股份制发展时说道：“从业主制、合伙制过渡到股份制，同时从家族统治过渡到两权分离，形成企业家和经理层，这是资本主义对生产关系的重大调整，对推动生产力的发展起明显的作用。这两个转变，美国比英国、德国做得快、做得好，这是美国在19世纪末能迅速赶超英、德的重要原因之一。”①

13.1.1.2 近代金融制度的建立

17世纪末18世纪初，欧洲银行制度、结算制度、证券交易市场的建立，在很大程度上解决了资金融通问题，促进了经济发展。由于贸易运输中货币的磨损和贸易逆差，欧洲大陆因缺乏货币从而产生对信用工具的需求。在16世纪前，私人之间的借贷非常普遍，但后来依靠自身资金积累进行放贷已无法满足对贷款的广泛需求，而且放贷人也并不满足于收放债的高利，于是出现早期的“商业银行家”。他们将自己的资金或者

① 陈宝森．浅议美国股份制的有益经验．世界经济与政治，1997（12）．

放债人的资金用于发展商业或转贷给别人，1630年后这种商业银行现象在英国格外突出。1725年后，伦敦城有这样的私人银行24家，1785年上升到52家。银行业的发展促进了信用工具的发展，英格兰银行逐渐成为国际计算的中心，并在发行货币方面取得了显著的成绩。

证券市场是由于公司、政府对吸收社会公众投资的渴望及社会公众对直接投资的兴趣而产生的。16世纪，长期合作的企业通常有两个增加流动资本的途径：一是原始合作人追加资本，分配是根据其提供款项多少取得固定的、有保障的利息，而这种利息通常是在公司盈利未分配之前支付；二是创业资本，分配则是根据公司的总盈利和亏损取得报酬。这种区分是现代公司在筹措资本时采用的“债券”和“股票”的雏形。17世纪30年代，伦敦的证券和股票交易逐渐发展起来，伦敦的科恩希通往伦巴第街的窄小胡同被称为“交易所胡同”，其间众多的咖啡馆成了进行股票交易的场所。债券市场上有公司债券和国家债券之分。英国的公司大都选择发行债券作为筹资手段，理性的投资人也比较喜欢能够获得稳定收入的公司债券。1709年之后，英国东印度公司正式发行的债券价值在300万英镑以上。政府发行的证券与公司债券则是广大私人投资者喜好的投资品种。

由于美国证券市场发育比较早，也比较成熟，美国公司注重来自于股东的监控，其治理模式主要根植于19世纪末的公共证券市场。当新的工业公司为扩大生产规模而筹措资金时，他们可以选择主要从事政府债券和公共事业公司股票交易的证券市场。纽约证券交易所于1792年成立，它为当时美国公司筹资活动起到了重要的中介作用。在20世纪的经济大危机后，美国加强了对证券交易所的管理，于1934年成立了联邦证券交易会，严格区分商业银行与投资银行的区别，严格要求上市公司应彻底公布财务状况并给局外人以更大的监督权。至此，包括股票、债券等产品在内的发达的资本市场成为英美公司融资的主要场所，英美公司市场主导型的治理机制也由此形成。

13.1.1.3 法律制度的建立与完善

商业文明的冲击引起了社会观念的重大转变，促进了新的观念在商业实践中进一步发展，并真正成为人们新的准则。商业成为关键人物，相应产生了重商主义的学说和政策，使英国社会生活出现了商业化趋势，催生了制度创新。但是制度本身并不完善，市场的运行机制尚未形成，屡屡出现如圈地运动、商业投机和欺诈，南海泡沫事件等现象。当财富的原始积累完成后，获利的集团和一无所有的劳动者都对竞争的有序化提出了要求。

竞争有序化是英国公司外部治理向成熟阶段推进的关键问题，主要通过一系列法律关系的调整出来。从某种程度上讲，公司治理的变革是通过公司法及相关法律的调整来实现的。1720年南海泡沫事件后，英国政府颁布《禁止泡沫公司条例》，以控制投机活动，恢复公司的信用。《禁止泡沫公司条例》是英国的首次公司立法。19世纪，伴随着公司法的变化，创建、注册、治理和规范公司的方法也发生了变化。1834年，公司交易法颁布，规定公司所有成员必须公开注册。1837年又颁布了一般公司法，规定了公司的法人性质和公司的注册程序。1844年通过了股份公司法，该法案要求所有非法人公司都要进行注册和规范，这是一种政府干涉行为，其目的是保护投资者不受公司创建者欺诈行为的伤害；明确了董事长、股东大会和审计员的职责，但没有明确限定股东责任。该法案延续至今，为公司注册、组建和规范奠定了基础。1855 年 8 月，英国议会通过一项对股份公司的股东责任进行限定的《有限责任法案》，明确规定了股东只负有限的赔偿责任，奠定了现代公司制度的法律基础，确立了公司制的基本框架。1862 年，英国对以前的法律作了彻底修正，通过了《公司法》。该法案规定了建立公司的模式——只要有 7 人或 7 人以上在公司章程上签字，就能组建一个有限责任公司。公司章程中应包含注明有限责任字样的公司名称、注册地址、公司建立的目标、股东责任限定的说明和公司打算注册的数额。这项法律已属于现代公司法的范围，上述的基本原则至此后再也没有改变过。现行的英国公司法是以 1948 年的公司法为基础的，规定了公司权力分配以及公司权力制衡的基本框架。

公司法在美国的发展和英国大体相同。在 19 世纪后半期，各个州通过了简化公司组建过程的法案。法案规定，公司治理通过股东大会实现，股东大会有提名并选举董事以及要求董事承担说明责任的权利。

13.1.2 英美公司治理模式的产生与发展①

13.1.2.1 分散化股权融资体制

融资体制是公司治理模式形成的基础。美、英是现代市场经济发展最为成熟的两个国家，在企业发展中特别强调市场的作用。以美国为例，美国有着近一个半世纪的公司发展史，作为一个移民大国，美国历来强调经济主体的自由和个人主义，与此相适应，美国形成了保护这种自由主义的分散化股权融资体制。这种融资体制有以下两个特点：

（1）股权资本居于主导地位，资产负债率低

企业资本主要来源于两个方面：股权资本和借贷资本。美国企业资本的大部分来自于股本，资产负债率较低，一般在 35% ~40%。其原因在于国家对商业银行经营范围的限制。1933 年美国《格拉斯—斯蒂格尔法》(Glall-Steagall Act，即《银行法》) 规定，投资银行和商业银行必须分开，商业银行只能经营短期贷款和政府债券，不能经营 7 年以上的长期贷款，也不得从事股票和证券业务。如果商业银行用自有资本购买公司的股票，不得超过自有资金和盈利总额的 10%，购买的证券必须是信誉等级较高的证券。虽然 20 世纪 80 年代之后美国对银行的管制有所放松，一些大银行取得了证券交易商的资格或开始从事证券中介经纪业务，银行持有的股票也超过了法律的限制，但是它们却很少是公司股票的有实质意义的持有者，这就限制了银行参与公司治理的行为。

（2）股权分散，机构投资者占据重要地位

美国是具有反垄断传统的国家，美国公众向来对财富因集中和垄断而压抑公平竞

① 高明华. 公司治理学. 北京：中国经济出版社，2009：112－114.

争的现象感到反感，政府顺应民意而制定了许多限制持股人持股比例的法案。与此同时，为使这些立法不至于对公司融资产生不利影响，美国政府较早就造就了相当成熟的证券市场，为公司筹集股权资本和公民购买股票创造了便利条件，也使得美国公司股权呈现高度分散化的特征。另外，美国还发展起了各类非银行金融机构，即机构投资者（institutional investors），如各种养老金、互助基金、保险、信托公司等，这些机构投资者成为企业筹措资金的极为重要的中介机构。机构投资者持股额占上市公司股份总额的比例，从50年代的平均23%，上升到了1990年的53.3%。但是，为了降低风险，机构投资者的基本选择是“不把所有鸡蛋装在一只篮子里”，而是进行投资的分散化和多元化，他们在每一家公司所占份额都比较小。

13.1.2.2　分散化股权融资体制与外部控制主导型公司治理模式的关联

美、英公司股权的高度分散化势必产生以下两个问题：

（1）股东人数众多和股份过于分散使股东无法对公司实施日常控制，他们只能把日常的控制权授予董事会，董事会又授权给经理人，即存在所有权和控制权的分离。

（2）分散的股东很少有或没有激励监督经营者，因为监督是一种公共品，如果一位股东的监督引起公司绩效改善，那么所有的股东都能受益，而监督却是有代价的，所以每个股东都希望其他股东进行监督，而自己则坐享其成，即“搭便车”。遗憾的是，所有股东的想法相同，其结果是没有或几乎没有监督发生。

对于以上两个问题，有人寄希望于机构投资者。但是，机构投资者并不是真正的所有者，而只是机构性的代理人，它们是为本基金的所有者来运营资金的。因此，机构投资者常被视为“消极投资者”（passive investors），即机构投资者主要关心的是公司能付给它们多高的股息和红利，而不是企业经营的好坏和实力的强弱。一旦发现公司绩效不佳而使所持股票收益率下降，它们的反应是迅速改变自己的投资组合，而无意插手改组公司经营班子或帮助公司改善经营，这就决定了机构投资者所持股票具有较高的换手率。另一个原因是，美国有关法律限制机构投资者干预公司的运作。如1940年美国的《投资公司法》规定，保险公司在任何一个公司的持股率不能超过5%；养老基金和互助基金不能超过10%，否则就会面临非常不利的纳税待遇，他们的收入要先缴公司税，然后在向基金股东分配收入时再纳一次税。①

针对个人股东持股的高度分散和机构投资者的“消极倾向”，美国公司治理的重心便放在了其发达的市场上，即通过股票市场、经理市场和产品市场等在内的市场体系对经营者进行约束，同时通过对经营者给予必要的激励以促使经营者加强自我约束。由于对经营者的控制以外部市场为主，故被称为外部控制主导型公司治理。

---

① 高明华．公司治理：理论演进与实证分析．北京：经济科学出版社，2001：69－71.

13.2 英美公司治理模式的本质特征

公司内部的权力分配是通过公司的基本章程来限定公司不同机构的权利并规范它们之间的关系的。各国现代企业的治理结构虽然都基本遵循决策、执行、监督三权分立的框架，但在具体设置和权利分配上却存在着差别。英美等英美法系的国家一贯崇尚经济的自由放任，强调市场的自我调节作用，加之其证券金融市场的高度发达，股权极为分散且流动性强。在这种背景下，公司治理结构在内部治理和外部治理结构上均呈现出明显的特征。

13.2.1 英美公司内部治理结构特点

(1) 股东大会

英美模式下的内部治理是一种单层结构，即由股东大会、董事会和经理层组成。但是，在股权非常分散和相当一部分股东持有很少的股份条件下，股东直接实施治理的成本较高，股东大会一般将公司日常决策的权利委托给了由董事组成的董事会，而董事会则向股东承诺使公司健康经营并获得满意的利润。

(2) 董事会

董事会是股东大会的常设机构。董事会的职权是由股东大会授予的。董事会是公司治理的核心。美、英等国家的公司多采用单层制董事会，不设监事会，董事会兼有决策和监督双重职能。董事会由股东大会直接选举产生，对股东大会负责。董事会由提名委员会、薪酬委员会和审计委员会等不同的委员会组成。董事会的监督职能主要由独立的非执行董事承担，通常报酬委员会、审计委员会等行使监督职能的委员会主要或全部由独立的非执行董事组成。

美、英等国家的公司独立董事在董事会中的比例多在半数以上。由于股东在追求利益最大化时，有可能损害他人利益，其中的大股东在实现自身利益的同时，还可能会损害中小股东的利益，因此股东作为董事有一定的局限性，引进独立董事制度便成为必然。为了防止董事会和经理人员相互勾结，英、美等国家银行的董事会多数由非执行的独立董事构成，使其能够比较客观和独立履行评价与监督职能来确保股东的利益。这是同德、日等国家相比一个突出的特点。

(3) 经理层

从理论上讲，董事会有权将部分经营管理权力转交给代理人代为执行。这个代理人就是公司政策执行机构的最高负责人。经理层在经营管理中权力很大，具有一般决策权和执行权，董事会一般只对那些重大事项的决策负责并监督经理阶层。英美大公司中同时存在的一个普遍现象是公司首席执行官兼任董事会主席。这种双重身份实际上使董事会丧失了独立性，其结果是董事会难以发挥监督职能。

成熟的经理人市场是对从事经理职业的这一群体有力的外部约束力量。美、英等国家都有成熟和健全的经理市场，这些人以经理为职业，为维护经理的职位而努力工作。职业经理人如果不能被聘任为经理，就会失业。聘任经理人的一个重要标准是他以往的经营业绩。如果在其任职期间，公司出现经营业绩欠佳，甚至被收购的情况，经理人的信誉就会大大下降，进而就会面临被解雇的危险。所以，经理人为维护自己的信誉将会倾尽全力经营公司。

（4）外部审计制度的导入

需要注意的是，英美公司中没有监事会，而是由公司聘请专门的审计事务所负责有关公司财务状况的年度审计报告。公司董事会内部虽然也设立审计委员会，但它只是起协助董事会或总公司监督子公司财务状况和投资状况等的作用。由于英美等国是股票市场非常发达的国家，股票交易又在很大程度上依赖于公司财务状况的真实披露，而公司自设的审计机构难免在信息发布的及时性和真实性方面有所偏差，所以，英美等国很早便出现了由独立会计师承办的审计事务所，由有关企业聘请他们对公司经营状况进行独立审计并发布审计报告，以示公正。这种独立审计制度既杜绝了公司的偷税漏税行为，又在很大程度上保证了公司财务状况信息的真实披露，有助于公司依法经营。

13.2.2 英美公司外部治理结构特点

英美公司外部治理结构往往以公司的股权配置及股东的监控机制作为研究对象，股东监控机制是指股东采用的激励与约束经理人员行为以及参与公司重大决策等的方式，这也是公司治理的一个核心机制。公司中股权结构尤其是大股东的结构状况是公司股东监控机制模式的基础。英美公司股权结构的分散性主要表现在以下几个方面：

（1）融资结构中以股权融资为主，资产负债率低

英美国家的商业银行的投资受到严格限制，由于其融资结构中以股权融资为主，资产负债率低，所以银行难以在英美公司的外部治理中发挥作用。在英国，表面上看似对金融机构持股没有明确的法律限制，但实际上存在着许多谨慎规则。比如一个商业银行在一个公司持股较多，必须事先得到英格兰银行的许可；如果承受的风险大于银行资本金的10%，也必须得到英格兰银行的批准等。和美国一样，英国的内部交易法也反对股票投资者为控制公司而大量持有公司的股票。

股权高度分散化，美国和英国公司中前五位最大股东的集中度分别为25.4%和20.9%，远低于日本和德国公司的33.1%和41.5%的比例；美国个人投资者的比例为350%，远高于德国的4%；美国公司的法人股权比例为2%～7%，远低于德国的41%。

（2）机构投资者在外部治理中发挥的作用极其有限

机构投资者（Institutional Investor）主要指一些社会事业投资单位如养老基金、人寿保险、互助基金以及大学基金、慈善团体等非银行机构。公司股权的资金所有者是个人投资者，机构投资者投资的主要目的是实现基金盈利。在所持股的公司绩效不佳时，机构投资者很可能不去直接地干预公司运转，而是转变自己的股票组合，卖出该公司的股票。为了向机构参加者支付收益，机构投资者往往要在股票的股息率和其他的证券收益率如存款利率、债券利率之间作权衡，在股票收益率高时就购买股票，机构投资者追逐证券收益高者投资。另外，根据有效市场理论，各种股票价格是所有上

市公司业绩的综合反映，投资者不可能找到一个预期业绩超群的公司，而将购买股票所承担的风险主要压在一家公司上。

(3)“搭便车”和“用脚投票”现象普遍

英美公司股权结构分散，私人持有股份占很大比例，但个人持股相对较小，融资结构和股权结构的特点极易造成股东间“搭便车”现象，由此决定了英美模式是一种市场型银行治理结构，主要依托外部证券市场，借助证券市场“用脚投票”机制来实行外部治理，即通过证券市场机制中的投票、接管和兼并，尤其是敌意收购等股权流动形式以及破产、清算等债权流动形式实现对银行经营者的控制与监督。

【延伸阅读】

帕玛拉特 VS 安然：欧美模式的失败？

帕玛拉特与安然都通过做假账手段使大量资产流失，但二者在财务报表上的造假是截然不同的，安然的虚拟交易体现在负债部分，而帕玛拉特则是资产项目下的一个实体资产的消失。

在美国权威财经杂志《福布斯》推出的2003年最具影响力的10大新闻排行榜中，“公司治理丑闻”排名第二，获得了14%的投票。而2003年12月底爆出的意大利乳业巨头帕玛拉特假账丑闻，在荷兰阿霍德公司假账、美洲航空公司养老金丑闻、纽约证交所首席执行官高薪丑闻等一系列丑闻事件中尤为引人注目。

欧洲版安然？

随着调查的深入，帕玛拉特的故事似乎上演了欧洲与美国安然事件最为相似的一幕。一是通过假账手段使大量资产流失。二是二者都在短短10～30年内从无名小公司扩张成为行业内大牛，事发前一直表现为上升趋势，使得人们长时间难以觉察到他们的问题。三是公司精心设计的债券和金融衍生品交易，利用涉及众多子公司的复杂海外架构进行关联交易。

不过，安然公司和帕玛拉特公司在造假手法上又有很大的不同，从目前披露的信息来看，安然更加狡猾和复杂。安然通过一系列复杂的互换协议进行远期交易，这些交易有获利的可能性，也有不获利的可能性，一切由市场状况决定。市场不好时，安然在这些交易中亏损很大。但是市场对其期望很高，使得安然公司在业务环境不利的情况下，通过在财务上和关联交易上做手脚，使利润上去，满足华尔街的预期。同时，安然设计了许多交易，有的长期合同是虚拟的，有的需要时间限制和其他条件，但是安然把所得一次性记入账内，虚增资本掩盖亏损。安然手下有数目众多的关联公司和信托基金来掩藏债务，通过金字塔式的方式，层层控股，层层借债，这是最后迫使安然破产的主要原因。在帕玛拉特中则是管理层的盗窃和挪用资产一步步掏空公司，他们利用“避税天堂”开曼群岛设立投资基金的方式将资产转入自己的家族企业，结构比安然简单得多。安然和帕玛拉特在财务报表上的造假是截然不同的，安然的虚拟交易体现在负债部分，而帕玛拉特则是资产项目下的一个实体资产的消失。

如果说安然是管理层的核心人物在舞弊的话，帕玛拉特可以说是整个管理层都在造假。帕玛拉特是一个家族公司控制的企业，控股股东有绝对的说话权，在坦齐可能长达15年的财务造假中，顺从的管理层帮了很大的忙。安然则是典型的美国公司治理结构，股权分散，经理层主导，追求股东权益最大化，造假是为了维持安然快速增长的形象，抬高股价。

谁之错?

帕玛拉特事件中的一个关键是离岸基金，但是它的问题一直没有被审查出来。《华尔街日报》2003年12月29日报道说，自从帕玛拉特开曼分公司在1999年成立以来，似乎使用的都是虚假账户。报道援引知情人士说法，在1999年以前，帕玛拉特是利用其他海外公司来粉饰公司的流动性；从90年代初开始，这些子公司的财务账目似乎一直都不真实。帕玛拉特的会计审计机构当时是通过帕玛拉特的邮件系统去核实某笔资产的，这与会计准则要求的函证程序独立进行不一致，因为邮件可能在途中被截获而被篡改。一方面，会计机构由于成本和技术上的限制不可能对处在避税天堂的分公司进行全面的审查；另一方面，也存在共谋和执业上重大过失的可能性。

虽然帕玛拉特的财务交易难以令人信服，但作为机构投资者的银行还是继续买入帕玛拉特的股票和债券，继续给予贷款并安排那些令人生疑的衍生品交易。很多银行都持有帕玛拉特的债券，大投资者们完全没有利用它们的影响力来改变帕玛拉特的作为。现在他们只能争吵谁的债务可以优先获得偿付。在为衍生品和投机交易搭桥赚取费用，还是行使机构债权人监督角色时候，银行显然选择了前者。帕玛拉特作为一个跨国集团，它同许多知名银行都有业务往来，包括美林银行、摩根银行和花旗银行等。此外，意大利最大的银行联合银行以及意大利资本银行都是它的有力支持者。主开户行和客户走得太近，允许帕玛拉特的财务经理们胆大妄为。然而，这在欧洲并不是意大利独有的问题，在维望迪和阿尔斯通事件中，法国银行都难辞其咎。

欧洲模式的失败?

因为安然事件和帕玛拉特事件就断定美国模式和欧洲模式的失败，是武断和泛化的。事实上，没有完美的公司治理机制，各国的公司治理方式还在不断发展中。

在欧洲国家，大量公司被家族控制着。一般来说，和美国公司相比，欧洲公司的所有权集中在少数人手中，因而欧洲公司被认为更能着眼于长期利益，而不像美国的公司经理们时刻盯着股市波动。但是，一个大股东可能因此凌驾于公司之上，损害公司和其他小股东的利益，“有私产者有恒心”，在这里突然变得不适用了。美国模式的最大特点就是所有权较为分散，主要依靠外部力量对管理层实施控制。在这一模式下，由于所有权和经营权分离，所有权分散的股东不能有效地监控管理层的行为，即所谓“弱股东，强管理层”现象。安然事件就是强力管理层损害弱势股东的一例。

针对美国公司治理的弱点，可以考虑以下方式：一是发展机构投资者，使分散的股权得以相对集中；二是通过收购兼并对管理层进行外部约束；三是依靠独立董事对董事会和管理层进行监督；四是依靠健全的监管体制和完善的法律体系，如公司法、破产法、投资者保障法等法律对公司管理层进行约束和监管；五是对管理层实行期权期股等激励制度，使经营者的利益和公司的长远利益紧密联系在一起。对于欧洲模式，则要削弱它的大股东权限，加强董事会权力，强化外部监督机制，引入独立董事。

监管机构：没有牙的老虎？

和我国相同，意大利采取的是银行、证券、保险分业监管的形式，与一些发达国家的混业监管不同。不能认为出现了混业经营的现象就必须采取混业监管模式，事实上在一定金融发展水平下，分业监管是合适的，特别是监管机构之间建立了良好的信息沟通渠道的话。既然与模式无关，那就可能与监管力度有关。南欧的监管文化比较弱，对违法行为比较宽容。不久前，意大利通过了一个法案，把公司披露不实信息的刑事处罚降低为行政错误，虽然后来申明该法案不适用于上市公司，但是已经说明意大利对公司违法行为的宽容度。

《福布斯》杂志认为这是一个意大利式的丑闻，有着强烈的意大利文化背景。12月30日的一篇文章对帕玛拉特资金来源及扩张提出质疑，而意大利证券监管机构Consob在和中央银行的扯皮中没有发挥什么监管作用，现在那些提供资金的人看到无利可图要收回资金，所以才产生了现在的后果。这种分析方式自成一家，但是排除了别的因素的影响。

意义何在？

安然和帕玛拉特公司很大程度上都是因为自身经营问题和过度扩张原因走向财务假账的不归路的。但是里面伴随的问题又不太一样。帕玛拉特事件对中国企业特别是民营企业有着重要的教育意义：

第一是不要做假账。谎言总是会被揭穿的。安然做假账的技术太高超了，中国企业目前还不大可能采用这种方式，捏造合同和伪造单据的现象更多一些，但类似帕玛拉特通过关联公司偷盗资产的行为则经常在中国发生。

第二是治理结构的问题。中国现在出现了许多与欧洲类似的家族民营企业，但是一些公司治理结构很不完善，一人独大或是任人唯亲现象不少，如何提高经营效率，避免大举债扩张是应该考虑的问题。另外，中国在转轨经济中，公司治理的最大问题是内部人控制，即在法律体系缺乏和执行力度微弱的情况下，经理层利用计划经济解体后留下的真空，对企业实行强有力的控制，在某种程度上成为实际的企业所有者，国有股权虚置。这些归结起来都是公司治理的问题，平衡大股东与小股东，股东和公司，董事会和股东之间的利益是十分微妙的，这些关系一旦失去平衡，又可能产生一个虚假的会计报表。

第三是监管问题。一是让市场本身去监管，二是让财经媒体监管，三是要加强法律的作用。法律规定得再细再全，也难以消除公司造假的风险。一个公司在面临高度压力时，就难以完全真实；一家上市公司在面临经济衰退和股票大幅下跌的压力时，信息披露方面就可能造假。最根本的在于靠市场本身去监督。帕玛拉特事件就是由银行点起的导火索。造假不会在市场上消失，企业想长久生存下去，则要靠企业在面对市场压力的情况下，保持诚信。

（资料来源：刘燕，http://finance.sina.com.cn，2004－01－07.）

13.3 英美公司治理模式的有效性分析[①]

总的来看，英美公司的内部治理结构是有效率的。英美公司以“干预最少”为公司治理的指导思想，给经营者以充分的自治权，董事长和经理层各司其职、各尽其能。董事会直接对股东负责，进行战略管理，并依托战略对经理层提出要求、进行监督；经理层绝大多数为专业人员，可以集中精力对公司进行管理，有助于实现股东利益的最大化。而且，英美国家存在一个发达的经理市场，对经理的激励和约束能在最大程度上激发经理层的潜能，是促进公司健康持续发展的重要因素。

但是，英美公司内部治理结构也存在着比较明显的问题。首先，因为委托代理的关系存在，会出现委托者和经营者目标不一致的情况，即“代理问题”。其次，存在“弱股东，强管理层”现象。股东的很多权力只是名义上的，经理层的权力过大，董事会成为有名无实的“橡皮图章”。实际权力都掌握在经理层手中，股东的很多权力只是名义上的。从这个意义上说，这是英美公司治理机制所面对的最深层次的挑战。

进入20世纪90年代尤其是2002年安然事件后，英美对董事会的改进已成为重点，特别是如何发挥外部董事的实质作用已成为人们关注的焦点问题。英美先后发布了博施（Bosch）报告、AIMA法则、Cadbury报告、Greenbury报告、CalPERS（职工退休体系，属于全球公司治理准则）、Hampel治理报告等，强调董事会应该领导和控制公司，董事应该积极主动地在公司治理中发挥作用等。

13.3.1 英美公司治理模式的优越性

英美公司外部治理的最基本特征是依赖于资本市场。由于公司的股东对经理人的监管力量相当薄弱，外部股东通过采用分散风险的投资方式持股。当他们对经理层的经营管理的公司业绩不满时，就采用“用脚投票”、卖掉股票的方式表决，以引起股价下跌，迫使经理层改善经营。这样公司控制权市场就发挥了作用，经理被替换的威胁成为激励公司管理层的压力和动力。对于英美模式这种股东监控机制的有效性，人们评价不一。客观上来看，这种模式能够存在并持续保留下来，必定有它独有的优势。这主要表现在以下几个方面：

（1）强调股票在证券市场上的流动性。流动性好能够使投资者很容易地卖掉手中的股票，从而减少投资风险，保护投资者的利益，同时有利于证券市场的交易活跃和信息公开。

（2）证券市场流动性有益于资源的再分配，市场中的资本容易重新得到优化组合，公司筹措资金比较容易。

（3）从利益相关者角度看，有利于避免由于一家公司经营不善或环境变化所带来的连锁反应。

① 闫长乐．公司治理．北京：人民邮电出版社，2008：181－184.

(4) 股东们“干预最少”的指导思想给经营者最大的自治权和自由度，有利于经理层创造力的发挥。

(5) 虽然对于“用脚投票”的有效性，人们存在不同看法，但这种机制产生的压力对经理人有积极的作用，同时可以保证资本市场的竞争性。

13.3.2 英美公司治理模式的缺陷性

英美模式的外部治理结构有其有效性，也有其自身致命的缺陷，如何克服这些缺陷，也是英美公司治理模式的专家一直在思考的问题。

首先，股权的高度分散化和流动性易造成经理层经营行为短期化。由于信息披露的要求，股东可以较快地得知公司的经验状况，股东以追求投资收益最大化为目标，企业经营一旦出现波动，股东便“用脚投票”卖掉股份。一方面，经理人不得不更多地关注每个月、每个季度的经营业绩，而不是关注公司长远的战略规划，从而造成经营行为的短期化；另一方面，资本市场并不能够正确反映管理者的能力，优秀的管理者和平庸的管理者面临同样的被替换的压力，其经营行为也变得更加短期化。

其次，股权的高度流动性加剧了英美公司控制权的争夺和接管，出现了纯粹的套利行为。在20世纪60年代，公司并购被认为是监控经营者的有力方式，有些公司在被并购后的确提高了经营效率。但从20世纪80年代开始，公司的恶意接管和收购兼并成为一种掠夺财产的方式，垃圾债券的风行更是刺激了这种掠夺的发展。市场上出现了大批小公司吃掉大公司、业绩差的公司吃掉业绩好公司的现象，恶意收购者成为立法机构限制的主要对象。进入20世纪90年代后，恶意收购几乎停止，而经理人的权力随之再度膨胀。直到2002年安然事件的出现，引起人们对限制经理人权力的深切关注。

最后，股东“用脚投票”制度使得被接管或收购兼并之后公司，其原班的经理人的一般均被撤换，这种很大程度上打击了经理人的积极性。

为了克服短期行为，新的模式正在探索并逐渐形成。这种模式即是要依靠外部监督机制，发挥积极稳定股东的作用，加强机构投资者在公司经营管理中的作用。英美两国在这些方面做了有益的尝试和探索，比如建立一个由外部董事和独立董事为主的董事会来代表股东监督经理层，在董事会下设以独立董事多数并领导的审计委员会、薪酬委员会和提名委员会；发展机构投资者，使分散的股权通过机构投资者得以相对集中；依靠中介机构的约束，包括外部审计机构、投资银行等；依靠强有力的事后监管和严厉处罚，以提高违规成本；依靠健全的法律制度，特别是股东诉讼制度，如集团诉讼和衍生诉讼制度，使股东当权益受到侵害时得以补偿；对管理层实行股票期权，将经理层的利益和公司长远利益紧密联系起来，达到减低委托—代理成本的目的。

美国公司治理专家玛格丽特·布莱尔（Magareter Blair）指出，以美国为代表的外部控制主导型公司治理模式至少存在两个缺陷：

第一，由于公司股票的持有者分布在成千上万的个人和机构手中，每一个股票持有者在公司发行的股票总额中仅占一个微小的份额，因而在影响和控制经营者方面股东力量过于分散，股东大会“空壳化”比较严重，使得公司的经营者经常在管理过程中浪费资源并让公司服务于他们个人自身的利益，有时还会损害股东的利益。

第二，金融市场是缺乏忍耐性的和短视的，股东们并不了解什么是他们的长期利益，他们更愿意使自己的短期收益更大些。当公司强调要在研究和发展以及代价高昂的市场拓展战略等方面持续投资而延期向他们支付时，股东们就会倾向于卖出或降价出售公司的股票。在部分情况下公司是在进行低业绩的操作，因为经理人对来自金融市场方面的短期压力太敏感。布莱尔强调，外部控制主导型公司治理模式过于强调股东的利益，从而导致公司对其他利益相关者的投资不足，进而降低了公司潜在的财富创造。[①]

【思考与练习】

1. 英美股权主导型公司治理模式是如何产生？
2. 英美股权主导型公司治理模式具有哪些本质特点？
3. 英美股权主导型公司治理模式具有哪些优越性和缺陷性？
4. 为什么公司治理模式偏重于向英美外部控制主导型模式趋同？

① 玛格丽特·M.布莱尔．所有权与控制——面向21世纪的公司治理探索．北京：中国社会科学出版社，1999：9－12.

14 德日债权主导型公司治理模式

【本章学习目标】

1. 了解德日债权主导型公司治理模式的产生过程和发展历程；
2. 理解德日债权主导型公司治理模式的本质特征；
3. 理解德日债权主导型公司治理模式的有效性分析；
4. 学会如何将德日债权主导型公司治理模式和其他公司治理模式进行对比分析。

德日公司的治理模式与英美模式有着很大的不同，这不仅在于其所有权结构的不同导致了治理结构的不同，而且外部治理的监控力量也有所不同。这是由于不同的民族和国家在历史传统和价值观念上存在着相当大的不同。由于德国和日本同属于第二次世界大战战败国，第二次世界大战结束后，德国和日本都受到重创，都面临资金短缺等情况，在经济等很多方面存在着诸多的相似之处。在公司治理方面虽然存在一定的差异，但谈到公司治理模式往往将德日公司的治理模式作为一个典型模式进行探讨和研究。德日公司治理模式是内部控制主导型公司治理，是指股东（法人股东）、银行（一般也是股东）和内部经理人的流动在公司治理中起着主要作用，而资本流通性则相对较弱，证券市场并不活跃。本章将从德日模式起源谈起，探究该模式产生的原因，分析其本质特征和有效性，进而为读者全面、客观系统地阐述德日公司的治理模式。

14.1 德日公司治理模式

14.1.1 德日公司治理模式产生的背景

由于德国和日本公司治理模式的发展历程可以看出，德国和日本都是存在着集权传统的国家，并在历史发展过程中，逐渐形成了其崇尚“共同主义”和群体意识的独特文化价值观。德国和日本均属于后起的资本主义国家，生存与发展存在着巨大的压力。尤其在第二次世界大战后，德国和日本作为战败国能够迅速恢复经济发展水平，其政治和经济相对高度集中，共同主义的意识发挥了巨大的积极作用。影响德日模式的形成因素主要包括两国的历史传统、社会文化习俗、资本市场发育水平和法律监管政策等，其中最主要的是监管政策。德国和日本对于银行等金融机构的鼓励和弱势监管导致了以主银行制度为核心的治理结构，而对资本市场的监管导致了资本市场的不发达。

14.1.2 德日公司治理模式的产生[①]

14.1.2.1 法人在公司融资中的核心作用

相对于美、英对个人自由的保护，日、德则更加强调共同主义，具有强烈的群体意识，正是这种群体意识，形成了法人（包括银行）在公司融资中的核心作用。这种融资体制有以下两个特点：

（1）金融机构融资为主，资产负债率高

日本和德国公司的资产负债率高，企业多以向金融机构融资为主，公司资产负债率一般在60%左右。这一特点是由两国的经济环境决定的。第二次世界大战结束后，由于两国受到重创，资金短缺，企业一时间无法获得发展壮大所需的大量资金，证券市场又不发达，民众也没有太多的资金投资，因此企业只能向银行等金融结构求助。日、德政府既要在短期内恢复经济，又要赶超美国，在政策上也支持银行等金融机构向企业投资，从而逐渐形成了日、德企业资产负债率较高的局面。

（2）法人（含银行）股占据主导地位

第二次世界大战后，日本在解散财阀的过程中，出现了财阀系大银行，其财力为持股奠定了资金基础，加之个人的贫穷，法人持股比重急剧上升。1964 年，日本加入经济合作与发展组织（OECD），为阻止资本市场开放后外国公司对日本企业的吞并，日本政府推行资本自由化政策，开展“稳定股东活动”，从市场购进股份再出售给稳定的股东，从而大大促进了持股的法人化。至此，法人股份制成为日本占主导地位的企业制度。此后，法人持股开始进入缓慢上升阶段，至 20 世纪 90 年代初法人持股达到 72.7%。[②]

德国至少从俾斯麦（Otto von Bismarck）时代起，银行就是德国公司治理的核心。俾斯麦曾通过银行促使经济增长。开始时，银行只是公司的债权人，但当银行所放款的那家公司到证券市场融资或拖欠银行贷款时，银行就变成了该公司的大股东，银行可以持有一家公司多少股份，并无法律上的限制，只要其金额不超过银行资本的15%就行。第二次世界大战后，德国工业重建初期，银行成为企业资金的主要供应者，很快确立起其在德国金融体系中的核心地位。

14.1.2.2 法人核心作用的法律基础及与内部控制主导型公司治理模式的关联

日、德以法人为核心的融资体制与两个国家的法律制度密切相关。

（1）日、德对金融机构的管制政策较为宽松

日、德金融机构在持有企业股权方面具有很大的自由度，这是日、德模式产生的关键因素。1987 年之前，日本反垄断法规定，商业银行可持有一家企业股份的上限为

---

① 高明华. 公司治理学. 北京：中国经济出版社，2009：119－121.

② 国家体改委，日本爱知学泉大学. 中日企业比较：环境·制度·经营. 北京：中国社会科学出版社，1995：218.

10%；1987 年以后，这一比例尽管下降为 5%，但对超过 5% 范围的股票处理问题，却设定了 10 年延缓期，这等于对银行没有限制。保险公司最多可持有一家公司 10% 的股份，而共同基金和养老基金在投资分散化方面则不受任何限制。德国在银行持股方面更无限制。根据德国实行的全能银行（universal banking）原则，银行可以提供从商业银行业务到投资银行业务的广泛服务（包括信贷、信托、证券投资等），可以无限量地持有任何一家非金融企业的股份，德国银行的持股率平均为 9%。德国反托拉斯法也没有对其做出任何限制。

(2) 日、德对证券市场的限制过于严格

日、德两国传统上对非金融企业进行直接融资采取歧视性的法律监管。日本长期以来，债券市场只对少数国有企业和电子行业开放，而且债券发行委员会通过一套详细的会计准则对企业债券的发行设置了严格的限制条件。在德国，企业发行商业股票和长期债券必须事先得到联邦经济部的批准，而批准的条件是发行企业的负债水平在一定的限度以下，发行申请必须得到某一银行的支持，企业发行股票要被征收 1% 的公司税。由于对企业直接融资的严格监管，使得德日证券市场与英美证券市场相比，发展比较落后。

(3) 日、德在信息披露方面规定不太严格

1989 年，OECD 曾对各国跨国公司合并财务报表进行了一次调查，其中在经营结果披露方面，被调查的 23 家日本公司中只有两家公司完全符合要求，而 19 家德国公司中居然无一家完全符合要求。在内部转移定价披露方面，日本公司只占 10%，德国公司仍然无一家符合要求。这表明，日、德企业在信息披露方面的规定不太严格，结果造成外部投资者得到内部信息的机会减少，增加了信息成本，影响了投资积极性，这对企业的直接融资行为起到了阻碍作用。

日、德企业法人持股的目的相对于个人而言更长远，更重视企业的长期发展和长远利益。法人股换手率低，流通性差，比例高，更易于对企业的经营管理产生影响和加以控制。相对于美英等国的股东“用脚投票”方式，日、德企业股东更多地采用“用手投票”的方式来使企业的目标与投资者的目标相一致，从而形成了内部控制主导型的公司治理模式。

14.2 德日公司治理模式的本质特征

德日公司的治理结构也是基本遵循决策、执行、监督三权分立的框架设立的，但其所有权结构和权力分配上与英美模式完全不同。德国和日本在第二次世界大战后，证券金融市场欠发达，股权流动性不强。在这种背景下，公司治理结构在内部治理和外部治理结构上均呈现出它应有的特征。

14.2.1 德日公司内部治理结构特点

（1）股东大会

由于德国和日本两国的历史和经济发展等因素导致银行成为了公司的权威股东，在公司股东大会中有着绝对的话语权。虽然股东大会是公司最高的权力机构，但德国和日本在表决权方面高度集中，与英美公司有很大的差别。目前德日两国的银行处于公司治理的核心地位。在经济发展过程中，银行深深涉足其关联公司的经营事务中，形成了颇具特色的主银行体系。所谓主银行是指某企业接受贷款中第一位的银行称之为该企业的主银行，而由主银行提供的贷款叫做系列贷款，包括长期贷款和短期贷款。

日本的主银行制是一个多面体，主要包括三个基本层面：一是银企关系层面，即企业与主银行之间在融资、持股、信息交流和管理等方面结成的关系；二是银银关系层面即指银行之间基于企业的联系而形成的关系；三是政银关系，即指政府管制当局与银行业之间的关系。这三层关系相互交错、相互制约，共同构成一个有机的整体，或称为以银行为中心的、通过企业的相互持股而结成的网络。另外德国银行还进行间接持股，即兼作个人股东所持股票的保管人。德国大部分个人股东平时都把其股票交给自己所信任的银行保管，股东可把他们的投票权转让给银行来行使，这种转让只需在储存协议书上签署授权书就可以了，股东和银行的利益分配一般被事先固定下来。这样银行得到了大量的委托投票权，能够代表储户行使股票投票权。

（2）董事会

德、日企业多采用双层制董事会。在德国模式中，股东大会直接选举出监事会，监事会由非执行董事构成，行使监督职能；董事会由执行董事组成，行使执行职能；监事会决定董事会的人选和政策目标。股东大会、监事会和执行董事会分设，决策者与执行者相互独立，有利于发挥监事会对公司经营者的有效监督作用。在日本模式中，董事会和监事会均由股东大会选举产生，监事会独立于董事会而存在。董事会和高层经营人员组成的执行机构合二为一，决策者与执行人员合二为一。在以德、日为代表的内部控制主导型公司治理模式中，证券市场不发达，公司经营者在企业中居于主导地位。以日本为例，日本监事会的权力相对较小，虽然规定监事会应由股东大会选举产生，但往往是经总裁选定之后推荐，监事通常由富有经验的前任管理人员担当。选聘注册会计师的事项本应由股东大会做出决定，但也通常由财务董事直接向总裁推荐，监事会不作干预。可见，日本监事会仅相当于董事会的一个监督部门。董事会与监事会无法平行运作，事前事后、内部外部的有效监督很难实现。相对于外部控制主导型公司治理模式注重董事会的改革和增加独立董事的比例来加强董事会的监督职能而言，内部控制主导型公司治理的改革更注重监事会的完善。

在内部控制主导型公司治理模式中，职工董事的职能得到体现。在德国的共同公司法中有如下规定：职工与股东以相同的比例进入董事会，但也视企业规模的大小有所不同。日本虽然在商法中有所规定，但在日本公司中，长期以来已经约定俗成，职工通过内部晋升的竞争来加入董事会。职工参与管理在很大程度上降低所有权与管理权分离所产生的代理成本。

(3) 法人持股或法人相互持股

在日、德等国家的企业集团中，公司之间的交叉持股现象十分普遍。法人持股，特别是法人相互持股是德日公司股权结构的基本特征，这一特征尤其在日本公司中更为突出。第二次世界大战后，股权所有主体多元化和股东数量迅速增长是日本企业股权结构分散化的重要表现。但在多元化的股权结构中，股权并没有向个人集中而是向法人集中，由此形成了日本企业股权法人化现象，构成了法人持股的一大特征。

据统计，日本1949—1984年，个人股东的持股率从69.1%下降为26.3%，而法人股东的持股率则从15.5%上升为67%，到1989年日本个人股东的持股率下降为22.6%，法人股东持股率则进一步上升为72%。正由于日本公司法人持股率占绝对比重，有人甚至将日本这种特征称为“法人资本主义”。

由于德日在法律上对法人相互持股没有限制，因此德日公司法人相互持股非常普遍。法人相互持股有两种形态，一种是垂直持股，如丰田、住友公司，它们通过建立母子公司的关系，达到密切生产、技术、流通和服务等方面相互协作的目的。另一种是环状持股，如三菱公司、第一主银集团等，其目的是相互之间建立起稳定的资产和经营关系。

总之，公司相互持股加强了关联企业之间的联系，使企业之间相互依存、相互渗透、相互制约，在一定程度上结成了“命运共同体”。

14.2.2 德日公司外部治理结构特点

德日公司外部治理结构具有严密的股东监控机制，且资本市场对公司治理的作用极其有限。其特点主要内容如下：

(1) 德日公司的股东监控机制

德日公司的股东监控机制是一种“主动性”或“积极性”的模式，即公司股东主要通过一个能信赖的中介组织或股东当中有行使股东权力的人或组织，通常是一家银行来代替他们控制与监督公司经理的行为，从而达到参与公司控制与监督的目的，如果股东们对公司经理不满意，不像英美两国公司那样只是“用脚投票”，而是直接“用手发言”。但是德日公司的监控机制的特征有所不同。德国公司监控机制的特征表现在两个方面：

一是德国公司的业务执行职能和监督职能相分离，并成立了与之相对应的两种管理机构，即执行董事会和监督董事会，亦称双层董事会。依照法律，在股份公司中必须设立双层董事会。监督董事会是公司股东、职工利益的代表机构和监督机构。德国公司法规定，监督董事会的主要权责，一是任命和解聘执行董事，监督执行董事是否按公司章程经营；二是对诸如超量贷款而引起公司资本增减等公司的重要经营事项作出决策；三是审核公司的账簿，核对公司资产，并在必要时召集股东大会。德国公司监事会的成员一般要求有比较突出的专业特长和丰富的管理经验，监事会主席由监事会成员选举，须经2/3以上成员投赞成票而确定，监事会主席在表决时有两票决定权。由此来看，德国公司的监事会是一个实实在在的股东行使控制与监督权力的机构，因为它拥有对公司经理和其他高级管理人员的聘任权与解雇权。这样无论从组织机构形式上，还是从授予的权力上，都保证了股东确实能发挥其应有的控制与监督职能。由于银行本身持有大量的投票权和股票代理权，因而在公司监事会的选举中必然占有主动的地位，德国在1976—1977年度的一份报告中表明，在德国最大的85个公司监事会中，银行在75个监督董事会中占有席位，并在35个公司监事会中担任主席①。

如果公司经理和高层管理人员管理不善，银行在监事会的代表就会同其他代表一起要求改组执行董事会，更换主要经理人员。由此可见，德国在监事会成员的选举、监事会职能的确定上都为股东行使控制与监督权提供了可能性，而银行直接持有公司股票，则使股东有效行使权力成为现实。

二是德国监控机制有别于其他国家的重要特征是职工参与决定制度。由于德国在历史上曾是空想社会主义和工人运动极为活跃的国家，早在200年前早期社会主义者就提出职工民主管理的有关理论。1848年，在法兰克福国民议事会讨论《营业法》时就提议在企业建立工人委员会作为参与决定的机构。1891年重新修订的《营业法》首次在法律上承认工人委员会。德国魏玛共和国时期制定的著名的魏玛宪法也有关于工人和职员要平等与企业家共同决定工资和劳动条件，工人和职员在企业应拥有法定代表并通过他们来保护自身的社会经济利益等规定。尤其在二战以后，随着资本所有权和经营权的分离，德国职工参与意识进一步兴起，德国颁布了一系列关于参与决定的法规。目前，在德国实行职工参与制的企业共有雇员1 860万，占雇员总数的85%。在德国的职工参与中，可以分为三种形式。其一是在拥有职工2 000名以上的股份有限公司、合资合作公司、有限责任公司。这种参与方式的法律依据是1976年通过的《参与决定法》。它涉及的主要是监事会的人选。监事会的人数视企业规模而定，在2 000名以上到1万名职工以上的企业有监事会成员20名。职工进入监事会的代表中，职工和高级职员是按比例选举的，但每一群体至少有一名代表。其二是拥有1 000名以上职工的股份有限公司、有限责任公司等企业的参与决定涉及董事会和监事会。董事会中要求有一名劳工经理参加。监事会的人数定为11人，席位分配的过程是，劳资双方分别提出4名代表和1名“其他成员”，再加1名双方都能接受的“中立的”第三方。其中的“其他人员”规定为不允许与劳资双方有任何依赖关系，也不能来自那些与本企业有利害关系的企业。其三是雇工500名以上的股份公司、合资合作公司等。规定雇员代表在监事会中占1/3，在监事会席位总数多于1个席位时，至少要有1名工人代表和1名职工代表。职工代表由工人委员会提出候选人名单，再由职工直接选举。

这样职工通过选派职工代表进入监事会参与公司重大经营决策，即所谓“监事会参与决定”，使得企业决策比较公开，这有利于对公司经营的监督，同时还有利于公司的稳定和持续发展。因为职工在监事会中占有一定的席位，在一定程度上减少了公司被兼并接管的可能性。这也是德国公司很少受到外国投资者接管威胁的主要原因之一，从而保护了经理人员做出长期投资的积极性。

（2）日本公司监控机制的特征

日本银行的双重身份，决定了其必然在固定行使监控权力中，发挥领导的作用。

① 冯根福．西方主要国家公司股权结构与股东监控机制比较研究．北京：当代经济科学，1997（6）．

日本银行及其法人股东通过积极获取经营信息对公司主管实行严密的监督。一方面，银行作为公司的主要股东，在盈利情况良好的条件下，银行只是作为“平静的商业伙伴”而存在。另一方面如果公司盈利开始下降，主银行由于所处的特殊地位，能够很早就通过营业往来账户、短期信贷、与公司最高管理层商业伙伴的长期个人交往等途径获取信息，及时发现问题。如果情况继续恶化，主银行就可以通过召开股东大会或董事会来更换公司的最高领导层。日本的董事会与美国很类似，基本上是实行业务执行机构与决策机构合二为一。但是日本董事会的股东代表特别少，从总体上看具有股东身份的仅占9.4%（主要股东为5.7%，股东代表为3.7%），而在上市公司特别是大公司中，具有股东身份的仅占3.9%，其余大部分都是内部高、中层的经理管理人员等，从董事会成员构成可以看出，董事会不是股东真正行使监控权力的机构。另外，从表面上看，日本公司董事会也没有银行的代表，实际上并非如此，在日本公司董事会中，有一名以上的董事常常是公司主银行的前任主管，这是日本商业银行的通行做法。这位前任主管实际上就是为主银行收集信息，并对公司主管实行严密监控，当对公司主管经理的经营业绩不满意时，就可以利用股东大会罢免这些经理人员。日本公司还通过定期举行的“经理俱乐部”会议对公司主管施加影响。尽管“经理俱乐部”会议是非正式的公司治理结构，但它实际上是银行和其他主要法人股东真正行使权力的场所。在“经理俱乐部”会议上，包括银行和法人股东在内的负责人与公司经理一道讨论公司的投资项目、经理的人选以及重大的公司政策等。

【延伸阅读】

日本索尼的公司治理改革

日本索尼（Sony）的公司治理存在许多弊端，因此得不到市场和全球投资人的信任。为此，索尼公司对公司治理进行了改革，包括取消法定审计人会（Statutory auditors）。

1. 公司治理改革的依据

2002年5月，日本颁布修订后的新《日本商法》。新《日本商法》对日本公司治理作了重大改革，其主要精神是推广美国式的“具有专门委员会的公司体制”，即在董事会中设立提名、审计和薪酬三个委员会，并设立美国式公司治理中的CEO（即首席执行官）。新《日本商法》允许企业自愿决定是否采用这种体制。旧《日本商法》规定，董事会同时具有监督、日常经营管理两种职能。新《日本商法》的理论基础，是要把董事会现在同时具有的监督职能和日常经营管理职能区别开来，以使经营管理职能专业化和监督职能责任化。

2. 公司治理改革的内容

2003年1月28日，索尼董事会决定，把目前索尼实行的公司管理改变为“具有专门委员会的公司治理体制”。新的公司治理结构的变化包括：一是取消法定审计人会、集团执行官会；二是将监督职能授权给董事会以及提名、薪酬和审计委员会；三是设立美国式公司治理中的CEO；四是保留现有的公司执行官会，其中设公司执行官常务会（representative corporate executive officers）。

在人员组成上有如下变化：一是董事会的组成。人数规模为10～20人；对董事任职所应有的独立性作了规定；在目前只有3个外部董事的基础上增加独立董事的人数，并增强外部董事的独立性。二是董事长。董事长和执行官常务会分设。三是董事会中专门委员会的组成。提名委员会不少于5个董事，其中至少要有2个内部董事，但大多数必须是外部董事。薪酬委员会不少于3个董事，其中至少要有1个内部董事，但大多数必须是外部董事，CEO和COO（即首席运营官）不得参加该委员会。审计委员会不少于3个董事，大多数必须是外部董事，其中至少要有1名全职人员，其成员不承担经营管理责任，并且必须符合美国索克斯法案（即Sarbanes-Oxley Act，简称SOX Act）有关独立性的要求，原则上也不得担任提名和薪酬委员会的成员。四是董事会中专门委员会的主席。提名、薪酬、审计委员会的主席，必须由外部董事担任。五是公司执行官会与公司执行官常委会。在董事会的指导下，公司执行官会负责整个索尼的管理和治理，其中设公司执行官常委会。

（资料来源：何家成．公司治理比较——信息与通信业10家跨国公司案例．北京：经济科学出版社，2003：86－90．）

14.3 德日公司治理模式的有效性分析[①]

14.3.1 德日公司治理模式的优越性

（1）德日模式有助于实现“最优的所有权安排”

现代公司的本质是一系列的合同关系（契约的集合），公司治理其实也是要体现在一系列的合同关系之中。股东与公司、其他利益相关者与公司的关系，都体现为一系列的合同。但这些合同是不同的：一部分是涉及剩余收益权和剩余控制权的；另一部分是没有这些权利的。所谓“最优的所有权安排”，就是说明剩余索取权和剩余控制权的安排要相对应。在治理结构层次上，剩余索取权表现为收益分配和投票权的安排要相对应，剩余控制权不仅表现为股东是否有投票权，而且更重要的是股东是否有行使投票权的能力以及对公司有重大事务产生的影响力。在德国和日本的公司中，银行既是最大的股东，又是债权人，从理论上实现了所有权与经营权的统一，避免了因所有权与经营权分离而导致的“代理问题”，降低了交易成本。同时，贷款融资和长期持股相结合有助于克服利益冲突，一来可以控制银企关系中的道德风险；二来可以减轻公司股东和债权人之间的冲突。作为股东，德国和日本的银行有着丰富的专业知识和经验，有着一般股东所没有的精力和时间，可以通过监事会和董事会直接参与公司的日常经营决策。作为债权人，银行为了贷款的安全性和有效性，必然会积极、及时地获得和掌握公司生产经营的有关信息，并对其贷款进行事前、事中和事后的监督。当公

---

① 闫长乐．公司治理．北京：人民邮电出版社，2008：193－195．

司经营陷入困境时，银行会从资金、人员等方面帮助公司渡过难关。

(2) 德日模式能有效避免经理人的短期行为

首先，作为主要股东的银行是一个专注于长期投资的股东，决定了公司经理及整个公司行为都是一种长期行为。银行关注的是长期收益和投资安全，其持有的公司股票很少出手交易，这对公司的长远发展十分有利。美国国家科学基金会的研究表明，德国公司在研究、厂房设备方面的投资都远远超过了美国。其次，公司法人交叉持股形成了相互控制、相互依赖的协调关系，形成了促进公司长远稳定发展的强大推动力。一旦有联系的企业发生困难，其他成员会尽力分担、帮助，如放宽支付条件、收购过剩产品、安置员工就业等。最后，有效提高了员工的参与治理热情和企业的忠诚度。终身雇佣制和内部提拔制使员工致力于企业的长远发展。

(3) 德日模式能获得更好的交易效率

首先，德日两国公司倾向于间接融资，向银行大量借款，意味着其债务成本低，公司流动性困扰小，因而更容易解决公司长期投资所需要的资金及短期所遇到的财务困难问题。其次，金融机构在企业中同时持有大量的股权和债权，有利于减少债务融资引起的代理成本。因此，日本企业的平均负债率高于美国企业。另外，金融机构所拥有的信息和管理优势有利于提高企业资产的经营效率和获利能力。在日本，凡是金融机构持有较大比例股权的企业，其生产力和获利能力都比较高。在德国，大企业的获利能力与德国前三大银行在企业中拥有的投资权比例也存在正相关性。最后，相互持股的法人股权结构可节约交易关系，扩大交易量，节约交易费用。正如1990年日本经济白皮书所指出的那样，稳定交易、建立长期关系，可以避免一次次寻找对象，决定交易条件，由此节约了交易费用，提高了交易效率。

14.3.2 德日公司治理模式的缺陷性

在1990年前，德国和日本的治理模式一直受到赞扬。有学者甚至认为，德国和日本经济的快速发展是由于其独特的治理结构和高效的治理效率。但是，从1992年开始，日本经济一直停滞不前，毫无复苏的迹象。在1997年亚洲金融危机以后，日本公司的治理模式更成为亟待改进的代名词；1993年，德国发生了历史上最严重的一次经济衰退，导致德日公司机构主导型的模式开始引起人们的反思。德日模式出现问题是必然的，因为它本身存在固有的缺陷。

第一，对银行等利益相关者的强调，阻碍了公司治理机制的发展。在一个健全的控制权市场中，接管活动会有效地限制经理的腐败行为，降低无效经营，改善公司的业绩。但在德国和日本的公司中，银行参与治理实际上是对公司控制权市场的代替，这抑制了其他治理机制的健全发展，比如对接管的阻碍、信息披露非常不透明等。银行稳定持有公司的股份，接管机制几乎不能发挥作用。实际上，德国和日本公司发生接管的概率极小。

第二，监督力量薄弱。由于资本市场的不发达，来自公司外部的监督力量十分微弱，外界很难从极少的信息披露中看出公司决策的制定过程。银行的监管动力不足。纯粹的投资者只有通过昂贵的监管才能增加其股份的价值，股东持有的股份越高，他越有动力这么做。银行的动机却那么不明显。实际上，银行由于有抵押或账目监督等手段，它对管理层的干预往往只是到了他们的决策威胁到公司生存时才显得紧要。这时，股东利益已经由于公司既往经营失误而发生损害。

第三，法人交叉持股和主银行制度使得企业产生创新能力下降。稳固的所有权结构使企业安于现状，其产生的创新能力下降，日本的经济危机就是很好的例子。日本经济迟迟不能复苏，部分原因就是日本企业的产业创新能力极低，没能完成从工业经济向知识经济的转型。

第四，终身雇佣制及董事会的选举制度导致“论资排辈”现象存在。虽然晋升到董事会的潜在可能性为公司的雇员忠于公司并努力为公司工作创造了重要的激励机制，但是这种等级结构使得在董事长和资深董事之间以及资深董事和资历较浅的董事之间的层级差别日益强化，不利于董事做出独立的决策。另外，终身雇佣制及递延报酬抑制了公司员工的创新，不利于人力资源的合理配置。

【思考与练习】

1. 德日债权主导型公司治理模式是如何产生的？
2. 德日债权主导型公司治理模式具有哪些本质特点？
3. 德日债权主导型公司治理模式具有哪些优越性和缺陷性？
4. 比较德日债权主导型公司治理模式与英美股权主导型公司治理模式的区别。

15 东亚与东南亚家族主导型公司治理模式[①]

【本章学习目标】

1. 了解东亚与东南亚家族主导型公司治理模式的产生过程和发展历程；

2. 理解东亚与东南亚家族主导型公司治理模式的本质特征；

3. 理解东亚与东南亚家族主导型公司治理模式的有效性分析；

4. 学会如何将东亚与东南亚家族主导型公司治理模式和其他公司治理模式进行对比分析。

从20世纪70年代开始，东亚的韩国以及东南亚的新加坡、马来西亚、泰国、印度尼西亚、菲律宾和中国香港等国家和地区通过一系列的制度和管理措施，成功地整合了国内生产和国际生产，实现了经济的显著增长，被认为是亚洲奇迹，从而产生了不同于英美模式和德日模式的新型公司治理模式——家族主导型公司治理模式。家族主导型公司治理是指家族占有公司股权的相对多数，企业所有权与经营权不分离，家族在公司中起着主导作用的一种治理模式。与此相适应，资本流动性也相对较弱。本章将从东亚的韩国以及东南亚家族主导型治理模式起源谈起，探究该模式产生的原因，分析其本质特征和有效性，进而为读者全面、客观系统地阐述东亚的韩国以及东南亚的治理模式。

15.1 家族公司治理模式的产生与发展

15.1.1 家族公司治理模式产生的背景

从东亚家族企业的发展历程中我们可以看出，东亚家族企业的兴起与发展是特定政治经济环境下的产物，同时也与这些国家的法律制度建设、文化传统和资本市场发育水平相关。

首先，东亚及东南亚国家的家族企业均形成于殖民体系崩溃后的国家重建中，是在不发达的国家工业基础上发展起来的。此时，不论是东南亚各国还是韩国政府，都推出一系列发展经济的政策，使家族企业有了发展机遇。尤其在韩国，政府一直对家

① 本节内容主要参考李维安，武立东，等. 公司治理教程. 上海：上海人民出版社，2002：443－462.

族企业进行大量的财政支持和政策优惠，为家族企业的跨越式发展创造了条件。

其次，东南亚国家有着相似的文化传统与价值理念，韩国也由于历史原因深受中华文化影响，对中华文化尤其是儒家文化有着很深的认同。儒家文化的理念包括重视“家文化”，重视亲缘、姻缘等裙带关系，认为家族权力的传递应基于血缘关系等，这些在东南亚家族企业的创办和成长过程中得到了明显的体现，并在企业运营过程中形成了家族成员共同治理企业的家族治理模式。而且，东南亚的华人在创办企业中受到当地土著人的歧视，更倾向于团结家族成员，用“自己人”控制、经营企业以保守企业的经营秘密，实际上，东南亚的家族企业是靠家族关系和企业关系共同维护的。

最后，银行无法介入公司内部进行控制。随着东南亚国家推行的金融事业的发展，银行被建立起来。但是，银行无论在审查企业与项目，还是在监控贷款上都没有能力，企业虽然能够从银行获得贷款，可银行却不能通过介入到公司内部控制的层面来确保贷款的回收，所以，银行不能介入到公司治理机制中。比如在韩国，银行的首席执行官是由政府任命的，银行的行为必须接受政府的领导与干预，往往不能独立于政府的影响之外。在这样的制度环境下，企业的家族化就很难被摆脱，其他金融机构也不会在公司治理机制中扮演重要角色，此外，在这些国家中，证券市场都不够发达，所以，公司治理还是一代代的由家族成员来完成。

15.1.2 家族公司治理模式的产生①

（1）东南亚和韩国家族治理模式的产生过程

韩国家族企业产生于第二次世界大战或朝鲜战争结束后至 20 世纪 60 年代前。第二次世界大战后，在美国的支持下，私营家族企业进入了创业期。朝鲜战争后，政府把第二次世界大战后没收的日本统治时期的公营企业和日本人的私人企业，以分散付款的方式，几乎全部以较低的价格出售给了私人企业家、军政人员和其他人员，许多家族企业因此而起家。从 60 年代后期开始，在家族成员控制大部股权的情况下，韩国家族财团下属的核心企业纷纷上市，企业的所有权开始社会化。同时，随着多元化战略的实施，家族财团所控制的系列企业不断增多，有亲缘关系的家族成员大量进入企业。

东南亚各国家族企业产生于 20 世纪 50 年代之前，即东南亚各国处于西方列强的殖民统治时期。这一时期，移居东南亚的华人开始在外国资本的夹缝中创办企业，创业者既是企业的所有者又是企业的经营者。第二次世界大战后，东南亚各国纷纷独立，华人家族企业通过购并、控股、参股的形式，控制了过去为西方资本控制和垄断的行业。同时，独立后的东南亚国家采取了大力发展经济的战略，这也为华人家族企业提供了有利的发展机会，家族企业逐步在一些国家经济中占据了主导地位。20 世纪 80 年代以来，东南亚华人家族企业经营的产业层次不断提高，多元化经营的范围不断扩大，上市公司数量不断增多，家族企业所有权出现了多元化格局，但家族成员仍然控制着企业的多数股权，企业主要经营管理权仍然掌握在家族成员手中。不过，来自家族外

---

① 高明华. 公司治理学. 北京：中国经济出版社，2009：126－127.

的高级经营管理专门人才开始大量进入企业，并掌握了部分高层管理职位。

（2）韩国和东南亚家族治理模式产生的原因

儒家文化是韩国和东南亚国家家族式公司治理模式形成的共同原因。儒家文化重视家庭亲缘关系，注重“和谐”，谋求“和为贵”、“家和万事兴”，仁者“爱人”等思想观念，对韩国人和东南亚华人有较强的影响。这种家族观念引入到企业，便形成了企业的家族性，并在企业运营过程中形成了由家族成员共同治理企业的家族治理模式。

东南亚家族治理模式的形成还有其特殊原因。一是民族歧视。东南亚国家独立前，华人长期受西方殖民主义者的歧视；独立后作为少数民族又受到所在国土著人的歧视。在这种情况下，华人只能借助家族成员的力量来谋求企业发展并保持对企业的控制权。二是东南亚国家土著人文化素质相对较低，而华人一般都受到过良好的教育，文化素质较高。正是这种差距，使得东南亚国家独立后，华人和土著人的合作受到了限制，使得华人企业只能采取家族治理的方式。

韩国家族治理模式的形成也有其特殊原因。一是长期以来受儒家思想影响，工商业者的社会地位很低。因此，在20世纪60年代前，在韩国创办企业，只能主要借助家族的力量。60年代后，企业家的社会地位得到提高，许多大学生纷纷到父母办的家族企业工作，使家族企业的家族性得到进一步加强。二是朝鲜战争后国贫民穷，资金短缺，因此，在家族企业的创业期，由家族成员共同出资，共同创业，共同经营管理企业，便成为创办企业所需资金的主要来源。

15.1.3　家族公司治理模式的发展

在20世纪50年代前，东南亚是西方列强的殖民地。从20世纪50年代起，西方殖民者开始在中国沿海地区招募劳工移居东南亚，华人为了谋生纷纷“下南洋”。经过一段时期的努力积累，华人创办了家族企业，其中一些企业生存了下来。随着业务量的增加，生存下来的企业规模开始扩大，创办者吸收同族的兄弟亲戚进入公司帮助自己管理企业，家族企业初步形成。在这一时期，企业的所有权基本由创办者控制，创办者即是企业的所有者又是企业的经营者，家族其他成员则充当协助管理的角色。当然，也有企业创办伊始即是由家族的兄弟姐妹共同出资的企业。

20世纪50~70年代，西方殖民体系陆续崩溃，东南亚各国取得国家自主权，华人创办的企业在西方资本撤出后有了更宽广的生存空间。此时，西方国家在第二次世界大战后逐渐将劳动密集型产业向发展中国家转移，而新独立的东南亚各国政府均大力发展经济，华人家族企业经过十几年的积累已颇具实力，进入快速成长期，通过并购、控股、参股的方式进入原来被西方资本垄断的行业，并逐步在一些国家经济中占据了主导地位。这时，家族企业的所有权状况也有所变化：第一，家族企业创办者开始对所有权进行分割，把过去由自己单独控制的所有权分成多份赠予家族的兄弟，形成企业所有权在家族内部的多元化；第二，企业创办者家族的兄弟开始执掌企业的核心业务，家族第二代成长起来并进入企业工作；第三，独立创业并经营的企业进入到第二代接班的阶段，出现了第一代和第二代共同执掌企业的局面。进入企业的第二代陆续分得企业所有权，使得企业所有权状况更加多元化。

进入20世纪80年代以来，东南亚华人家族企业经营的产业层次不断提高，在越来越多的高新技术产业引领风骚，多元化经营的范围进一步扩大。许多家族企业开始推行跨国公司战略，企业的国际化程度不断提高。随着与国外资本市场的对接，家族企业公开化和社会化程度不断提高，企业所有权不再为家族全部拥有，一些机构投资者和个人投资者相继拥有公司的部分所有权，来自家族外的高级经营管理人才开始大量进入企业。但是，家族成员仍然控制着企业的所有权，并且企业的领导权开始由第二代向第三代交接，企业的主要经营管理权仍掌握在家族成员手中。

15.2 家族公司治理模式的特征

由于国情和企业所处的成长与发展环境的差异，使得韩国和东南亚的家族治理模式既有相同之处也有不同之处。为了研究的方便，本书把形式上相同的特征都归诸韩国与东南亚家族治理模式的共性，至于内容上的不同则在阐述相关特征时加以区别说明。同时，有些特征只存在于东南亚家族治理模式中，也有一些特征只存在于韩国的家族治理模式中，本书把这样的特征归诸韩国和东南亚家族治理模式在特征上的差别。下面从共性和差别两个方面分别阐述韩国和东南亚家族治理模式的特征：

15.2.1 韩国与东南亚家族治理模式的共性

（1）企业所有权或股权主要由家族成员控制

所有权集中于家族成员是韩国和东南亚国家公司的普遍现象。在韩国和东南亚的家族企业中，家族成员控制企业的所有权或股权表现为四种情况：一是由企业的初始所有权由单一创业者拥有，待其退休后，交由他或他们的子女、第三代或家族成员共同拥有；二是企业的所有权由合资创业的具有血缘、姻缘和亲缘的家族成员（包括兄弟姐妹或堂兄弟姐妹）共同控制，然后顺延传递给创业者第二代或第三代的家族成员，并由他们共同控制；三是由家族创业者与家族外的人或企业合资创办的企业，若是家族创业者或家族企业控股的，待企业股权传至第二代或第三代时，形成家族成员联合控股的情况；四是迫于企业公开化或社会化的压力而进行改造公开上市的，虽然形成家族企业产权多元化的格局，但是其所有权仍主要由家族成员控制。上述四种情况中的每一种情况，在韩国和东南亚的家族企业中都大量存在着，而且上述四种情况包括了韩国和东南亚家族企业所有权或股权由家族成员控制的基本概况。

（2）企业主要经营管理权掌握在家族成员手中

在韩国和东南亚的家族企业中，家族成员控制企业经营管理权主要有两种情况：一是企业经营管理权主要由有血缘关系的家族成员控制；二是企业经营管理权主要由有血缘关系的家庭成员和有亲缘、姻缘关系的家族成员共同控制。第一种情况如菲律宾的郑周敏集团。郑周敏集团的主要领导权由郑周敏和其14个子女中的九个共同控制（其余五个子女正在求学）。第二种情况如韩国的韩进集团。1984年，韩国韩进集团的创始人赵重勋任集团会长，集团的三大主力企业的重要职务均由其家属和亲属担任，其胞弟任韩逸开发公司经理，内弟任韩进股份公司经理，长子任大韩航空公司专务。

（3）企业决策家长化

由于受儒家伦理道德准则的影响，在韩国和东南亚家族企业中，企业的决策被纳入了家族内部序列，企业的重大决策如创办新企业、开拓新业务、人事任免、决定企业的接班人等都由家族中的同时是企业创办人的家长一人作出，家族中其他成员做出的决策也须得到家长的首肯，即使这些家长已经退出企业经营的第一线，但由家族第二代成员做出的重大决策，也必须征询家长的意见或征得家长的同意。当家族企业的领导权传递给第二代或第三代后，前一代家长的决策权威也同时赋予第二代或第三代接班人，由他们做出的决策，前一辈的同一辈的其他家族成员一般也必须服从或遵从。但与前一辈的家族家长相比，第二代或第三代家族家长的绝对决策权威已有所降低，这也是家族企业在第二代或第三代出现矛盾或冲突的根源所在。

（4）经营者激励约束双重化

在韩国和东南亚的家族企业中，经营者受到了来自家族利益和亲情的双重激励和约束。对于家族第一代创业者而言，他们的经营行为往往是为了光宗耀祖或使自己的家庭更好地生活，以及为自己的子孙后代留下一份产业。对于家族企业第二代经营者来说，发扬光大父辈留下的事业、保值增值作为企业股东的家族成员资产的责任、维持家族成员亲情的需要，是对他们的经营行为进行激励和约束的主要机制。因此，与非家族企业经营者相比，家族企业的经营者的道德风险、利己的个人主义倾向发生的可能性较低，用规范的制度对经营者进行监督和约束已经成为不必要的。但这种建立在家族利益和亲情基础上的激励约束机制，使家族企业经营者所承受的压力更大，并为家族企业的解体留下了隐患。

（5）企业员工管理家庭化

韩国和东南亚的家族企业不仅把儒家关于“和谐”和“泛爱众”的思想用于家族成员的团结上，而且还推广应用于对员工的管理上，在企业中创造和培育一种家庭式的氛围，使员工产生一种归属感和成就感。例如，马来西亚的金狮集团，在经济不景气时不辞退员工，如果员工表现不佳，公司不会马上开除，而是采取与员工谈心等形式来分析问题和解决问题，这种家庭式的管理氛围在公司中产生了巨大的力量。印度尼西亚林绍良主持的中亚财团，对工龄在 25 年以上的超龄员工实行全薪退休制，使员工增加了对公司的忠诚感。再如，韩国的家族企业都为员工提供各种福利设施如宿舍、食堂、通勤班车、职工医院、浴池、托儿所、员工进修条件等。韩国和东南亚家族企业对员工的家庭式管理，不仅增强了员工对企业的忠诚感，提高了企业经营管理者和员工之间的亲和力和凝聚力，而且还减少和削弱了员工和企业间的摩擦和矛盾，保证了企业的顺利发展。

（6）来自银行的外部监督弱

在东南亚，许多家族企业都涉足银行业。其中，一些家族企业的最初创业就始于银行经营，然后把企业的事业领域再拓展到其他产业；也有一些家族企业虽然初始创业起步于非银行领域的其他产业，但当企业发展到一定程度后再逐步把企业的事业领域拓展到银行业。作为家族系列企业之一的银行与家族其他系列企业一样，都是实现家族利益的工具，因此，银行必须服从于家族的整体利益，为家族的其他系列企业服务。所以，属于家族的银行对同属于家族的系列企业基本上是软约束。许多没有涉足银行业的家族企业一般都采取由下属的系列企业之间相互担保的形式向银行融资，这种情况也使银行对家族企业的监督力度受到了削弱。在韩国，银行作为政府干预经济活动的一个重要手段，是由政府控制的。一个企业的生产经营活动只有符合政府的宏观经济政策和产业政策要求，才会获得银行的大量优惠贷款，否则就很难得到银行的贷款。所以，韩国的家族企业为了生存和发展，都纷纷围绕政府的宏观经济政策和产业政策从事创办企业和从事经营活动。这种情况使得韩国的家族企业得到了没有来自银行约束的源源不断的贷款。除筹资功能外，银行在韩国只是一个发放贷款的工具，而对贷款流向哪些企业，获得贷款企业的金融体质是否健康则很少关心，使得韩国家族企业受到来自银行的监督和约束力度较小。

（7）政府对企业的发展有较大的制约

韩国和东南亚的家族企业在发展过程中都受到了政府的制约。在东南亚国家，家族企业一般存在于华人中间，而华人又是这些国家的少数民族（新加坡除外），且掌握着国家的经济命脉；华人经济与当地土著经济之间存在着较大的差距。因此，华人家族企业经常受到政府设置的种种障碍的限制。为了企业的发展，华人家族企业被迫采取与政府及政府的公营企业合作，与政府公营企业合资以及在企业中安置政府退休官员和政府官员亲属任职等形式，来搞好与政府的关系。而在韩国，政府对家族企业的制约主要表现在政府对企业发展的引导和支持上。凡家族企业的经营活动符合国家宏观经济政策和产业政策要求的，政府会在金融、财政、税收等方面给予各种优惠政策进行引导和扶持；反之，政府会在金融、财政、税收等方面给予限制。因此，在韩国和东南亚，家族企业的发展都受到了政府的制约，但在东南亚，政府对家族企业采取的主要措施是限制，在韩国，政府对家族企业采取的主要措施则是引导和扶持。

15.2.2 韩国与东南亚家族治理模式的差异

（1）韩国家族企业的个体特征

韩国家族企业有权控制者采用与其他关联公司交叉持股的方式来控制公司。对大型家族企业来讲，所有权集中度只有10%左右，因此，由最大的个人股东所掌握的直接控制权就受到相当限制。然而，其他关联公司具有的交叉持股结构使得最大的股东能够控制公司。家族企业之间存在着大量的关联交易，虽然这些家族企业有着各自的股东和董事会，但他们都有着相同的实际控制人。尽管银行和其他金融机构持有超过20%的股份，但它们的投票都受到控制，并不影响其他股东的投票。

政府在韩国家族企业的创办、发展壮大过程中扮演了积极、重要的角色。政府在给家族企业提供大量财政支持的同时，将隐含的风险分给了私人公司，实际上是政府与家族企业共担风险。此外，亚洲金融危机过后，韩国政府为了扶持大型家族企业，预先对金融部门进行重组以便让其在之后的企业重组中发挥重要的作用，并采取各种措施减少家族企业持有的债务。此外，在韩国，政府直接或间接地促进银行为家族企业提供大量贷款，并为家族企业指定某一银行作为其贷款的主要来源。

（2）东南亚各国家族企业的个体特征

东南亚各国家族企业除了有上述的特征外，还有着与韩国家族企业不同的特征。东南亚家族企业集团主要采取金字塔形控股公司的形式控制下属的系列企业。所谓金字塔的控股公司，是指以一个家族组织的控股公司为核心，按事业或地区持有下属几个公司的全部或大部分股份，再由这些公司分别控制更多的下属的子公司。东南亚的家族企业正是通过这种层层控股关系把几十家甚至几百家企业纳入家族企业体系。

此外，东南亚各国的家族企业多位为华人企业，常常受到当地土著人的歧视，受到政府设置的种种障碍的限制，甚至遭受到暴力攻击。所以，这些家族企业被迫与政府公营企业合作，在企业中安置政府退休官员和政府官员的亲属，来搞好与政府的关系，付出很大的成本。这种环境使东南亚各国所有权的公开化和社会化进程极其缓慢，除了部分上市公司要满足资本市场的要求将股权多元化外，家族企业集团的其他企业很少将家族外成员纳为高层管理者。

【延伸阅读】

帕玛拉特公司的家族治理问题

帕玛拉特（Parmalat）是意大利的一家跨国性食品加工企业，2003年年底，帕玛拉特突然申请破产保护，在意大利引起轩然大波，被称为欧洲的“安然事件”。

帕玛拉特成立于1961年，是一家拥有40多年历史的家族企业，其创始人为卡利斯托·坦齐（Calisto Tanzi）。在被拘留后，坦齐承认在帕玛拉特的账面上大概有80亿欧元的亏空，并且他曾经将5亿欧元转移到了自己家庭成员所拥有的公司中。

帕玛拉特的主要治理问题是经营层捏造虚假财务信息欺骗股东，众多股东的权益被侵害。在初步调查之后，意大利检查人员表示，在过去长达15年的时间里，帕玛拉特管理当局通过伪造会计记录，以虚增资产的方法弥补了累计高达162亿美元的负债。欺诈的目的除了隐瞒公司因长期扩张而导致的严重财务亏空以外，另外一个重要目的是把资金从帕玛拉特（其中坦齐家族占有51%的股份）转移到坦齐家族完全控股的其他公司，从而掏空上市公司。

例如，帕玛拉特利用复杂的公司结构和众多的海外公司转移资金。据《华尔街日报》报道，帕玛拉特注册在荷属安德列斯群岛的两家公司——Curcastle和Zilpa是用来转移资金的工具。操作方法是，坦齐指使有关人员伪造虚假文件，以证明帕玛拉特对这两家公司负债，然后帕玛拉特将资金注入这两家公司，再由这两家公司将资金转移到坦齐家族控制的公司。到1998年，帕玛拉特对两家公司的虚假负债达到了19亿美元。另外，帕玛拉特还设立投资基金转移资金。帕玛拉特与注册在开曼群岛的一家神秘的证券投资基金Epicurum的关系扑朔迷离。Epicurum基金成立于2002年。在其成立两个月后，帕玛拉特就对它投资6.17亿美元。这笔投资没有向投资者公告，甚至董事会的两名成员在接受采访时也称毫不知情。有证据显示，在坦齐的授意下，帕玛拉特的财务总监通纳（Fausto Tonna）和一名外聘律师兹尼（Zini）建立了这个基金，目的是向坦齐的家族企业转移资金。

（资料来源：周伟："帕玛拉特崩塌"，《财经》，2004年第2期。纪乐航："'欧洲版安然'惨烈上演，帕玛拉特爆财务大丑闻"，《国际金融报》，2003年12月22日。）

15.3 家族公司治理模式的有效性①

15.3.1 家族公司治理模式的优越性

（1）在企业发展和初期起到重要作用

在家族企业从小到大的发展过程初期，企业缺少资金和专业经营管理人才。家族成员集资进行投资和再投资使企业扩张有了资金上的保证，同时家族成员共同参与经营管理可以缓解企业人才的缺乏。此外，由于家族成员在利益、观念和对问题认识上的一致性以及家族成员对企业最高领导人绝对服从的伦理规范，使家族企业最高领导人的决策容易得到理解和迅速贯彻，降低了决策的时间成本，提高了决策执行的效率。虽然东南亚各国的家族企业从小到大、从单一经营到多元化经营和国际化经营的成长与发展是许多因素共同促进的结果，但不可否认的是，家族治理模式在企业成长和发展中发挥了重要作用。

（2）代理和交易费用低

由于所有权与经营权并没有分离，所有者与经营者的利益指向是一致的，所有者与经营者这件不存在委托—代理关系，因此代理费用极低，经营者一般不存在利己主义的倾向。而且，家族企业多数从单一经营转向多元化经营，集团内部企业的关联交易占了相当的比重，由于同时受家族控制，关联企业之间的交易费用是很低的。如韩国的是三星企业介入了物产、石化、电子、化工、制药、重工、航空、汽车、证券、保险、出版、钟表、毛织、饭店等行业，马来西亚的郭氏兄弟有限公司介入的主要产业有贸易、制糖、种植、酒店、房地产、广播、电视、报纸、码头、石油、化工、饮料、饲料加工、粮油、保险、采矿等。我们可以看出，其中的某些产业是互为上下游关系的，这为家族企业内部的关联交易打下了基础。

（3）内部激励约束机制更有效

家族企业的内部激励约束机制效用较大。家族成员把企业资产视为家族财产，把企业的业务看作家族事务的一部分，建立在血缘、亲缘和姻缘关系基础上的家族成员把家族内的伦理和情感带进企业，融入经营管理中，更能够为了企业利益相互配合，共同奋斗，在企业内部形成较强的凝聚力。这种建立在亲情和家族关系基础上的内部激励约束机制发挥着重要的作用，家族企业存在着相当高的稳定性。

① 闫长乐．公司治理．北京：人民邮电出版社，2008：205－207.

15.3.2 家族公司治理模式的缺陷性

（1）所有权控制过于集中

东南亚的家族企业的显著特点之一就是其所有权高度集中在家族成员手中。但是随着企业所有权结构多元化的推行和家族企业集团中的部分企业上市，东南亚的家族企业开始不仅仅只有家族成员一种类型的股东，可是所有权仍然掌握在家族成员手中，这样的后果即是中小股东的利益受到侵害，并且将不得不承受无法忍受的风险，家族企业做决策时，企业最高领导个人起到了很大的作用，往往不会考虑中小股东的利益。在某些国家，中小股东持有股份的公司常常为受同一个家族控制的其他公司提供贷款担保或者直接借钱给这些企业，这给中小股东带来了无法忍受但又不得不承担的风险。此外，因为企业的所有权社会话和公开化程度较高，当银行决绝融资时，企业会马上陷入困境。在韩国，就有些大型家族企业因负债过高而破产倒闭。

（2）债权人和外部股东无法起到监督作用

首先，银行无法发挥监督的作用，只是作为企业内部的一个企业或者政府控制下的提供贷款的角色。尽管韩国已经实行金融自由化并且国家对经济干预的范围也已经缩小，但政府干预银行的传统做法一直延续，银行的管理人员在决策制定过程中倾向于反映政府意图而不是对他们的股东负责，而对政府大力扶持的家族企业，银行就不可能履行债权人的职责对其进行严格的监督和审查。其次，东南亚国家的资本市场极不发达，信用体系尚未建立。东南亚国家的资本市场仍处于发展初期，具有流动性较低、交易不活跃、缺乏透明度、披露也不够充分的特点，家族企业外部股东无法获得准确的信息来源做出相应的投资决定，保护自己的权益。

（3）政府干预过于强大

东南亚国家的家族企业都受到过政府的强力干预，韩国也一样。政府在企业融资、资本市场监管、银行管理等过程中扮演了重要角色，在某种程度上帮助家族企业一直保持着其稳定的所有权结构。韩国政府为家族企业提供大量财政支持，并于企业共担风险，在某种程度上阻碍了金融机构正确地监管借款人的可靠性和管理贷款风险。此外，韩国政府还制定相关法律控制外国投资者的持股比例，防止家族企业被恶意接管等。政府过于强势地参与，使债权人与债务人的关系扭曲，并使家族企业所有权公开化和社会化程度过低，导致外部监督无效。

（4）家族企业权力交接容易引起纷争

因为企业决策家族化的特点，家族企业存在着颇具象征意义的“接班”，即所有权与控制权的权力交接。当家族企业领导权传递给第二代、第三代时，容易在家族成员间引起纷争，可能导致企业分裂、解散和破产。泰国的萬罗集团、新加坡的杨协成集团都曾出现过这样的情况，此外，家族企业任人唯亲可能带来经营风险。家族成员参与经营管理企业必须具备相当的专业知识和能力，如果参与企业管理的家族成员能力较差，则会给企业带来经营上的风险，甚至导致企业破产。比如，韩国国际财团曾经是一个拥有 20 个系列公司的世界性大企业，却在 1985 年 2 月突然倒闭了。究其原因，比较重要的一个方面是，按其涉及的产业和经营活动的要求，国际财团应该由一批具有管理才能的高级经营专家组成，但该财团的领导核心却是由缺乏管理才能的家族成员所组成，结果导致企业经营失败，直至破产。

目前，在全球经济一体化的影响下，以公司治理模式呈现出家族企业的股权公开化和社会化，经营管理权由家族成员和非家族成员共同控制，企业外部股东、合作者的制约和监督有不断增强的趋势。

【思考与练习】

1. 东亚与东南亚家族主导型公司治理模式是如何产生的？
2. 东亚与东南亚家族主导型公司治理模式具有哪些本质特点？
3. 东亚与东南亚家族主导型公司治理模式具有哪些优越性和缺陷性？
4. 比较东亚与东南亚家族主导型与英美股权主导型公司治理模式、德日债权主导型公司治理模式的区别。

16 转轨经济国家的公司治理模式[①]

【本章学习目标】

1. 了解转轨经济条件下“内部人控制”的内涵与成因；
2. 熟悉“内部人控制”在各转轨国家的不同表现；
3. 理解缓和“内部人控制”问题的典型做法及其理论依据；
4. 科学辨析转轨经济中的若干重要治理命题；
5. 掌握构建适合转轨经济特点之公司治理模式的基本原则。

从20世纪末开始，原计划经济国家（主要包括俄罗斯、中东欧各国和中国等国）向市场经济的大规模转轨（Transition），这一进程以企业的民营化、经济的市场化为主要特征，伴随着克服转轨进程中经济波动的一整套“稳定化”措施。转轨国家的公司治理问题具有特殊性。由于在原有的计划（指令）经济条件下，既缺乏市场经济的主体——企业，又缺乏市场经济的运行条件（如价格机制、产品及要素市场、商业法律环境等），所以也就谈不上公司治理问题。因此，对于上述国家而言，在向市场经济的转轨过程当中，公司治理架构和机制的构建，是与市场竞争主体塑造、产权改革、市场环境和机制的形成密切相关，并且复杂地交织在一起的。

在本章中，我们将通过理论研究和各转轨国家经验的国际比较，揭示经济转轨过程当中公司治理所存在的突出问题、一般规律和特点，以及多样化制度环境下所形成的多种治理机制、治理模式及其效率。在此基础上，总结适用于转轨国家的，能够较好适应转轨过程中复杂多变制度环境，并兼顾竞争主体形成（产权改革）和竞争环境（市场化）完善，权衡公平与效率的公司治理机制和模式。

16.1 “内部人控制”：转轨经济中的治理症结

16.1.1 “内部人控制”的内涵

（1）狭义的“内部人控制”

“内部人控制”（Insider Control）这一范畴，最早是由青木昌彦（1994）所提出

① 本节内容主要参考：李维安．公司治理学．2版．北京：高等教育出版社，2009.

的，按照他的界定，“内部人控制”指的是：在私有化的场合，多数或相当大量的股权为内部人持有，在企业仍为国有的场合，在企业的重大战略决策中，内部人的利益得到有力的强调①。

内部人控制（或者由管理人员，或者由工人控制）是转轨过程所固有的一种潜在可能的现象，是从计划经济制度的遗产中演化而来的。所谓的“内部人控制”，实际上是在所有者（出资人）缺位的条件下，由企业的经营者或者员工实际控制了企业的情况。这种“内部人控制”实际上是在“行政治理”（控制）与“公司治理”双重失效的前提下所产生的，它的直接后果就是，企业的发展既偏离了计划经济下的“产量或规模最大化”目标，也偏离了市场经济条件下的“利润最大化”目标，而定位在了“内部人收益最大化”之上。

（2）广义的“内部人控制”

公司治理涉及的各利益主体主要包括：股东、经营者、债权人、雇员、顾客和社区等，其中最重要的是前四个主体。随着公开资本市场的建立和股权的社会化，在从古典企业向现代公司的演变过程中，普遍建立起了层级式的委托—代理关系。在公司内部，出现了股东的常驻代表机构——董事会（它往往由大股东或其代表组成），它与经营者、雇员共同构成了“内部人阶层”，而分散的小股东、债权人则变成了“外部人”。从这一角度出发，治理文献中特别是理论文献中的“内部人”范畴，比青木的界定要宽，它不仅包括经营者和职工（雇员）群体，也包括大股东。实际上，早在1932年出版的《现代公司与私有产权》一书中，美国学者贝利和米恩斯②不仅观察到了美国大公司中普遍出现的所有权与控制权分离，支薪经理通过种种方式控制企业的现象，同样发现了作为“内部人”的大股东，通过控制董事会为自己谋利，从而侵害中小股东权益的事例。因此，广义的“内部人控制”应当包含大股东（或其代表）在内。明确这一点对于中国特别有意义，因为直到目前，国有股“一股独大”仍是我国现阶段公司制改造后大多数国有大中型企业的基本特征，而现在我国国有企业公司治理中所出现的种种问题，很大程度上都与此有关。

16.1.2 “内部人控制”在各转轨国家的具体表现

16.1.2.1 俄罗斯

（1）股权结构：“内部人控股”、“股权高度集中”和“寡头控股”

作为转轨国家的俄罗斯，其“内部人控制”在股权结构方面主要存在以下问题：首先，“内部人控股”。如表16.1所示，俄罗斯“大众私有化”结束的初期，内部人持股的比例曾高达54.8%，此后虽然逐年下降，但预计到2001年，内部人持有的股份仍略多于外部人。特别注意的是，内部人股份比例的下降，主要是由于职工股比例的急剧减少。如表16.1所示，1995—1999年4年间，职工股所占比例下降了16.4个百分

① 青木昌彦，钱颖一. 转轨经济中的公司治理结构：内部人控制和银行的作用. 北京：中国经济出版社，1995：22.

② Berlie，A. and Means，G. Modern Corporation and Private Property. New York：Macmillan，1944.

点；同时，作为“内部人”的经理人的持股比例却上升7个百分点。另据资料，私有化后的5年里，劳动集体约出售40%股份。这就说明，相当一部分职工股转移到了经理层手里。其次，股权高度集中。根据调查，在俄罗斯的私有化企业中，拥有控股权的所有者在他们所投资的企业中平均持股份额是53%～89%，超过绝对控股所需的规模（51%）。另外，俄罗斯经济部1999年的调查结果显示，为取得控制地位，管理者平均要持有投资企业52%的股票，而金融机构则需拥有64%的股票。这表明，在“内部人控制”问题严重的俄罗斯，要取得对企业的控制权，需要超出一般要求的股权份额。

表16.1　俄罗斯工业中股份所有制的结构

股东类型	1995年	1997年	1999年	2001年（预计）
内部股东	54.8	52.1	46.2	45.5
其中：经理人	11.2	15.1	14.7	18.2
职工	43.6	37.0	31.5	27.2
外部股东	35.2	38.8	42.4	44.9
其中：非金融的外部人	25.9	28.5	32.0	31.9
自然人	10.9	13.8	18.5	16.9
其他企业	15.0	14.7	13.5	15.0
金融外部人	9.3	10.3	10.4	13.0
国家	9.1	7.4	7.1	6.4
其他股东	0.9	1.7	4.3	3.2
总计	100.0	100.0	100.0	100.0

说明：1995年实际调查136个企业，1997年135个企业，1999年156个企业。其中94个企业对2001年的所有制结构做出预计。

资料来源：卡别留什尼可夫．俄罗斯工业中的第一大股东与控股所有者．经济问题，2000（1）．

再次，寡头控股。根据世界银行1996年的调查，在证券私有化终止两年后，俄罗斯大中型国有企业以证券私有化方式改造的份额只有11%，而且采用这种方式的大多是一些亏损或濒临破产的包袱企业。那么，真正的“好”企业都到哪里去了呢？实际上是以极低的价格“贱卖”给了与政府关系密切的“新权贵”们。主要的方式是“抵押拍卖”：即寡头银行贷款给政府弥补财政赤字，而政府则将国企控股权作为抵押，3年后政府如不能还贷，股权就归贷款者。由于这是“一对一”的内部交易，外资与民间小资本不能竞争，加上抵押价远远低于拍卖价，因而这种方法几乎等于半卖半送，能够得到这种“优惠”的当然就是与政府官员关系“密切”的“自己人”了。从而，在“权贵私有化”的路线下，寡头们通过取得国有企业的控股权，成为大股东而实现了对企业的控制，这是前述第二种意义上的“内部人控制”（大股东控制）。

（2）治理结构：“经理控制”与“寡头控制”

虽然俄罗斯公司的总经理也由股东大会选举，但他不必对董事会负责。由于经理本身就是大股东，身兼委托人和代理人两种身份，国有股代表是政府委派的，他们往往被经理们所“俘获”，职工集体的股权比重虽然很大，但由于分散导致力量薄弱，因而职工和工会的代表大多被经理们从董事会排挤出去，职工股权被经理们强行代理。因此，在俄罗斯的公司中，总经理几乎可以做他想做的任何事情。

对于寡头控股的企业而言，由于“一股独大”的现实，通过“金字塔式的控股结构”来大肆转移资产和利润，成为带有普遍性的行为。例如，别列佐夫斯基1997年控制了石油控股公司“西伯利亚石油公司”，该公司拥有其子公司Noyabrskneftegaz（石油生产基地）61%的股份。在别列佐夫斯基接管前，该子公司1996年盈利6亿美元，但别氏接管后，子公司1997年盈利陡然降为零。别氏不顾子公司其他小股东和职工的反对，将子公司盈利全部转移到“西伯利亚石油公司”。

（3）治理效果

我们看到，“内部人控股”和“内部人（经理）控制”双重作用的结果，就是经理完全控制了企业，由表16.2可以看出，由于经理人本身持有的股份仍是一个相对较小的份额，从委托代理理论角度来看，他通过榨取、转移公司资产所获取的收益要远远超过正常经营所带来的利润分红，在转轨时期市场竞争和宏观经济环境恶劣、市场秩序极不规范的前提下，本来就是“无偿”（通过证券私有化）获得国有资产的经理们，就更没有动力去经营企业了，而是将主要精力放在了如何“掏空”企业之上。

在俄罗斯，以寡头控制为特点的金融—工业集团，其经营绩效要好于平均水平（参见表16.2），但这并不是因为它们的治理和经营更有效率，而是因为：一方面，它们的规模较大，竞争力较强；另一方面（也是决定性的因素），它们大多控制着俄罗斯经济中带有垄断性质的高收益部门（如能源、矿产），并获取了政府赋予的种种特权。

表16.2　　1999年俄罗斯最大工业公司的经营效益

	销售额（百万卢布）		销售额增长率	赢利率
	1998	1999		
正式登记的金融工业集团的参与者（41家公司）	169 316	339 250	100	24.4
正式登记和实际的金融工业集团参与者（77家公司）	423 474	999 407	136	24.1
最大的200家公司（其中186家）	642 685	146 355	127	23.0

资料来源：B. 杰缅季也夫. 俄罗斯经济改革战略中的金融工业集团. 俄罗斯经济，2000（11）~（12）.

16.1.2.2　其他中东欧国家

（1）匈牙利与斯洛伐克

在其他中东欧国家，由于转轨前的起点，私有化方式和相关机制的设计不同，其内部人控制的程度也体现出较大的差别，但总体来看，除了斯洛伐克之外，其他国家的“内部人控制”所造成的消极影响都没有俄罗斯那么大。以匈牙利为例，其国有资产托管局的财产有42%是通过市场公开竞价方式售出的，而且买主多为外国企业或个人。因此，人们对匈牙利的指责并不在于“内部人控制”，而在于“匈牙利是否还有自己的民族经济”。比如，根据统计，截止到1997年底，匈牙利银行系统的资本构成中外国资本已占到61.4%[①]。匈牙利一些著名的银行，如匈牙利对外贸易银行（MKB），已成为德国 Bayerische Landesbank Girozentrale Bank 银行的分支；而布达佩斯银行（BB），则被美国 GE 资本和 EBRD 银行联合组成的财团控股，外国战略投资者为银行注入了优质的资产和先进的管理经验，大大提高了银行的财力和内部治理能力。

与此不同，斯洛伐克的私有化方式是经理与国家直接谈判，政府则把企业交给了与当权者有各种关系的"自己人"，这种操作思路的目的是跨越职工自由认股这个阶段，一步到位形成"自然人持大股"，但其造成的后果却是严重的社会不公。"有权"的经理们以非常低廉的价格、甚至无偿地获得了企业的股权，摇身一变成为"红色资本家"，但他们并不致力于改善企业的经营，而是谋求以更好的价格将企业"卖掉"，这样的一种"内部人控制"，同俄罗斯一样，是将职工利益排斥在外的，不同之处在于来得更为直接，所以造成的消极影响也更大。斯洛伐克 20 世纪 90 年代中从转轨国家第一阵营中的滑落，在很大程度上就与这种盛行的投机行为所造成的企业管理恶化有关。

（2）捷克

在中东欧各国中，捷克的"证券私有化"模式曾被认为是最彻底、最成功，也是最公平的私有化方式。1991 年至 1995 年期间，进行了两轮"证券私有化"的产权交易。捷克的私有化以平均分配为特征，因此股权的交易和再集中是必然的，在捷克，这一过程主要通过投资基金来进行。在第一轮私有化过程中，捷克成立了 264 个投资基金，参与第二轮私有化的投资基金则达到了 353 个。

捷克的问题在于，在"公平"思路指导下，过多的限制导致了所有者的"实质缺位"，从而产生了比较严重的"内部人挖空"行为。一方面，捷克法律规定企业内部管理人员和职工购买本企业的股份，最多不得超过股份总额的 10%，这虽然防止了"内部人控股"的出现，但也导致了对经营者和员工的激励不足；另一方面，对于作为大股东的私有化投资基金，捷克法律规定，投资基金持有任何一家单独公司的股份不得超过该企业股份总额的 20%。此后，最高持股比例又进一步降低。1996 年最大的一家基金在私有化公司中平均持股不到 10%。而作为投资基金的管理者——基金管理公司，其收入是所管理资产的固定比例（在捷克是 2%）。因此，即使某个投资基金持有一家公司 20% 的股份，其基金管理公司在所控股公司的经济利益也仅仅是 0.4%（20% × 2%）。这么低的一个份额，是很难激励基金管理公司去改善企业的经营的。他最有可能采取的行为，就是利用自己的控股地位去获取收益甚至去"掏空"企业[②]。现实情况也确实是这样，作为大股东的投资基金不但不向企业投入资金或进行战略改组，反而不断地以收取管理费的名义向公司索款，有些企业因为拖欠管理费竟被基金管理公司告上了法庭。

由于在相关制度设计上的问题，在捷克的转轨过程中没有"内生"出"负责任"的所有者，从而，在所有者"实质缺位"的前提下，要么是没有股权的经理层控制了

---

① 金雁，秦晖．经济转轨与社会公正．郑州：河南人民出版社，2002：61.

② 金雁，秦晖．经济转轨与社会公正．郑州：河南人民出版社，2002：111.

企业，行“挖空”之实；要么就是控股股东的“掠夺”，这是捷克所特有的一种“内部人控制”。

16.2 中国案例：“内部人控制”还是“行政控制”

1997 年上半年，国家统计局企业调查队对全国 2343 家建立现代企业制度的企业进行了调查。调查结果表明，绝大多数企业实行了不同形式的公司制，股份有限公司或有限责任公司的法人治理结构已初步形成。而到今天，我国所有的上市公司已经建立起了现代公司的治理架构，如“独立董事”这样较为新颖的治理工具，也正在监管部门的推动下全面引入。但众多研究表明，在看似完善的治理结构下，改制后国有企业的公司治理，仍然存在各种各样的弊端和问题，甚至是“痼疾”，这其中最为突出的仍然是“内部人控制”。

16.2.1 股权结构：股权分割与国有股“一股独大”

以最具代表性的上市公司为例，从表 16.3 可以看出，直到 2004 年年底，非流通股所占的比例仍高达 64%，仅比 1992 年下降了 5 个百分点，发起人股占全部上市公司股权的比例高达 59%，而我国上市公司目前的发起人股主要由国家股和发起法人股两部分组成，其中国家股占大部分，而相当一部分发起法人股也带有国有性质。另据统计，截止 2001 年 4 月底，全部上市公司中，第一大股东持股份额占公司总股本超过 60% 的仍有 890 家，占全部公司总数的 79.2%，其中持股份额占公司总股本超过 75% 的有 63 家，占全部公司总数的 5.62%①。国有及国有控股企业是我国目前的上市公司的主体，在这些公司中，国家股东和法人股东占据着控股股东的位置，而相当一部分法人股东又是国家控股的。因此，对国有上市公司而言，股权分割以及国有股的“一股独大”格局，至今仍未发生大的改变。

表 16.3　　中国上市公司的股本结构

类　别	1992 年	1994 年	1996 年	1998 年	2000 年	2002 年	2004 年
发起人股	54%	54%	53%	55%	57%	60%	59%
外资法人股	4%	1%	1%	1%	——	——	——
募集法人股	9%	11%	8%	6%	6%	0	0
内部职工股	1%	1%	1%	2%	1%	0	0
其他（转配股等）	0	0	1%	1%	0	0	0
非流通股合计	69%	67%	65%	66%	64%	65%	64%
A 股	16%	21%	22%	24%	28%	26%	28%

① 崔如波．股权结构、治理绩效与国企改革．中共中央党校学报，2002，6（2）：44.

表16.3(续)

类 别	1992年	1994年	1996年	1998年	2000年	2002年	2004年
B股	15%	6%	6%	5%	4%	3%	3%
H股	0	6%	7%	5%	3%	6%	5%
流通股小计	31%	33%	35%	34%	36%	35%	36%
合计	100%	100%	100%	100%	100%	100%	100%

资料来源：2000年以后数字为年末数，均依据中国证监会官方网站公布的数字计算而来，参见：www. csrc. gov. cn/cn/tongjiku/chtml/y2004/11/I200411. html，2000年以前的数字转引自：张为国. 股权结构、关联交易和公司治理. 南开大学公司治理国际研讨会论文，2001.

“一股独大”意味着“内部股东控制”，它带来的问题很多。最突出的就是大股东操纵和大股东“掠夺”“掏空”。在大股东操纵情况下，大股东凭借自己的股权优势，根据“一股一票”的原则控制了股东大会，使股东大会变成大股东“一票否决”的场所和合法转移上市公司利润的工具。大股东控制了股东大会以后，便选举“自己人”直接进入董事会，顺理成章地控制董事会和监事会，使之成为听命于大股东的“影子”。由于我国的上市公司往往是原有国企或集团的子公司，这时以“法人”身份“代行”大股东投票权的，往往就是母公司的经营者，在这种条件下，大股东“占用”和“掠夺”的情况非常普遍。作为大股东的母公司将上市公司视为自己的“提款机”，通过关联交易，大量侵占上市公司资源。如美尔雅、三九医药等上市公司，募集资金就被其母公司或控股公司所大量占用，再比如2002年沪深两市的亏损冠军ST轻骑，其总资产不过10个亿，却创下了34亿元的天量巨亏，其中大股东轻骑集团欠款就达28亿元，而这28亿元的大股东欠款却被上市公司轻轻一笔计提就勾销掉了。相当一批受到“掠夺”的上市公司，正是这样跌入了ST和PT的行列。

16.2.2 治理结构：“行政控制”下的经营者控制

我国的国有企业目前正处在由“行政型治理”向“经济型治理”的转变过程当中(李维安等，2001)，在这一过程中，尽管国家在大多方面放松甚至完全取消了行政控制（如市场、投资、外贸等)，但在某些方面仍然保留着行政干预的权力（如人事任命)。与中东欧国家的国家投资基金不同，我国目前的国有资产管理部门，仍然是一个有行政级别的管理部门，而非专业化的、独立的资产管理和运营机构。这样一种特殊的管理体制，导致了一系列问题的出现。

(1) 内部治理失效下的“经营者控制”

首先，董事会的功能弱化。一项1998年进行的针对国内406家上市公司的调查表明：样本公司平均拥有董事9.7人，平均外部董事3.2人，内部董事6.5人，平均内部人控制度67.0%。上市公司的内部人控制度与股权的集中度高度相关，而且国有股(包括国家股和国有法人股）在公司中所占比例越大，公司内部人控制就越强。在上述公司中，如果把内部人控制在50%以上的视为绝对控制的话，绝对控制的公司占公司样本数的77.3%；把内部人控制在30%~50%的公司视为相对控制，则相对控制的公司占公司样本数的13．3%；内部人绝对控制和相对控制之和占公司样本数的90.6%①。可见，仅从董事来源角度看，我国国有上市公司的内部人控制是比较明显的。其次，董事会成员的任命不规范。一项针对厦门市22家国有及国有控股公司的调查发现：有9家公司的董事长及总经理是由政府部门或上级主管部门提名的，占被调查公司总数的40.9%②。另外一项实证研究发现，在188个样本公司中，董事长与总经理两职完全合一的有77家，占样本公司的40.4%③。“两职合一”基本上都是上级任命的结果，它导致董事会独立性的弱化。最后，董事会本身的运作缺乏规范。针对厦门市22家国有及控股企业的调查发现：只有少数董事会依据公司的特点制订工作条例，规定了不同决策层次的具体审批权限。有些公司董事会在其权限范围内做出的决策还要报主管部门批准后才能执行，许多公司董事会不设日常的办事机构。有一半以上的公司董事会秘书由办公室或其他人兼任。另外，南开大学公司治理研究中心2004年发布的《中国上市公司治理评价研究报告》反映：在五大类评价指标中，董事会治理的得分最低，有3/4的上市公司董事会治理有待规范。虽然董事会的人数均符合要求，但素质普遍较低，其董事会评价指数仅为22.43%④。

监事会的监督功能不足。前述针对厦门市22家国有及控股企业的调查表明：监事会存在的主要问题有：首先，对监事会成员的任命不规范。有一家公司的5名监事是由董事会决定人选；另一家公司的3名监事是由国有股东兼主管单位指派；还有一家公司的5名监事全部由股东大会选出，其中没有职工代表；其次，监事会成员素质偏低。一项针对100家股份公司的调查显示：监事会成员的技术职称中，政工师占32%，经济师占20.5%，工程师占13.9%，会计师占8.1%，专业人才的比例明显偏低，且72%的监事会成员只有大专及以下的文化水平，本科以上学历不到20%⑤。再次，监事不能有效行使职权。针对厦门市22家国有及控股企业的调查显示：有一家上市公司的监事会平常不开会或很少开会，由其下设的审计室向股东大会提交报告，而审计室在行政上却受总经理领导。一家公司的监事两年未开会。还有一家公司的监事会从不开会，其提交股东大会的报告由董事会秘书撰写。南开大学公司治理研究中心发布的《中国上市公司治理评价研究报告》则表明，我国上市公司监事会治理水平普遍较低：如果把监事会治理状况分为6级，则931家样本公司中无一达到2级以上，3、4级的也很少，5、6级合计占到87%。而且，第一大股东持股比例越大，监事会的工作成效也越差。这说明大股东控制会影响到监事会的独立性。

由此可以看出，虽然改制甚至上市后的国有企业，普遍建立了董事会、监事会等内部治理装置，但它们对企业的经营者（管理层）很难起到监督和控制作用，在“两职合一”的情况下这一点就更明显了。而“经营者控制”的后果就是：过分的职务消

① 何浚．上市公司治理结构的实证分析．经济研究，1998（5）．

② 陈少华．我国股份公司法人治理结构问题调查．中国经济问题，1998（2）．

③ 崔如波．股权结构、治理绩效与国企改革．中共中央党校学报，2002，6（2）：45．

④ 抑扬．中国上市公司治理该打几分？——南开大学《中国上市公司治理评价研究报告》摘要．中外管理，2004（4）：14－17．

⑤ 田志龙．我国股份公司治理结构的一些基本特征研究．管理世界，1998（2）．

费、信息披露不规范、短期行为、过度投资和耗费资产（包括盲目的产业扩张和规模扩张）、转移国有资产、置小股东利益于不顾、不分红或少分红、大量拖欠债务，等等。

(2) 内部治理的外部化：行政任命

正是这一点与中东欧各转轨国家存在着不同，中国企业家调查系统2003年发布的《中国企业经营者成长与发展专题报告》显示，通过"组织任命"获取现任职位的最多，占45.9%，其他途径依次是："自己创业"、"职工选举"、"组织选拔与市场选择相结合"、"市场双向选择"和"其他"。与中国企业家调查系统2000年同一主题报告所反映的情况相比，"组织任命"（即主管部门任命）的比重有所减少，"自己创业"、"职工选举"和"市场双向选择"的比重有所增加。但仍可看出，目前企业经营者获取职位的途径中，市场选择的分量太少，组织任命的比重还是太高（参见表16.4）。

表16.4　**不同历史时期经营者的任命方式**　单位：%

部　门	1979年以前	1980—1984年	1985—1993年	1994—1999年	合计
主管部门	79.5	78.4	72.2	67.7	72.9
董事会	——	4.6	12.0	17.3	10.9
职代会选举、上级任命	13.9	11.4	7.8	7.5	8.9
国有资产管理部门	2.9	1.5	1.7	4.5	2.5
其他	3.7	4.1	6.3	3.0	4.8

资料来源：马连福．中日公司内部治理机制比较分析．现代财经，2002（3）：61.

直到目前，我们相当一部分国有大中型企业的经营者仍然不是纯粹的职业经理人，而是有行政级别的"准官员"，独特的"上升通道"使他们还有走上"仕途"的机会。也正因为如此，在"内部人控制"带来种种消极影响的同时，也的确还有一批拿着微薄薪金的国企经理在兢兢业业的工作，但这种"官商合一"也带来了另一个后果：那就是国企经理们的目标函数并不是单纯的利润最大化，而是混合了规模扩张、国企解困，甚至上级主管部门利益和"好恶"在内的混合体，因为这些指标都有可能成为衡量他"政绩"的标准。李维安等在对中国上市公司经理人的激励、约束和任免制度等方面的实证研究为此提供了证据，他们发现经理人的行政式任免方式对每股收益有显著的负面影响。①

(3) 治理绩效

通过前述分析可以看出，在中国国有企业现有的股权结构和治理架构下，无论是"大股东控制"，还是"经营者控制"，企业的目标都不会是利润最大化。在这样的一种治理现状下，必然后果就是企业经营绩效的下降。

仍以上市公司为例，根据2000年的年度报告，在上海证券交易所上市的601家公司的平均每股收益为0.2217元，比1999年上升了8.68%。但剔除增资配股以及新股

① 李维安，牛建波．中国上市公司经理层治理评价与实证研究．中国工业经济，2004（9）：57-64.

溢价发行等因素后，平均净资产收益率比1999年仅增长了1.31%。在上海证券交易所上市的公司中有46家亏损。在深交所上市的公司中亏损率高达9.3%。对1994年在沪、深证交所上市的178家上市公司的一项调查显示：在上市后三年期间，每股收益和每股净资产等指标均呈抛物线下降，出现了所谓“富不过三年”，上市越早、亏损越多的怪现象。①

16.3 路在何方：转轨经济条件下成功治理模式的探讨

实际上，近年来，有关转轨经济中公司治理问题的讨论，已经从“内部人控制”这一“经典”问题扩展到了更为广泛的层面，许多问题，越来越体现出公司治理“一般”，而非公司治理“特殊”的特点。与此同时，各转轨国家在塑造健康市场经济主体，构架完整市场体系的同时，对于转轨经济条件下的公司治理，乃至“后转轨”时代的公司治理模式，都进行了很多有益的探索，其经验和教训，在很大程度上可以提供给我们借鉴。

16.3.1 转轨经济所面临的若干重要治理“命题”

(1)“股权集中度”与公司绩效是否相关

如前所述，在产权改革的过程中，转轨国家普遍面临“两难困境”，如果为了获得公众的认可而采用“平均”方式分配国有资产，会导致股权过于分散和相应的“经营者控制”问题（如捷克和俄罗斯的“证券私有化”）。如果要保证“负责任的”控股股东的存在，则很容易陷入“一股独大”（如中国）和“权贵私有化”、“拥有者获得”(如俄罗斯的寡头）的两难困境之中。那么，对于转轨国家的改制公司而言，是否存在一种最优的股权结构和股权集中度呢？

许多学者对前苏联和东欧国家上市公司的研究表明，所有权集中度和企业绩效的关系是非线性的，而且这种关系与大股东类型有关。一项针对1993—1995年间300多家中国上市公司的实证分析发现：①法人股所占比重与公司业绩（主要用公司的市值与账面价值之比MBR、股权回报率ROE和资产回报率ROA来反映）正相关；②国家股所占比重与公司业绩负相关；③社会个人持股（A股）比重与MBR值明显负相关，在ROE和ROA回归中系数为零②。与此不同，另一项针对1997—2000年间上市公司数据的研究发现：中国上市公司的股权结构与公司绩效之间存在一种“U型”关系：当国家持股比例较低时，国家股比例与公司绩效负相关，而当国家持股较多时，与公司绩效呈正相关；法人股比例与公司绩效之间也存在这种关系③，“U型假说”得到了

① 葛开明．我国上市公司治理问题的思考．上海管理科学，2002（1）：48．

② 许小年．中国上市公司的所有制结构与公司治理．公司治理结构：中国的实践与美国的经验．北京：中国人民大学出版社，2000．

③ 吴淑琨．股权结构与公司绩效的U型关系．中国工业经济，2002（1）．

诸多研究的证明。而南开大学公司治理中心研究人员于2004年所做的最新研究则发现，在那些经理层与股东之间利益冲突水平较高的公司里，股东参与治理的积极性会更积极，因为对这类公司加强治理所带来的收益要比冲突水平较小的公司所获得的收益要多。所有权的监督角色更重要，即大股东积极监管所获得的收益会超出为此所付出的成本，因此通过安排合适的股东权结构可以提高企业价值（增加社会收益）。在这个角度来看，股权集中（提高股东参与治理的动力）并不一定能够提高企业价值，其实际效果要视公司的具体特征而定，这就启发我们，在制定相关政策时，不应置公司特征于不顾，搞一刀切，制定统一的股权结构改革的政策。

实际上，对于股权集中度和公司业绩之间的关系，国外学者已做过相当多的研究，也并未取得一致的意见。在原因解释上，Shleifer 和 Vishny（1986，1997）指出，提高大股东持股比例，使股权相对集中，可以使控股股东获得足够的激励去收集信息并有效监督管理层，从而避免了股权高度分散情况下的“搭便车”（Free-rider）问题，因而大股东的存在有利于公司价值的增长。Demsetz（1985）和 La Port 等（1999）则认为：大股东和小股东之间存在着严重的利益冲突，大股东完全可能以小股东的利益为代价来追求自身利益。Black 和 Kraakman 通过对俄罗斯的研究，以大量材料证明，在未来高度不确定的宏观经济背景下，以掠夺起家的“新所有者”将继续“掠夺”自己控制的企业，将资产转移到海外，而不是改善和发展生产。他们发现，新所有者至少有27种继续盗窃的方法，其中最重要的就是运用“金字塔控股结构”来控制和转移公司的资产与收益。①

对于转轨国家而言，股权结构与公司绩效之间的关系，既带有“公司治理一般”的特点，也混杂着转轨阶段的“公司治理特殊”问题。以我国上市公司为例，国有股“一股独大”的公司，其绩效的低下可能是控股股东（国有资产管理当局或其代理人）追求非利润最大化目标所致，也可能是缘于国有资产管理当局与其他股东的利益冲突。一个例子是：当公司需要发行新股来筹资时，国有资产管理局在董事会的代表往往持反对意见，因为发行新股会使旧股的权益分散。而这种反对意见被采纳，就会使公司失去投资机会，进而损害长期的增长潜力。因而，对于转轨经济而言，产权结构的优化并不能完全解决治理绩效问题，其他“外在的”、互补性的制度建设至少是同样重要的。

(2) 产权重要还是竞争重要

一些经济学家认为，相对于市场结构，公司治理结构是不重要的，因为只要市场竞争很激烈，就会迫使企业选择效率最高的内部股权结构和治理结构，或改进现有治理结构，否则就会被市场竞争所淘汰；与此相反，另一些经济学家则认为，企业的所有权及其结构是很重要的，因为它影响市场发挥作用的程度。比如，Blair（1995）等人则指出，由于股权分散而过于依赖接管机制的成本很高，会造成经营者的短期行为，使股东利益压倒一切，损害其他利益相关者的权益。

① 转引自：李俊江，潘龙．俄罗斯私有化改革的制度环境与转轨经济中的企业绩效．社会科学战线，2003（4）：89.

在中国，这一命题体现在国有企业改革中的“产权论”和“竞争论”之争。一种代表观点是：国有企业的问题主要在于产权关系的不明晰，因而主张在企业“产权关系”上做文章（张维迎，1995，1999）；另一种代表观点则认为：国有企业的症结在于不平等竞争条件下形成的预算软约束，以及企业承担的各种“额外负担”。因而，企业改革的核心是创造市场化的竞争环境，给国有企业平等的竞争起点（林毅夫，1994，1997）。

实际上，今天人们已经认识到，虽然产权制度和维护竞争的一系列市场经济制度之间，存在一定程度上的“互替”关系，但它们在更多的时候是“互补”，并且缺一不可的。现实证明，与成熟市场经济国家不同，对于市场经济体制尚不健全的转轨国家而言，产权结构、治理结构与市场结构之间，“互补性”表现得更为明显。国内学者2003年所作的一项研究发现：有效的产品市场竞争对企业产出增长率具有正面效应，但是，市场竞争只有在股权较为分散和股权高度集中的企业中才能发挥正面影响[①]。

综上所述，转轨国家的公司治理问题，绝对不是一个单纯的产权改革问题，的确如一位俄罗斯学者所形容的那样，如果没有其他一系列包括市场竞争、法制、监管等在内“互补制度”的建设，单纯的产权改革只能是“落在坚硬干燥土壤上的种子”。

16.3.2 转轨经济国家的尝试

转轨过程的动态性和复杂性，各国经济政治、社会文化传统的不同，以及转轨“起点”的差异，都决定了不可能存在一个单一的“转轨经济治理模式”。事实上，在转轨过程中，各国都根据自己的实际情况进行了多样化的探索，并对出现的失误进行了纠正，它们所取得的经验，很多是值得我们借鉴的。

(1) 打破“内部人控制”与中小股东权益保护：俄罗斯

针对“内部人控制”严重问题，俄罗斯1996年出台了《联邦股份公司法》，在引入外部股东方面规定，所有拥有500名以上职工的公司都要委托独立的股东登记公司受理登记，这就为外部人购买公司股票成为股东提供了法律保障。从保护股东利益尤其是中小股东利益的角度来看，该法所取得的重要进展有：①规定拥有不少于10%的表决权的股东有权要求召开不定期特别股东大会；②规定在股东人数超过1000的股份公司，选举董事会时必须累计表决，同时规定高级经理不得在董事会占多数；③规定掌握不少于1%（分配所得的）普通股票的股东有权就董事会成员对公司造成的损失向法院提出赔偿诉讼；④掌握优先股的股东在某些情况下有表决权；⑤规定实行“独立经理”制度（相当于独立董事制度）；⑥严格规范新股发行；⑦规定在重组、进行大型交易或修改公司章程并造成股东的权利状况恶化时，股东有权要求股份公司按照“公平”价格赎买属于他们的股票；⑧为反对外部人的恶意收购提供依据和保护；⑨严格要求股份公司向股东们公开各种信息。

俄罗斯的新公司法以打破“内部人控制”，保护中小股东利益，加强信息披露为核心，取得了一些成效。据统计，在1995—1997年间，外部人持有的股票增幅在10%以

① 施东晖．转轨经济中的所有权与竞争：来自中国上市公司的经验证据．经济研究，2003（8）：46－54.

上，其中公民持股比例上升近4%，外国投资者拥有的俄罗斯企业股票增幅达到3.4%，俄罗斯机构投资者持股增加了3%；在1997—1999年间，外部人持有的股份又增加了4%，其中公民持股增加3.4%，外国投资者拥有的股票增加了2.5%。[①]

(2) 其他方面

在中东欧国家，控股股东与中小股东的冲突是公司治理中的主要矛盾。因此，中东欧国家的监管规则比欧盟各国还要强调对中小股东的保护（尽管由于司法系统本身的问题，这些规则在执行的时候往往会打“折扣”）。而在过去的几年里，随着加入欧盟进程的“提速”，为了符合欧盟的相关要求，中东欧各国在“大股东持股状况”和“关联交易”等重要信息的强制性披露方面也有了很大的进展。比如，1998年时，还只有三个样本国家（保加利亚、捷克、匈牙利）规定了10%的法定披露标准，但到了2002年，中东欧的大多数国家都已将大股东持股的法定披露标准降低到5%。[②]

再比如，在银行改革方面，从总体的实施效果看，匈牙利和波兰较为成功。两国政府均通过更为严格的监管法规，强化了银行的财务状况；通过推行民营化，与国外金融机构建立合作关系改善了经营，如引进国际会计标准、通过有效管理和专业坏账处理方法提高资产质量等。具体来看，通过引入外国战略投资人，匈牙利的主要国有银行几乎都成为国外金融巨头的分支机构，虽然这种“出售匈牙利”的政策受到质疑，但事实是：从1994年到1998年，银行系统中的限制性资产在总资产中的比重已大大降低，而利润率则得到了显著提高。与匈牙利不同，波兰采取了引入国外战略合作伙伴和公开上市发行（IPO）相结合的方式实现了银行系统的民营化，也取得了较好的效果。

16.3.3 成熟市场经济国家的经验

如前面章节所介绍的，当今的世界上存在两种最具代表性的公司治理模式。一种是英美模式，另一种是日德模式。虽然美、日、德三国的公司治理模式存在明显的差别，但著名的公司治理专家Kaplan却发现：这三个国家的公司治理结构在“有效性”方面存在着惊人的相似之处。他研究了日本、德国和美国大公司的公司业绩和高层管理人员人事调整之间的关系。除了年龄和经理任职，他发现股票的欠佳表现和利润损失会增加日本、德国和美国的高层管理人员人事调整的可能性，日本高层管理人员更换率与公司业绩的相关性同美国和德国基本上相等。这就说明，美、日、德三国不同的公司治理模式和机制，对高层管理人员的监控力度基本一样。

(1) 日本在治理“内部人控制”方面的经验

从内部治理角度来看，传统的日本企业更多地表现为“经营者集团”的控制。最明显的就是董事会的构成，内部董事占绝对的优势，一般占75%左右。与英美企业不

① 数据来源：张聪明．俄罗斯的公司治理．东欧中亚研究，2002 (2)：29．

② 世界银行，BEEPS调查：http://info.worldbank.org/governance/beeps/，转引自伯格洛夫和帕尤斯特(Berglof&Pajuste)：《逐步兴起的所有者，日见衰落的市场？——中东欧国家的公司治理》，《比较》第5期，中信出版社，2003年，第75~76页，表10。

同，日本企业的内部董事是真正的内部人，他们都是从中上层管理人员中一步步提升上来的，而且作为董事的同时，并没有放弃高层管理人员的职责，董事们直接组成常务办公会议，负责公司的日常经营。

在分配上，日本企业的高层经营者与普通职员的收入差距并不悬殊，一般在 20∶1 以内，远不及英美国家。而且其报酬也以薪金和奖金为主，经营者持股的比率很低。根据 Kaplan（1992）所作的一项抽样调查，在1980 年时，只有12.2%的日本经理持有0.5%以上的本企业股份，而同期美国的这一比例为22.6%。那么，在经营者收入不高但又实质上控制了企业的前提下，采用什么样的机制才能在调动其经营积极性的同时又避免其“损公肥私”呢？日本大公司是这样做的：

①内部经理人竞争。在日本企业中存在着一个相当长的、固定的晋升阶梯，但这个晋升阶梯是向所有的中层职员开放的。最高经营者大都经历过科长——董事——常务董事——专务董事（副社长）——社长这样一个晋升阶梯，这个过程的时间长达三四十年。因为每晋升一个级别，职位就会减少一半，从而这种内部经理市场上的竞争是相当激烈的。另外，一旦进入高层，可以支配巨额的“交际费”、享受各种特殊待遇，还有高额的退休金和奖金。以奖金为例，高层人员的奖金并不是平均分配的，有的企业，社长一人可以独得30%①。内部经理市场上的竞争动力就来源于此，正是它在鞭策经营者为企业的发展绞尽脑汁。

②主银行外部治理。在内部人控制前提下，要防止经营者出现“败德行为”，就必须使其面临可置信的撤换威胁，在日本，这一点是由银行，而不是由外部资本市场和经理市场所做出的。主银行一般不介入企业经营，它只是根据自己掌握的信息对企业的盈利状况进行排序。如果一个企业的排序名次靠前，它的经营者就会得到更高的经营自主权和社会声誉；如果企业经营不善，主银行就会对其进行撤换。在日本，由于终身雇佣制的存在，“撤换”对于企业高层领导而言，几乎是一个“毁灭性”的打击，退出财界也就意味着社会地位的丧失，因而这种惩罚是相当严重的。

实际上，由于兼具大股东和主要债权人的“双重身份”，主银行在日本公司治理中的作用远远不止“撤换经营者”这么简单。它拥有对企业进行有效干预的一整套工具组合，根据不同的情况，主银行可以调整各种手段的相对力度，以取得最佳的治理效果。在经营正常的条件下，主银行一般不对企业进行干预，而只是通过结算账户和在企业中的“常驻代表”（董事或监事）对其进行监督；在企业出现暂时性的经营困难时，采取轻度手段，主要是增加信贷、减免利息、贷款掉期等金融手段帮助其渡过难关；在经营出现重大失误、财务状况急剧恶化时，则采用激烈手段，如撤换经理、改组公司、出售资产，乃至运作兼并与接管事宜。正因为如此，青木昌彦才将这种方式称为“相机治理”。正是由于日本这种“主银行相机治理”模式曾经取得的明显成效，青木昌彦曾经以此为基础设计了一种“银行辛迪加和相机治理”模式②，试图解决转轨

① 吴家骏. 日本的股份公司与中国的企业改革. 北京：经济管理出版社，1994：14.

② 青木昌彦. 对内部人控制的控制：转轨经济中的公司治理结构的若干问题//转轨经济中的公司治理结构：内部人控制和银行的作用. 北京：中国经济出版社，1995：28－33.

经济中出现的，带有一定特殊性的“内部人控制”问题。

（2）“英美模式”的做法

与日本不同，美国大企业对“内部人控制”的约束，来源于发达且流动性良好的股票市场，活跃的公司兼并与收购活动，成熟的职业经理人队伍和流动机制，以及高度透明的公司信息披露机制、严格的市场监管，还有形形色色的对企业进行审查、评估与“定价”的中介机构，如会计师事务所、审计事务所、信用评级机构、资产评估机构，等等。由于拥有这些众多的“互补性”工具，作为“外部人”的机构投资者、中小股东、债权人可以根据相对公允的信息对公司的业绩（也即“内部人的业绩”）进行评判，并主要通过“用脚投票”（抛售股票）的方式来“表达意见”。与此同时，自20世纪80年代以来，“机构投资者行使投票权”和“引入（外部）独立董事”也成为外部人“用手投票”，借以将对“内部人控制”的控制从事后转到事中，乃至事前的重要手段。有关这一问题，前面章节已有论述，在此不再赘述。

16.3.4 适合中国国情的公司治理模式探索

青木昌彦（1995）指出，博采众长的方案可能是解决转轨经济中公司治理问题的最佳选择。在这里，我们将在尊重公司治理基本原则的基础上，借鉴各转轨国家的经验教训，结合我国的具体国情，探索适合于我国转制企业的公司治理模式。

（1）股权结构的优化

这方面，应当集中解决“一股独大”和“同股不同权”的突出问题。实证研究表明，我国上市公司中，法人股持股比例与公司业绩之间存在正相关关系。因此，有研究者认为，可以考虑以转变或交易的方式逐步将国有股替换为企业法人股，在股权结构模式上，通过银行持股、引入战略投资者、IPO 等方式，将原来国有股“一股独大”的公司，转变为股权多元化的企业。目标股权结构是：银行、业务上有关联的并相互持股的企业法人、国家持股公司、基金组织、其他企业法人和社会公众等参与持股，且以银行和业务上有关联的企业法人持股为核心。有研究者认为，应当大力培育新的机构投资者，扩大机构投资者在资本市场上的比重。比如，积极推动如养老基金、福利基金、社会保障基金、退休基金等各类社会公益基金进入股市；继续通过 QFII 制度或者其他方式引进国外机构投资者。与此相应，应当一方面放松对基金持股的限制，另一方面建立完整的投资基金市场评价体系。

（2）构筑中小股东的利益保护机制

我们看到，世界各国包括转轨国家，普遍采取累计投票、中小股东诉讼、就重大事项表决等机制来保证中小股东的利益不受到“掠夺”。在我国，社会公众股股东表决机制也已有先例可循，如有关增发新股须征得流通股股东半数以上同意的规定，有鉴于此，有研究者认为，在我国现行证券市场架构（股权分割、同股不同权）和监管体制下，应该把社会公众股股东表决机制的适用范围进一步扩大。具体来说，在涉及再融资（如溢价增发 A 股、发行可转债、发行 H 股和 N 股）、恶意分红（如一边高比例现金分红一边再融资）、擅自改变资金投向等问题的时候，应该实行社会公众股股东表决机制。还可以考虑在上市公司的董事会里面，根据公司的股本结构确定一定数量的董事由社会公众股股东选举产生，在董事会里代表社会公众股股东的利益①。

（3）加强监管与信息披露

李维安教授提出，政府应对上市公司加强监管，以使内部关联交易和“隧道行为”的预期风险足够大，这样才能使公司行为向“最优公司治理结构行为”收敛。与此相应，为了能够对公司行为和绩效进行真实的判断与评估，有必要进一步提高信息披露的完整性、真实性。而要做到这一点，就需要加大对信息披露、特别是相关中介机构的监管力度。比如，有必要更多地关注经理层行为，特别关注上市公司会计政策变更，关注会计师事务所变更等；有必要进一步研究是否将注册会计师审计业务和咨询业务分业经营，以提高审计独立性，进而提高信息披露质量②。

（4）改变对经理层的激励机制，提高经济激励力度

如前所述，我国现在的国有大型转制企业，其经营者的目标函数中，混杂了太多的非经济成分，非经济激励和“非正常”的经济激励（如高额在职消费）过度，正常的经济激励反倒不足。因此，为了提高经营者的积极性，在前述股权结构优化，相关“互补性”治理制度完善的前提下，应当取消国企经营者的行政级别，切断其“政治生涯”途径，建立真正的职业经理人制度，提高经理层的薪酬水平，并加大动态激励（如股票期权）、长期激励（持股）在其总收入中的比重，以激励其长期经营行为。而这就需要在相关法规方面予以配套③。

（5）银行改革与银行参与治理

有研究者认为，在以间接融资为主和具备“关系型融资”传统的我国，应当借鉴日德模式，发挥银行的“参与治理”作用。而要做到这一点，首先要加快银行的产权改革。在国有银行自身的产权改革方面，各转轨国家通过引入外资战略合作者，进行局部或整体上市来实现股权结构多样化的做法值得借鉴。在银行自身构筑起合理的产权结构和治理结构之后，可以考虑放松对银行持有企业股份的限制，与此同时，通过代理投票权的方式，由银行来代替中小股东行使投票权，这样既可以发挥银行自身的信息和专业优势，有力地参与公司治理，又可以有效保护中小股东的利益。

转轨国家经验与教训的比较给我们以这样的启示：没有一个最优的公司治理模式，各国的治理模式，都是在复杂动态的转轨过程中，自我摸索、修正和相互借鉴、融合的结果，而最终总结出的好的经验，一定是那些既适应各国家自身特点，又符合公司治理基本规律的东西。因此，我们应当在上述各个方面大胆尝试和探索，鼓励多样化的“实验”。只有这样，才会在多种模式的“竞争”和比较中产生真正适合我们的那一种。

---

① 林义相．以制度创新和深化改革保护社会公众投资者的合法权益．中国金融，2004（8）．

② 公司治理与社会责任——中注协与 ACCA 学术研讨会综述．中国注册会计师，2004（3）：7－9．

③ 比如，许多公司早在20世纪90年代就实行过经理层持股、股票期权等激励方式，但由于股票或期权不能上市，其效果往往大打折扣。

【思考与练习】

1. 什么是“内部人控制”？它的成因是什么？

2. 谈谈我国公司“内部人控制”与俄罗斯公司“内部人控制”的不同表现及其成因。

3. 股权集中度与公司治理绩效和经营绩效之间存在何种相关关系？其联系机理是什么？

4. 怎样解决我国国有上市公司“一股独大”的问题？

17　全球公司治理模式的演变及改革[①]

【本章学习目标】

1. 了解公司治理模式的演化趋势；
2. 理解全球公司治理模式的改革；
3. 掌握公司治理模式趋同的基本方向和主要表现；
4. 掌握公司治理评级系统的概念、方法；
5. 理解公司治理趋同的内在原因。

通过前面四章的内容可以看出，英美股权主导型公司治理模式、德日债权主导型公司治理模式、东亚与东南亚家族主导型公司治理以及转轨经济国家的公司治理这四种公司治理模式都有其产生的特殊历史背景和文化、法律和市场环境，说明了各种治理模式存在的合理性及其缺陷性。但是，自20世纪80年代以来，种种迹象表明，不同的公司治理模式正在取长补短，显示出趋同倾向。

17.1　全球公司治理模式的演变

公司治理模式的演进是一个与实践紧密结合的渐进的过程。通常认为，较好的公司治理模式能带来良好的公司业绩。因此，随着全球经济亮点的不断转移，各种治理模式都曾轮番作为公司治理模式的典范而被推崇。20世纪80年代以前，美国经济高速增长，英美公司依靠外部市场力量的治理模式被认为是公司治理结构的完美模型；20世纪80年代，德国和日本的公司后来居上，在全球市场上对英美公司造成了巨大的威胁，引起了公司治理专家对英美的外部监控模式进行反思。一些专家认为，德国和日本公司竞争力的提高得益于其有效的内部监控模式，因此，在这一时期，以内部监控为主的公司治理模式备受推崇。然而，20世纪90年代以后，随着以内部监控为主的公司所发生的一系列损害股东利益的关联交易、内幕交易的不断曝光，人们又认识到了德日控制模式的不足；特别是1997年亚洲金融危机以后，人们更加意识到内部控制模

① 本章内容主要参考：李维安．公司治理学．北京：高等教育出版社，2006；闫长乐．公司治理．北京：人民邮电出版社，2008：225－240；高明华，等．公司治理学．北京：中国经济出版社，2009：133－139.

式的不足，因而英美公司治理模式在全球范围内进一步受到推崇。然而，近年来英美的市场监控模式也暴露出不少的问题，如安然公司的倒闭、安达信公司解体和世界通信公司造假等事件。东南亚的家族治理模式由于所有权过度集中，信息披露不充分，大多数家族企业形象欠佳，妨碍了其在资本市场的融资，而且其决策机制不健全，容易产生重大的决策失误；此外，普遍存在的大股东暗箱操作使股东之间矛盾重重，从而影响公司的业绩。特别是20世纪90年代以来，随着资本市场的全球化，各种不同的公司治理模式都在逐步暴露出各自的不足。出现在俄罗斯等转轨经济国家的内部人控制模式本身是一种不健全、不完善的模式，这种模式既缺乏股东的内部控制，又缺乏公司外部治理市场及有关法律法规的监控，从而导致公司的经理层和职工成为企业实际控制人，导致经理层利用计划经济解体后留下的真空，对企业实行强有力的控制，在某种程度上成为企业的实际所有者。

可见，各种治理模式都面临着新的挑战和改革的必要，对全球公司治理模式演进的讨论成为热点的学术问题。

17.1.1　关于公司治理模式演化趋势的争论

（1）支持趋同论的观点

目前，对于全球治理模式的趋同化方向，既有支持英美市场主导型模式的，也有支持德日机构主导型模式的。但比较主流的观点，是以OECD报告为代表的，认为没有哪一种治理模式是最优的选择，模式的选择受到路径依赖和市场力量等因素的影响。全球治理模式的趋同化方向应该是混合型的，单纯以某种监控方式为主的公司治理模式都不是最佳的，只有综合各种模式的优点建立的公司治理机制，才能最有效地保护股东权益，实现公司价值的最大化。

（2）反对趋同论的观点

反对全球治理模式趋同论的学者分别从法律、制度和政治的角度加以阐述，认为全球治理模式是不可能趋同的。首先，从法理上讲，一国的公司法与管制体系各有千秋，受到社会习俗的影响，因而公司治理模式的演进方式必然具有路径依赖性。在英美法系和大陆法系的国家里，财产制度的不同导致对投资者保护的不同，从而其治理模式不可能殊途同归。“美国公司治理模式并非是必然的，其他的模式也是受欢迎的，并不存在趋同……选择公司治理模式，必须考虑现有的法律传统”（Guillen，2000）。其次，从制度上讲，学者认为任何一个国家的公司治理模式都不会脱离其国家的制度特征而孤立存在，仅试图从理论上抽象地去确定出最佳公司治理实践或模式是徒劳无益的（Guillen，1994）。这种观点进一步指出，应将公司治理看成是一种制度安排，这种制度安排必然有利于这个国家及其企业形成特定的竞争优势，否则这种制度难以长存。此外，有学者认为，各种不同类型公司治理模式的形成是不断同政治集团利益斗争与妥协的结果，带着明显的时代政治的烙印，无法趋同。

17.1.2 外部环境对全球治理模式演变的影响

（1）金融市场的不断整合

大多数国家的投资者越来越接受这样的认知：持有一个国际化的资产证券组合，比仅持有一个国内的证券组合有更高的回报率和更低的风险。结果，许多机构投资者开始参与国外资本市场的投资。同时，非金融企业意识到扩大投资者的范围将会降低他们的资本成本，还可能削弱公司的股票价格的波动性。因此，许多公司都寻求海外上市，投资者和发行者都越来越希望在国际资本市场上运作。机构投资者设定股东价值预期目标，并要求公司实现利润目标，产生具有竞争力的回报，坚持公司尊重国际治理标准。因此，公司除了要应对国内所发生的制度和法律变化外，还被迫调整他们的行为与国际资本市场相适应。

（2）产品的全球化

全球一体化的发展，使企业的产品市场全球化趋势越来越明显，市场竞争也更加全球化和激烈化，市场障碍逐渐被消除，市场边界的概念日益淡化，这要求公司的治理效率必须保证满足公司全球化的发展，提升全球竞争力成为公司治理模式选择的最终目标。

总的来说，自20世纪80年代以来，种种迹象表明，各种不同的公司治理模式正在取长补短，由于各种模式内在形成的机理是排他的，因此各种公司治理模式在本质上不具有同一性。所以，各国公司治理模式的演进从本质上讲，是各种模式取长补短、提高其治理效率的过程，获得资金、规避风险和控制的需要是趋同化的主要动力来源。

17.2 全球公司治理模式的改革

17.2.1 美国治理模式的变革

英美模式以股东利益为基础，以盈利为导向，重视资本市场的作用，似乎更能够适应经济的全球化和信息技术产业的发展。但随着美国2001年爆发的“安然事件”，逐渐暴露了美国公司治理问题，为了强化董事会的监督职责，提出了一系列改革措施，如：强化公司高管人员的义务和公司信息披露业务；强化了对独立董事的“独立性”的要求；加大对公司治理活动中的违法行为的处罚力度等（包括刑事处罚）。

安然事件爆发后，引起了世界各国尤其是美国对于英美公司治理模式的反思。2002年2月13日，美国证券交易委员会（SEC）主席Harvey Pitt要求证券交易所重新审视其公司治理方面的具体标准。纽约证券交易所和纳斯达克率先行动起来，成立专门的研究小组，负责对上市规则进行修改，两大交易所提出了很多相似的改革方案。其中，至关重要的是增加独立董事的数量和提高独立董事的独立性，加强对公司管理层的监督等。纽约证券交易所提出的方案更加详细和具体，它还建议SEC加强对注册会计师行业及公司CEO的监管。

美国的证券管理部门也出台了更为严厉的监管政策，其标志为2002年7月30日美国总统布什签署生效的关于公司治理和会计改革的新法案，即《萨班斯—奥克斯利法案》(Sarbanes-Oxley Act of 2002)。该法案明确指出，制定这一法案的目的是通过提高公司信息披露的准确性和可靠性，增加公司责任，为上市公司会计和审计的不适当行为规定更加严厉的处罚以及保护投资者。该法案广泛地适用于所有根据美国1934年《证券交易法》或者被要求向证券交易委员会（SEC）递交定期报告的公司，包括美国公司和非美国公司。

该法案在内容上包括了额外的信息披露要求和新的公司治理规则，主要有以下几方面内容：

（1）高级管理层的义务。法案要求公司的首席执行官和首席财务官保证公司提交的定期报告（不限于财务情况）的真实性，如果明知道是虚假的仍然提供保证，他们将要承担刑事责任。当报表与证券法存在实质性的不符时，公司的首席执行官和首席财务官应当返还奖金、其他形式的激励性报酬以及买卖股票所得的收益。

（2）如果有人违反了证券法的专门规定，并且他们的行为表明他们担任公司的管理人员或者董事是不合适的，SEC可以禁止他们成为证券发行公司的管理人员或者董事。

（3）在信息披露义务方面，要求证券发行公司在迅速的、现行的基础上披露公司财务状况或财务经营状况的实质性变化，在提交SEC的定期报告中披露所有的资产负债表外交易，提高证券发行公司对预测的财务状况的披露。

（4）证券发行公司制定对高层财务人员的道德守则；如果没有制定道德守则，应当说明为什么；在道德守则出现变化或者废弃时还应进行及时披露。

（5）审计财务报表要反映所有由审计师指认的“实质性的校正调整”。年度报告应包含“内部控制报告”。

（6）要求审计委员会必须完全由“独立董事”组成。每个证券发行公司都需要披露审计委员会中包括至少一个“财务专家”；如果没有，要说明理由。

（7）在法律责任上，加强了刑事处罚，对以阴谋诡计欺骗证券持有者规定了新的联邦重罪——“证券欺诈”；延长了原来法令对包含证券欺诈的私人诉权的时间限制，起诉时间可以延长至非法行为发现的两年内，或者非法行为实施后的5年内。

（8）该法案还就证券分析师的利益冲突、律师执业责任标准、与经纪人和交易商有关人士的资格问题以及委托许多联邦代理机构从事一系列研究等问题制定新的法律。

17.2.2 德日治理模式的新变化

以内部监督为主的德日模式开始重视市场因素对公司治理的有效作用，通过一系列改革措施，学习、借鉴和效仿英美的公司治理模式，弱化银行对企业的监控，负债率呈下降趋势；同时，德日两国一直较为稳固的相互持股关系正在发生松动，新的银企股权关系得到调整，股票的流动性进一步增强，以此来激活公司的活力。

德日立法已将决策过程的控制权倾向于股东，提高账目的透明度，在推动接管方面也采取了重要举措。德国的某些公司诸如戴姆勒—奔驰公司等，为了在纽约证券交易所上市，开始进行制度改革，以便向以股权为中心的英美治理模式靠拢，以获得美国证券交易委员会的市场准入证。

17.2.3 OECD的公司治理原则

OECD是由美国、英国等30个市场经济发达的国家所组成的，其前身是欧洲经济合作组织（OEEC）。该组织在美国和加拿大的支持下建于1947年，目的是协调第二次世界大战后重建欧洲的马歇尔计划，其宗旨就是致力于为其成员国及其他国家在经济发展过程中的稳固经济扩展提供帮助，并在多边性和非歧视性的基础上为世界贸易增长做出贡献，全球化的出现促使经合组织的工作范围向其他方向改变。从过去仅在每个成员国范围内考虑各政策领域，转向分析各种政策领域如何在不同成员国之间，以及在非经合组织成员国的领域，发生相互作用和相互影响。这种转向体现在对诸如可持续发展等问题的研究上，将跨越国界的环境、经济和社会领域所关注的问题综合起来，以便更好地理解这些问题，寻求共同解决问题的最好方法。为了改善其成员国的公司治理结构，OECD于1998年4月成立了“公司治理原则专门委员会”。1999年5月正式发表了《OECD公司治理原则》。

《OECD公司治理原则》提出的6条原则最能全面反映公司治理的内涵，是全球范围内最具影响力的一个国际性基准。2004年，在对其进行修订的基础上，OECD理事会又重新发布了这一原则，它所提倡的公司治理的原则涵盖了以下几个方面内容：

（1）有效的公司治理结构所要确保的基础：公司治理结构应促进市场的透明化和高效率，并在法律的规范以及监管权、制定规则权和执行权各自责任的明确界定之间进行协调。

（2）股东的权利和所有权的关键作用：公司治理结构应当保护和促进股东对权利的行使。

（3）股东的公平待遇：公司治理结构应当保证所有股东的公平待遇，包括少数股东和国外的股东。所有的股东都应该在他们的权利受损时有获得有效补偿的机会。其基本要求有以下几点：

①同一类别、同一系列的股东应当得到同样的公平待遇。

②禁止内部交易和滥用私下交易。

③在直接影响到企业的任何交易或事件中，董事会成员和关键经营人员直接、间接或在第三方利益上对于董事会具有实质性利益的，都应当公开。

（4）利益相关者的角色：公司治理结构将认可法律和互相协商赋予利益相关者的权利，并且鼓励企业和利益相关者在创造财富、工作机会和持续推动企业财务健康等方面积极合作。

（5）信息披露和透明度：公司治理结构应该保证公司所有重大事件及时、准确地得到披露，包括财务状况、业绩、所有权和公司治理的情况。

（6）董事会的责任：公司治理结构应确保董事会对公司的战略指导和对经营管理层的有效监督，同时确保董事会对公司和股东的责任和忠诚。

17.3 公司治理的评级系统[①]

20世纪90年代出现的全球范围内的公司治理运动，经过十多年的发展，已经进入成熟阶段，公司治理运动的焦点逐渐由宏观层面治理原则的制定的转向微观层面的实践，即单个上市公司如何根据公司治理原则制定公司治理战略，提高公司治理水平，以及投资者如何基于公司治理进行投资决策。相应地，作为公司治理量化指标的公司治理评级在20世纪90年代末开始逐步发展起来。本节详细地分析了国际上公司治理评级的运作模式，介绍了国际上重要的几个评级体系。在此基础上，再具体谈一谈公司治理评级对公司治理的影响。

17.3.1 公司治理评级系统的基本原则和指标基础

公司治理是董事和高级管理人为了外部投资者（股东和债权投资人）和其他利益相关者（职员、顾客、供应商及社会）的利益而管理与控制公司的制度或方法。前面的章节介绍了一些公司治理原则，诸如OECD公司治理原则、英联邦公司治理原则以及一些国家和中介组织的公司治理原则等，他们都全面地介绍了公司治理应该遵循的原则。综合前文，一套良好的公司治理体系总结起来应该遵循如下四个方面的基本原则：

（1）公平性原则（Fairness）：主要指平等对待所有股东，如果他们的权利受到损害，他们应有机会得到有效补偿，尤其是存在大股东侵害中小股东的权益时更是如此。因此，为了体现公平性原则，各个公司治理原则都强调中小股东必须免于被大股东滥用职权行为所伤害，各国的公司法、证券法都规定了一些保护中小股东的措施。同时，在公司治理的框架下应该兼顾利益相关者（债权人、员工、客户等）的合法权利。

（2）透明性原则（Transparency）：一个强有力的信息披露制度是对公司进行外部监督制约的基础性条件，是股东具有行为使表决能力的关键。这一切将使公司财务和营运结果、公司目标、主要股东和表决权状况、董事和高层管理人员的薪酬与任职资格、关联交易、重大可预见风险、利害关系人相关议题、公司治理结构与政策等相关信息更加透明、清晰，有利于投资者做出正确的选择，以淘汰绩效差的企业。信息披露也就成为影响企业行为和保护投资者利益的有力工具。

（3）问责（Accountability）：当经理层损害了公司整体利益，而谋求个人私利的时候，董事会就应该有问责任的权利，并应该建立一套行之有效的问责机制以制约经理层的违约行为；同样，如果董事会人员和经理层一起谋取个人私利而损害股东利益，也应该受到问责并受到惩罚。因此，这是一种权利与义务的对等，代理人和委托人之间权利与义务的约束并各司其职。

① 本节内容主要参考：胡汝银，司徒大年．公司治理评级研究．上证研究，2002（2）；叶银华，李存修，柯承恩．公司治理与评级系统．北京：中国财政经济出版社，2003.

（4）责任（Responsibility）：内容包括明确董事会、监事会、管理层等治理架构组成部分的职责，形成内部的有效制衡，明确利益相关者对管理层的有效监督，建立健全绩效评价与激励约束机制。

高质量的公司治理，是要通过一整套正式的、非正式的规则，包括广泛接受的各种有关做法，建立一套涉及关键“行为人”（Actors）的激励机制，使他们的利益与投资者相一致。因此，从以上四个原则引申出来的制度安排可以分为公司微观和社会宏观两个层面，并进行细分，大概形成了公司治理评级系统的一些指标的基础，详情见表 17.1。

表 17.1　　　　公司治理评级系统指标基础

公司层面	董事会的运作	董事会结构和构成
		董事会的有效性，如董事会下设委员会
		外部董事的独立性和作用
		董事和管理人员的薪酬
		董事会的选举和评价
	股东的权利	公司对待股东，如是否保护中小股东利益不受控股股东侵犯
		股东获得信息的权利
		投票权和股东大会程序
		股东所有权权利
	透明度	及时准确全面披露财务信息
		及时准确全面披露公司治理信息，如所有权结构、环境政策等
		外部审计与公司保持独立地位
	其他利益相关者	职员、供应商、银行等参与公司重大决策
	社会意识	公平的劳工、环境保护政策等
社会层面	政治基础	清晰界定政商关系，政府应避免既是“裁判员”又是“运动员”的利益冲突
	法律基础	《公司法》、《证券法》及《破产法》等规章制度建设，法律对投资权利的保护程度
		司法资源、独立性和效率
	监管基础	相对独立有足够权力的证券监管机构
		发挥一线监管职能的自律组织，自律组织与证券监管机构保持独立性
		监管机构对信息披露的要求
		公司财务报告所依据的会计标准
	信息基础	外部审计及相应的审计机构的独立性和数量
		以清晰、及时的方式公开披露各种有关信息，包括财务报表（分部的和合并的报表，董事和高层管理人员的报酬水平和奖励手段等）和公司治理信息

表17.1(续)

社会层面	市场基础	股票市场的有效运作（上市的容易程度，公司控制权市场的发展）
		银行体系的健全
		机构投资者的要求
		产品市场的充分竞争
		经济市场的有效运作
		政商分开
		市场诚信和信用基础
	文化基础	股东积极主义和公司治理文化

17.3.2 公司治理评级模式①

在宏观层面，公司治理较好的国家，通常表现为分散的股权结构，其资本市场规模较大，产品范围较广，首次公开发行（IPO）活动较为频繁；在微观层面，公司治理层面主要指最大股东拥有的现金流权、董事会的独立性与信息的透明度等。最大股东的现金流权越高，董事长的独立性越强，信息披露越充分，公司价值就越高。针对这些具体的指标，不同的机构和公司提出了各自的评价体系，也即公司治理评级体系，从而对各国的公司进行评价排名，以促进各公司的良性发展，最大限度地保护股东的利益。按评级机构的性质分类，有如下五种模式：

（1）评级机构模式

随着公司和投资者对公司治理评级业务的需求，一些著名的信用评级机构开始开展公司治理评级或评价业务，如标准普尔和欧洲的戴米诺（Deminor）。对于这些公司来说，公司治理评价实际上是一项营利性业务。评级机构模式的优点是：这些评级机构通常有显著的声誉、丰富的评级经验和一流的人才，市场竞争和信誉机制会促进评级质量的提高和保证客观性，他们不会受到来自被评级公司各个方面的压力。缺点是评级机构的商业运作模式和评级的独立性存在着一定的利益冲突。

（2）机构投资者模式

一些机构投资者为了更好地作出投资决策，保证自身的投资收益，也开始对公司治理进行评级，这样可以为机构投资者的投资找准目标。如里昂证券（亚洲）从2000年开始推出对新兴市场的公司治理评级体系。机构投资者这种评级类似于提供投资分析报告，通常不是营利性业务，所以这种评级结果更让人容易接受。一旦得到广大股民和消费者的认同，那些评级靠后的公司就面临被淘汰的危险，这样就可以促进公司经营层不断改善公司业绩，保护了股东的利益。

（3）民间协会模式

由非营利性的民间机构如董事协会、投资者保护协会从保护投资者角度出发，进行公司治理评级。如马来西亚拟议中的公司治理评级就是由董事协会主办的；泰国的

① 高明华，等. 公司治理学. 北京：中国经济出版社，2009：253-257.

董事长协会与麦肯锡咨询公司共同推出了泰国的首个公司治理评级体系，并进行评级；美国机构投资者服务协会（Institutional Shareholders Services，ISS）于2001年推出公司治理系数（Corporate Governance Quotient，简称CGQ），便于机构投资者了解所投资公司的治理水平。CGQ系数考虑了以下主要因素：①董事长结构和组成；②审计问题；③宪章和公司制定的规章制度；④公司所在州的法律；⑤高级管理人员和董事的报酬；⑥定性因素；⑦D&O股权；⑧董事的受教育程度。

这种模式的优点是在某些国家竞争和信誉机制还不健全的环境下由非营利性机构操作可以提高可信度和客观性，及避免商业机构为营利而损害评级公正性的行为。缺点是相关机构可能缺乏进行公司治理评级的动力、资源和知识。

（4）媒体模式

一些财经杂志如《亚洲货币（Asia Money）》、《欧洲货币（Euro Money）》每年也进行“最佳公司治理”的评选，这种评选的专业程度不如专业评级机构，但是他们同样具有可信度和客观性，而且这些信息能更加快速直接地传递到股民手中。

（5）交易所模式

韩国证券交易所2001年计划在公司治理改革委员会的基础上建立一个公司治理评价委员会，对韩国上市公司进行评级。但韩国工商会（The Korea Chamber of Commerce and Industry）反对这个计划，认为该评价委员会将附属于政府，导致政府对私有公司不必要的干预。韩国证券交易所表示，如果公司强烈反对，愿意放弃该计划。上海证券交易所和巨潮咨询网也于2005年年底分别推出了各自的上证公司治理指数和巨潮公司治理指数，并在各自的网站上公布和实时更新。交易所模式的好处是在市场基础还不发达的国家和地区，交易所的评级可以推进公司治理评级活动的开展，加强对上市公司的监管。其缺点是当交易所附属于政府时，交易所可能会不必要地干预企业运作。

此外，按公司治理评级业务性质，评级运作模式可分为以下两种：

（1）公司委托评级（Solicitated Rating）

公司委托评级指评级机构应单个公司请求，对公司进行评级。评级所需信息是公开获得的和公司提供的信息以及对管理层的采访。公司委托评级是商业性评级机构提供的一项营利性服务。

（2）非公司委托评级（Unsolicitated Rating）

非公司委托评级指评级机构或应投资者要求，或向投资客户、公众及监督者提供上市公司信息，未经公司委托和同意，根据自己公司治理评价体系和指标，选定单个或一批公司进行评级，评级结果可以公布发表，也可定向提供给投资者。与非公司委托评级不同的是，公司委托评级通常不易导致被评级公司因评级低而起诉评级公司诽谤。

表17.2简单介绍了世界上主要的公司治理评价系统。

表 17.2 世界主要公司治理评级系统

评级机构或个人	评价内容	使用范围	评分方法
杰克逊·马丁德尔（Jackson Martindell）	社会共享、对股东的服务、董事会绩效分析、公司财务政策	公司评分	指标值越大，治理状况越好
标准普尔（S&P）	国家评分：法律基础、监管、信息披露制度、市场基础 公司评分：所有权结构、金融利益相关者的权利和相互关系、财务透明度和信息披露、董事会的结构与运作	公司评分与国家评分	指标值越大，治理状况越好
戴米诺公司（Demínor）	国家评分：指与公司治理有关的法律分析 公司评分：股东权利与义务、接管防御的范围、信息披露透明度、董事会结构	公司结构与国家评分	指标值越大，治理状况越好
里昂证券亚洲分部（CLSA）	国家评分：公司透明度、综合性规划和监管条例、相关法规的实施、影响公司治理和公司价值最大化能力的政治和规制环境、国际公认会计准则的采用、公司治理文化的制度性机制 公司评分：管理层的约束、透明性、小股东保护、董事会的独立性与问责性、核心业务、债务控制、股东现金回报以及公司的社会责任	公司评分与国家评分	指标值越大，治理状况越好
美国机构投资者服务局（ISS）	董事会及其主要委员会的结构和组成、公司章程和制度、公司所属州的法律、管理层和董事会成员的薪酬、相关财务业绩、“超前的”治理实践、高管人员持股比例、董事的受教育状况	公司评分	指标值越大，治理状况越好
戴维斯（Davis），海德里克（Heidrick）	股东权利、治理委员会、透明度、公司管理以及审计	公司评分	指标值越大，治理状况越好
布朗斯威克（Warburg Brunswick）	透明度、股权分散程度、转移资产/转移价格、兼并/重组、所有权与投标限制、对外部人员的管理态度、注册性质	公司评分	指标值越小，治理状况越好
公司法与公司治理机构（ICLCG）	信息披露、所有权结构、董事会和管理层结构、股东权利、侵吞风险、公司的治理历史	公司评分	指标值越大，治理状况越好
信息和信用评级代理机构（ICRA）	所有权结构、董事层结构、财务报告和其他信息披露的质量、金融股东利益的满足程度	公司评分	指标值越小，治理状况越好
泰国公司治理评价系统	股东权利、董事品质、公司内部控制的有效性	公司评分	指标值越大，治理状况越好
韩国公司治理评价系统	股东权利、董事会和委员会结构、董事会和委员会程序、向投资者的信息披露和所有权的平等性	公司评分	指标值越大，治理状况越好
中国台湾公司治理与评价系统	宏观评分：清楚完整的法规与管制、法规与管制的有效执行、政治环境、会计准则、推广公司治理文化的认知的制度层面因素 公司评分：董事会组成、股权结构、参与管理于次大股东、超额关系人交易、大股东介入股市的程度	宏观评分与公司评分	指标值越大，治理状况越好

【阅读】标准普尔公司

标准普尔向全球金融界提供了140余年的独立见解。该公司在1941年由标准统计公司及普尔出版公司合并而成，公司历史则可追溯到1869年。

标准普尔（S&P）作为金融投资界的公认标准，提供被广泛认可的信用评级、独立分析研究、投资咨询等服务。标准普尔提供的多元化金融服务中，标准普尔1200指数和标准普尔500指数已经分别成为全球股市表现和美国投资组合指数的基准。该公司同时为世界各地超过220 000家证券及基金进行信用评级。目前，标准普尔已成为一个世界级的资讯品牌与权威的国际分析机构。

标准普尔通过全球18个办事处及7个分支机构来提供世界领先的信用评级服务。如今，标准普尔员工总数超过5 000人，分布在19个国家。标准普尔投资技巧的核心是其超过1 250人的分析师队伍。世界上许多最重要的经济学家都在这支经验丰富的分析师队伍中。

17.4 公司治理结构的全球趋同化

17.4.1 趋同的基本原因：市场全球化

（1）金融市场

金融市场的不断整合是推进公司治理模式趋同的首要力量。大多数国家的投资者越来越意识到：持有一个国际化的资产证券投资组合，比仅持有一个国内的证券组合可以有更高的回报率和更低的风险。结果是，许多退休养老基金和专业共同基金开始投资于国际权益资本市场。即使在机构投资已经很发达的国家里，也可以看到这个国际化投资组合的现象。同时，非金融企业意识到，扩大投资者范围既可降低他们的资本成本，也可减弱公司股票价格的波动性。非金融企业吸引国外投资者的主要方式是寻求海外上市和发行便于国外投资者投资的金融工具（如股票）。随之而来的是外国股东和机构（银行和机构投资者）地位的日益重要。

由于投资者和金融工具发行者都越来越希望在国际资本市场上运作，这就促进了对共同价值和标准的认同。如机构投资者设定股东价值预期目标，并要求公司实现利润目标并产生有竞争力的资本投资回报。机构投资者还坚持公司应尊重国际治理标准，尤其注重公司管理当局的义务，保证大股东尊重小投资者的要求，对小投资者要有足够的信息透明度。在这种情况下，公司除了应对国内所发生的法律和制度变化，还被迫调整他们的行为以与国际资本市场相适应。

（2）产品市场

产品市场的全球化也促进了公司治理标准的国际性趋同，这来自于以下两个动因：

第一，竞争的加剧。在一个垄断的环境里，改善公司治理的动机较弱。这是因为，垄断企业比竞争型企业有较小的创造利润的压力，即使不改善公司治理也仍有很大的能力获得利润，这使得垄断企业更倾向于保持原有的公司组织、成本和财务结构模式。

然而，随着竞争范围的扩大，企业很快意识到，为了获得更高的生产效率，必须全面改进“公司治理方法”，包括利益相关者（如雇员和供应商）与企业相互作用的方式；公司融资方式和相应的治理权利的创新等。

第二，专门供应商角色的改变。全球化及信息革命使得即使是小公司也可以简单地在世界范围内寻找供应商，这直接影响了企业与垂直线上的长期供应商建立紧密的所有权或控制纽带关系的必要性。许多国家的企业（如日本 Keiretsu 成员企业）发现，将对供应商的投资撤回并集中精力于为股东创造更多的回报，对企业更有益处。①

17.4.2 趋同的主要表现

（1）OECD 原则正逐渐成为公司治理的国际标准

顺应全球化公司治理运动，1999 年 5 月，OECD 的 29 个成员方部长通过了 OECD 公司治理原则，这是公司治理领域第一个多国的工具，其最重要的目的是建立一个全球的治理话语，借此反映公司治理功能上的趋同。② OECD 公司治理原则通过之后，拥有 6 万亿资产管理规模的国际公司治理网络成员（ICGN）以及主要的机构投资者如 CalPERS（加州公职人员退休基金会）即对该原则表示支持。2000 年 3 月，金融稳定性论坛（Financial Stability Forum）通过 OECD 公司治理原则作为完善财务系统国际核心标准之一。接下来，各国财政部长聚集墨西哥坎昆，参加第三届西方财政部长峰会。这次峰会讨论通过成立工作小组，严格按照 OECD 公司治理原则，对各国的公司治理绩效进行评估。OECD 公司治理原则出台之后，逐渐为各国所接受，成为公司治理的国际标准，同时也是各国、各地区公司治理准则的范本，用以衡量公司治理的绩效。一些国际组织也相继运用 OECD 公司治理原则，衡量公司治理绩效。例如，国际会计协会创办的会计准则发展国际论坛（简称 IFAD），就是用 OECD 公司治理原则作为分析治理和披露制度的工具。③

进入 21 世纪，公司治理领域出现了一些新情况、新发展，尤为突出的是接连出现了一些骇人听闻的大公司丑闻事件，如美国安然（Enron）与世界通讯（Worldcom）造假案件、日本雪印食品舞弊案件，以及中国上市公司中诸多不规范的关联交易、大股东侵占上市公司利益等案件，从而再一次引发了人们对公司治理问题的反思。在这种情况下，2002 年，OECD 部长级会议一致同意对 OECD 国家的最新发展进行重新考察，以便根据最新的公司治理发展状况对《原则》进行审查。这项任务由 OECD 公司治理筹划小组承担，该小组的成员包括所有的 OECD 成员国，还包括世界银行、国际清算银行、国际货币基金组织等观察员。为了更好地对《原则》进行评估，筹划小组还邀请了金融稳定论坛、巴塞尔委员会，以及国际证监会组织（IOSCO）等特邀观察员。2004 年 4 月，OECD 结合公司治理领域的最新发展情况，立足于宣扬公司治理的理念，

① 斯蒂朋·内斯特，约翰·K. 汤普森. OECD 国家的公司治理模式：是否在前进中趋同//胡鞍钢，胡光宇. 公司治理比较. 北京：新华出版社，2004：147－148.

② 斯蒂朋·内斯特，约翰·K. 汤普森. OECD 国家的公司治理模式：是否在前进中趋同//胡鞍钢，胡光宇. 公司治理比较. 北京：新华出版社，2004：148.

③ 上海证券交易所研究中心. 中国公司治理报告（2003）. 上海：复旦大学出版社，2003：274－277.

公布了最新的《OECD 公司治理原则》。

本次修订的《原则》不仅参考了 OECD 国家的经验，还参考了非 OECD 国家，尤其是那些参加了 OECD 和世界银行共同组织的公司治理地区圆桌会议的俄罗斯、亚洲、东南欧、拉美和欧亚大陆国家的经验。在《原则》的发展过程中，筹划小组进行了非常全面的咨询工作，向包括来自参加圆桌会议和其他非 OECD 国家的专家，以及来自工商界、专业团体、贸易协会、民权组织和国际标准制定机构等大量的利益相关方进行了广泛的咨询。因此，OECD 公司治理新原则不仅适用于 OECD 国家，也适用于相当多的非 OECD 国家。OECD 治理原则广泛的适用性，无疑是全球公司治理模式趋同化的重要表现形式。

（2）机构投资者作用加强，相对控股模式出现

传统的机构投资者与其投资的公司保持较为疏远的关系，在公司管理不善和股东价值被忽视的情况下，它们会出售股票以保护自己的利益。但近年来，随着养老基金、保险基金和投资基金等机构投资者的持股数额越来越大，它们不再像以前那样通过“用脚投票”来表达对管理层的不满，相反，越来越多的机构投资者（特别是养老基金）发现参与“关系投资”（Relationship Investing）有助于提高自己的投资组合价值，它们正日益加强和管理层的接触，在公司治理中发挥积极的作用。

另一方面，企业也越来越重视加强与投资者，特别是一些机构投资者的联系和沟通，以保持公司经营的透明度，增强公司在资本市场上的良好形象。据英国投资者关系协会对英国 200 多家大型企业高层经理的调查表明，72% 的人都认为他们比三年前更重视企业与投资者的关系。而机构投资者为保证持续获利，也希望与企业建立一种长期信任的关系，通过建立机构投资者协会、分享信息、积极投票、向管理层提供建议等各种方式加大对企业的影响力。这种合作共进的治理方式，既推动了企业发展，促进了长期发展目标的实现，也使机构投资者能够持续获利，增强了长期投资的信心。

一些发达地区工会通过机构投资者（特别是养老基金）对公司治理正在发挥日益强大的作用。在英国，工会议会（TUC）在 20 世纪 90 年代末发动了一项运动，动员工会的影响力，使之担当养老金股东的角色。在美国，工会在监管基金经理投票表决权方面也发挥着日益积极的作用。例如，美国劳工联盟（AFL - CIO）敦促基金经理按照工会客户的提议进行投票表决。1999 年 10 月，AFL - CIO 公布了报告，依照股东的主动性程度对共同基金进行评级。结果，美国 22 名基金经理得到了从“优秀”到“不及格”的评定级别。[①]

德日的机构投资者持股比例是比较高的，德日的交叉持股也主要是机构投资者之间的交叉持股。但是，德日的机构投资者持股中，近一半是银行持股。由于交叉持股的弊端已为人们所认识，交叉持股正逐渐稀释，从最高峰 1986 年的 55.8% 下降到了 1997 年的 45.7%；而且下降速度在加快，由 1987 年到 1992 年的年均下降 0.5 个百分点扩大到 1993 年到 1997 年的年均下降 1.4 个百分点。交叉持股的稀释主要是银行持股

① 上海证券交易所研究中心．中国公司治理报告（2003）．上海：复旦大学出版社，2003：281 - 282.

下降导致的，而其他机构投资者的持股比重则下降不多。

一方面是英美等外部控制治理模式国家的机构投资者持股比重上升，另一方面则是德日等内部控制模式国家的机构投资者持股比重下降，在这种情况下，逐渐形成了一种所谓的“相对控股模式”，即股权有一定的集中度，有相对控股股东存在。这是英美模式和德日模式向“中间”状态变化的结果。

理论界从代理权竞争的角度对相对控股模式的出现做出了解释：公司拥有相对控股股东的情形可能是最有利于在公司经营不利的情况下更换经理人的一种股权结构。原因在于：首先，由于相对控股股东拥有的股权比重较大，因而他有动力发现公司经营中存在的问题，并且对经理人的更换高度关注；其次，由于相对控股拥有一定的股权，他有可能争取到其他股东的支持，使自己提出的代理人能够当选；此外，在公司股权集中程度有限的情况下，相对控股股东的地位容易动摇，他不大可能强行支持自己所提名的公司原经理人。因此，就总体而言，和其他两种股权结构相比较，相对模式更有利于发挥公司治理的作用，从而能够更为有效地促使经理人按股东利益最大化原则行事，并实现公司价值最大化。①

（3）财务报告准则趋同

随着跨公司、跨国界投资组合，资本市场的一体化发展，以及投资者对于标准化财务报表的呼吁，国际会计准则（IAS）和美国的GAAP会计准则逐渐为世界各国所接受。国际会计准则与美国的GAAP会计准则也出现了进一步融合的趋势。长期以来，一些公司不断在国际资本市场上寻求融资机会，因此它们不得不采纳国际IAS或美国GAAP准则编制其财务报告。近年来，这一趋势不断地加速。毕马威（KPMG）会计师事务所对16个欧洲OECD成员国的大公司进行了调查，结果发现：在接受调查的公司中，对于那些还在使用国内会计准则的公司，其中50%以上打算在今后3~5年采纳国际IAS或美国GAAP准则，从而与国际社会接轨。2001年2月，欧洲委员会提出了一项法规建议，要求至少在2005年前，所有在欧盟注册的公司必须采用国际会计准则（IAS）。该法规符合欧洲委员会在2000年6月颁布的概要，这一概要旨在帮助欧盟公司进入资本市场，改善其信息透明度。欧洲委员会建议会计管理协会对会计标准委员会（IASC）制定的规则进行评估。2000年国际证监会组织（IOSCO）取得了突破性的一致意见，决心在跨国证券发行和上市过程中坚决贯彻国际会计准则委员会（IASC）准则。

为了满足本国公司利用国际资本市场的需要，一些OECD成员国进行了相应改革，允许国内公司使用国际IAS或美国GAAP准则。1998年，德国也通过了KonTraG立法，允许德国公司运用国际IAS或美国GAAP准则进行财务信息披露。一年之后，在DAX指数成分公司中，按照国际IAS或美国GAAP准则进行财务信息披露的公司比例从前一年的17%迅速攀升到63%。澳大利亚也出现类似趋势，自2001年4月以来，所有在主板市场和澳大利亚成长市场上市的公司，均被要求按照国际IAS或美国GAAP准则披露财务信息。在法国，市场监管者COB于1999年1月宣布，要求所有的上市公司按

① Andrei Shleifer and Rorbert W. Vishny. A Survey of Corporate Governance. the Journal of Finance, 1997 (6).

照国际 IAS 准则披露其补充财务报表。最近，韩国也成立了会计准则委员会，旨在推进韩国会计准则与国际惯例相一致。日本政府也于 1998 年通过决议，推动其财务报表制度接近国际 IAS 准则。

(4) 利益相关者日益受到重视

公司治理的相关利益者理论认为，公司存在的目的不是单一地为股东提供回报，公司应承担社会责任，应以社会财富的最大化为目标。这种观点在 20 世纪 60 年代、70 年代和 80 年代初普遍被消费者主权的倡导者、环境保护主义者和社会活动家等所接受，并于 80 年代为部分公司经理人用来支持其反接管政策。相关利益者理论的支持者认为，公司治理改革的要点在于：不应把更多的权利和控制权交给股东；相反，公司管理层应从股东的压力中分离出来，将更多的权利交给其他的利益相关者，如职工、债权人，或者（在某些场合还包括）供应商、消费者及公司运行所在的社区，让关键的相关利益者进入公司董事会。[①] 虽然目前投资界对投资的社会责任还没有达到普遍关注的程度，但在最近几年，OECD 国家对投资的社会责任越来越重视却是一个趋势。消费者与公司员工已经开始认识到，公司不仅应该遵守法律，也应该有助于提高整个社会的福利。世界上一些著名的基金组织、评估机构和投资管理公司，都已经或正在将投资的社会责任纳入自己的决策中，如美国的 CalPERS（加州公职人员退休基金会）、康涅狄格州（Connecticut）养老金系统等。

德国的"职工参与制"（co-determination）或"共同治理"是其关注利益相关者利益的突出表现。职工参与制是德国的历史传统，它根植于德国的政治、经济和文化土壤。目前，这种制度已延伸到欧洲很多国家。许多欧洲国家以立法方式，提供职工参与公司治理的机会。所谓职工参与制，是指职工依法参与公司董事会，以参与公司营运方针的制定。在德国等欧洲国家，劳动力和公司资本被等同视之，被认为是公司得以有效运作的两大要素。在它们看来，职工参与制可以提升职工对公司的向心力，降低职工因无法参与公司治理所产生的距离感。[②]

对比一下美国和德国，美国强调使用立法的方式来保护包括职工在内的利益相关者的利益；而德国则是以职工直接参与公司治理的方式，保护职工自己的利益。德国等国家认为，职工与公司兴衰具有特殊的利害关系。股东可以通过分散持股来降低风险，而职工只能为一家公司所雇用，不能通过同时受雇于几个公司来降低其失业的风险。但是，不论什么理由，保护包括职工在内的公司利益相关者的利益已形成共识，而且都在为此做出努力。

(5) 法律的趋同

在英美等国家的传统里，公司概念是一种股东和公司管理当局之间的基于信任的关系；而在欧洲大陆的传统里，公司具有独立的意志，对公司有利的事情可能对股东不利。这些不同可以追溯到公司法对诸如股东权利、董事会的义务等规定上的不同。

然而，这些不同并不像看起来那样重要，而且它们的重要性也越来越小。现在所

---

① 刘逖. 公司治理：国际经验与中国实践. 北京：人民出版社，2001.

② 刘连煜. 公司治理与公司社会责任. 北京：中国政法大学出版社，2001：116－117.

有的国家都意识到，投资者是公司策略的最终仲裁人，剩余索取权是公司治理的核心；资本市场变得日益重要，与此相适应，有价证券规则对公司的约束作用也越来越大。

各国与公司治理相关的立法在近几年里也出现了明显的趋同。例如，德国立法已经将决策过程的控制权倾向于股东，提高账目的透明度，尤其是合并账目；在公司接管方面也采取了重要的举措。在法国，1997 年 Marini 公司法改革报告认可了法国公司法“契约”的必要性，赋予企业更多的制定财务结构的自由。在意大利，1997 年 Draghi 法大大地增加了股东的权利。以上国家都允许股份回购行为，认同企业需要更多的灵活手段返还金钱给股东的事实。[①] 在日本，1996 年制定了彻底改革现行金融体系的计划，实行股票交易手续费完全自由化，取消了有价证券的交易税，废除了对养老基金、保险公司及投资信托业务等资产运用的限制。

另一方面，美英等国家也变得更加容忍“关系型”投资者。比较突出的表现是英美开始重视银行持股的作用。由于银行的双重身份能够在公司治理中发挥证券市场所不能很好承担的“相机治理”的监督作用，因此。自从 20 世纪 80 年代以来，英美开始逐渐放松对银行的限制。如美国《1987 年银行公平竞争法案》，使商业银行开始可以涉足证券投资等非传统银行业务，商业银行与投资银行之间的业务界限趋于模糊，商业银行、储蓄贷款机构、信用社，甚至证券公司、人寿保险、养老基金等金融机构的业务差别日渐淡化。1997 年又取消了银行、证券、保险业的经营限制，使银行的能量得到进一步的释放，完善了银行持股的监管机制。1986 年，英国伦敦证券交易所实施了重大改革，允许非会员可以取得会员行号 100% 的所有权，这等于允许商业银行直接参与证券业务。这次改革被称为伦敦金融城“大爆炸”。1997 年英国又对金融体系进行了全面改革，撤销英格兰银行监督商业银行的职责。[②]

法律的趋同不是法律折中主义，而是不断增长的大公司选择制度环境趋势的结果，或者说，是大公司对开发和利用流动的、便宜的资本来源的需要。例如，大公司要在美国纽约证券交易所发行股票，就必须接受美国的有价证券规则和会计标准。无疑，这对于这些大公司所在国的规则和制度的形成具有重要影响。[③]

（6）股东运用投票权对管理层约束成为潮流

传统委托代理理论分析认为，对于股权分散的公司，由于监管成本高企和股东/委托人“搭便车”等问题，管理层行使着极大的权力，他们可能追求自身机会主义的目标，而非为股东实现公司现值的最大化。因为，初期的股东监管的切实可行办法就是接管机制。但是，随着科技、透明度、机构投资者等的兴起，股东更加积极运用投票权，从而可以较为直接和有效地监督约束管理层。

（7）董事会的独立性不断增强。保持董事会的独立性有助于加强对公司经理阶层的控制和监督，维护股东利益。上个世纪 90 年代以来，大量的外部董事加入董事会，

① 斯蒂朋·内斯特，约翰·K. 汤普森. OECD 国家的公司治理模式：是否在前进中趋同//胡鞍钢，胡光宇. 公司治理比较. 北京：新华出版社，2004：149－150.

② 李维安，等. 公司治理. 天津：南开大学出版社，2001：229.

③ 斯蒂朋·内斯特，约翰·K. 汤普森. OECD 国家的公司治理模式：是否在前进中趋同//胡鞍钢，胡光宇. 公司治理比较. 北京：新华出版社，2004：149－150.

使西方企业董事会独立性增强。据全美公司董事协会对100家最大公司董事会的调查表明，外部董事和内部董事的比例平均为3：1，四分之一的董事会的外、内部董事比例大于5：1，而外部董事中专家董事和其他公司经理人员占很大比例。其研究报告表明，一方面，规模小、积极并富有专业技能、具有充分信息的真正独立的董事会有助于公司的长远发展；另一方面，像在日本这样的主要的内部人模式国家中，企业董事会也开始引入外部董事。

总之，世界各种公司治理模式正在相互靠近，相互补充。英美公司收敛股票的过度流动性，寻求股票的稳定性，以利于公司的长远发展。德日公司则收敛股票的过度安定性，借助股票市场的流动性，来激活公司的活力。不过，由于不同模式形成的背景的长期影响，在相当长的时期内，还会保留各自的特点，完全趋同是不可能的。

【阅读】全球金融危机带给公司治理的反思

因美国次贷危机而引发的金融海啸，进而演变成为百年一遇的全球性金融危机。欧美地区在金融危机中所表现出的社会信用恶化、市场监管缺失、企业内控失败、信息不对称、道德风险等公司治理问题，给我们敲响了警钟。而内部控制失效引发的公司经营失败、经营者欺骗股东和社会公众，不仅给公司、股东甚至给全球经济带来巨大的损失，引发了人们对包括公司治理在内的金融和经济体系诸多方面的深刻反思。

(1) 公司治理法律制度理念亟待确立。所谓公司治理法律制度是指基于管理学与法学互动的视角对公司组织、营运、管理及监管中的行为所作的一系列强制性和非强制性的法律制度安排，其制度核心不仅包括但不限于公司法和证券法等强制性规范，而且也包括但不限于公司治理原则、行业规则、企业间的协议等自律性的规范。换言之，公司治理不能分别仅仅停留在企业内部管理制度和公司法律制度两个层面，两者不应割裂，相反应该结合起来形成制度，才能使公司治理变得安全且有效率。这次全球性金融危机表明，不这样做，公司治理就会出问题，雷曼和“两房”事件就会重演。

(2) 自律规则为主的理念应该反转。美国式的公司治理法律制度是建立在以公司自律为主导规则的基础上的，这从美国的公司立法、公司章程的地位和作用两个层面可以看出来。美国各州有自己的公司法，无不以政府放松管制为自豪，甚至有所谓的“降低监管竞赛”（Race to the Bottom），最低监管标准者胜出。因为如此，公司章程的地位及内容有代替公司法的趋势，结果是在公司治理活动中，股东的“运动员兼裁判员”现象突出，其理论依据是公司的契约理论。简言之，公司就是各个投资者制定的一个合同，政府当然不能干预契约自由签订。公司尤其是上市公司自律规则为主的理念应该反转，应转向以他律为主兼顾自律规则的理念上来。

(3) 股东会中心主义应重新确立。从美国公司立法传统看，公司治理机构的权力决策机制经历了股东会中心主义——→董事会中心主义——→经理层（CEO）中心主义的过程。这种演变的好处是提高了公司治理机制的决策效率和有效性。但其负面效应也不容忽视，即容易产生经理层（CEO）的滥权（abuse），尤其是董事或高管为了追求自身短期利益最大化，而可能严重背离其应尽的对公司的忠实义务和勤勉义务。美国雷曼和“两房”等上市公司之所以敢从事一些高风险的商业行为（如次贷及相关产品），最后落到破产或被接管的地步，与其奉行的董事会中心主义或CEO中心主义不无关系。中国刚刚完成的以非流通股股权流通和股权分散为目标的股权分置改革的后遗症中，已经出现类似美国董事会中心主义或经理层（CEO）中心主义的倾向，值得我们警惕。

(4) 高管薪酬或激励应入法且合理。美国式的公司治理法律制度中有关董事高管薪酬或激励机制有两大特点：一是不受强行法管制，换言之，公司法一般没有关于董事高管薪酬或激励机制的强制性规则；二是薪酬奇高或激励机制配置极不合理，有的甚至到了荒唐的地步。如这次被美国政府勒令离职的房利美首席执行官丹尼尔·马德和房地美首席执行官里查德·赛伦被达什列将分别拿到930万美元离职金或1410万美元“遣散费”，之前近年的报酬合计更是高达数千万美元。类似情况近几年也频繁发生在中国的上市公司中，也引起了广大中小投资者的极大不满，应引起立法者或监管层的高度重视。

(5) 信息披露配套规则应该更加强化。美国上市公司信息披露制度的设计理念及框架，一直是世界各国所称道的，但是有两点确实令人费解：其一，美国信息披露所遵循的最高法律原则是反欺诈帝王原则，但在实践中出现了大量的形式上看似没问题而实质上却为欺诈的事件；其二，之所以出现了大量实质上的欺诈事件，是因为美国奉行的是“外观主义”的信息披露规则，只要形式上符合要求即只要有中介机构所谓的规范评级或审计报告，那么上市公司就高枕无忧了。如美国媒体援引知道接管“两房”决策过程的匿名人士消息说，危机发生前，“两房”有扭曲内部会计制度、蓄意美化财务状况的情况，这才促使美国政府痛下决心接管“两房”。由此看来，我国在学习或引进美国上市公司信息披露制度的设计理念及框架时，应修正外观主义准则，确立“实质主义”规则，同时加快信息披露配套规则建设步伐，加大打击虚假信息披露行为的力度。

(6) 政府监管机制应内生化与创新。根据新制度经济学原理，只有在制度内生化时，制度的施行效率才是最佳的。从现有的公司法和证券法规则看，无论西方比如美国，还是东方比如中国，凡涉及公司尤其上市公司监管时，其规则形式或内容均表现为外部性。根据外部性理论，由于外部性活动没有经过市场交易，因而企业如上市公司就不必承担外部性活动对他人所造成的损失。简言之，政府对上市公司的监管如果仅表现为外部的法律规则，而没有融入上市公司本身的规则如公司章程、内部管理规则之中，那么政府的监管效率和效果是成问题的。此外，金融创新和企业制度创新并没有错，但如果相关的监管机制创新跟不上，上市公司发生损害投资者尤其中小投资者利益，严重时引发金融市场动荡乃至金融或经济危机就不足为怪了。

（南开大学经济法教研室主任 万国华《金融危机带给中国公司治理的六大反思》）

【思考与练习】

1. 为什么公司治理模式偏重于向英美外部控制主导型模式趋同?

2. 试对英美股权主导型、德日债权主导型、东亚与东南亚家族主导型公司治理模式以及转轨经济国家公司治理模式进行比较分析。

3. 分析公司治理模式趋同主要表现在哪些方面。

4. 公司治理评级系统如何运作?

参考文献

［1］李维安. 公司治理学［M］. 北京：高等教育出版社，2006.

［2］李维安. 公司治理学［M］. 北京：高等教育出版社，2005.

［3］闫长乐. 公司治理［M］. 北京：人民邮电出版社，2008.

［4］高明华，等. 公司治理学［M］. 北京：中国经济出版社，2009.

［5］卢现祥，朱巧玲. 新制度经济学［M］. 北京大学出版社，2007.

［6］宁向东. 公司治理理论［M］. 北京：中国发展出版社，2006.

［7］席酉民，赵增耀. 公司治理［M］. 北京：高等教育出版社，2004.

［8］李维安，武立东. 公司治理教程［M］. 上海：上海人民出版社，2002.

［9］梁能. 公司治理结构：中国的实践与美国的经验［M］. 北京：中国人民大学出版社，2000.

［10］张维迎. 企业理论与中国企业改革［M］. 北京：北京大学出版社，1999.

［11］郎咸平. 公司治理［M］. 北京：社会科学文献出版社，2004.

［12］徐向艺，谢永珍. 现代公司治理［M］. 北京：经济科学出版社，2013.

［13］天亮. 公司治理概论［M］. 北京：中国金融出版社，2011.

［14］朱长春. 公司治理指引［M］. 北京：机械工业出版社，2011.

［15］郎咸平. 公司治理［M］. 北京：东方出版社，2014.

［16］胡汝银. 中国公司治理：当代视角［M］. 上海：上海人民出版社，2010.

附 录

中华人民共和国公司法

（2013 年 12 月 28 日修订，2014 年 3 月 1 日施行）

（1993 年 12 月 29 日第八届全国人民代表大会常务委员会第五次会议通过）

中华人民共和国主席令 第四十二号

《中华人民共和国公司法》已由中华人民共和国第十届全国人民代表大会常务委员会第十八次会议于 2005 年 10 月 27 日修订通过，现将修订后的《中华人民共和国公司法》公布，自 2006 年 1 月 1 日起施行。

中华人民共和国主席 胡锦涛

2005 年 10 月 27 日

根据 1999 年 12 月 25 日第九届全国人民代表大会常务委员会第十三次会议《关于修改〈中华人民共和国公司法〉的决定》第一次修正

根据 2004 年 8 月 28 日第十届全国人民代表大会常务委员会第十一次会议《关于修改〈中华人民共和国公司法〉的决定》第二次修正

2005 年 10 月 27 日第十届全国人民代表大会常务委员会第十八次会议修订）

2013 年 12 月 28 日第十二届全国人民代表大会常务委员会第六次会议通过了《全国人民代表大会常务委员会关于修改《中华人民共和国海洋环境保护法》等七部法律的决定》。这其中也包括了对现行公司法作出 12 点修改。修改后的新《中华人民共和国公司法》将自 2014 年 3 月 1 日起施行。

目录

第一章　总则

第一条　为了规范公司的组织和行为，保护公司、股东和债权人的合法权益，维护社会经济秩序，促进社会主义市场经济的发展，制定本法。

第二条　本法所称公司是指依照本法在中国境内设立的有限责任公司和股份有限公司。

第三条　公司是企业法人，有独立的法人财产，享有法人财产权。公司以其全部财产对公司的债务承担责任。

有限责任公司的股东以其认缴的出资额为限对公司承担责任；股份有限公司的股东以其认购的股份为限对公司承担责任。

第四条　公司股东依法享有资产收益、参与重大决策和选择管理者等权利。

第五条　公司从事经营活动，必须遵守法律、行政法规，遵守社会公德、商业道德，诚实守信，接受政府和社会公众的监督，承担社会责任。

公司的合法权益受法律保护，不受侵犯。

第六条　设立公司，应当依法向公司登记机关申请设立登记。符合本法规定的设立条件的，由公司登记机关分别登记为有限责任公司或者股份有限公司；不符合本法规定的设立条件的，不得登记为有限责任公司或者股份有限公司。

法律、行政法规规定设立公司必须报经批准的，应当在公司登记前依法办理批准手续。

公众可以向公司登记机关申请查询公司登记事项，公司登记机关应当提供查询服务。

第七条　依法设立的公司，由公司登记机关发给公司营业执照。公司营业执照签发日期为公司成立日期。

公司营业执照应当载明公司的名称、住所、注册资本、经营范围、法定代表人姓名等事项。

公司营业执照记载的事项发生变更的，公司应当依法办理变更登记，由公司登记机关换发营业执照。

第八条　依照本法设立的有限责任公司，必须在公司名称中标明有限责任公司或者有限公司字样。

依照本法设立的股份有限公司，必须在公司名称中标明股份有限公司或者股份公司字样。

第九条　有限责任公司变更为股份有限公司，应当符合本法规定的股份有限公司的条件。股份有限公司变更为有限责任公司，应当符合本法规定的有限责任公司的条件。

有限责任公司变更为股份有限公司的，或者股份有限公司变更为有限责任公司的，公司变更前的债权、债务由变更后的公司承继。

第十条　公司以其主要办事机构所在地为住所。

第十一条　设立公司必须依法制定公司章程。公司章程对公司、股东、董事、监事、高级管理人员具有约束力。

第十二条　公司的经营范围由公司章程规定，并依法登记。公司可以修改公司章程，改变经营范围，但是应当办理变更登记。

公司的经营范围中属于法律、行政法规规定须经批准的项目，应当依法经过批准。

第十三条　公司法定代表人依照公司章程的规定，由董事长、执行董事或者经理担任，并依法登记。公司法定代表人变更，应当办理变更登记。

第十四条　公司可以设立分公司。设立分公司，应当向公司登记机关申请登记，领取营业执照。分公司不具有法人资格，其民事责任由公司承担。

公司可以设立子公司，子公司具有法人资格，依法独立承担民事责任。

第十五条　公司可以向其他企业投资；但是，除法律另有规定外，不得成为对所投资企业的债务承担连带责任的出资人。

第十六条　公司向其他企业投资或者为他人提供担保，依照公司章程的规定，由董事会或者股东会、股东大会决议；公司章程对投资或者担保的总额及单项投资或者担保的数额有限额规定的，不得超过规定的限额。

公司为公司股东或者实际控制人提供担保的，必须经股东会或者股东大会决议。

前款规定的股东或者受前款规定的实际控制人支配的股东，不得参加前款规定事项的表决。该项表决由出席会议的其他股东所持表决权的过半数通过。

第十七条　公司必须保护职工的合法权益，依法与职工签订劳动合同，参加社会保险，加强劳动保护，实现安全生产。

公司应当采用多种形式，加强公司职工的职业教育和岗位培训，提高职工素质。

第十八条　公司职工依照《中华人民共和国工会法》组织工会，开展工会活动，维护职工合法权益。公司应当为本公司工会提供必要的活动条件。公司工会代表职工就职工的劳动报酬、工作时间、福利、保险和劳动安全卫生等事项依法与公司签订集体合同。

公司依照宪法和有关法律的规定，通过职工代表大会或者其他形式，实行民主管理。

公司研究决定改制以及经营方面的重大问题、制定重要的规章制度时，应当听取公司工会的意见，并通过职工代表大会或者其他形式听取职工的意见和建议。

第十九条　在公司中，根据中国共产党章程的规定，设立中国共产党的组织，开展党的活动。公司应当为党组织的活动提供必要条件。

第二十条　公司股东应当遵守法律、行政法规和公司章程，依法行使股东权利，不得滥用股东权利损害公司或者其他股东的利益；不得滥用公司法人独立地位和股东有限责任损害公司债权人的利益。

公司股东滥用股东权利给公司或者其他股东造成损失的，应当依法承担赔偿责任。

公司股东滥用公司法人独立地位和股东有限责任，逃避债务，严重损害公司债权人利益的，应当对公司债务承担连带责任。

第二十一条　公司的控股股东、实际控制人、董事、监事、高级管理人员不得利用其关联关系损害公司利益。

违反前款规定，给公司造成损失的，应当承担赔偿责任。

第二十二条　公司股东会或者股东大会、董事会的决议内容违反法律、行政法规的无效。

股东会或者股东大会、董事会的会议召集程序、表决方式违反法律、行政法规或者公司章程，或者决议内容违反公司章程的，股东可以自决议作出之日起六十日内，请求人民法院撤销。

股东依照前款规定提起诉讼的，人民法院可以应公司的请求，要求股东提供相应担保。

公司根据股东会或者股东大会、董事会决议已办理变更登记的，人民法院宣告该决议无效或者撤销该决议后，公司应当向公司登记机关申请撤销变更登记。

第二章　有限责任公司的设立和组织机构

第一节　设立

第二十三条　设立有限责任公司，应当具备下列条件：

（一）股东符合法定人数；

（二）有符合公司章程规定的全体股东认缴的出资额；

（三）股东共同制定公司章程；

（四）有公司名称，建立符合有限责任公司要求的组织机构；

（五）有公司住所。

第二十四条　有限责任公司由五十个以下股东出资设立。

第二十五条　有限责任公司章程应当载明下列事项：

（一）公司名称和住所；

（二）公司经营范围；

（三）公司注册资本；

（四）股东的姓名或者名称；

（五）股东的出资方式、出资额和出资时间；

（六）公司的机构及其产生办法、职权、议事规则；

（七）公司法定代表人；

（八）股东会会议认为需要规定的其他事项。

股东应当在公司章程上签名、盖章。

第二十六条　有限责任公司的注册资本为在公司登记机关登记的全体股东认缴的出资额。法律、行政法规以及国务院决定对有限责任公司注册资本实缴、注册资本最低限额另有规定的，从其规定。

第二十七条　股东可以用货币出资，也可以用实物、知识产权、土地使用权等可以用货币估价并可以依法转让的非货币财产作价出资；但是，法律、行政法规规定不得作为出资的财产除外。

对作为出资的非货币财产应当评估作价，核实财产，不得高估或者低估作价。法律、行政法规对评估作价有规定的，从其规定。

全体股东的货币出资金额不得低于有限责任公司注册资本的百分之三十。

第二十八条　股东应当按期足额缴纳公司章程中规定的各自所认缴的出资额。股东以货币出资的，应当将货币出资足额存入有限责任公司在银行开设的账户；以非货币财产出资的，应当依法办理其财产权的转移手续。

股东不按照前款规定缴纳出资的，除应当向公司足额缴纳外，还应当向已按期足额缴纳出资的股东承担违约责任。

第二十九条　股东的首次出资经依法设立的验资机构验资后，由全体股东指定的代表或者共同委托的代理人向公司登记机关报送公司登记申请书、公司章程、验资证明等文件，申请设立登记。

第三十条　有限责任公司成立后，发现作为设立公司出资的非货币财产的实际价额显著低于公司章程所定价额的，应当由交付该出资的股东补足其差额；公司设立时的其他股东承担连带责任。

第三十一条　有限责任公司成立后，应当向股东签发出资证明书。

出资证明书应当载明下列事项：

（一）公司名称；

（二）公司成立日期；

（三）公司注册资本；

（四）股东的姓名或者名称、缴纳的出资额和出资日期；

（五）出资证明书的编号和核发日期。

出资证明书由公司盖章。

第三十二条 有限责任公司应当置备股东名册，记载下列事项：（一）股东的姓名或者名称及住所；（二）股东的出资额；（三）出资证明书编号。记载于股东名册的股东，可以依股东名册主张行使股东权利。公司应当将股东的姓名或者名称向公司登记机关登记；登记事项发生变更的，应当办理变更登记。未经登记或者变更登记的，不得对抗第三人。

第三十三条　股东有权查阅、复制公司章程、股东会会议记录、董事会会议决议、监事会会议决议和财务会计报告。

股东可以要求查阅公司会计账簿。股东要求查阅公司会计账簿的，应当向公司提出书面请求，说明目的。公司有合理根据认为股东查阅会计账簿有不正当目的，可能损害公司合法利益的，可以拒绝提供查阅，并应当自股东提出书面请求之日起十五日内书面答复股东并说明理由。公司拒绝提供查阅的，股东可以请求人民法院要求公司提供查阅。

第三十四条　股东按照实缴的出资比例分取红利；公司新增资本时，股东有权优先按照实缴的出资比例认缴出资。但是，全体股东约定不按照出资比例分取红利或者不按照出资比例优先认缴出资的除外。

第三十五条　公司成立后，股东不得抽逃出资。

第二节　组织机构

第三十六条　有限责任公司股东会由全体股东组成。股东会是公司的权力机构，依照本法行使职权。

第三十七条　股东会行使下列职权：

（一）决定公司的经营方针和投资计划；

（二）选举和更换非由职工代表担任的董事、监事，决定有关董事、监事的报酬事项；

（三）审议批准董事会的报告；

（四）审议批准监事会或者监事的报告；

（五）审议批准公司的年度财务预算方案、决算方案；

（六）审议批准公司的利润分配方案和弥补亏损方案；

（七）对公司增加或者减少注册资本作出决议；

（八）对发行公司债券作出决议；

（九）对公司合并、分立、解散、清算或者变更公司形式作出决议；

（十）修改公司章程；

（十一）公司章程规定的其他职权。

对前款所列事项股东以书面形式一致表示同意的，可以不召开股东会会议，直接作出决定，并由全体股东在决定文件上签名、盖章。

第三十八条　首次股东会会议由出资最多的股东召集和主持，依照本法规定行使职权。

第三十九条　股东会会议分为定期会议和临时会议。

定期会议应当依照公司章程的规定按时召开。代表十分之一以上表决权的股东，三分之一以上的董事，监事会或者不设监事会的公司的监事提议召开临时会议的，应当召开临时会议。

第四十条　有限责任公司设立董事会的，股东会会议由董事会召集，董事长主持；董事长不能履行职务或者不履行职务的，由副董事长主持；副董事长不能履行职务或者不履行职务的，由半数以上董事共同推举一名董事主持。

有限责任公司不设董事会的，股东会会议由执行董事召集和主持。

董事会或者执行董事不能履行或者不履行召集股东会会议职责的，由监事会或者不设监事会的公司的监事召集和主持；监事会或者监事不召集和主持的，代表十分之一以上表决权的股东可以自行召集和主持。

第四十一条　召开股东会会议，应当于会议召开十五日前通知全体股东；但是，公司章程另有规定或者全体股东另有约定的除外。

股东会应当对所议事项的决定作成会议记录，出席会议的股东应当在会议记录上签名。

第四十二条　股东会会议由股东按照出资比例行使表决权；但是，公司章程另有规定的除外。

第四十三条　股东会的议事方式和表决程序，除本法有规定的外，由公司章程规定。

股东会会议作出修改公司章程、增加或者减少注册资本的决议，以及公司合并、分立、解散或者变更公司形式的决议，必须经代表三分之二以上表决权的股东通过。

第四十四条　有限责任公司设董事会，其成员为三人至十三人；但是，本法第五十一条另有规定的除外。

两个以上的国有企业或者两个以上的其他国有投资主体投资设立的有限责任公司，其董事会成员中应当有公司职工代表；其他有限责任公司董事会成员中可以有公司职工代表。董事会中的职工代表由公司职工通过职工代表大会、职工大会或者其他形式民主选举产生。

董事会设董事长一人，可以设副董事长。董事长、副董事长的产生办法由公司章程规定。

第四十五条　董事任期由公司章程规定，但每届任期不得超过三年。董事任期届满，连选可以连任。

董事任期届满未及时改选，或者董事在任期内辞职导致董事会成员低于法定人数的，在改选出的董事就任前，原董事仍应当依照法律、行政法规和公司章程的规定，履行董事职务。

第四十六条　董事会对股东会负责，行使下列职权：

（一）召集股东会会议，并向股东会报告工作；

（二）执行股东会的决议；

（三）决定公司的经营计划和投资方案；

（四）制订公司的年度财务预算方案、决算方案；

（五）制订公司的利润分配方案和弥补亏损方案；

（六）制订公司增加或者减少注册资本以及发行公司债券的方案；

（七）制订公司合并、分立、解散或者变更公司形式的方案；

（八）决定公司内部管理机构的设置；

（九）决定聘任或者解聘公司经理及其报酬事项，并根据经理的提名决定聘任或者解聘公司副经理、财务负责人及其报酬事项；

（十）制定公司的基本管理制度；

（十一）公司章程规定的其他职权。

第四十七条　董事会会议由董事长召集和主持；董事长不能履行职务或者不履行职务的，由副董事长召集和主持；副董事长不能履行职务或者不履行职务的，由半数以上董事共同推举一名董事召集和主持。

第四十八条　董事会的议事方式和表决程序，除本法有规定的外，由公司章程规定。

董事会应当对所议事项的决定作成会议记录，出席会议的董事应当在会议记录上签名。

董事会决议的表决，实行一人一票。

第四十九条　有限责任公司可以设经理，由董事会决定聘任或者解聘。经理对董事会负责，行使下列职权：

（一）主持公司的生产经营管理工作，组织实施董事会决议；

（二）组织实施公司年度经营计划和投资方案；

（三）拟订公司内部管理机构设置方案；

（四）拟订公司的基本管理制度；

（五）制定公司的具体规章；

（六）提请聘任或者解聘公司副经理、财务负责人；

（七）决定聘任或者解聘除应由董事会决定聘任或者解聘以外的负责管理人员；

（八）董事会授予的其他职权。

公司章程对经理职权另有规定的，从其规定。

经理列席董事会会议。

第五十条　股东人数较少或者规模较小的有限责任公司，可以设一名执行董事，不设董事会。执行董事可以兼任公司经理。

执行董事的职权由公司章程规定。

第五十一条　有限责任公司设监事会，其成员不得少于三人。股东人数较少或者规模较小的有限责任公司，可以设一至二名监事，不设监事会。

监事会应当包括股东代表和适当比例的公司职工代表，其中职工代表的比例不得低于三分之一，具体比例由公司章程规定。监事会中的职工代表由公司职工通过职工代表大会、职工大会或者其他形式民主选举产生。

监事会设主席一人，由全体监事过半数选举产生。监事会主席召集和主持监事会会议；监事会主席不能履行职务或者不履行职务的，由半数以上监事共同推举一名监事召集和主持监事会会议。

董事、高级管理人员不得兼任监事。

第五十二条　监事的任期每届为三年。监事任期届满，连选可以连任。

监事任期届满未及时改选，或者监事在任期内辞职导致监事会成员低于法定人数的，在改选出的监事就任前，原监事仍应当依照法律、行政法规和公司章程的规定，履行监事职务。

第五十三条　监事会、不设监事会的公司的监事行使下列职权：

（一）检查公司财务；

（二）对董事、高级管理人员执行公司职务的行为进行监督，对违反法律、行政法规、公司章程或者股东会决议的董事、高级管理人员提出罢免的建议；

（三）当董事、高级管理人员的行为损害公司的利益时，要求董事、高级管理人员予以纠正；

（四）提议召开临时股东会会议，在董事会不履行本法规定的召集和主持股东会会议职责时召集和主持股东会会议；

（五）向股东会会议提出提案；

（六）依照本法第一百五十二条的规定，对董事、高级管理人员提起诉讼；

（七）公司章程规定的其他职权。

第五十四条　监事可以列席董事会会议，并对董事会决议事项提出质询或者建议。

监事会、不设监事会的公司的监事发现公司经营情况异常，可以进行调查；必要时，可以聘请会计师事务所等协助其工作，费用由公司承担。

第五十五条　监事会每年度至少召开一次会议，监事可以提议召开临时监事会会议。

监事会的议事方式和表决程序，除本法有规定的外，由公司章程规定。

监事会决议应当经半数以上监事通过。

监事会应当对所议事项的决定作成会议记录，出席会议的监事应当在会议记录上签名。

第五十六条　监事会、不设监事会的公司的监事行使职权所必需的费用，由公司承担。

第三节　一人有限责任公司的特别规定

第五十七条　一人有限责任公司的设立和组织机构，适用本节规定；本节没有规定的，适用本章第一节、第二节的规定。

本法所称一人有限责任公司，是指只有一个自然人股东或者一个法人股东的有限责任公司。

第五十八条　一人有限责任公司的注册资本最低限额为人民币十万元。股东应当一次足额缴纳公司章程规定的出资额。

一个自然人只能投资设立一个一人有限责任公司。该一人有限责任公司不能投资设立新的一人有限责任公司。

第五十九条　一人有限责任公司应当在公司登记中注明自然人独资或者法人独资，并在公司营业执照中载明。

第六十条　一人有限责任公司章程由股东制定。

第六十一条　一人有限责任公司不设股东会。股东作出本法第三十八条第一款所列决定时，应当采用书面形式，并由股东签名后置备于公司。

第六十二条　一人有限责任公司应当在每一会计年度终了时编制财务会计报告，并经会计师事务所审计。

第六十三条　一人有限责任公司的股东不能证明公司财产独立于股东自己的财产的，应当对公司债务承担连带责任。

第四节　国有独资公司的特别规定

第六十四条　国有独资公司的设立和组织机构，适用本节规定；本节没有规定的，适用本章第一节、第二节的规定。

本法所称国有独资公司，是指国家单独出资、由国务院或者地方人民政府授权本级人民政府国有资产监督管理机构履行出资人职责的有限责任公司。

第六十五条　国有独资公司章程由国有资产监督管理机构制定，或者由董事会制订报国有资产监督管理机构批准。

第六十六条　国有独资公司不设股东会，由国有资产监督管理机构行使股东会职权。国有资产监督管理机构可以授权公司董事会行使股东会的部分职权，决定公司的重大事项，但公司的合并、分立、解散、增加或者减少注册资本和发行公司债券，必须由国有资产监督管理机构决定；其中，重要的国有独资公司合并、分立、解散、申请破产的，应当由国有资产监督管理机构审核后，报本级人民政府批准。

前款所称重要的国有独资公司，按照国务院的规定确定。

第六十七条　国有独资公司设董事会，依照本法第四十七条、第六十七条的规定行使职权。董事每届任期不得超过三年。董事会成员中应当有公司职工代表。

董事会成员由国有资产监督管理机构委派；但是，董事会成员中的职工代表由公司职工代表大会选举产生。

董事会设董事长一人，可以设副董事长。董事长、副董事长由国有资产监督管理机构从董事会成员中指定。

第六十八条　国有独资公司设经理，由董事会聘任或者解聘。经理依照本法第五十条规定行使职权。

经国有资产监督管理机构同意，董事会成员可以兼任经理。

第六十九条　国有独资公司的董事长、副董事长、董事、高级管理人员，未经国有资产监督管理机构同意，不得在其他有限责任公司、股份有限公司或者其他经济组织兼职。

第七十条　国有独资公司监事会成员不得少于五人，其中职工代表的比例不得低于三分之一，具体比例由公司章程规定。

监事会成员由国有资产监督管理机构委派；但是，监事会成员中的职工代表由公司职工代表大会选举产生。监事会主席由国有资产监督管理机构从监事会成员中指定。

监事会行使本法第五十四条第（一）项至第（三）项规定的职权和国务院规定的其他职权。

第三章　有限责任公司的股权转让

第七十一条　有限责任公司的股东之间可以相互转让其全部或者部分股权。

股东向股东以外的人转让股权，应当经其他股东过半数同意。股东应就其股权转让事项书面通知其他股东征求同意，其他股东自接到书面通知之日起满三十日未答复的，视为同意转让。其他股东半数以上不同意转让的，不同意的股东应当购买该转让的股权；不购买的，视为同意转让。

经股东同意转让的股权，在同等条件下，其他股东有优先购买权。两个以上股东主张行使优先购买权的，协商确定各自的购买比例；协商不成的，按照转让时各自的出资比例行使优先购买权。

公司章程对股权转让另有规定的，从其规定。

第七十二条　人民法院依照法律规定的强制执行程序转让股东的股权时，应当通知公司及全体股东，其他股东在同等条件下有优先购买权。其他股东自人民法院通知之日起满二十日不行使优先购买权的，视为放弃优先购买权。

第七十三条　依照本法第七十二条、第七十三条转让股权后，公司应当注销原股东的出资证明书，向新股东签发出资证明书，并相应修改公司章程和股东名册中有关股东及其出资额的记载。对公司章程的该项修改不需再由股东会表决。

第七十四条　有下列情形之一的，对股东会该项决议投反对票的股东可以请求公司按照合理的价格收购其股权：

（一）公司连续五年不向股东分配利润，而公司该五年连续盈利，并且符合本法规定的分配利润条件的；

（二）公司合并、分立、转让主要财产的；

（三）公司章程规定的营业期限届满或者章程规定的其他解散事由出现，股东会会议通过决议修改章程使公司存续的。

自股东会会议决议通过之日起六十日内，股东与公司不能达成股权收购协议的，股东可以自股东会会议决议通过之日起九十日内向人民法院提起诉讼。

第七十五条　自然人股东死亡后，其合法继承人可以继承股东资格；但是，公司章程另有规定的除外。

第四章　股份有限公司的设立和组织机构

第一节　设　立

第七十六条 设立股份有限公司，应当具备下列条件：

（一）发起人符合法定人数；

（二）有符合公司章程规定的全体发起人认购的股本总额或者募集的实收股本总额；

（三）股份发行、筹办事项符合法律规定；

（四）发起人制订公司章程，采用募集方式设立的经创立大会通过；

（五）有公司名称，建立符合股份有限公司要求的组织机构；

（六）有公司住所。

第七十七条　股份有限公司的设立，可以采取发起设立或者募集设立的方式。

发起设立，是指由发起人认购公司应发行的全部股份而设立公司。

募集设立，是指由发起人认购公司应发行股份的一部分，其余股份向社会公开募集或者向特定对象募集而设立公司。

第七十八条　设立股份有限公司，应当有二人以上二百人以下为发起人，其中须有半数以上的发起人在中国境内有住所。

第七十九条　股份有限公司发起人承担公司筹办事务。

发起人应当签订发起人协议，明确各自在公司设立过程中的权利和义务。

第八十条 股份有限公司采取发起设立方式设立的，注册资本为在公司登记机关登记的全体发起人认购的股本总额。在发起人认购的股份缴足前，不得向他人募集股份。

股份有限公司采取募集方式设立的，注册资本为在公司登记机关登记的实收股本总额。法律、行政法规以及国务院决定对股份有限公司注册资本实缴、注册资本最低限额另有规定的，从其规定

第八十一条　股份有限公司章程应当载明下列事项：

（一）公司名称和住所；

（二）公司经营范围；

（三）公司设立方式；

（四）公司股份总数、每股金额和注册资本；

（五）发起人的姓名或者名称、认购的股份数、出资方式和出资时间；

（六）董事会的组成、职权和议事规则；

（七）公司法定代表人；

（八）监事会的组成、职权和议事规则；

（九）公司利润分配办法；

（十）公司的解散事由与清算办法；

（十一）公司的通知和公告办法；

（十二）股东大会会议认为需要规定的其他事项。

第八十二条　发起人的出资方式，适用本法第二十七条的规定。

第八十三条　以发起设立方式设立股份有限公司的，发起人应当书面认足公司章程规定其认购的股份，并按照公司章程规定缴纳出资。以非货币财产出资的，应当依法办理其财产权的转移手续。

发起人不依照前款规定缴纳出资的，应当按照发起人协议承担违约责任。

发起人认足公司章程规定的出资后，应当选举董事会和监事会，由董事会向公司登记机关报送公司章程以及法律、行政法规规定的其他文件，申请设立登记。

第八十四条　以募集设立方式设立股份有限公司的，发起人认购的股份不得少于公司股份总数的百分之三十五；但是，法律、行政法规另有规定的，从其规定。

第八十五条　发起人向社会公开募集股份，必须公告招股说明书，并制作认股书。认股书应当载明本法第八十七条所列事项，由认股人填写认购股数、金额、住所，并签名、盖章。认股人按照所认购股数缴纳股款。

第八十六条　招股说明书应当附有发起人制订的公司章程，并载明下列事项：

（一）发起人认购的股份数；

（二）每股的票面金额和发行价格；

（三）无记名股票的发行总数；

（四）募集资金的用途；

（五）认股人的权利、义务；

（六）本次募股的起止期限及逾期未募足时认股人可以撤回所认股份的说明。

第八十七条　发起人向社会公开募集股份，应当由依法设立的证券公司承销，签订承销协议。

第八十八条　发起人向社会公开募集股份，应当同银行签订代收股款协议。

代收股款的银行应当按照协议代收和保存股款，向缴纳股款的认股人出具收款单据，并负有向有关部门出具收款证明的义务。

第八十九条　发行股份的股款缴足后，必须经依法设立的验资机构验资并出具证明。发起人应当自股款缴足之日起三十日内主持召开公司创立大会。创立大会由发起人、认股人组成。

发行的股份超过招股说明书规定的截止期限尚未募足的，或者发行股份的股款缴足后，发起人在三十日内未召开创立大会的，认股人可以按照所缴股款并加算银行同期存款利息，要求发起人返还。

第九十条　发起人应当在创立大会召开十五日前将会议日期通知各认股人或者予以公告。创立大会应有代表股份总数过半数的发起人、认股人出席，方可举行。

创立大会行使下列职权：

（一）审议发起人关于公司筹办情况的报告；

（二）通过公司章程；

（三）选举董事会成员；

（四）选举监事会成员；

（五）对公司的设立费用进行审核；

（六）对发起人用于抵作股款的财产的作价进行审核；

（七）发生不可抗力或者经营条件发生重大变化直接影响公司设立的，可以作出不设立公司的决议。

创立大会对前款所列事项作出决议，必须经出席会议的认股人所持表决权过半数通过。

第九十一条　发起人、认股人缴纳股款或者交付抵作股款的出资后，除未按期募足股份、发起人未按期召开创立大会或者创立大会决议不设立公司的情形外，不得抽回其股本。

第九十二条　董事会应于创立大会结束后三十日内，向公司登记机关报送下列文件，申请设立登记：

（一）公司登记申请书；

（二）创立大会的会议记录；

（三）公司章程；

（四）验资证明；

（五）法定代表人、董事、监事的任职文件及其身份证明；

（六）发起人的法人资格证明或者自然人身份证明；

（七）公司住所证明。

以募集方式设立股份有限公司公开发行股票的，还应当向公司登记机关报送国务院证券监督管理机构的核准文件。

第九十三条　股份有限公司成立后，发起人未按照公司章程的规定缴足出资的，应当补缴；其他发起人承担连带责任。

股份有限公司成立后，发现作为设立公司出资的非货币财产的实际价额显著低于公司章程所定价额的，应当由交付该出资的发起人补足其差额；其他发起人承担连带责任。

第九十四条　股份有限公司的发起人应当承担下列责任：

（一）公司不能成立时，对设立行为所产生的债务和费用负连带责任；

（二）公司不能成立时，对认股人已缴纳的股款，负返还股款并加算银行同期存款利息的连带责任；

（三）在公司设立过程中，由于发起人的过失致使公司利益受到损害的，应当对公司承担赔偿责任。

第九十五条　有限责任公司变更为股份有限公司时，折合的实收股本总额不得高于公司净资产额。有限责任公司变更为股份有限公司，为增加资本公开发行股份时，应当依法办理。

第九十六条　股份有限公司应当将公司章程、股东名册、公司债券存根、股东大会会议记录、董事会会议记录、监事会会议记录、财务会计报告置备于本公司。

第九十七条　股东有权查阅公司章程、股东名册、公司债券存根、股东大会会议记录、董事会会议决议、监事会会议决议、财务会计报告，对公司的经营提出建议或者质询。

第二节 股东大会

第九十八条 股份有限公司股东大会由全体股东组成。股东大会是公司的权力机构，依照本法行使职权。

第九十九条 本法第三十八条第一款关于有限责任公司股东会职权的规定，适用于股份有限公司股东大会。

第一百条 股东大会应当每年召开一次年会。有下列情形之一的，应当在两个月内召开临时股东大会：

（一）董事人数不足本法规定人数或者公司章程所定人数的三分之二时；

（二）公司未弥补的亏损达实收股本总额三分之一时；

（三）单独或者合计持有公司百分之十以上股份的股东请求时；

（四）董事会认为必要时；

（五）监事会提议召开时；

（六）公司章程规定的其他情形。

第一百零一条 股东大会会议由董事会召集，董事长主持；董事长不能履行职务或者不履行职务的，由副董事长主持；副董事长不能履行职务或者不履行职务的，由半数以上董事共同推举一名董事主持。

董事会不能履行或者不履行召集股东大会会议职责的，监事会应当及时召集和主持；监事会不召集和主持的，连续九十日以上单独或者合计持有公司百分之十以上股份的股东可以自行召集和主持。

第一百零二条 召开股东大会会议，应当将会议召开的时间、地点和审议的事项于会议召开二十日前通知各股东；临时股东大会应当于会议召开十五日前通知各股东；发行无记名股票的，应当于会议召开三十日前公告会议召开的时间、地点和审议事项。

单独或者合计持有公司百分之三以上股份的股东，可以在股东大会召开十日前提出临时提案并书面提交董事会；董事会应当在收到提案后二日内通知其他股东，并将该临时提案提交股东大会审议。临时提案的内容应当属于股东大会职权范围，并有明确议题和具体决议事项。

股东大会不得对前两款通知中未列明的事项作出决议。

无记名股票持有人出席股东大会会议的，应当于会议召开五日前至股东大会闭会时将股票交存于公司。

第一百零三条 股东出席股东大会会议，所持每一股份有一表决权。但是，公司持有的本公司股份没有表决权。

股东大会作出决议，必须经出席会议的股东所持表决权过半数通过。但是，股东大会作出修改公司章程、增加或者减少注册资本的决议，以及公司合并、分立、解散或者变更公司形式的决议，必须经出席会议的股东所持表决权的三分之二以上通过。

第一百零四条 本法和公司章程规定公司转让、受让重大资产或者对外提供担保等事项必须经股东大会作出决议的，董事会应当及时召集股东大会会议，由股东大会就上述事项进行表决。

第一百零五条　股东大会选举董事、监事，可以依照公司章程的规定或者股东大会的决议，实行累积投票制。

本法所称累积投票制，是指股东大会选举董事或者监事时，每一股份拥有与应选董事或者监事人数相同的表决权，股东拥有的表决权可以集中使用。

第一百零六条　股东可以委托代理人出席股东大会会议，代理人应当向公司提交股东授权委托书，并在授权范围内行使表决权。

第一百零七条　股东大会应当对所议事项的决定作成会议记录，主持人、出席会议的董事应当在会议记录上签名。会议记录应当与出席股东的签名册及代理出席的委托书一并保存。

第三节　董事会、经理

第一百零八条　股份有限公司设董事会，其成员为五人至十九人。

董事会成员中可以有公司职工代表。董事会中的职工代表由公司职工通过职工代表大会、职工大会或者其他形式民主选举产生。

本法第四十五条关于有限责任公司董事任期的规定，适用于股份有限公司董事。

本法第四十六条关于有限责任公司董事会职权的规定，适用于股份有限公司董事会。

第一百零九条　董事会设董事长一人，可以设副董事长。董事长和副董事长由董事会以全体董事的过半数选举产生。

董事长召集和主持董事会会议，检查董事会决议的实施情况。副董事长协助董事长工作，董事长不能履行职务或者不履行职务的，由副董事长履行职务；副董事长不能履行职务或者不履行职务的，由半数以上董事共同推举一名董事履行职务。

第一百一十条　董事会每年度至少召开两次会议，每次会议应当于会议召开十日前通知全体董事和监事。

代表十分之一以上表决权的股东、三分之一以上董事或者监事会，可以提议召开董事会临时会议。董事长应当自接到提议后十日内，召集和主持董事会会议。

董事会召开临时会议，可以另定召集董事会的通知方式和通知时限。

第一百一十一条　董事会会议应有过半数的董事出席方可举行。董事会作出决议，必须经全体董事的过半数通过。

董事会决议的表决，实行一人一票。

第一百一十二条　董事会会议，应由董事本人出席；董事因故不能出席，可以书面委托其他董事代为出席，委托书中应载明授权范围。

董事会应当对会议所议事项的决定作成会议记录，出席会议的董事应当在会议记录上签名。

董事应当对董事会的决议承担责任。董事会的决议违反法律、行政法规或者公司章程、股东大会决议，致使公司遭受严重损失的，参与决议的董事对公司负赔偿责任。但经证明在表决时曾表明异议并记载于会议记录的，该董事可以免除责任。

第一百一十三条　股份有限公司设经理，由董事会决定聘任或者解聘。

本法第五十条关于有限责任公司经理职权的规定，适用于股份有限公司经理。

第一百一十四条　公司董事会可以决定由董事会成员兼任经理。

第一百一十五条　公司不得直接或者通过子公司向董事、监事、高级管理人员提供借款。

第一百一十六条　公司应当定期向股东披露董事、监事、高级管理人员从公司获得报酬的情况。

第四节　监事会

第一百一十七条　股份有限公司设监事会，其成员不得少于三人。

监事会应当包括股东代表和适当比例的公司职工代表，其中职工代表的比例不得低于三分之一，具体比例由公司章程规定。监事会中的职工代表由公司职工通过职工代表大会、职工大会或者其他形式民主选举产生。

监事会设主席一人，可以设副主席。监事会主席和副主席由全体监事过半数选举产生。监事会主席召集和主持监事会会议；监事会主席不能履行职务或者不履行职务的，由监事会副主席召集和主持监事会会议；监事会副主席不能履行职务或者不履行职务的，由半数以上监事共同推举一名监事召集和主持监事会会议。

董事、高级管理人员不得兼任监事。

本法第五十三条关于有限责任公司监事任期的规定，适用于股份有限公司监事。

第一百一十八条　本法第五十四条、第五十五条关于有限责任公司监事会职权的规定，适用于股份有限公司监事会。

监事会行使职权所必需的费用，由公司承担。

第一百一十九条　监事会每六个月至少召开一次会议。监事可以提议召开临时监事会会议。

监事会的议事方式和表决程序，除本法有规定的外，由公司章程规定。

监事会决议应当经半数以上监事通过。

监事会应当对所议事项的决定作成会议记录，出席会议的监事应当在会议记录上签名。

第五节　上市公司组织机构的特别规定

第一百二十条　本法所称上市公司，是指其股票在证券交易所上市交易的股份有限公司。

第一百二十一条　上市公司在一年内购买、出售重大资产或者担保金额超过公司资产总额百分之三十的，应当由股东大会作出决议，并经出席会议的股东所持表决权的三分之二以上通过。

第一百二十二条　上市公司设立独立董事，具体办法由国务院规定。

第一百二十三条　上市公司设董事会秘书，负责公司股东大会和董事会会议的筹备、文件保管以及公司股东资料的管理，办理信息披露事务等事宜。

第一百二十四条　上市公司董事与董事会会议决议事项所涉及的企业有关联关系的，不得对该项决议行使表决权，也不得代理其他董事行使表决权。该董事会会议由过半数的无关联关系董事出席即可举行，董事会会议所作决议须经无关联关系董事过半数通过。出席董事会的无关联关系董事人数不足三人的，应将该事项提交上市公司股东大会审议。

第五章　股份有限公司的股份发行和转让

第一节　股份发行

第一百二十五条　股份有限公司的资本划分为股份，每一股的金额相等。

公司的股份采取股票的形式。股票是公司签发的证明股东所持股份的凭证。

第一百二十六条　股份的发行，实行公平、公正的原则，同种类的每一股份应当具有同等权利。

同次发行的同种类股票，每股的发行条件和价格应当相同；任何单位或者个人所认购的股份，每股应当支付相同价额。

第一百二十七条　股票发行价格可以按票面金额，也可以超过票面金额，但不得低于票面金额。

第一百二十八条　股票采用纸面形式或者国务院证券监督管理机构规定的其他形式。

股票应当载明下列主要事项：

（一）公司名称；

（二）公司成立日期；

（三）股票种类、票面金额及代表的股份数；

（四）股票的编号。

股票由法定代表人签名，公司盖章。

发起人的股票，应当标明发起人股票字样。

第一百二十九条　公司发行的股票，可以为记名股票，也可以为无记名股票。

公司向发起人、法人发行的股票，应当为记名股票，并应当记载该发起人、法人的名称或者姓名，不得另立户名或者以代表人姓名记名。

第一百三十条　公司发行记名股票的，应当置备股东名册，记载下列事项：

（一）股东的姓名或者名称及住所；

（二）各股东所持股份数；

（三）各股东所持股票的编号；

（四）各股东取得股份的日期。

发行无记名股票的，公司应当记载其股票数量、编号及发行日期。

第一百三十一条　国务院可以对公司发行本法规定以外的其他种类的股份，另行作出规定。

第一百三十二条　股份有限公司成立后，即向股东正式交付股票。公司成立前不得向股东交付股票。

第一百三十三条　公司发行新股，股东大会应当对下列事项作出决议：

（一）新股种类及数额；

（二）新股发行价格；

（三）新股发行的起止日期；

（四）向原有股东发行新股的种类及数额。

第一百三十四条　公司经国务院证券监督管理机构核准公开发行新股时，必须公告新股招股说明书和财务会计报告，并制作认股书。

本法第八十七条、第八十八条的规定适用于公司公开发行新股。

第一百三十五条　公司发行新股，可以根据公司经营情况和财务状况，确定其作价方案。

第一百三十六条　公司发行新股募足股款后，必须向公司登记机关办理变更登记，并公告。

第二节　股份转让

第一百三十七条　股东持有的股份可以依法转让。

第一百三十八条　股东转让其股份，应当在依法设立的证券交易场所进行或者按照国务院规定的其他方式进行。

第一百三十九条　记名股票，由股东以背书方式或者法律、行政法规规定的其他方式转让；转让后由公司将受让人的姓名或者名称及住所记载于股东名册。

股东大会召开前二十日内或者公司决定分配股利的基准日前五日内，不得进行前款规定的股东名册的变更登记。但是，法律对上市公司股东名册变更登记另有规定的，从其规定。

第一百四十条　无记名股票的转让，由股东将该股票交付给受让人后即发生转让的效力。

第一百四十一条　发起人持有的本公司股份，自公司成立之日起一年内不得转让。公司公开发行股份前已发行的股份，自公司股票在证券交易所上市交易之日起一年内不得转让。

公司董事、监事、高级管理人员应当向公司申报所持有的本公司的股份及其变动情况，在任职期间每年转让的股份不得超过其所持有本公司股份总数的百分之二十五；所持本公司股份自公司股票上市交易之日起一年内不得转让。上述人员离职后半年内，不得转让其所持有的本公司股份。公司章程可以对公司董事、监事、高级管理人员转让其所持有的本公司股份作出其他限制性规定。

第一百四十二条　公司不得收购本公司股份。但是，有下列情形之一的除外：

（一）减少公司注册资本；

（二）与持有本公司股份的其他公司合并；

（三）将股份奖励给本公司职工；

（四）股东因对股东大会作出的公司合并、分立决议持异议，要求公司收购其股份的。

公司因前款第（一）项至第（三）项的原因收购本公司股份的，应当经股东大会决议。公司依照前款规定收购本公司股份后，属于第（一）项情形的，应当自收购之日起十日内注销；属于第（二）项、第（四）项情形的，应当在六个月内转让或者注销。

公司依照第一款第（三）项规定收购的本公司股份，不得超过本公司已发行股份总额的百分之五；用于收购的资金应当从公司的税后利润中支出；所收购的股份应当在一年内转让给职工。

公司不得接受本公司的股票作为质押权的标的。

第一百四十三条　记名股票被盗、遗失或者灭失，股东可以依照《中华人民共和国民事诉讼法》规定的公示催告程序，请求人民法院宣告该股票失效。人民法院宣告该股票失效后，股东可以向公司申请补发股票。

第一百四十四条　上市公司的股票，依照有关法律、行政法规及证券交易所交易规则上市交易。

第一百四十五条　上市公司必须依照法律、行政法规的规定，公开其财务状况、经营情况及重大诉讼，在每会计年度内半年公布一次财务会计报告。

第六章　公司董事、监事、高级管理人员的资格和义务

第一百四十六条　有下列情形之一的，不得担任公司的董事、监事、高级管理人员：

（一）无民事行为能力或者限制民事行为能力；

（二）因贪污、贿赂、侵占财产、挪用财产或者破坏社会主义市场经济秩序，被判处刑罚，执行期满未逾五年，或者因犯罪被剥夺政治权利，执行期满未逾五年；

（三）担任破产清算的公司、企业的董事或者厂长、经理，对该公司、企业的破产负有个人责任的，自该公司、企业破产清算完结之日起未逾三年；

（四）担任因违法被吊销营业执照、责令关闭的公司、企业的法定代表人，并负有个人责任的，自该公司、企业被吊销营业执照之日起未逾三年；

（五）个人所负数额较大的债务到期未清偿。

公司违反前款规定选举、委派董事、监事或者聘任高级管理人员的，该选举、委派或者聘任无效。

董事、监事、高级管理人员在任职期间出现本条第一款所列情形的，公司应当解除其职务。

第一百四十七条　董事、监事、高级管理人员应当遵守法律、行政法规和公司章程，对公司负有忠实义务和勤勉义务。

董事、监事、高级管理人员不得利用职权收受贿赂或者其他非法收入，不得侵占公司的财产。

第一百四十八条　董事、高级管理人员不得有下列行为：

（一）挪用公司资金；

（二）将公司资金以其个人名义或者以其他个人名义开立账户存储；

（三）违反公司章程的规定，未经股东会、股东大会或者董事会同意，将公司资金借贷给他人或者以公司财产为他人提供担保；

（四）违反公司章程的规定或者未经股东会、股东大会同意，与本公司订立合同或者进行交易；

（五）未经股东会或者股东大会同意，利用职务便利为自己或者他人谋取属于公司的商业机会，自营或者为他人经营与所任职公司同类的业务；

（六）接受他人与公司交易的佣金归为己有；

（七）擅自披露公司秘密；

（八）违反对公司忠实义务的其他行为。

董事、高级管理人员违反前款规定所得的收入应当归公司所有。

第一百四十九条　董事、监事、高级管理人员执行公司职务时违反法律、行政法规或者公司章程的规定，给公司造成损失的，应当承担赔偿责任。

第一百五十条　股东会或者股东大会要求董事、监事、高级管理人员列席会议的，董事、监事、高级管理人员应当列席并接受股东的质询。

董事、高级管理人员应当如实向监事会或者不设监事会的有限责任公司的监事提供有关情况和资料，不得妨碍监事会或者监事行使职权。

第一百五十一条　董事、高级管理人员有本法第一百五十条规定的情形的，有限责任公司的股东、股份有限公司连续一百八十日以上单独或者合计持有公司百分之一以上股份的股东，可以书面请求监事会或者不设监事会的有限责任公司的监事向人民法院提起诉讼；监事有本法第一百五十条规定的情形的，前述股东可以书面请求董事会或者不设董事会的有限责任公司的执行董事向人民法院提起诉讼。

监事会、不设监事会的有限责任公司的监事，或者董事会、执行董事收到前款规定的股东书面请求后拒绝提起诉讼，或者自收到请求之日起三十日内未提起诉讼，或者情况紧急、不立即提起诉讼将会使公司利益受到难以弥补的损害的，前款规定的股东有权为了公司的利益以自己的名义直接向人民法院提起诉讼。

他人侵犯公司合法权益，给公司造成损失的，本条第一款规定的股东可以依照前两款的规定向人民法院提起诉讼。

第一百五十二条　董事、高级管理人员违反法律、行政法规或者公司章程的规定，损害股东利益的，股东可以向人民法院提起诉讼。

第七章　公司债券

第一百五十三条　本法所称公司债券，是指公司依照法定程序发行、约定在一定期限还本付息的有价证券。

公司发行公司债券应当符合《中华人民共和国证券法》规定的发行条件。

第一百五十四条　发行公司债券的申请经国务院授权的部门核准后，应当公告公司债券募集办法。

公司债券募集办法中应当载明下列主要事项：

（一）公司名称；

（二）债券募集资金的用途；

（三）债券总额和债券的票面金额；

（四）债券利率的确定方式；

（五）还本付息的期限和方式；

（六）债券担保情况；

（七）债券的发行价格、发行的起止日期；

（八）公司净资产额；

（九）已发行的尚未到期的公司债券总额；

（十）公司债券的承销机构。

第一百五十五条　公司以实物券方式发行公司债券的，必须在债券上载明公司名称、债券票面金额、利率、偿还期限等事项，并由法定代表人签名，公司盖章。

第一百五十六条　公司债券，可以为记名债券，也可以为无记名债券。

第一百五十七条　公司发行公司债券应当置备公司债券存根簿。

发行记名公司债券的，应当在公司债券存根簿上载明下列事项：

（一）债券持有人的姓名或者名称及住所；

（二）债券持有人取得债券的日期及债券的编号；

（三）债券总额，债券的票面金额、利率、还本付息的期限和方式；

（四）债券的发行日期。

发行无记名公司债券的，应当在公司债券存根簿上载明债券总额、利率、偿还期限和方式、发行日期及债券的编号。

第一百五十八条　记名公司债券的登记结算机构应当建立债券登记、存管、付息、兑付等相关制度。

第一百五十九条　公司债券可以转让，转让价格由转让人与受让人约定。

公司债券在证券交易所上市交易的，按照证券交易所的交易规则转让。

第一百六十条　记名公司债券，由债券持有人以背书方式或者法律、行政法规规定的其他方式转让；转让后由公司将受让人的姓名或者名称及住所记载于公司债券存根簿。

无记名公司债券的转让，由债券持有人将该债券交付给受让人后即发生转让的效力。

第一百六十一条　上市公司经股东大会决议可以发行可转换为股票的公司债券，并在公司债券募集办法中规定具体的转换办法。上市公司发行可转换为股票的公司债券，应当报国务院证券监督管理机构核准。

发行可转换为股票的公司债券，应当在债券上标明可转换公司债券字样，并在公司债券存根簿上载明可转换公司债券的数额。

第一百六十二条　发行可转换为股票的公司债券的，公司应当按照其转换办法向债券持有人换发股票，但债券持有人对转换股票或者不转换股票有选择权。

第八章　公司财务、会计

第一百六十三条　公司应当依照法律、行政法规和国务院财政部门的规定建立本公司的财务、会计制度。

第一百六十四条　公司应当在每一会计年度终了时编制财务会计报告，并依法经会计师事务所审计。

财务会计报告应当依照法律、行政法规和国务院财政部门的规定制作。

第一百六十五条　有限责任公司应当依照公司章程规定的期限将财务会计报告送交各股东。

股份有限公司的财务会计报告应当在召开股东大会年会的二十日前置备于本公司，供股东查阅；公开发行股票的股份有限公司必须公告其财务会计报告。

第一百六十六条　公司分配当年税后利润时，应当提取利润的百分之十列入公司法定公积金。公司法定公积金累计额为公司注册资本的百分之五十以上的，可以不再提取。

公司的法定公积金不足以弥补以前年度亏损的，在依照前款规定提取法定公积金之前，应当先用当年利润弥补亏损。

公司从税后利润中提取法定公积金后，经股东会或者股东大会决议，还可以从税后利润中提取任意公积金。

公司弥补亏损和提取公积金后所余税后利润，有限责任公司依照本法第三十五条的规定分配；股份有限公司按照股东持有的股份比例分配，但股份有限公司章程规定不按持股比例分配的除外。

股东会、股东大会或者董事会违反前款规定，在公司弥补亏损和提取法定公积金之前向股东分配利润的，股东必须将违反规定分配的利润退还公司。

公司持有的本公司股份不得分配利润。

第一百六十七条　股份有限公司以超过股票票面金额的发行价格发行股份所得的溢价款以及国务院财政部门规定列入资本公积金的其他收入，应当列为公司资本公积金。

第一百六十八条　公司的公积金用于弥补公司的亏损、扩大公司生产经营或者转为增加公司资本。但是，资本公积金不得用于弥补公司的亏损。

法定公积金转为资本时，所留存的该项公积金不得少于转增前公司注册资本的百分之二十五。

第一百六十九条　公司聘用、解聘承办公司审计业务的会计师事务所，依照公司章程的规定，由股东会、股东大会或者董事会决定。

公司股东会、股东大会或者董事会就解聘会计师事务所进行表决时，应当允许会计师事务所陈述意见。

第一百七十条　公司应当向聘用的会计师事务所提供真实、完整的会计凭证、会计账簿、财务会计报告及其他会计资料，不得拒绝、隐匿、谎报。

第一百七十一条　公司除法定的会计账簿外，不得另立会计账簿。

对公司资产，不得以任何个人名义开立账户存储。

第九章　公司合并、分立、增资、减资

第一百七十二条　公司合并可以采取吸收合并或者新设合并。

一个公司吸收其他公司为吸收合并，被吸收的公司解散。两个以上公司合并设立一个新的公司为新设合并，合并各方解散。

第一百七十三条　公司合并，应当由合并各方签订合并协议，并编制资产负债表及财产清单。公司应当自作出合并决议之日起十日内通知债权人，并于三十日内在报纸上公告。债权人自接到通知书之日起三十日内，未接到通知书的自公告之日起四十五日内，可以要求公司清偿债务或者提供相应的担保。

第一百七十四条　公司合并时，合并各方的债权、债务，应当由合并后存续的公司或者新设的公司承继。

第一百七十五条　公司分立，其财产作相应的分割。

公司分立，应当编制资产负债表及财产清单。公司应当自作出分立决议之日起十日内通知债权人，并于三十日内在报纸上公告。

第一百七十六条　公司分立前的债务由分立后的公司承担连带责任。但是，公司在分立前与债权人就债务清偿达成的书面协议另有约定的除外。

第一百七十七条　公司需要减少注册资本时，必须编制资产负债表及财产清单。

公司应当自作出减少注册资本决议之日起十日内通知债权人，并于三十日内在报纸上公告。债权人自接到通知书之日起三十日内，未接到通知书的自公告之日起四十五日内，有权要求公司清偿债务或者提供相应的担保。

第一百七十八条　有限责任公司增加注册资本时，股东认缴新增资本的出资，依照本法设立有限责任公司缴纳出资的有关规定执行。

股份有限公司为增加注册资本发行新股时，股东认购新股，依照本法设立股份有限公司缴纳股款的有关规定执行。

第一百七十九条　公司合并或者分立，登记事项发生变更的，应当依法向公司登记机关办理变更登记；公司解散的，应当依法办理公司注销登记；设立新公司的，应当依法办理公司设立登记。

公司增加或者减少注册资本，应当依法向公司登记机关办理变更登记。

第十章　公司解散和清算

第一百八十条　公司因下列原因解散：

（一）公司章程规定的营业期限届满或者公司章程规定的其他解散事由出现；

（二）股东会或者股东大会决议解散；

（三）因公司合并或者分立需要解散；

（四）依法被吊销营业执照、责令关闭或者被撤销；

（五）人民法院依照本法第一百八十二条的规定予以解散。

第一百八十一条　公司有本法第一百八十一条第（一）项情形的，可以通过修改公司章程而存续。

依照前款规定修改公司章程，有限责任公司须经持有三分之二以上表决权的股东通过，股份有限公司须经出席股东大会会议的股东所持表决权的三分之二以上通过。

第一百八十二条　公司经营管理发生严重困难，继续存续会使股东利益受到重大损失，通过其他途径不能解决的，持有公司全部股东表决权百分之十以上的股东，可以请求人民法院解散公司。

第一百八十三条　公司因本法第一百八十一条第（一）项、第（二）项、第（四）项、第（五）项规定而解散的，应当在解散事由出现之日起十五日内成立清算组，开始清算。有限责任公司的清算组由股东组成，股份有限公司的清算组由董事或者股东大会确定的人员组成。逾期不成立清算组进行清算的，债权人可以申请人民法院指定有关人员组成清算组进行清算。人民法院应当受理该申请，并及时组织清算组进行清算。

第一百八十四条　清算组在清算期间行使下列职权：

（一）清理公司财产，分别编制资产负债表和财产清单；

（二）通知、公告债权人；

（三）处理与清算有关的公司未了结的业务；

（四）清缴所欠税款以及清算过程中产生的税款；

（五）清理债权、债务；

（六）处理公司清偿债务后的剩余财产；

（七）代表公司参与民事诉讼活动。

第一百八十五条　清算组应当自成立之日起十日内通知债权人，并于六十日内在报纸上公告。债权人应当自接到通知书之日起三十日内，未接到通知书的自公告之日起四十五日内，向清算组申报其债权。

债权人申报债权，应当说明债权的有关事项，并提供证明材料。清算组应当对债权进行登记。

在申报债权期间，清算组不得对债权人进行清偿。

第一百八十六条　清算组在清理公司财产、编制资产负债表和财产清单后，应当制定清算方案，并报股东会、股东大会或者人民法院确认。

公司财产在分别支付清算费用、职工的工资、社会保险费用和法定补偿金，缴纳所欠税款，清偿公司债务后的剩余财产，有限责任公司按照股东的出资比例分配，股份有限公司按照股东持有的股份比例分配。

清算期间，公司存续，但不得开展与清算无关的经营活动。公司财产在未依照前款规定清偿前，不得分配给股东。

第一百八十七条　清算组在清理公司财产、编制资产负债表和财产清单后，发现公司财产不足清偿债务的，应当依法向人民法院申请宣告破产。

公司经人民法院裁定宣告破产后，清算组应当将清算事务移交给人民法院。

第一百八十八条　公司清算结束后，清算组应当制作清算报告，报股东会、股东大会或者人民法院确认，并报送公司登记机关，申请注销公司登记，公告公司终止。

第一百八十九条　清算组成员应当忠于职守，依法履行清算义务。

清算组成员不得利用职权收受贿赂或者其他非法收入，不得侵占公司财产。

清算组成员因故意或者重大过失给公司或者债权人造成损失的，应当承担赔偿责任。

第一百九十条　公司被依法宣告破产的，依照有关企业破产的法律实施破产清算。

第十一章　外国公司的分支机构

第一百九十一条　本法所称外国公司是指依照外国法律在中国境外设立的公司。

第一百九十二条　外国公司在中国境内设立分支机构，必须向中国主管机关提出申请，并提交其公司章程、所属国的公司登记证书等有关文件，经批准后，向公司登记机关依法办理登记，领取营业执照。

外国公司分支机构的审批办法由国务院另行规定。

第一百九十三条　外国公司在中国境内设立分支机构，必须在中国境内指定负责该分支机构的代表人或者代理人，并向该分支机构拨付与其所从事的经营活动相适应的资金。

对外国公司分支机构的经营资金需要规定最低限额的，由国务院另行规定。

第一百九十四条　外国公司的分支机构应当在其名称中标明该外国公司的国籍及责任形式。

外国公司的分支机构应当在本机构中置备该外国公司章程。

第一百九十五条　外国公司在中国境内设立的分支机构不具有中国法人资格。

外国公司对其分支机构在中国境内进行经营活动承担民事责任。

第一百九十六条　经批准设立的外国公司分支机构，在中国境内从事业务活动，必须遵守中国的法律，不得损害中国的社会公共利益，其合法权益受中国法律保护。

第一百九十七条　外国公司撤销其在中国境内的分支机构时，必须依法清偿债务，依照本法有关公司清算程序的规定进行清算。未清偿债务之前，不得将其分支机构的财产移至中国境外。

第十二章　法律责任

第一百九十八条　违反本法规定，虚报注册资本、提交虚假材料或者采取其他欺诈手段隐瞒重要事实取得公司登记的，由公司登记机关责令改正，对虚报注册资本的公司，处以虚报注册资本金额百分之五以上百分之十五以下的罚款；对提交虚假材料或者采取其他欺诈手段隐瞒重要事实的公司，处以五万元以上五十万元以下的罚款；情节严重的，撤销公司登记或者吊销营业执照。

第一百九十九条　公司的发起人、股东虚假出资，未交付或者未按期交付作为出资的货币或者非货币财产的，由公司登记机关责令改正，处以虚假出资金额百分之五以上百分之十五以下的罚款。

第二百条　公司的发起人、股东在公司成立后，抽逃其出资的，由公司登记机关责令改正，处以所抽逃出资金额百分之五以上百分之十五以下的罚款。

第二百零一条　公司违反本法规定，在法定的会计账簿以外另立会计账簿的，由县级以上人民政府财政部门责令改正，处以五万元以上五十万元以下的罚款。

第二百零二条　公司在依法向有关主管部门提供的财务会计报告等材料上作虚假记载或者隐瞒重要事实的，由有关主管部门对直接负责的主管人员和其他直接责任人员处以三万元以上三十万元以下的罚款。

第二百零三条　公司不依照本法规定提取法定公积金的，由县级以上人民政府财政部门责令如数补足应当提取的金额，可以对公司处以二十万元以下的罚款。

第二百零四条　公司在合并、分立、减少注册资本或者进行清算时，不依照本法规定通知或者公告债权人的，由公司登记机关责令改正，对公司处以一万元以上十万元以下的罚款。

公司在进行清算时，隐匿财产，对资产负债表或者财产清单作虚假记载或者在未清偿债务前分配公司财产的，由公司登记机关责令改正，对公司处以隐匿财产或者未清偿债务前分配公司财产金额百分之五以上百分之十以下的罚款；对直接负责的主管人员和其他直接责任人员处以一万元以上十万元以下的罚款。

第二百零五条　公司在清算期间开展与清算无关的经营活动的，由公司登记机关予以警告，没收违法所得。

第二百零六条　清算组不依照本法规定向公司登记机关报送清算报告，或者报送清算报告隐瞒重要事实或者有重大遗漏的，由公司登记机关责令改正。

清算组成员利用职权徇私舞弊、谋取非法收入或者侵占公司财产的，由公司登记机关责令退还公司财产，没收违法所得，并可以处以违法所得一倍以上五倍以下的罚款。

第二百零七条　承担资产评估、验资或者验证的机构提供虚假材料的，由公司登记机关没收违法所得，处以违法所得一倍以上五倍以下的罚款，并可以由有关主管部门依法责令该机构停业、吊销直接责任人员的资格证书，吊销营业执照。

承担资产评估、验资或者验证的机构因过失提供有重大遗漏的报告的，由公司登记机关责令改正，情节较重的，处以所得收入一倍以上五倍以下的罚款，并可以由有关主管部门依法责令该机构停业、吊销直接责任人员的资格证书，吊销营业执照。

承担资产评估、验资或者验证的机构因其出具的评估结果、验资或者验证证明不实，给公司债权人造成损失的，除能够证明自己没有过错的外，在其评估或者证明不实的金额范围内承担赔偿责任。

第二百零八条　公司登记机关对不符合本法规定条件的登记申请予以登记，或者对符合本法规定条件的登记申请不予登记的，对直接负责的主管人员和其他直接责任人员，依法给予行政处分。

第二百零九条　公司登记机关的上级部门强令公司登记机关对不符合本法规定条件的登记申请予以登记，或者对符合本法规定条件的登记申请不予登记的，或者对违法登记进行包庇的，对直接负责的主管人员和其他直接责任人员依法给予行政处分。

第二百一十条　未依法登记为有限责任公司或者股份有限公司，而冒用有限责任公司或者股份有限公司名义的，或者未依法登记为有限责任公司或者股份有限公司的分公司，而冒用有限责任公司或者股份有限公司的分公司名义的，由公司登记机关责令改正或者予以取缔，可以并处十万元以下的罚款。

第二百一十一条　公司成立后无正当理由超过六个月未开业的，或者开业后自行停业连续六个月以上的，可以由公司登记机关吊销营业执照。

公司登记事项发生变更时，未依照本法规定办理有关变更登记的，由公司登记机关责令限期登记；逾期不登记的，处以一万元以上十万元以下的罚款。

第二百一十二条　外国公司违反本法规定，擅自在中国境内设立分支机构的，由公司登记机关责令改正或者关闭，可以并处五万元以上二十万元以下的罚款。

第二百一十三条　利用公司名义从事危害国家安全、社会公共利益的严重违法行为的，吊销营业执照。

第二百一十四条　公司违反本法规定，应当承担民事赔偿责任和缴纳罚款、罚金的，其财产不足以支付时，先承担民事赔偿责任。

第二百一十五条　违反本法规定，构成犯罪的，依法追究刑事责任。

第十三章　附则

第二百一十六条　本法下列用语的含义：

（一）高级管理人员，是指公司的经理、副经理、财务负责人，上市公司董事会秘书和公司章程规定的其他人员。

（二）控股股东，是指其出资额占有限责任公司资本总额百分之五十以上或者其持有的股份占股份有限公司股本总额百分之五十以上的股东；出资额或者持有股份的比例虽然不足百分之五十，但依其出资额或者持有的股份所享有的表决权已足以对股东会、股东大会的决议产生重大影响的股东。

（三）实际控制人，是指虽不是公司的股东，但通过投资关系、协议或者其他安排，能够实际支配公司行为的人。

（四）关联关系，是指公司控股股东、实际控制人、董事、监事、高级管理人员与其直接或者间接控制的企业之间的关系，以及可能导致公司利益转移的其他关系。但是，国家控股的企业之间不仅因为同受国家控股而具有关联关系。

第二百一十七条　外商投资的有限责任公司和股份有限公司适用本法；有关外商投资的法律另有规定的，适用其规定。

第二百一十八条　本法自 2006 年 1 月 1 日起施行。

图书在版编目(CIP)数据

公司治理学/宋剑涛等主编．—2版．—成都：西南财经大学出版社，2015.4

ISBN 978-7-5504-1856-1

Ⅰ．①公…　Ⅱ．①宋…　Ⅲ．①公司—企业管理—成人—教育—教材
Ⅳ．①F276.6

中国版本图书馆CIP数据核字(2015)第070959号

公司治理学(第二版)

宋剑涛　王晓龙　主编
黎嘉纪　田永彬　副主编

责任编辑：刘佳庆
封面设计：穆志坚
责任印制：封俊川

出版发行	西南财经大学出版社(四川省成都市光华村街55号)
网　址	http://www.bookcj.com
电子邮件	bookcj@foxmail.com
邮政编码	610074
电　话	028-87353785　87352368
印　刷	郫县犀浦印刷厂
成品尺寸	185mm×260mm
印　张	22.25
字　数	505千字
版　次	2015年5月第2版
印　次	2015年5月第1次印刷
印　数	1—2000册
书　号	ISBN 978-7-5504-1856-1
定　价	39.80元